O cálice e a espada

Riane Eisler

O cálice e a espada
Nosso passado, nosso futuro

Tradução
Tônia Van Acker

Palas Athena

Título original: *The Chalice and the Blade*
Autora: Riane Eisler
© 1987, 1995 da autora
© Palas Athena 2008, da tradução para o português

Grafia segundo o Acordo Ortográfico da Língua Portuguesa de 1990, em vigor no Brasil desde 2009.

Editora responsável:	Lia Diskin
Produção editorial:	Laura Bacellar
Preparação:	Nair Hitomi
Revisão:	Tatiana dos Santos Costa
	Daniela Baudouin
Atualização ortográfica:	Lidia La Marck
Revisão final:	Rejane Moura e Beleza Woo
Capa:	Entrelinha Design
Foto de capa:	© Christel Gerstenberg/CORBIS
Projeto gráfico e diagramação:	SGuerra Design
Produção digital:	Renato Carbone

**Dados de Catalogação na Publicação (CIP) Internacional
(Câmara Brasileira do Livro, SP, Brasil)**

Eisler, Riane
    O cálice e a espada : nosso passado, nosso futuro / Riane Eisler; tradução Tônia Van Acker. – São Paulo : Palas Athena, 2007.
    368 págs : 16x23cm

    Título original: The Chalice and the Blade.
    Bibliografia.
    ISBN 978-85-60804-03-0

    1. Evolução social – História 2. História social 3. Homem – Mulher – Relacionamento 4. Papel sexual – História 5. Patriarcado – História I. Título.

07-8969   CDD-305.309

Índices para catálogo sistemático:
1. Homens e mulheres: Relacionamento : História 305.309
2. Mulheres e homens: Relacionamento : História 305.309

3ª edição, março de 2024

Todos os direitos reservados e protegidos pela Lei 9610 de 19 de fevereiro de 1998.
É proibida a reprodução total ou parcial, por quaisquer meios,
sem a autorização prévia, por escrito, da Editora.

Direitos adquiridos para a língua portuguesa por
PALAS ATHENA EDITORA
Alameda Lorena, 355 – Jardim Paulista
01424-001 – São Paulo – SP
Fone (11) 3050-6188
www.palasathena.org.br   editora@palasathena.org.br

Para David Loye,
meu parceiro de vida e de trabalho

Sumário

Prefácio de Humberto R. Maturana   13

Agradecimentos   21

Introdução: O cálice e a espada   25
Possibilidades humanas: duas alternativas. A encruzilhada evolutiva. Caos ou transformação.

1. Viagem a um mundo perdido: os primórdios da civilização   39
O Paleolítico. O Neolítico. A Europa Antiga.

2. Mensagens do passado: o mundo da Deusa   57
A arte do Neolítico. O culto à Deusa. Se não for patriarcado, tem de ser matriarcado.

3. A diferença fundamental: Creta   73
Bomba arqueológica. O amor à vida e à natureza. Uma civilização única. A invisibilidade do óbvio.

4. Uma ordem obscura surge do caos: do cálice à espada   89
Os invasores periféricos. Metalurgia e supremacia masculina. A mudança na evolução cultural. Guerra, escravidão e sacrifício. Civilização truncada. A destruição de Creta. Um mundo em desintegração.

5. Memórias de um tempo perdido: o legado da Deusa 109
   *Evolução e transformação. Uma raça dourada e a lenda de
   Atlântida. O Jardim do Éden e as tábuas da Suméria. Os dons
   da civilização. Uma nova visão do passado.*

6. A realidade de ponta-cabeça: parte I 131
   *Matricídio não é crime. O pensamento dominador e o de parceria.
   A metamorfose do mito.*

7. A realidade de ponta-cabeça: parte II 145
   *O redirecionamento da civilização. A ausência da Deusa. Sexo e
   economia. A moralidade da dominação. O conhecimento é mau, o
   nascimento é sujo, a morte é sagrada.*

8. A outra metade da história: parte I 163
   *Nossa herança oculta. A unidade cíclica da natureza e a harmonia
   das esferas. Grécia Antiga. Certo e errado na androcracia.*

9. A outra metade da história: parte II 181
   *Jesus e a gilania. As escrituras apócrifas. As heresias gilânicas.
   O pêndulo volta.*

10. Os padrões do passado: gilania e história 199
    *O "feminino" como força histórica. A história se repete.
    As mulheres como força na história. O ethos feminino. O fim
    da linha.*

11. Rumo à liberdade: a transformação incompleta 225
    *O fracasso da razão. O questionamento das premissas
    androcráticas. As ideologias seculares. O modelo dominador de
    relações humanas. Para a frente ou para trás?*

12. O colapso evolutivo: um futuro de dominação — 245
    Os problemas insolúveis. Questões humanas e questões femininas. A solução totalitária. Novas realidades e velhos mitos.

13. A descoberta evolutiva: rumo a um futuro de parceria — 261
    Uma nova visão da realidade. Uma ciência e uma espiritualidade novas. Uma política e uma economia novas. Transformação.

Epílogo especial para a 25ª edição	285
Notas	297
Ilustrações	347
Índice remissivo	363

Índice de ilustrações

1. Principais sítios arqueológicos de arte rupestre do Paleolítico na Europa ocidental — 349
2. Cronologia da arte rupestre do Paleolítico por André Leroi-Gourhan — 350
3. Cronologia de James Mellaart para Hacilar e Çatal Hüyük — 351
4. O Oriente Próximo mostrando sítios arqueológicos epipaleolíticos e neolíticos — 353
5. Área aproximada das primeiras civilizações da Europa Antiga — 354
6. Primeira Onda Kurgan — 355
7. Terceira Onda Kurgan — 356
8. Cronologia de Marija Gimbutas para o florescimento e destruição da cultura da Europa Antiga — 357
9. Comparação entre a cultura kurgan e a da Europa Antiga — 359
10. Comparação cronológica de Creta com outras civilizações da Antiguidade — 360
11. Principais sítios arqueológicos da Creta minoica — 362
12. Rotas de comércio minoicas e micênicas — 362

Prefácio

Vivemos no Ocidente um momento no devir da humanidade que é bastante peculiar na história da cultura patriarcal europeia à qual pertencemos. Vivemos um momento no qual alguns aspectos desta cultura passam por mudanças que podem levar à sua transformação em outra.

Uma cultura é uma rede de coordenações de emoções e ações na linguagem, que configura o modo particular de entrelaçamento do agir e do emocionar das pessoas que a vivenciam. Aproveitando a etimologia latina da palavra, que significa dar voltas juntos, chamo de conversar este entrelaçamento do falar e do emocionar que acontece no viver humano dentro da linguagem. Sustento, ainda, que todo fazer humano ocorre na fala e que todas as atividades humanas se dão como sistemas distintos de conversação.[1] Por isso também sustento que, em sentido estrito, as culturas – como formas do conviver humano, naquilo que o faz humano, que é o entrelaçamento do falar e do emocionar – são redes de conversação. E também por isto afirmo que as diferentes culturas, enquanto modos diferentes de convivência humana, são redes diferentes de conversação. E uma cultura se transforma em outra quando muda a rede de conversações que a constitui e define.

A cultura patriarcal ocidental à qual pertencemos se caracteriza, enquanto rede particular de conversações, pelas coordenações peculiares de ações e emoções que constituem nossa convivência cotidiana de valorização da guerra e da luta, de aceitação das hierarquias, da autoridade e do poder, de valorização do crescimento e da procriação e de justificação racional do controle do outro através da apropriação da verdade. Assim, no nosso conversar patriarcal, estamos em guerra contra a pobreza, lutamos contra a fome, respeitamos a hierarquia do saber, o conhecimento nos dá autoridade e poder, o aborto é o maior crime e os problemas da humanidade se resolvem com o crescimento econômico e o progresso tecnológico, que nos permite dominar e subjugar a natureza. Na cultura patriarcal a nota fundamental das relações humanas é dada pela submissão ao poder e à razão – em virtude da suposição implícita de que o poder e a razão revelam dimensões transcendentes da ordem natural cósmica às quais o ser humano tem acesso, e que legitimam de maneira também transcendental seu fazer no âmbito do poder e da razão.

Contudo, o aspecto peculiar do momento histórico que vivemos é o resgate de algumas dimensões dos relacionamentos humanos que o patriarcado distorceu ou negou, e que têm a ver com o respeito pelo outro. Agora sabemos que estas dimensões foram parte da vida cotidiana da humanidade, ao menos na Europa, mesmo antes de no Oriente. Com efeito, a partir da compreensão do fenômeno do conhecer, que surgiu nessa mesma cultura patriarcal, fica cada vez mais evidente que o reconhecimento de que não temos acesso cognitivo a uma verdade transcendente e absoluta não acarreta a desordem nem o relativismo caótico, mas sim um novo modo de relacionamento marcado pela cooperação e o respeito. O reconhecimento de que é impossível afirmar a verdade transcendente não é novo, o novo é sua aceitação como uma condição humana legitimadora de um modo de coexistir que, além de não ser motivo de temor, chega a ser muito desejável. Tal aceitação não está acontecendo em toda parte, nem ao mesmo tempo, mas está ocorrendo, e sua existência nos permite ver um mundo pré-patriarcal que não estava preso a uma vindicação de beligerância (profana ou religiosa) que justificasse a negação do diferente em defesa de uma verdade absoluta ou transcendente.

Se ninguém pode reclamar para si o acesso privilegiado ao conhecimento de uma verdade transcendente, absoluta e universal (exatamente por ser transcendente e absoluta), ninguém pode exigir do outro que faça o que ele ou ela diz sob pena de este outro ser negado através da acusação de cegueira, heresia, rebeldia ou erro culpável. Mais ainda, quando cessa a exigência em função da crença na posse da verdade, acaba a tolerância – que não passa de uma revogação temporária da negação do outro – e começa o respeito. Esta não é uma mudança trivial. Ali onde começa o respeito pelo outro, ou do outro, começa a legitimidade do outro e acaba a aceitação das ideologias que justificam sua negação e legitimam seu controle. Onde começa o respeito pelo outro começa a morte das filosofias sociais e políticas que pretendem indicar o curso inevitável da história ou a ordem sociopolítica justa a partir de uma verdade transcendente que valida a submissão de alguns seres humanos a outros através do argumento de que estes outros estão errados.

Esta é a mudança que está acontecendo agora na cultura patriarcal ocidental, tanto no espaço do entendimento como no espaço da própria convivência, já que as fontes desta mudança são a reflexão e o amor. A reflexão que libera do apego é o que constitui a ciência enquanto domínio explicativo e permite o olhar capaz de ajuizar no espaço das preferências as ideologias sociopolíticas do patriarcado; e é o amor que, ao configurar o ético a partir da aceitação do outro, como espaço de ações no qual nos importamos com o que acontece ao outro, permite o olhar reflexivo e a negação das ideologias que negam o amor.

Por que agora e não antes?

Essa rebelião que busca o respeito pelo humano dando uma dimensão ética à convivência deu-se muitas vezes na história do patriarcado, mas aconteceu a partir da intenção de imprimir-lhe uma justificação transcendente com argumentos que, por pertencerem a uma rede de conversações patriarcais, dão ampla margem a ações que negam essa mesma dimensão ética. A tirania gerada pelo patriarcado através de práticas de apropriação da verdade não pode ser negada pela prática da apropriação da verdade. Também não é possível gerar um modo de convivência que se atualiza no respeito mútuo e na colaboração enquanto se vive imerso nas conversações de discriminação e competição que os negam. Para sair do patriarcado é preciso mudar a rede de conversações que o constitui, gerando uma outra rede – e fazer isto a partir de uma reflexão e um desejo que surgem no patriarcado é algo que exige tanto razão como paixão para evitar que se caia nas conversações patriarcais de controle e poder que negariam tal intento no seu próprio começo.

As teorias científicas só procuram explicar as coisas e seu propósito não é salvar nada. Por esse motivo, e em função de sua maneira de construir, as teorias científicas são intrinsecamente libertadoras, e a ciência como metodologia reflexiva é um domínio no qual se aprende o desapego e o respeito pelo outro, ainda que nem sempre o vivenciemos dessa forma. As teorias filosóficas, ao contrário, são propostas ou surgem a partir da intenção de conservar algum princípio, salvar algum valor, proteger alguma crença ou justificar alguma ação. Por isso, as teorias filosóficas não são libertadoras mas, ao contrário, constituem domínios de ações imperativas que fazem exigências do outro e, por fim, justificam a negação do outro, condenando-o quando aquelas exigências não são cumpridas. As teorias científicas surgiram no seio das conversações sobre os assuntos públicos na ágora e na pólis grega, em meio à prática da convivência democrática e, assim sendo, surgiram rompendo a norma patriarcal da apropriação da verdade, ainda que tenham servido muitas vezes de fundamento para tal apropriação. Ali surge o conflito perene entre ciência e religião. A ciência é essencialmente não patriarcal. As teorias filosóficas, em especial as políticas e religiosas, são confirmadoras da cultura na qual nascem, muitas vezes como argumento para a conservação de algum princípio de convivência de ordem ética ou moral. No entanto, em geral, as conversações de autoridade, controle, dominação e poder, que formam parte da rede de conversações constitutivas do patriarcado, se beneficiam de todas as teorias no processo de apropriação da verdade e as transformam em instrumentos de dominação, justificando o controle do outro em nome de um bem superior.

No momento presente do mundo ocidental vivemos a repulsa às teorias filosóficas no campo sociopolítico, teorias com as quais se tentou estabelecer, a partir de uma preocupação ética, um modo de convivência humana fundado no respeito, inicialmente negado pelas conversações de controle e poder dessa mesma cultura patriarcal que lhes deu origem. Sustento, entretanto, que a fonte dessa repulsa não se encontra principalmente na reflexão epistemológica, nem na consciência de seu fracasso do ponto de vista econômico, nem, ainda, na defesa da justiça, mas sim na rebelião contra a justificação racional da negação do outro, através de uma ruptura da rede de conversações patriarcais a partir da atividade da biologia do amor.

As condutas que formam o domínio das ações que na vida cotidiana queremos significar quando falamos de amor são aquelas que constituem o outro como legítimo outro na convivência e que, como tais, fundam o social.[2] A humanidade surge na história dos primatas bípedes, à qual pertencemos quando se agrega a ela o conversar dentro de um modo de viver em grupos pequenos que inclui a lembrança, a partilha de alimentos, a colaboração dos machos na criação dos filhos, a carícia na convivência sexual e a sexualidade frontal – num espaço de convivência que somente pode se constituir e manter através do amor. Ou seja, em sentido estrito os seres humanos surgem do amor, porque o amor como emoção constitui o domínio das ações de aceitação recíproca onde pode surgir e se manter a conversação, que se soma como parte constitutiva do viver que nos distingue do modo de vida dos nossos ancestrais hominídeos. Daí resulta que, como seres humanos, somos seres viciados no amor e dependemos, para a harmonia biológica do nosso viver, da cooperação e da sensualidade, e não da competição e da luta.

Nós, seres humanos, dependemos do amor e adoecemos quando ele nos é negado em qualquer momento da vida. Não há dúvida de que a agressão, o ódio, a confrontação e a competição também acontecem no âmbito do humano, mas não podem ter dado origem ao humano porque são emoções que separam e não deixam espaço de coexistência para que surjam as coordenações de ações que constituem a linguagem.[3] A agressão, a competição, a luta, o controle e a dominação podem ser cultivados depois de estabelecida a linguagem, e de fato foram cultivados na cultura patriarcal, mas quando passam a ser mantidos como parte constitutiva do modo de viver de uma cultura, os seres humanos que a compõem adoecem, seu intelecto se obscurece na contínua negação e perda de dignidade advindas da mentira e da fraude ou, na melhor das hipóteses, as comunidades humanas que a compõe se fragmentam, formando pequenos grupos sociais que lutam continuamente entre si.

Devido à sua origem, a história da humanidade antes do patriarcado não é uma história centrada na competição, na luta ou na agressão, mas numa solidariedade em que a competição, a luta ou a agressão eram somente episódios do conviver, e não um modo de vida. Em sua primeira parte a presente obra trata precisamente dos últimos momentos dessa história na zona do Danúbio, na Europa, mais ou menos entre sete e quatro mil anos antes de Cristo. Ali o período pré-patriarcal era agrário, não tinha fortificações, não tinha sinais de guerra, os lugares de culto abrigavam figuras femininas, não havia diferenças entre as tumbas de homens e de mulheres, e não havia sinais que nos permitam falar de diferenças hierárquicas entre homens e homens, nem entre mulheres e mulheres, ou entre mulheres e homens. Era um mundo de convivência centrado no estético e na harmonia com os mundos animal e vegetal. De fato, era um mundo muito parecido com aquele que podemos imaginar ter sido o mundo cretense matrístico pré-micênico, segundo revelam as pinturas murais cretenses. Mas como era a vida nesse mundo? Qual pode ter sido a rede de conversações que construiu esse mundo no qual não se lutava contra a natureza mas vivia-se com ela? Qual pode ter sido a rede de conversações na qual a colaboração não surgia da obediência nem do sentimento de autoridade ou controle do outro, mas sim do prazer de participar numa empreitada comum?

Como seria viver centrado numa conversação de harmonia com a natureza e não na busca de seu controle e dominação? Como seria viver na cooperação, no prazer da convivência, ao contrário de na competição? Como seria viver sem buscar uma justificação racional para dominar o outro, não pretendendo ser dono da verdade? Não sabemos. Sabemos, sim, da rebelião contra as tiranias ideológicas ao redescobrirmos a dignidade experimentada pelo respeito por si mesmo e pelo outro quando deixamos que a biologia do amor recupere sua presença. Na cultura patriarcal, a experiência espiritual como experiência de pertença a um âmbito maior é vivida a partir do cósmico e é alheia ao humano; na cultura matrística pré-patriarcal, a experiência espiritual é vivida como pertencente ao âmbito humano. Na cultura patriarcal, o amor se perde na busca de um mundo transcendente; na cultura matrística pré-patriarcal, o amor é cotidiano porque pertence de fato à biologia humana e é vivido direta e simplesmente como condição constitutiva da convivência social. Na cultura patriarcal, primeiro se nega a biologia do amor ao valorizar a guerra, a luta e a competição, e depois se busca o amor como algo especial no âmbito cósmico; na cultura matrística pré-patriarcal, a biologia do amor é constitutiva do cotidiano e se dá sem esforço como parte do viver normal, que leva à dignidade conferida pelo respeito por si mesmo e pelo outro. Na cultura patriarcal, o individual e o social se contrapõem porque o individual se afirma nas conversações que legitimam a apropriação e a negação do outro pela valorização da competição e da luta; na cultura matrística pré-patriarcal, o social e o individual não se contrapõem porque o individual surge nas conversações que constroem o social a partir da convivência de indivíduos que não se apropriam do que são ao constituir o social.

A presente obra trata, em sua segunda parte, da possível transformação da cultura patriarcal, que agora parece vivenciar no Ocidente a negação das teorias filosóficas que justificam que algumas pessoas decidam a vida de outras. Mas esta negação não significa necessariamente uma volta aos valores matrísticos, que no fundo não conhecemos, porque nosso olhar sobre o período pré-patriarcal se origina nas conversações patriarcais nas quais estamos imersos. Certa vez alguém me perguntou: "Qual o papel dos homens na sociedade matrística?", e eu respondi que era "o mesmo papel de agora. Participar com a mulher na criação de nosso viver cotidiano, mas sem centrar a relação nas conversações de guerra, competição, dominação, autoridade, hierarquia, luta, controle, propriedade, segurança, certeza, obediência ou poder, mas nas de colaboração, aceitação, conspiração (coinspiração), conversa, ajuda, confiança, convivência, acordo, compartilhamento, beleza e harmonia". "Ah! Mas essas conversações se dão também na cultura patriarcal", contestaram. E eu respondi: "Sim, mas são prontamente desvirtuadas, negando a colaboração através da dominação ou da competição, fazendo desaparecer o acordo por força da hierarquia e da obediência, esquecendo a coinspiração por força do controle e do poder, acabando com o compartilhamento mediante a apropriação, e esquecendo a conversação em meio à exploração". Não, do ponto de vista biológico, o masculino e o feminino não são aquilo que vivemos na cultura patriarcal com a valorização da dominação e da obediência. O que são? São o homem e a mulher na convivência que surge da biologia do amor e que é vivida na coinspiração de um conviver centrado na dignidade do respeito pelo outro e por si mesmo, na colaboração, na harmonização estética com o mundo natural que se respeita e não se explora, e na valorização da sensualidade e do intelecto.

Nesta magnífica obra Riane Eisler propõe sua resposta: a cultura solidária, ou a cultura da parceria, e a propõe como uma tentativa, como um convite a um ato responsável que é o viver a transformação do patriarcado a partir do fundamento do humano na biologia do amor. As conversações patriarcais negam a solidariedade, fazendo dela algo especial, uma virtude que surge como expressão do mais elevado espírito humano, ou como uma farsa de transcendência espiritual. Riane Eisler propõe que isto não é assim, que a solidariedade é o fundamento de uma cultura não alienada pela cultura patriarcal, sendo também o fundamento do humano, e que, se quisermos, poderemos nela viver.

Humberto R. Maturana\
Pañalolén, 1990

Agradecimentos

Em numerosos aspectos, este livro foi um esforço cooperativo que contou com o trabalho e visão de inumeráveis mulheres e homens, muitos dos quais receberam reconhecimento nas notas. Além destes, há muitos outros, cujas críticas, sugestões, edição e preparação de texto e, acima de tudo, apoio e incentivo ao longo dos últimos dez anos foram inestimáveis.

A contribuição de David Loye, a quem este livro é dedicado, foi tão grande que é impossível expressar adequadamente minha gratidão. Não é exagero dizer que este livro não teria sido possível sem a parceria ativa e plena deste homem notável, que muitas vezes chegou a colocar de lado seu próprio trabalho pioneiro em sociologia para, em ato de grande generosidade, doar seu conhecimento, pensamento, habilidades de redação e compreensão com dedicação altruísta e paciência, que verdadeiramente transcendem os limites humanos.

Dentre as muitas mulheres que contribuíram generosamente para este livro, sou grata, em particular, a minha companheira de estudos e amiga Annette Ehrlich, que, apesar de sua vida atribulada de professora de psicologia e consultora editorial científica, conseguiu encontrar tempo para ler várias vezes os longos manuscritos que formaram a base para *O cálice e a espada*. Sua crítica franca e aberta e seu apoio moral incondicional foram de grande valia. Sou também muito grata a Carole Anderson, Fran Hosken, Mara Keller, Rebecca McCann, Isolina Ricci e Wilma Scott Heide, já falecida. Todas elas leram todo ou a maior parte do manuscrito em vários estágios, fazendo valiosas sugestões e oferecendo generosamente seu apoio e afeto. *O cálice e a espada* e eu também devemos muito a Ashley Montagu, que deixou de lado a finalização de dois de seus próprios livros para revisar linha por linha e nota por nota todo este livro. Esta e outras manifestações de fé no meu trabalho, por parte de um homem que dedicou a maior parte de sua longa e extraordinária vida produtiva ao aprimoramento humano, foram uma grande ajuda e fonte de encorajamento.

Seria preciso um outro livro para agradecer de modo adequado a todos que deram importantes contribuições a esta obra: minhas filhas Andrea e Loren Eisler, minha agente Ellen Levine, meu editor Jan Johnson, bem como muitos outros da Harper & Row, inclusive Clayton Carlson, Tom Dorsaneo, Mike Kehoe, Yvonne Keller, Dorian Gossy e Virginia Rich, assim como todos os demais que cuidaram tão bem do livro em seus estágios finais de produção.

Alguns que leram partes de *O cálice e a espada* enquanto ele era escrito, e deram importantes contribuições em função da perspectiva de suas disciplinas acadêmicas, foram os arqueólogos Marija Gimbutas e Nicolas Platon; as cientistas sociais Jessie Bernard e Joan Rockwell; a psiquiatra Jean Baker Miller; as historiadoras da cultura e da arte Elinor Gadon e Merlin Stone; a especialista em literatura comparada Gloria Orenstein; o biólogo Vilmos Csányi; os teóricos do caos e da "auto-organização sistêmica" Ervin Laszlo e Ralph Abraham; o físico Fritjof Capra; os futuristas Hazel Henderson e Robert Jungk; e a teóloga Carol Christ. Outros que leram partes do manuscrito ou ofereceram importantes sugestões, informações, encorajamento e apoio, incluem, em ordem alfabética: Andra Akers, Lettie Bennett, Anna Binicus, June Brindel, Marie Cantlon, Olga Eleftheriades, Julia Eisler, Maier Greif, Mary Hardy, Helen Helmer, Allie Hixson, Elizabeth Holm, Barbara Honegger, Al Ikof, Ed Jarvis, Abida Khanum, Samson Knoll, Pat Lala, Susan Mehra, Mary e Lloyd Morain, Hilkka Pietila e Cosette Thomson. A lista continua, mas uma limitação de espaço inviabiliza a menção de todos – por isso, e por qualquer lapso de memória, peço desculpas, pois gostaria de ter agradecido nominalmente a todos os que, durante os muitos anos de pesquisa e redação, prestaram estímulo intelectual e apoio emocional.

Quero expressar meus agradecimentos especiais aos que participaram do processo aparentemente infindável de preparação do manuscrito, em particular a Jeannie Adams, Ryan Bounds, Kedron Bryson, Kathy Campbell, Sylvia Edgren, Elizabeth Dolmat, DiAna, Elizabeth Harrington, Cherie Long, Jeannie McGregor, Mike Rosenberg, Cindy Sprague, Susanne Shavione, Elizabeth Wahbe e Jo Warley.

Introdução: o cálice e a espada

Este livro abre uma porta. A chave para destrancá-la foi forjada por muitas pessoas e muitos livros, e serão necessários muitos mais para explorar completamente as vastas paisagens que se descortinam através dessa abertura. Mesmo sendo apenas uma fresta, já se revelam novos e fascinantes conhecimentos sobre o nosso passado – e uma nova visão do nosso futuro em potencial.

Para mim, a procura dessa porta foi uma busca da vida inteira. Muito jovem, percebi que aquilo que pessoas de diferentes culturas consideram um dado – algo que é desse jeito e pronto – não é o mesmo em todo lugar. E também bem cedo desenvolvi uma candente preocupação pela condição humana. Quando menina, o mundo aparentemente seguro que conhecia foi despedaçado pela invasão nazista da Áustria. Vi meu pai sendo levado, e depois que minha mãe conseguiu por milagre que ele fosse solto pela Gestapo, meus pais e eu fugimos para salvar nossas vidas. Em virtude dessa fuga, que nos levou primeiro a Cuba e depois aos Estados Unidos, vivenciei três culturas distintas, cada qual com suas próprias verdades. Também comecei a fazer muitas perguntas, perguntas que para mim não são, e jamais foram, abstratas.

Por que caçamos e perseguimos uns aos outros? Por que nosso mundo está tão cheio de infame desumanidade do homem contra o homem – e contra a mulher? Como podem os seres humanos agirem de modo tão brutal com seus semelhantes? O que nos faz pender cronicamente para a crueldade em vez de para a bondade, para a guerra em vez de para a paz, para a destruição em vez de para a realização?

Dentre todas as formas de vida no planeta, somente nós conseguimos plantar e colher, compor poesia e música, buscar a verdade e a justiça, ensinar uma criança a ler e escrever – ou mesmo a rir e a chorar. Graças a nossa capacidade única de imaginar novas realidades e realizá-las através de tecnologias ainda mais avançadas, somos literalmente parceiros de nossa própria evolução. E, no entanto, nossa admirável espécie parece empenhada em pôr fim não apenas à sua própria evolução, mas também à maior parte da vida no planeta, ameaçando a Terra com catástrofes ecológicas ou aniquilação nuclear.

À medida que o tempo foi passando, fui dando continuidade a meus estudos, tive filhos, e, cada vez mais, ao concentrar minha pesquisa e produção literária no futuro, minhas preocupações se ampliaram e aprofundaram. Como muitas outras pessoas, convenci-me de que nos aproximamos a passos largos de uma encruzilhada evolutiva – e nunca antes a escolha do caminho foi tão crítica. Mas que caminho devemos seguir?

Socialistas e comunistas afirmam que a raiz do problema é o capitalismo. Os capitalistas insistem que o socialismo e o comunismo estão nos levando à ruína. Alguns alegam que nossos percalços se devem ao "paradigma industrial" e acusam nossa "visão de mundo científica". Outros ainda culpam o humanismo, o feminismo e até o secularismo, defendendo a volta aos "bons e velhos tempos", quando o mundo era menor, mais simples, mais religioso.

No entanto, se olharmos para nós mesmos – como nos obrigam a televisão e o deprimente ritual diário de ler o jornal pela manhã –, perceberemos que as nações capitalistas, socialistas e comunistas estão igualmente embrenhadas na corrida armamentista e em outras irracionalidades que ameaçam a nós e a nosso meio ambiente. E se olharmos para o passado – os massacres rotineiros praticados por hunos, romanos, bárbaros e assírios, ou as chacinas dos cruzados e inquisidores cristãos –, nos daremos conta de que houve até mais injustiças nas sociedades menores, pré--científicas e pré-industriais que nos precederam.

Já que voltar atrás não é uma resposta válida, como seguir adiante? Muito vem sendo escrito sobre uma nova era, uma grande transformação cultural sem precedentes.[1] Mas o que significa isso na prática? Transformar o que em quê? Tanto do ponto de vista da vida cotidiana como da nossa evolução cultural, o que exatamente poderia ser diferente ou mesmo possível no futuro? A mudança de um sistema que gera guerras crônicas, injustiça social e desequilíbrio ecológico para um que promova paz, justiça social e equilíbrio ambiental é uma possibilidade realista? E o mais importante: que mudanças na estrutura social viabilizariam tal transformação?

A busca de respostas a essas questões me levou à revisão de nosso passado, presente e futuro, sobre o que este livro se baseia. *O cálice e a espada* relata parte dos novos estudos sobre a sociedade humana, que diferem da maioria dos estudos anteriores por levar em consideração *toda* a história humana (incluindo a pré-história), bem como *toda* a humanidade (tanto a metade feminina como a metade masculina).

Ao combinar evidências colhidas nas esferas da arte, arqueologia, religião, ciências sociais, história e muitos outros campos de investigação, a fim de obter padrões novos que casem com maior precisão aos melhores dados disponíveis, *O cálice e a espada* conta uma nova história de nossas origens culturais. Mostra que as guerras e a "guerra dos sexos" não foram determinadas nas esferas divinas ou biológicas, e oferece evidências de que um futuro melhor *é* possível. Na verdade, esse futuro está firmemente enraizado no drama recorrente do nosso verdadeiro passado.

Possibilidades humanas: duas alternativas

Todos conhecemos lendas sobre uma era remota do passado, mais harmoniosa e pacífica. A Bíblia nos fala de um jardim onde mulher e homem viviam em harmonia um com o outro e com a natureza – antes que um deus masculino decretasse que a mulher passaria a ser subserviente ao homem. O *Tao Te Ching* chinês descreve um tempo em que *yin*, ou princípio feminino, não era ainda governado pelo princípio masculino, ou *yang*; um tempo em que a sabedoria da mãe ainda era honrada e seguida acima de tudo. Hesíodo, o poeta grego da Antiguidade, escreveu sobre uma "raça dourada" que cultivava o solo com "pacífica tranquilidade" antes que uma "raça menor" introduzisse seu deus guerreiro. Embora os estudiosos concordem que em muitos aspectos essas obras se baseiam em eventos pré-históricos, as referências a uma era em que mulheres e homens viviam em parceria têm sido vistas como mera fantasia.

Quando a arqueologia estava em seus primórdios, as escavações de Heinrich e Sophia Schliemann ajudaram a estabelecer que a Troia de Homero de fato existiu. Hoje, novas escavações arqueológicas, junto com a reinterpretação de escavações antigas através do uso de métodos mais científicos, revelam que histórias como a de nossa expulsão do Jardim do Éden provêm, igualmente, de realidades muito antigas – de memórias folclóricas das primitivas sociedades agrárias (ou neolíticas) que plantaram os primeiros jardins da terra. Da mesma forma (como havia sugerido o arqueólogo grego Spyridon Marinatos há quase cinquenta anos), a lenda da gloriosa civilização de Atlântida que afundou no mar pode bem ser uma lembrança deturpada da civilização minoica, que sucumbiu quando, segundo se acredita hoje em dia, Creta e as ilhas circundantes foram atingidas em massa por terremotos e tsunamis.[2]

No tempo de Colombo, a descoberta de que a Terra não era plana possibilitou encontrar um fantástico novo mundo que sempre existiu. Da mesma forma, as recentes descobertas arqueológicas – que derivam do que o arqueólogo britânico James Mellaart chama de verdadeira revolução arqueológica – tiveram o mesmo efeito sobre o admirável mundo do nosso passado oculto.[3] Elas revelam um longo período de paz e prosperidade em que nossa evolução social, tecnológica e cultural subiu de patamar – milhares de anos em que todas as tecnologias básicas sobre as quais está edificada nossa civilização foram desenvolvidas por sociedades sem dominância masculina, violência ou hierarquia.

Encontramos mais comprovação da existência de sociedades antigas organizadas de modo muito diverso da nossa nas imagens, de outro modo inexplicáveis, da Deidade como feminina na arte, nos mitos e mesmo nos escritos históricos da Antiguidade. Na verdade, a ideia do universo como

Mãe que tudo provê sobrevive (embora numa forma modificada) até os nossos dias. Na China, as deidades femininas Ma Tsu e Kuan Yin ainda são amplamente veneradas como deusas benéficas e compassivas. Com efeito, o antropólogo P. S. Sangren observa que "Kuan Yin é nitidamente a mais popular das deidades chinesas".[4] De modo análogo, é amplamente disseminada a veneração de Maria, Mãe de Deus. Embora na teologia católica ela tenha sido relegada a um status de não divindade, sua condição de divindade é implicitamente reconhecida por seu título de Mãe de Deus, bem como pelas orações de milhões de fiéis que diariamente buscam sua compassiva proteção e seu amoroso consolo. Além disso, a história do nascimento, morte e ressurreição de Jesus guarda uma semelhança impressionante com os primeiros "cultos misteriosos" em torno da Mãe divina e seu filho ou sua filha, como na veneração de Deméter e Core.

Faz muito sentido, evidentemente, que a primeira representação de poder divino em forma humana tenha sido feminina ao invés de masculina. Quando nossos ancestrais começaram a se perguntar sobre as eternas questões (De onde viemos, antes de nascer? Para onde vamos, depois de morrer?), devem ter notado que a vida emerge do corpo de uma mulher. Seria natural para eles imaginar o universo como uma Mãe generosa, de cujo ventre aflora toda vida, e ao qual tudo retorna depois da morte para em seguida ressurgir, como nos ciclos da vida vegetal. Também faz muito sentido que as sociedades com esta imagem dos poderes que governam o universo tivessem uma estrutura social muito diferente das sociedades que veneram um Pai divino que empunha um raio e/ou uma espada. É igualmente lógico que as mulheres não fossem vistas como subservientes nas sociedades que concebiam os poderes que regem o universo em forma feminina – e que qualidades "afeminadas" como cuidado, compaixão e não violência seriam altamente valorizadas em tais sociedades. O que *não* faz sentido algum é concluir que as sociedades onde os homens não dominavam as mulheres eram sociedades onde as mulheres dominavam os homens.

Não obstante, no século XIX, quando foram encontradas as primeiras evidências da existência de tais sociedades, concluiu-se que elas devem ter sido provavelmente "matriarcais". Quando as evidências pareciam não corroborar tal conclusão, novamente popularizou-se o argumento de que a sociedade humana sempre foi – e sempre será – dominada pelos homens. No entanto, se nos livrarmos dos modelos de realidade prevalecentes, fica claro que há outra alternativa lógica: pode haver sociedades nas quais a diferença não equivale necessariamente a inferioridade ou superioridade.

Uma das consequências do reexame da sociedade humana a partir de uma perspectiva holística no tocante ao gênero foi o surgimento de uma nova teoria da evolução cultural. Essa teoria, que chamei de Teoria da Transformação Cultural, propõe que, subjacente à grande diversidade superficial da cultura humana, existem dois modelos básicos de sociedade.

O primeiro, que chamo de modelo *dominador*, é aquele comumente denominado patriarcado ou matriarcado: a metade da humanidade *classificada* como superior à outra metade. O segundo, no qual as relações sociais são baseadas num princípio de *conexão* ao invés de escalonamento, pode ser mais bem descrito como um modelo de *parceria*. Neste modelo, a diversidade (a começar pela diferença mais fundamental de nossa espécie: masculino e feminino) não equivale a inferioridade nem a superioridade.[5]

A Teoria da Transformação Cultural propõe ainda que a orientação original da principal corrente de pensamento de nossa evolução cultural apontava para a parceria, mas que, depois de um período de caos e quase total desagregação cultural, houve uma mudança social fundamental. A maior disponibilidade de informações sobre as civilizações ocidentais (devido ao foco etnocêntrico da ciência social ocidental) viabilizou a documentação mais detalhada dessa mudança através da análise da evolução cultural do Ocidente. No entanto, existem indicadores de que tal mudança de orientação, de um modelo de parceria para um de dominação, teve algum paralelismo em outras partes do mundo.[6]

O título desta obra, *O cálice e a espada*, se origina da virada cataclísmica ocorrida durante a pré-história da civilização ocidental, quando a orientação de nossa evolução cultural foi literalmente invertida. Nesse desvio fundamental interrompeu-se a evolução cultural das sociedades que veneravam os poderes geradores e mantenedores da vida no universo – hoje ainda simbolizados pelo cálice sagrado ou graal. Surgiram no horizonte pré-histórico invasores das áreas periféricas do globo, que introduziram uma forma de organização social muito diferente. Como escreve a arqueóloga Marija Gimbutas, da Universidade da Califórnia, esses invasores eram pessoas que veneravam o "poder letal da espada"[7] – o poder de tirar a vida em vez de dá-la, que é o poder supremo quando se trata de estabelecer e manter a dominação.

A encruzilhada evolutiva

Hoje nos encontramos em outra encruzilhada potencialmente decisiva. Numa era em que o poder letal da Espada – amplificado milhões de vezes por megatoneladas de armas nucleares – ameaça pôr fim a toda cultura humana, as novas descobertas sobre a história antiga e moderna relatadas em *O cálice e a espada* oferecem um novo capítulo da história de nosso passado. E, mais importante, esses novos conhecimentos nos falam de nosso presente e nosso futuro possível.

Durante milênios os homens fizeram guerras, e a Espada é um símbolo masculino. Mas isso não significa que os homens sejam inevitavelmente violentos e guerreiros.[8] No contexto da história escrita, temos notícia de homens que foram pacíficos e não violentos. Além disso, obviamente, houve homens e mulheres das sociedades pré-históricas que manifestaram magistralmente o poder de dar e nutrir, representado pelo cálice. O problema fundamental não é o do masculino enquanto sexo. A raiz do problema repousa num sistema social em que o poder da Espada é idealizado – em que tanto homens quanto mulheres aprendem a equiparar a verdadeira masculinidade com violência e dominância, e a ver os homens que não estão em conformidade com esse ideal como "fracos" ou "afeminados".

Para muitas pessoas, é difícil acreditar que qualquer outra forma de estrutura social humana seja possível – menos ainda que nosso futuro possa depender de qualquer coisa ligada às mulheres ou à feminilidade. Um dos motivos para tal descrença é que nas sociedades de dominação masculina tudo o que esteja associado à mulher ou ao feminino é automaticamente visto como secundário ou "coisa de mulher" – como algo que será levado em consideração, se for, só depois que os "problemas mais importantes" já tiverem sido resolvidos. O outro motivo é que faltaram as informações necessárias. Ainda que a humanidade obviamente seja formada por duas metades (mulheres e homens), na maioria dos estudos sobre a sociedade humana, o protagonista, ou melhor, o único ator, tem sido o homem.

Como resultado do que foi literalmente "o estudo do homem", a maioria dos cientistas sociais teve de trabalhar com dados tão distorcidos e incompletos que tal estudo, em qualquer outro contexto, teria sido denunciado como profundamente falho. Mesmo nos dias de hoje, as informações sobre a mulher estão bastante restritas a um gueto de estudos do feminino. Além disso, e compreensivelmente, devido à sua importância imediata (embora tão negligenciada) para a vida das mulheres, a maior parte das pesquisas das feministas se concentrou nas implicações do estudo das mulheres por mulheres.

Este livro é diferente porque focaliza as implicações de como organizamos as relações entre as duas metades da humanidade tendo em vista a totalidade do sistema social. Obviamente, o modo como tais relações estão estruturadas traz consequências decisivas para a vida pessoal de homens e mulheres, para nossos papéis na vida cotidiana e nossas opções de vida. Mas igualmente importante, embora ainda bastante ignorado, é um fato que parece óbvio depois de explicitado: o modo como estruturamos a mais fundamental de todas as relações humanas (sem a qual nossa espécie não pode sobreviver) exerce um efeito profundo sobre todas as instituições, valores e – como demonstrarei nas páginas que se seguem – sobre a orientação da nossa evolução cultural; mais especificamente, se ela será pacífica ou belicosa.

Se pararmos para pensar a respeito, há apenas dois modos básicos de estruturar as relações entre a metade feminina e a metade masculina da humanidade. Todas as sociedades baseiam-se ou num modelo dominador – segundo o qual as hierarquias humanas são em última instância mantidas pela força ou ameaça do uso de força – ou num modelo de parceria, com algumas variações entre um e outro. Além disso, se reexaminarmos a sociedade humana de uma perspectiva que inclua *ambos*, mulher e homem, logo veremos que há padrões, ou configurações sistêmicas, que caracterizam as organizações sociais de dominação ou, alternativamente, as de parceria.

Por exemplo, partindo de uma perspectiva convencional, a Alemanha de Hitler, o Irã de Khomeini, o Japão dos samurais e a Mesoamérica dos astecas foram sociedades radicalmente diferentes no tocante a raças, origens étnicas, desenvolvimento tecnológico e localização geográfica. Mas da nova perspectiva da Teoria da Transformação Cultural, que identifica as configurações sociais características de sociedades de dominação estritamente masculina, é possível detectar semelhanças marcantes. Todas essas sociedades, tão diferentes em outros aspectos, apresentam dominação estritamente masculina e também uma estrutura social hierárquica e autoritária com alto grau de violência social e, especialmente, guerras.[9]

Por outro lado, também detectamos semelhanças impressionantes em sociedades extremamente diferentes entre si no tocante a outros aspectos, mas que são todas mais igualitárias do ponto de vista do gênero. Em geral, essas sociedades que seguem o "modelo de parceria" tendem a ser muito mais pacíficas e também muito menos hierárquicas e autoritárias. Temos evidência disso através de dados antropológicos (por exemplo, os BaMbuti e os !Kung), estudos contemporâneos de tendências encontradas em sociedades modernas mais igualitárias sexualmente (em nações escandinavas como a Suécia) e dados históricos e pré-históricos que serão detalhados nas páginas seguintes.[10]

Ao utilizar os modelos de dominação e parceria de organização social para analisar nosso presente e possível futuro, poderemos também começar a transcender as polaridades convencionais entre direita e esquerda, capitalismo e comunismo, religião e secularismo, e mesmo feminismo e machismo. A perspectiva mais ampla que se configura indica que todos os movimentos modernos e pós-iluministas em busca de justiça social, sejam religiosos ou seculares, bem como os recentes movimentos feminista, ecológico e pela paz, são parte da pulsão subjacente em direção à transformação do sistema de dominação em um sistema de parceria. Além disso, em nossa era de tecnologias com poderes sem precedentes, tais movimentos podem ser vistos como parte do ímpeto evolutivo de nossa espécie em busca da sobrevivência.

Se contemplarmos toda a trajetória de nossa evolução cultural do ponto de vista da Teoria da Transformação Cultural, veremos que as raízes da crise global contemporânea remontam à mudança fundamental ocorrida na pré-história, e que trouxe alterações gigantescas não apenas na estrutura social, mas também no âmbito da tecnologia. Foi assim a passagem da ênfase nas tecnologias que davam sustentação e aprimoravam a vida para tecnologias simbolizadas pela Espada: projetadas para destruir e dominar. Esse tem sido o foco tecnológico durante a maior parte da história escrita. E é esse mesmo foco tecnológico, e não a tecnologia em si, que hoje ameaça a sobrevivência da vida no planeta.[11]

Sem dúvida haverá os que argumentarão no sentido de que, se houve uma mudança do modelo de parceria para o modelo de dominação na pré-história, esta deve ter sido uma mudança adaptativa. Contudo, não se sustenta o argumento de que toda ocorrência evolutiva é sempre adaptativa – como mostra a amplamente comprovada extinção dos dinossauros. De todo modo, em termos evolutivos a evolução cultural humana é breve demais para permitir tal julgamento. O argumento válido, dado nosso alto nível de desenvolvimento tecnológico, parece ser o de que um modelo dominador de organização social é não adaptativo.

Pelo fato de o modelo dominador estar chegando a seus limites lógicos, hoje muitos homens e mulheres rejeitam princípios consagrados de organização social, incluindo papéis sexuais estereotipados. Para muitos outros, essas mudanças são sinais de colapso do sistema, de desagregação caótica que deve ser contida a qualquer custo. Mas justamente porque o mundo está mudando com tanta rapidez, é que tantas pessoas em tantas partes do mundo começam a ver que existem outras alternativas.

O cálice e a espada examina essas alternativas. Embora as informações que se seguem mostrem que um futuro melhor é possível, de modo algum se pode concluir que já sobrepujamos a ameaça de um holocausto nuclear ou ecológico (como alguns querem nos convencer), e que uma era melhor virá inevitavelmente. Em última análise, a escolha é nossa.

Caos ou transformação

O estudo sobre o qual *O cálice e a espada* se baseia é do tipo que os cientistas sociais chamam de sociologia ativa.[12] Não se trata meramente de um estudo do que foi, é ou pode ser; refere-se também a uma exploração em torno de como podemos intervir mais eficazmente na nossa própria evolução cultural. O restante da presente introdução é dirigido mais ao leitor interessado em aprender sobre esse estudo. Outros leitores talvez prefiram ir diretamente para o capítulo 1, talvez retornando a esta parte depois.

Até o presente, a maioria dos estudos sobre evolução cultural se concentrou, basicamente, na progressão de níveis mais simples para níveis mais complexos de desenvolvimento tecnológico e social.[13] Grande atenção foi dada a mudanças tecnológicas de ponta, como a invenção da agricultura, a revolução industrial e, mais recentemente, a mudança para uma era pós-industrial ou nuclear/eletrônica.[14] Obviamente, esse tipo de movimento tem implicações sociais e econômicas importantíssimas. No entanto, traduz apenas parte da história humana.

A outra parte da história diz respeito a um movimento diverso: as mudanças sociais em direção a um modelo de parceria ou dominação dentro da organização social. Como já foi dito, a tese central da Teoria da Transformação Cultural é que em sociedades de parceria e sociedades dominadoras a orientação da evolução cultural é muito diferente.

Tal teoria brota, em parte, de uma importante distinção muitas vezes ignorada: o termo *evolução* tem duplo sentido. No jargão científico, descreve a história biológica e, por extensão, cultural de uma espécie viva. Mas evolução é também um termo normativo. De fato, é muitas vezes usado como sinônimo de progresso: um movimento que parte de níveis mais baixos para níveis mais altos.

Na realidade, nem mesmo nossa evolução tecnológica obedeceu a um movimento linear de níveis mais baixos para níveis mais altos. Ela foi, antes, um processo pontuado por grandes regressões, como a Idade das Trevas na Grécia e a Idade Média.[15] No entanto, parece existir um impulso subjacente levando em direção a uma maior complexidade tecnológica e social. Da mesma forma, parece haver um impulso humano em direção a metas mais elevadas: verdade, beleza e justiça. Mas o movimento em direção a tais metas não pode ser considerado linear, como demonstram de modo muito vívido a brutalidade, a opressão e a guerra, tão características da história escrita. De fato, e como comprovam os dados que examinaremos, houve também grandes regressões.

Ao reunir os dados para mapear e testar as dinâmicas sociais que venho estudando, recolhi descobertas e teorias de muitos campos das ciências sociais e naturais. Duas fontes foram especialmente úteis: a nova produção acadêmica feminista e os recentes achados científicos sobre a dinâmica das mudanças.

Os novos conhecimentos sobre como os sistemas se formam, se mantêm e se transformam estão se espalhando rapidamente para muitos campos da ciência, graças a trabalhos de ganhadores do Prêmio Nobel, como Ilya Prigogine e Isabel Stengers em química e sistemas gerais, Robert Shaw e Marshall Feigenbaum, na física, e Humberto Maturana e Francisco Varela, na biologia.[16] Esse corpo emergente de teoria e dados é muitas vezes identificado com a "nova física", popularizada por livros como *O tao da física* e *O ponto de mutação*,[17] de Fritjof Capra. É também chamada, às vezes, teoria do caos porque, pela primeira vez na história da ciência, focaliza mudanças repentinas e fundamentais – o tipo de mudança que nosso mundo vem experimentando com cada vez mais frequência.

Especialmente interessantes são os novos estudos que se debruçam sobre mudanças evolutivas, realizados por biólogos e paleontólogos como Vilmos Csányi, Niles Eldredge e Stephen Jay Gould, bem como os trabalhos de acadêmicos como Erich Jantsch, Ervin Laszlo e David Loye, sobre as implicações da teoria do caos para a evolução cultural e as ciências sociais.[18] De modo algum estou afirmando que a evolução cultural humana é a mesma coisa que a evolução biológica. Mas embora haja importantes diferenças entre as ciências sociais e naturais, e embora o estudo dos sistemas sociais deva evitar o reducionismo mecanicista, ainda assim, existem importantes semelhanças entre as duas no tocante às mudanças e à auto-organização dos sistemas.

Todos os sistemas são mantidos através da interação mutuamente reiterativa de partes críticas do mesmo sistema. Assim, em alguns aspectos importantes, a Teoria da Transformação Cultural (apresentada no presente livro) e a teoria do caos (sendo desenvolvida nas ciências naturais e sistêmicas) guardam semelhanças ao nos falarem do que aconteceu – e poderá acontecer novamente – nas ramificações sistêmicas críticas ou pontos de bifurcação, quando podem ocorrer rápidas transformações do sistema como um todo.[19]

Por exemplo, Eldredge e Gould propõem que, em vez de caminhar sempre gradualmente para estágios superiores, a evolução consiste em longos períodos de equilíbrio, ou ausência de grandes mudanças, pontuados por ramificações evolutivas ou pontos de bifurcação em que novas espécies surgem na periferia, à margem do habitat da espécie parental.[20] E muito embora haja diferenças óbvias entre o surgimento de novas espécies e a passagem de um tipo de sociedade para outro, como veremos, há semelhanças espantosas entre o modelo de "populações periféricas isoladas", proposto por Gould e Eldredge (bem como as ideias de outros teóricos do caos e da evolução), e o que aconteceu no passado, e talvez esteja voltando a ocorrer na nossa evolução cultural presente.

É óbvia a contribuição das acadêmicas feministas para o estudo holístico da evolução cultural. Abarcando toda a extensão da história humana e as *duas* metades da humanidade, o trabalho delas oferece os dados que estavam faltando nas fontes convencionais. De fato, a reavaliação do nosso passado, presente e futuro exposta na presente obra não teria sido possível sem o trabalho de estudiosas como Simone de Beauvoir, Jessie Bernard, Ester Boserup, Gita Sen, Mary Daly, Dale Spender, Florence Howe, Nancy Chodorow, Adrienne Rich, Kate Millett, Barbara Gelpi, Alice Schlegel, Annette Kuhn, Charlotte Bunch, Carol Christ, Judith Plaskow, Catharine Stimpson, Rosemary Radford Ruether, Hazel Henderson, Catharine MacKinnon, Wilma Scott Heide, Jean Baker Miller e Carol Gilligan, para mencionar apenas algumas.[21] Remontando ao tempo de Aphra Behn, no século XVII, ou até antes disso,[22] mas tomando corpo apenas nas duas últimas décadas do século XX, a massa emergente de dados e descobertas oferecidos por estudiosas feministas está, como fez a teoria do caos, abrindo novas fronteiras para a ciência.

Embora radicalmente distantes quanto às suas origens – uma no tradicional mundo masculino, a outra numa experiência e visão de mundo feminina –, as teorias feminista e do caos na verdade têm muito em comum. Ambas ainda são vistas pela ciência tradicional como atividades misteriosas ou estranhas ao mundo das ocupações dignas de louvor. Esses dois corpos de conhecimento, ambos com foco na *transformação*, partilham da crescente consciência de que o sistema atual está em colapso, e de que devemos encontrar formas de descobrir um novo tipo de futuro.

Os capítulos que se seguem exploram as raízes de – e caminhos para – um tal futuro. Contam uma história que começa milhares de anos antes de nossa história escrita: a história de como a orientação originalmente de parceria da cultura ocidental deu uma guinada e seguiu por um desvio sangrento de cinco mil anos de dominação. Mostram que nossos crescentes problemas globais são, em grande parte, consequências lógicas do modelo dominador de organização social no nosso nível de desenvolvimento tecnológico – e que, portanto, *não* podem ser resolvidos no seu próprio contexto. Mostram também que há um outro curso a seguir, o qual, como cocriadores de nossa própria evolução, ainda podemos escolher. Esta é a alternativa que nos permite *passar* para um outro paradigma em vez de assistir ao colapso do atual. Dando novas estruturas a política, à economia, à ciência e à espiritualidade, poderemos caminhar para um mundo de parcerias.

Capítulo 1

Viagem a um mundo perdido: os primórdios da civilização

Preservada no santuário de uma caverna por mais de vinte mil anos, uma figura feminina nos fala da mente dos nossos primeiros ancestrais ocidentais. Ela é pequena, entalhada em pedra: uma das chamadas estatuetas de Vênus, ou Vênus esteatopígias, encontradas em toda parte na Europa pré-histórica.

Descobertas em escavações que se estendem por uma grande área geográfica – dos Bálcãs, no leste europeu, até o lago Baikal, na Sibéria, e a oeste de Willendorf, perto de Viena, chegando até Grotte de Pape, na França –, essas estatuetas foram descritas por alguns estudiosos como manifestações do erotismo masculino, ou seja, a versão pré-histórica da revista *Playboy* dos nossos tempos. Para outros estudiosos, essas estatuetas são apenas objetos usados em ritos de fertilidade primitivos e presumivelmente obscenos.

Mas qual é, de fato, o significado dessas esculturas primitivas? Poderiam realmente ser descartadas como meros "produtos da imaginação masculina degenerada"?[1] Será que *Vênus* é o termo apropriado para descrever essas figuras de quadris largos, por vezes grávidas, altamente estilizadas e frequentemente sem rosto? Ou será que essas esculturas pré-históricas nos dizem algo importante sobre nós mesmos, sobre mulheres e homens que certa vez veneraram o poder universal de gerar a vida?

O Paleolítico

Junto com as pinturas e santuários rupestres e os cemitérios, as estatuetas femininas são importantes registros físicos dos povos do Paleolítico. São um testemunho do assombro de nossos antepassados diante do mistério da vida e da morte. São indicações de que bem cedo na nossa história a vontade humana de viver encontrou expressão e conforto através de uma série de rituais e mitos que parecem estar associados à crença, ainda hoje amplamente difundida, de que os mortos podem voltar à vida através da reencarnação.

"Num grande santuário rupestre como Les Trois Frères, Niaux, Font de Gaume ou Lascaux", escreve o historiador religioso E. O. James,

> as cerimônias provavelmente envolviam um esforço organizado por parte da comunidade [...] para controlar forças e processos naturais por intermédio do sobrenatural em prol do bem comum. Seja em função do suprimento alimentar, do mistério do nascimento ou da procriação e morte, ao que tudo indica, a tradição sagrada surgiu e perpetuou-se em resposta à vontade de viver aqui e além.[2]

Essa tradição sagrada encontrou expressão na fantástica arte do Paleolítico. E parte integrante dessa tradição sagrada foi a associação do feminino aos poderes que governam a vida e a morte.

Encontramos tal associação do feminino ao poder de dar a vida nos cemitérios do Paleolítico. Por exemplo, no abrigo de pedra conhecido como Cro-Magnon, em Les Eyzies, na França (onde em 1868 foram desenterrados os primeiros resquícios dos esqueletos de nossos ancestrais do Paleolítico Superior), foram encontradas, cuidadosamente dispostas em torno e sobre os cadáveres, conchas de moluscos. Essas conchas, como descreve pudicamente E. O. James, têm a forma "do portal através do qual a criança vem ao mundo", e parecem estar associadas a algum tipo primitivo de adoração da deidade feminina. Segundo James, essa concha era um agente doador de vida. Como também o ocre vermelho, que em tradições posteriores substitui o sangue menstrual ou doador de vida da mulher.[3]

Aparentemente, era dada grande ênfase à associação da mulher com o ato de dar e suster a vida. Mas ao mesmo tempo, a morte, ou mais especificamente a ressurreição, também parece ter sido um tema religioso central. Tanto a colocação ritual das conchas em forma de vagina, em torno ou sobre o morto, como a prática de cobrir essas conchas e/ou o cadáver com ocre vermelho (simbolizando o poder vitalizante do sangue) parecem ter composto os ritos funerários cujo propósito era trazer de volta o falecido através do renascimento. Conforme observa James, esses indícios apontam mais especificamente para "rituais funerários parecidos com um ritual de dar à vida, intimamente ligados às estatuetas femininas e outros símbolos do culto à Deusa".[4]

Além dessas evidências arqueológicas dos ritos funerários do Paleolítico, há também indicação de ritos aparentemente planejados para aumentar a fecundidade de animais selvagens e plantas, que constituíam o sustento de nossos antepassados. Por exemplo, na galeria da inacessível caverna de Tuc d'Audoubert, em Ariège, sobre o chão macio de argila e sob uma parede onde foram pintados dois bisões (uma fêmea seguida por um macho), encontramos pegadas humanas que os estudiosos acreditam terem sido feitas em danças rituais. Da mesma forma, no abrigo de pedra de Cogul, na Catalunha, encontramos uma cena com mulheres, possivelmente sacerdotisas, dançando em volta de uma figura masculina menor, no que parece ser uma cerimônia religiosa.

Esses santuários, estatuetas, cemitérios, ritos e pinturas rupestres parecem estar relacionados com a crença de que toda a vida vegetal e animal se origina da mesma fonte de onde brota a vida humana – a Grande Deusa Mãe ou Doadora de Tudo, que encontramos também em períodos posteriores da civilização ocidental. Sugerem, ainda, que nossos primeiros ancestrais reconheciam que os humanos e o meio ambiente são partes integralmente unidas do grande mistério da vida e da morte e que, portanto, toda a natureza deve ser tratada com respeito. Essa consciência – mais tarde ilustrada enfaticamente por estatuetas de Deusas ora cercadas por símbolos naturais, como animais, água e árvores, ora apresentando, elas mesmas, um corpo parcialmente animal – foi evidentemente vital para nossa herança psíquica mais remota. Também de importância central para essa herança perdida foi o evidente espanto e deslumbramento diante do grande milagre da condição humana: o milagre do nascimento encarnado através do corpo de uma mulher. A julgar por tais registros psíquicos antigos, esse foi um tema fundamental para os sistemas de crença ocidentais pré-históricos.

No entanto, o raciocínio que vimos desenvolvendo até aqui não corresponde à visão de muitos estudiosos. Nem é esta a abordagem ensinada hoje em muitos cursos sobre as origens da civilização. Nos trabalhos mais conhecidos sobre o assunto prevalecem ainda os preconceitos dos antigos acadêmicos, que viam a arte do Paleolítico sob a ótica do estereótipo convencional de "homem primitivo": um guerreiro e caçador sedento de sangue – de fato, algo muito diferente do que realmente existia nas primeiras sociedades de caçadores-coletores, segundo descobertas mais recentes.[5] Com base na interpretação de material bastante fragmentado do período Paleolítico, foram construídas teorias sobre a organização social pré e proto-histórica centradas no homem. E mesmo quando novas descobertas foram feitas, geralmente essas também foram interpretadas por acadêmicos de forma a encaixá-las aos moldes teóricos antigos.

Um dos pressupostos desses teóricos era – e de modo geral ainda é – que o *homem* pré-histórico foi o único responsável pela produção artística do Paleolítico. Novamente, tal conclusão não tem qualquer base em evidências concretas. Pelo contrário, resulta de preconceitos acadêmicos que contradizem achados como, por exemplo, os encontrados entre os Vedda contemporâneos de Sri Lanka, Ceilão, onde são as mulheres, e não os homens, quem fazem as pinturas rupestres.[6]

E na raiz desses preconceitos está a ideia (como menciona John Pfeiffer em *The Emergence of Man* [A emergência do homem]) de que "a caça dominava a atenção e a imaginação do homem pré-histórico" e que, "se ele era de algum modo parecido com o homem moderno, recorria a rituais em várias ocasiões para ajudar a repor e aumentar seu poder".[7] Segundo esse viés, as pinturas rupestres do Paleolítico eram interpretadas como relacionadas à caça, mesmo quando mostravam mulheres dançando. Da mesma forma, como mencionado antes, os achados que mostravam formas de adoração antropomórfica centrada na mulher – tais como representações de mulheres de quadris largos e grávidas – tinham de ser ignorados ou classificados como meros objetos sexuais masculinos: eróticas "Vênus" obesas ou "imagens de beleza barbaresca".[8]

Com algumas exceções, o modelo evolutivo do homem caçador-coletor influenciou a maioria das interpretações da arte do Paleolítico. Somente no final do século XX, com as escavações na Europa oriental, ocidental e na Sibéria, é que a interpretação dos novos e antigos achados começou a mudar gradualmente. Alguns dos novos pesquisadores eram mulheres, que notaram as imagens alusivas à genitália feminina. Elas também adotaram explicações religiosas mais complexas do que a simples "magia de caça" antes usada na interpretação da arte paleolítica.[9] Surgiram mais cientistas leigos que se dedicaram ao estudo do Paleolítico, ao invés de monges, como o abade Breuil (cujas interpretações "morais" das práticas religiosas deram o tom de boa parte da pesquisa realizada no século XIX e início do XX), sendo que alguns homens que reexaminaram as pinturas rupestres, estatuetas e outros achados paleolíticos começaram a questionar os pressupostos antes aceitos pelo meio acadêmico.

Um interessante exemplo de tal questionamento surgiu no tocante às formas de linha ou palito pintadas nas paredes de cavernas paleolíticas e entalhadas em objetos de osso ou pedra. Para muitos estudiosos, era óbvio que representavam armas: flechas, setas, lanças, arpões. No entanto, como escreve Alexander Marshack em *The Roots of Civilization* [As raízes da civilização], uma das primeiras obras a desafiar esta interpretação padrão, aquelas linhas poderiam muito bem ser simplesmente plantas, árvores, galhos, juncos e folhas.[10] Além do mais, essa interpretação explicaria a estranha ausência de vegetação na pintura de pessoas que, como os atuais povos caçadores-coletores, dependiam muito da vegetação para comer.

Em *Paleolitic Cave Art* [Arte rupestre do Paleolítico], Peter Ucko e Andrée Rosenfeld também levantaram a questão da peculiar ausência de vegetação na arte paleolítica. Notaram ainda uma outra incongruência curiosa. Todas as demais evidências mostram que um tipo especial de arpão, chamado bisseriado, só apareceu no Paleolítico Superior ou Período Magdaleniano –, sendo que os estudiosos os "reconheciam" em "palitos" desenhados milhares de anos antes, nas pinturas rupestres de cavernas pré-históricas. Além disso, por que os artistas pré-históricos retratariam tantos *insucessos* na caça? Pois, se as linhas e palitos fossem realmente armas, tais pinturas estariam eternizando lanças que *não* atingiram o alvo.[11]

Para sondar este mistério, Marshack (que não era arqueólogo e, portanto, não estava preso às convenções arqueológicas anteriores) examinou minuciosamente um objeto de osso que continha gravações antes descritas como representações de arpões. Com o microscópio ele descobriu não apenas que a seta desses supostos arpões estava virada para o lado errado, mas também que a ponta se encontrava na extremidade errada. Se não eram armas "viradas para o lado errado", o que estariam representando estas gravuras? Por fim, ele observou que as linhas coincidiam perfeitamente com o ângulo normal de galhos crescendo no alto de um longo caule. Em outras palavras, estas e outras gravuras convencionalmente descritas como "sinais dentados" ou "objetos masculinos" são, muito provavelmente, apenas representações estilizadas de árvores, galhos e plantas.[12]

E, assim, o escrutínio mais profundo revelou, muitas vezes, que a visão tradicional da arte do Paleolítico como sendo basicamente magia primitiva de caça pode ser considerada mais uma projeção de estereótipos do que uma interpretação lógica do objeto observado. O mesmo acontece com a explicação das estatuetas femininas do Paleolítico como sendo obscenos objetos sexuais masculinos ou manifestações de um culto primitivo de fertilidade.

Provavelmente, nunca saberemos com absoluta certeza qual o significado específico que as pinturas, estatuetas e símbolos tinham para nossos antepassados do Paleolítico, em virtude da escassez de resquícios e da distância entre o tempo deles e o nosso. Mas depois do impacto causado pela primeira publicação de pinturas rupestres do Paleolítico, com maravilhosas imagens coloridas, o poder evocativo dessa arte tornou-se lendário. Algumas das representações de animais são tão refinadas como a dos melhores artistas contemporâneos, expressando um viço que poucos modernistas conseguem colocar na tela. Portanto, de uma coisa podemos ter certeza: a arte do Paleolítico é muito mais do que grosseiras garatujas de primitivos subdesenvolvidos. Ao contrário, ela nos fala de tradições psíquicas que precisamos compreender se quisermos saber como os humanos eram, são e poderão ser.

Como escreveu André Leroi-Gourhan, diretor do Centro de Estudos Pré-históricos e Proto-históricos da Sorbonne, em um dos mais importantes estudos recentes sobre a arte do Paleolítico: é "insatisfatório e ridículo" descartar o sistema de crenças daquele período sendo um "culto primitivo de fertilidade". É possível, "sem desvirtuamento, tomar o todo da arte figurativa do Paleolítico como expressão de conceitos relativos à organização natural e sobrenatural do mundo vivo", observou ele, acrescentando que os povos do Paleolítico "sem dúvida conheciam a divisão dos mundos animal e humano em duas metades opostas, e imaginavam que a união dessas duas metades regulava a economia das coisas vivas".[13]

As conclusões de Leroi-Gourhan – no sentido de que a arte do Paleolítico reflete a importância que nossos antepassados davam à sua observação da existência de dois sexos – baseiam-se na análise de milhares de pinturas e objetos encontrados em escavações de cerca de sessenta cavernas do Paleolítico. Apesar de usar uma linguagem de estereótipos feminino-masculino própria do sadomasoquismo, e em outros aspectos adotar convenções arqueológicas do passado, ele constata que a arte desse período expressa alguma forma incipiente de religião, na qual figuras e símbolos femininos ocupam posição central. Nesse sentido, faz duas observações fascinantes. Em geral, as figuras de mulher e os símbolos que ele interpretou como femininos foram encontrados numa posição central dentro das câmaras escavadas. Em contraste, os símbolos masculinos geralmente ocupavam posições periféricas ou estavam dispostos em volta das figuras e símbolos femininos.[14]

Os achados de Leroi-Gourhan estão alinhados com a perspectiva que propus acima: de que as conchas em forma de vagina, o ocre vermelho dos sepultamentos, as chamadas estatuetas de Vênus e as estatuetas de criaturas meio animal, meio mulher, descartadas como "monstruosidades", relacionam-se a uma forma primitiva de adoração, na qual os poderes da mulher de doar a vida desempenhavam papel importante. São expressão da tentativa feita por nossos antepassados de compreender o mundo – tentativas de responder a questões humanas universais: de onde viemos ao nascer e para onde vamos ao morrer? E confirmam algo que poderíamos concluir pela lógica: junto com a consciência do existir diante de outros seres humanos, animais e o resto da natureza, deve ter surgido a consciência do espantoso mistério – e da importância prática – do fato de que a vida emerge do corpo de uma mulher.

Seria lógico presumir que o dimorfismo visual, ou diferença de forma, entre as duas metades da humanidade tivesse uma profunda influência sobre os sistemas de crença do período Paleolítico. Seria igualmente lógico que nossos ancestrais vissem os poderes de dar e suster a vida como próprios do mundo feminino, não do masculino – diante do fato de que tanto a vida humana como animal é gerada do corpo feminino e que, como as estações do ano e a Lua, o corpo da mulher também passa por ciclos.

Ou seja, em vez de serem peças aleatórias e desconectadas do conjunto de resquícios paleolíticos, as estatuetas femininas, o ocre vermelho dos sepultamentos e as conchas em forma de vagina parecem ser manifestações incipientes do que mais tarde se tornou uma religião complexa centrada na adoração da Deusa Mãe como fonte e regeneradora de todas as formas de vida. A adoração da Deusa, como observam James e outros estudiosos, sobreviveu até os tempos históricos "na figura composta da *Magna Mater* do Oriente Próximo e do mundo Greco-Romano".[15] Essa continuidade religiosa pode ser vista claramente em deidades como Ísis, Nut e Maat no Egito; Ístar, Astarté e Lilite no Crescente Fértil; Deméter, Core e Hera na Grécia; e Atargatis, Ceres e Cibele em Roma. Mesmo mais tarde, dentro de nossa herança judaico-cristã, podemos reconhecê-la ainda na Rainha do Céu, cujos bosques queimaram na Bíblia, na Shekina da tradição cabalística hebraica, e na Virgem Maria dos católicos, a Santa Mãe de Deus.

E surge novamente a questão: se estas ligações são tão óbvias, por que foram menosprezadas, ou simplesmente ignoradas, por tanto tempo pela literatura arqueológica convencional? Uma das razões, já apontada, é que não se encaixam no modelo proto e pré-histórico de organização social centrada e dominada pelo homem. Mas há ainda uma outra razão: somente depois da Segunda Guerra Mundial foi desenterrada a maioria das novas e importantes evidências da tradição religiosa que se estendeu por milhares de anos ao longo do período fascinante que sucedeu o Paleolítico. Trata-se do longo período de nossa evolução cultural que ocorreu entre os primeiros desenvolvimentos vitais para a cultura humana durante o Paleolítico e as civilizações posteriores da Idade do Bronze: um tempo durante o qual nossos ancestrais se fixaram nas primeiras comunidades agrárias do Neolítico.

O Neolítico

Mais ou menos na época em que Leroi-Gourhan escrevia sobre seus achados, nosso conhecimento sobre a pré-história avançou formidavelmente pela descoberta e escavação de dois sítios neolíticos: as cidades de Çatal Hüyük e Hacilar. Elas foram descobertas numa região chamada Planalto da Anatólia, que fica na atual Turquia. Para James Mellaart, que dirigiu as escavações para o Instituto Britânico de Arqueologia em Ancara, o mais importante foi que o conhecimento adquirido nesses dois sítios indica uma estabilidade e continuidade de crescimento ao longo de muitos milhares de anos, o que permitiu o surgimento de culturas cada vez mais avançadas de adoradores da Deusa.

"A brilhante reavaliação da religião do Paleolítico Superior feita por A. Leroi-Gourhan", escreveu Mellaart, "esclareceu muitos mal-entendidos [...]. A resultante interpretação da arte do Paleolítico Superior, centrada no tema do complexo simbolismo feminino (na forma de símbolos e animais) mostra forte similaridade com a iconografia religiosa de Çatal Hüyük". Além disso, há influências óbvias do Paleolítico Superior "em numerosos cultos, dos quais a presença de ocre vermelho nos sepultamentos, pisos pintados de vermelho, coleções de estalactites, fósseis e conchas estão entre muitos outros exemplos".[16]

Mellaart observa ainda que, enquanto se acreditou que a arte altamente desenvolvida e estilizada do Paleolítico Superior não passava de "uma expressão de magias para caça, visão emprestada de sociedades primitivas como os aborígines australianos", não se nutriam grandes esperanças de "estabelecer uma ligação com os cultos da fertilidade posteriores, do Oriente Próximo, que giram em torno da figura da Grande Deusa e seu filho, mesmo que a presença de tal deusa no Paleolítico Superior não possa ser negada, como de fato não é". Mas agora, afirma Mellaart, essa visão "mudou radicalmente à luz dos dados existentes".[17]

Em outras palavras, a cultura neolítica de Çatal Hüyük e Hacilar forneceu informações abundantes sobre uma peça que há muito faltava no quebra-cabeças do nosso passado: o elo perdido entre o Paleolítico e o período posterior, mais avançado tecnologicamente, as Idades Calcolítica, do Cobre e do Bronze. Como escreve Mellaart: "Çatal Hüyük e Hacilar estabeleceram um elo entre essas duas grandes escolas artísticas. Pode-se demonstrar uma continuidade religiosa entre Çatal Hüyük e Hacilar e assim por diante até a 'Grande Deusa' dos períodos arcaico e clássico".[18]

Assim como na arte do Paleolítico, as estatuetas e símbolos femininos ocupam lugar central na arte de Çatal Hüyük, onde santuários e estatuetas da Deusa foram encontrados em toda parte. Além disso, estatuetas da Deusa são características da arte neolítica em outras regiões do Oriente Médio e Próximo. Por exemplo, no sítio arqueológico de Jericó (em Israel atual) – onde nos idos de 7000 a.C. as pessoas já viviam em casas de tijolo rebocado, algumas com forno de barro e chaminé, e até batentes nas portas – foram encontradas estatuetas da Deusa em cerâmica.[19] Em Tell es-Sawwan, um sítio arqueológico às margens do Rio Tigre – que se destaca por seu sistema primitivo de agricultura irrigada e cerâmica utilitária com impressionantes adornos geométricos, chamada Samarra –, foram encontradas diversas estatuetas e um esconderijo com sofisticadíssimas esculturas femininas pintadas. Em Cayönü, um sítio neolítico no norte da Síria – onde encontramos as mais antigas peças de cobre martelado e a primeira construção de tijolos de barro –, foram desenterradas figuras femininas semelhantes, algumas da época dos níveis mais antigos da escavação. Essas pequenas estatuetas da Deusa têm correspondentes mais recentes em Jarmo, e até mais a leste, na Sesklo acerâmica, onde eram manufaturadas mesmo antes do aparecimento da cerâmica utilitária.[20]

Embora este não seja um dado muito ventilado, as numerosas escavações arqueológicas do Neolítico onde foram encontradas estatuetas da Deusa estão localizadas numa grande área geográfica que se estende muito além do Oriente Médio e Próximo. Muitíssimas estatuetas femininas em terracota foram encontradas anteriormente em regiões orientais, como Harapa e Mohenjo-Daro, na Índia. Como escreveu sir John Marshall, também essas figuras representam provavelmente uma Deusa "com atributos muito similares àqueles da grande Deusa Mãe, a Senhora do Céu".[21] Estatuetas femininas foram também encontradas em sítios europeus bem a oeste, como no caso das culturas chamadas megalíticas, que construíram os imensos monumentos de pedra cuidadosamente projetados em Stonehenge e Avebury, na Inglaterra. Algumas dessas culturas megalíticas aparecem bem ao sul, como na ilha mediterrânea de Malta, onde um gigantesco ossário com sete mil sepulturas era também, ao que tudo indica, um santuário para ritos oraculares e iniciáticos onde, como descreve James, "a Deusa Mãe provavelmente desempenhava um importante papel".[22]

Aos poucos vai emergindo um novo quadro das origens e desenvolvimento da civilização e da religião. A economia agrária do Neolítico foi a base para o desenvolvimento da civilização que chegou até os nossos tempos, milhares de anos depois. Praticamente todos os locais onde houve grandes descobertas nas áreas da tecnologia social e material tinham uma característica em comum: a adoração à Deusa.

Quais as implicações desses achados para nosso presente e futuro? E por que acreditar nessa nova visão do desenvolvimento social em vez de aceitar a velha ladainha androcêntrica tradicional, presente em tantos livros ricamente ilustrados para crianças bem como na arqueologia de salão?

Uma primeira razão é que os achados de estatuetas femininas e outros resquícios arqueológicos indicativos de uma religião neolítica ginocêntrica (ou baseada na Deusa) são tão numerosos que apenas para catalogá-los seriam necessários vários volumes. Mas a razão principal é que tal visão da pré-história resulta de uma mudança profunda, tanto nos métodos quanto na ênfase da pesquisa arqueológica.

Desenterrar os tesouros da Antiguidade é uma prática tão antiga como a ação dos profanadores de túmulos dos faraós do Egito. Mas a arqueologia como ciência surgiu no final do século XIX. E mesmo nessa época, as primeiras escavações arqueológicas, embora também motivadas por curiosidade intelectual sobre o passado, serviam basicamente a propósitos similares aos dos ladrões de túmulo: a aquisição de antiguidades extraordinárias para os museus na Inglaterra, França e outras nações colonialistas. A ideia de escavar como meio para obter o máximo de informações sobre um local – independente da quantidade de tesouros arqueológicos – firmou-se muito mais tarde. De fato, somente depois da Segunda Guerra Mundial é que a arqueologia tornou-se verdadeiramente o que é: uma investigação sistemática da vida, pensamento, tecnologia e organização social de nossos antepassados.

Novas escavações proliferam, e conduzidas não pelos acadêmicos solitários ou exploradores de outrora, mas por equipes de cientistas formadas por zoólogos, botânicos, climatologistas, antropólogos, paleontólogos e, também, arqueólogos. Essa abordagem interdisciplinar que caracteriza as escavações mais recentes, como a de Mellaart em Çatal Hüyük, tem produzido um conhecimento muito mais preciso acerca da pré-história.

Talvez a contribuição mais importante tenha sido a série de incríveis descobertas tecnológicas, como a do Prêmio Nobel Willard Libby, a datação através do carbono radiativo, ou carbono 14, e os métodos dendrocronológicos de datação pelo diâmetro das árvores, que aumentaram muitíssimo a compreensão que os arqueólogos têm do passado. Antes, as datas eram, em grande parte, resultado de conjecturas – comparação de objetos considerados menos, igualmente ou mais "adiantados" que outros. Mas quando a datação ficou a cargo de técnicas passíveis de repetição e verificação, não se podia mais dizer que, se um artefato era mais desenvolvido artística ou tecnologicamente, devia ser mais recente e, portanto, supostamente de uma era mais civilizada.

Por causa disso, ocorreu uma profunda reavaliação das sequências temporais, que por sua vez mudou radicalmente as visões anteriores sobre a pré-história. Sabemos agora que a agricultura – a domesticação de plantas e animais selvagens – surgiu muito antes do que se acreditava. Na verdade, os primeiros sinais do que os arqueólogos chamam de revolução agrícola ou do Neolítico começaram a aparecer por volta de 9000 ou 8000 a.C., ou seja, há mais de dez mil anos.

A revolução agrícola foi a mais importante descoberta de tecnologia material da nossa espécie. Portanto, o início do que chamamos de civilização ocidental remonta também a uma época muito anterior à que se supunha.

Junto com um suprimento regular e ocasionalmente excedente de alimento vieram o aumento da população e as primeiras cidades relativamente grandes. Ali viviam e trabalhavam centenas, às vezes milhares de pessoas, arando e, em muitos lugares, inclusive irrigando a terra. A especialização tecnológica e o comércio aumentaram no Neolítico. E quando a agricultura libertou a energia e a imaginação humanas, floresceram a cerâmica e a cestaria, a tecelagem e o couro trabalhado, a fabricação de joias, os entalhes em madeira e artes como pintura e escultura em barro e madeira.

Ao mesmo tempo, continuava a evolução da consciência espiritual da humanidade. A primeira religião antropomórfica, centrada no culto à

Deusa, evoluía agora para um complexo sistema de símbolos, rituais, mandamentos e proibições divinas, que encontravam expressão na rica arte do período Neolítico.

Alguns dos exemplos mais vivos dessa tradição artística ginocêntrica chegaram a nós através das escavações de Mellaart em Çatal Hüyük. Ali, no maior sítio arqueológico neolítico do Oriente Próximo de que se tem notícia, há cerca de 129 km² de resquícios arqueológicos. Apenas a vigésima parte foi escavada, mas esta parcela já revelou um período de aproximadamente oitocentos anos: de cerca de 6500 até 5700 a.C. Trata-se de um centro artístico notavelmente avançado, com pinturas murais, relevos em gesso, esculturas em pedra e grande quantidade de estatuetas da Deusa em barro – tudo centrado na adoração da deidade feminina.

"Seus numerosos santuários", escreveu Mellaart sobre Çatal Hüyük ao fazer um apanhado de suas três primeiras temporadas de trabalho (de 1961 a 1963),

> são testemunho de uma religião avançada, completa, com simbolismos e mitologia; suas construções mostram o nascimento da arquitetura e do planejamento consciente; sua economia revela práticas agrícolas e pecuária avançadas; e sua volumosa importação indica um comércio próspero de matérias-primas.[23]

É incontestável que as escavações de Çatal Hüyük, e as da cidade próxima, Hacilar (habitada de 5700 a 5000 a.C., aproximadamente), produziram algumas das informações mais ricas sobre essa civilização primitiva, mas, segundo registros arqueológicos, a região sul do Planalto da Anatólia é apenas uma dentre muitas regiões onde sociedades agrícolas se fixaram e adoraram a Deusa. De fato, por volta de 6000 a.C. a revolução agrícola era fato consumado, e não apenas isso, mas, citando Mellaart, "sociedades plenamente agrícolas começaram a se expandir para territórios até então marginais, como as planícies aluviais da Mesopotâmia, Transcáucaso e Transcáspio por um lado, e para o sudeste europeu por outro". Além disso, "parte desses contatos deu-se por mar, como no caso de Creta e Chipre", e em todas essas instâncias "os forasteiros chegavam com uma economia neolítica plenamente desenvolvida".[24]

Resumindo, apenas vinte e cinco anos antes, os arqueólogos ainda falavam da Suméria como o "berço da civilização", e, embora esta ainda seja a visão prevalecente dentre o público em geral, sabemos agora que não houve um berço único da humanidade, mas muitos, sendo que todos surgiram no período Neolítico, milênios antes do que se acreditava. Como escreveu Mellaart em sua obra *The Neolithic of the Near East* [O Neolítico do Oriente Próximo], de 1975: "a civilização urbana, que há muito se acreditava ser uma invenção da Mesopotâmia, teve predecessores em locais como Jericó e Çatal Hüyük, na Palestina e na Anatólia, que sempre foram consideradas áreas atrasadas".[25] Além disso, hoje sabemos algo mais que tem grande significado para o desenvolvimento inicial de nossa evolução cultural: em todos os lugares onde se deram as primeiras grandes descobertas da nossa tecnologia material e social – e parafraseando o título do livro de Merlin Stone –, Deus era uma mulher.

Compreensivelmente, esse novo achado, de que a civilização é muito mais velha e disseminada do que se acreditava antes, provocou uma grande produção acadêmica, com extensa reavaliação de teorias arqueológicas anteriores. Mas o fato central marcante, de que nessas civilizações a ideologia era ginocêntrica, não gerou grande interesse, exceto entre estudiosas feministas. Quando acadêmicos não feministas mencionam o fato, é somente de passagem. Mesmo aqueles que, como Mellaart, chegam a mencioná-lo, fazem-no em geral apenas como dado de importância meramente artística e religiosa, sem examinar suas implicações sociais e culturais.

De fato, a visão prevalente ainda é a de que a dominância masculina, a propriedade privada e a escravidão são subprodutos da revolução agrícola. Esta visão se mantém apesar das evidências de que, pelo contrário, a igualdade entre os sexos – e entre todas as pessoas – era a regra geral no período Neolítico.

Exploraremos essas fascinantes evidências nos capítulos que se seguem. Mas antes nos voltaremos para outra região importante, onde antigas teses arqueológicas estão sendo agora demolidas por achados recentes.

A Europa Antiga

Algumas das evidências mais reveladoras de como era a vida durante os milhares de anos antes desconhecidos da cultura humana chegaram a nós de uma procedência totalmente inesperada. Em conformidade com a teoria há muito aceita de que o Crescente Fértil do Mediterrâneo é o berço da civilização, a Europa Antiga foi sempre considerada uma zona culturalmente atrasada, que mais tarde floresceu com as civilizações minoica e grega, e somente devido às influências do Oriente. Mas o quadro que vem emergindo é bem diverso.

"Uma nova designação, *Civilização da Europa Antiga*, é introduzida aqui em reconhecimento à identidade coletiva e às realizações dos diferentes grupos culturais do Neolítico-Calcolítico do Sudeste europeu", escreve Marija Gimbutas, arqueóloga da Universidade da Califórnia, em *The Godesses and Gods of Old Europe* [Deusas e deuses da Europa Antiga]. Neste trabalho pioneiro ela catalogou e analisou centenas de descobertas arqueológicas numa área que se estende, *grosso modo*, do norte dos mares Egeu e Adriático (incluindo as ilhas) até acima, na Tchecoslováquia, descendo até o sul da Polônia e chegando ao oeste da Ucrânia.[26]

Os habitantes do Sudeste europeu de sete mil anos atrás não viviam em vilarejos primitivos. "Durante dois milênios de estabilidade agrícola, seu bem-estar material melhorou constantemente pela exploração cada vez mais eficiente dos vales férteis dos rios", relata Gimbutas.

> Trigo, cevada, cizirão, ervilha e outras leguminosas eram cultivadas, e todos os animais domésticos existentes nos Bálcãs hoje, exceto cavalos, eram criados. As tecnologias da cerâmica e do trabalho em osso e pedra avançaram, e a metalurgia do cobre foi introduzida na Europa central e do leste por volta de 5500 a.C. O comércio e as comunicações, que haviam se expandido ao longo dos milênios, ofereceram um tremendo ímpeto de fertilização cruzada ao crescimento cultural [...]. O uso de veleiros data do sexto milênio em diante, segundo comprovam as pinturas em peças de cerâmica.[27]

No período compreendido entre 7000 e 3500 a.C., esses primeiros europeus desenvolveram uma organização social intricada, com especialização profissional. Criaram complexas instituições religiosas e governamentais. Usaram metais como cobre e ouro em ornamentos e ferramentas. Chegaram a desenvolver o que parece uma escrita rudimentar. Nas palavras de Gimbutas: "Se definimos civilização como a habilidade de um dado povo em se ajustar a seu ambiente e desenvolver artes, tecnologia, escrita e relacionamentos sociais adequados, é evidente que a Europa Antiga atingiu um grau de sucesso considerável".[28]

A imagem do habitante da Europa Antiga que a maioria de nós internalizou é a de um povo tribal, temível e bárbaro, que continuamente invadiu terras mais ao sul, até finalmente chacinar os romanos e saquear Roma. Por isso é que uma das características mais impressionantes e provocantes da sociedade da Europa Antiga, revelada pelas pás dos arqueólogos, foi seu caráter essencialmente *pacífico*. Relata Gimbutas:

> Os habitantes da Europa Antiga nunca tentavam viver em lugares inconvenientes como montanhas altas e íngremes, o que os indo-europeus fizeram mais tarde, construindo fortes elevados e inacessíveis, frequentemente cercando-os com ciclópicos muros de pedra [...]. Os assentamentos da Europa Antiga eram escolhidos por sua localização aprazível, boa água, terra fértil e abundância de pastagens. As regiões dos assentamentos de Vinča, Butmir, Petreşti e Cucuteni são notáveis por sua vista privilegiada dos arredores, mas não por seu valor defensivo. A ausência característica de fortificações e armas perfurantes nos fala do caráter pacífico da maioria dessas gentes amantes da arte.[29]

Além disso, naqueles locais, como em Çatal Hüyük e Hacilar – que não mostram qualquer sinal de estragos de guerra durante um período de mais de mil e quinhentos anos[30] –, as evidências arqueológicas indicam que a dominância masculina *não* era regra. "Há sinais de uma divisão de trabalho entre os sexos, mas não de superioridade de um ou de outro", escreve Gimbutas.

> No cemitério de Vinča com 53 sepulturas não se nota nenhuma diferença de riqueza nos acessórios das sepulturas de homens e mulheres [...]. Com relação ao papel das mulheres na sociedade, as evidências colhidas

em Vinča sugerem uma sociedade igualitária e claramente não patriarcal. O mesmo pode ser inferido da sociedade de Varna: não vejo ali nenhuma hierarquia condizente com uma escala de valor patriarcal do tipo masculino-feminino.[31]

Em suma, ali como em Çatal Hüyük as evidências indicam uma sociedade em geral não estratificada e basicamente igualitária, sem qualquer distinção importante de classe social ou sexo. A novidade é que no trabalho de Gimbutas o fato não é mencionado apenas de passagem. Esta fantástica pioneira da arqueologia chama nossa atenção para o fato repetidas vezes e tem a coragem de reforçar o que tantos outros preferem ignorar: nessas sociedades não vemos sinal algum da desigualdade sexual que nos foi ensinada como sendo parte da "natureza humana".

"Uma sociedade de igualdade entre homens e mulheres é representada através do equipamento funerário em praticamente todos os cemitérios conhecidos da Europa Antiga", escreve Gimbutas. Ela também observa numerosas indicações de que era uma sociedade matrilinear, ou seja, a descendência e a herança eram determinadas pela mãe.[32] E mais, ela mostra que as evidências arqueológicas deixam poucas dúvidas de que as mulheres desempenhavam papéis-chave em todos os aspectos da vida dos antigos europeus.

"Nas maquetes de santuários caseiros e templos, e nas próprias ruínas de templos", escreve Gimbutas,

> mulheres são retratadas supervisionando a preparação e desempenho de rituais dedicados aos vários aspectos e funções da Deusa. Grande energia era despendida na produção de apetrechos de culto e dádivas votivas. Maquetes de templo mostram a moagem dos grãos e o cozimento de pão sagrado [...]. Nas oficinas do templo, que em geral ocupavam metade do prédio, ou todo o andar inferior, mulheres faziam e decoravam numerosos e variados potes específicos para os diferentes ritos. Perto do altar havia um tear vertical usado provavelmente para tecer vestimentas sagradas e o enxoval do templo. As criações mais sofisticadas da Europa Antiga, os mais raros vasos, esculturas etc. de que se tem notícia foram todos obra de mulheres.[33]

A herança estética deixada por essas antigas comunidades – onde a adoração à Deusa era o centro de todos os aspectos da vida – ainda está sendo desenterrada pela pá da arqueologia. Em 1974, quando Gimbutas publicou seu primeiro compêndio com achados oriundos de suas próprias escavações e de mais três mil outros sítios arqueológicos, nada menos que trinta mil pequenas esculturas em barro, mármore, osso, cobre e ouro haviam sido descobertas, junto com enorme quantidade de vasos rituais, altares, templos e pinturas em vasos e paredes de santuários.[34]

Dentre esses achados, as esculturas são os vestígios mais eloquentes dessa cultura neolítica europeia. Elas oferecem informações sobre facetas da vida que de outra forma seriam inacessíveis ao arqueólogo, como o estilo de vestimenta e até os penteados. Fornecem informação de primeira mão sobre imagens mitológicas dos ritos religiosos daquele período. E essas esculturas mostram que também ali as figuras e símbolos femininos ocupavam lugar central, como no caso das cavernas do Paleolítico e, mais tarde, no Planalto da Anatólia e outros locais do Oriente Médio e Próximo.

Mais do que isso, as esculturas oferecem evidência incisiva quanto ao próximo passo na evolução estética e social dessa antiga civilização perdida. Tanto no estilo como no tema, muitas dessas estatuetas e símbolos femininos guardam semelhança impressionante com as de um lugar que é visitado ainda hoje por centenas de milhares de turistas, que praticamente não têm conhecimento do que estão vendo: a civilização da Idade do Bronze, que floresceu mais tarde na lendária ilha de Creta.

Antes de examinarmos Creta – a única civilização "avançada" onde o culto da Deusa sobreviveu até os tempos históricos –, analisaremos mais detidamente as conclusões que podemos tirar dos resquícios arqueológicos do período Neolítico no tocante à orientação original da evolução cultural ocidental – e sua relevância para nosso presente e futuro.

Capítulo 2

Mensagens do passado: o mundo da Deusa

Como eram nossos ancestrais pré-históricos que cultuavam a Deusa? Como era a vida durante os milênios da nossa evolução cultural antes da história registrada ou escrita? O que se pode aprender sobre aquele tempo que seja relevante para o atual?

Por não terem deixado relatos escritos, só nos resta deduzir, como um Sherlok Holmes cientista, como as pessoas do Paleolítico e do período posterior, mais avançado, o Neolítico, pensavam, sentiam e se comportavam. Mas quase tudo o que nos foi ensinado sobre a Antiguidade se baseia em conjecturas. Mesmo os registros que temos das primeiras culturas históricas, como Suméria, Babilônia e Creta, são, na melhor das hipóteses, escassas e fragmentadas, e em boa parte falam de inventários de bens e outras questões mercantis. E os detalhados relatos sobre a pré-história e períodos mais antigos das civilizações grega, romana, hebraica e cristã são também baseados principalmente em deduções, feitas sem nenhum recurso a métodos arqueológicos modernos.

De fato, a maioria do que aprendemos a considerar como nossa evolução cultural na verdade são interpretações. Além disso, como vimos no capítulo anterior, essas interpretações são, na maioria das vezes, uma projeção da visão de mundo dominadora ainda vigente. São conclusões tiradas a partir de dados fragmentados, interpretados de modo a conformar-se ao modelo tradicional de nossa evolução cultural como sendo uma progressão linear do "homem primitivo" até o chamado "homem civilizado" que, apesar de suas muitas diferenças, partilham do mesmo interesse em conquistar, matar e dominar.

Através da escavação científica em povoados antigos, os arqueólogos contemporâneos obtiveram grande quantidade de informações de primeira mão sobre a pré-história, particularmente do Neolítico, quando nossos ancestrais se fixaram em comunidades sustentadas pela agricultura e pecuária. Analisadas a partir de uma nova perspectiva, tais escavações oferecem os dados básicos para uma reavaliação e reconstrução do nosso passado.

Fonte importante de dados é a escavação de construções e seu conteúdo, incluindo vestimentas, joias, comida, mobília, vasilhames, ferramentas e outros objetos utilizados na vida diária. Outra fonte é a escavação de cemitérios, que revela não só a atitude das pessoas em relação à morte mas também em relação à vida. E permeando estes dois conjuntos de dados está uma fonte riquíssima de informações sobre a pré-história: a arte.

Mesmo quando existe uma tradição escrita e oral, a arte oferece uma forma de comunicação simbólica. A profusa arte neolítica – seja em murais sobre a vida diária ou sobre importantes mitos, em frisos retratando rituais, ou simplesmente decorações em vasos, figuras de sinetes e entalhes em joias – comunica muito sobre como aquelas pessoas viviam e morriam. Diz muito também sobre como pensavam, pois num sentido bastante concreto a arte do Neolítico é uma espécie de linguagem ou taquigrafia simbólica que revela como as pessoas vivenciavam e, por sua vez, moldavam o que chamamos realidade.[1] Se deixarmos que esta linguagem fale por si, sem projetar nela nossos modelos predominantes de realidade, ela contará uma história fascinante sobre nossas origens culturais. Uma história que, comparada ao estereótipo vigente, é muito mais animadora.

A arte do Neolítico

Uma das coisas mais impressionantes sobre a arte do Neolítico é aquilo que ela *não* retrata. Isto porque as coisas que as pessoas não mostram através da arte dizem tanto quanto as que foram mostradas.

Em comparação com a arte do período posterior, um tema notável por sua ausência nas obras do Neolítico é a imagem idealizada da força armada, da crueldade e do poder baseado na violência. Não há imagens de "nobres guerreiros" nem cenas de batalha. Tampouco se encontram sinais de "conquistadores armados" arrastando cativos pelas correntes, nem de escravidão.

O mais impressionante nessas sociedades neolíticas que cultuavam a Deusa, algo que contrasta fortemente com os resquícios de seus primeiros e mais primitivos invasores dominadores masculinos, é a ausência de sepulturas luxuosas de "chefes". Muito diferente de civilizações posteriores marcadas pela dominação masculina, como a do Egito, não vemos ali sinal de líderes poderosos que levaram consigo para o além humanos menos poderosos, sacrificados quando de sua morte.

Novamente em forte contraste com sociedades dominadoras posteriores, tampouco encontramos grandes depósitos de armas, nem qualquer traço de emprego maciço de tecnologia material ou recursos naturais na produção de armamento. A conclusão de que esta foi uma era muito mais pacífica, e de fato caracterizada pela paz, é reforçada ainda pela ausência de fortificações militares. Apenas gradualmente é que elas começam a surgir, aparentemente como reação à pressão de bandos nômades guerreiros vindos das áreas marginais do planeta, que examinaremos mais tarde.

Na arte do Neolítico, nem a Deusa nem seu filho-consorte trazem os emblemas que aprendemos a associar ao poder: lanças, espadas ou raios, os símbolos de um soberano terreno ou deidade que consegue obediência recorrendo ao assassinato e à mutilação. Mais do que isso, a arte daquele período mostra singular ausência de imagens do tipo dominador-dominado e senhor-súdito, tão características de sociedades dominadoras.

O que aparece em todo lugar – santuários e casas, murais, motivos decorativos de vasos, esculturas, estatuetas rotundas de barro e relevos –

é uma rica coleção de símbolos da natureza. Associados com a adoração da Deusa, são testemunho do assombro e admiração diante da beleza e mistério da vida.

Encontramos, por exemplo, os elementos que sustentam a vida, o Sol e a água, em desenhos geométricos ondulados chamados meandros (que simbolizam águas fluindo), talhados num altar da Europa Antiga, de cerca de 5000 a.C., na Hungria. Há cabeças de touro gigantes, com enormes chifres enrolados, pintadas nas paredes dos santuários em Çatal Hüyük. Há ouriços de terracota no sul da Romênia, vasos de culto em forma de gazela na Bulgária, esculturas de pedra em forma de ovo com rosto de peixe e vasos rituais em forma de pássaro.[2]

Há serpentes e borboletas (símbolos de metamorfose), que mesmo nos tempos históricos ainda são identificados com os poderes transformadores da Deusa, como a imagem cunhada num sinete de Zakro, do leste de Creta, retratando a Deusa com asas de borboleta olho-de-coruja. Mesmo o machado duplo que apareceu mais tarde em Creta, semelhante aos machados usados antes para limpar os campos, é uma borboleta estilizada.[3] Também a serpente (que solta sua pele e "renasce") era parte da manifestação da Deusa, um outro símbolo de seus poderes de regeneração.[4]

Em toda parte – murais, estátuas e figuras votivas – encontramos imagens da Deusa. Encarnada como Donzela, Ancestral ou Criadora, Senhora das águas, dos pássaros e das trevas, ou simplesmente Mãe divina embalando seu filho divino nos braços.[5]

Algumas imagens são tão realistas que quase parecem ter vida, como a escorregadia serpente pintada numa travessa do início do quinto milênio antes da Era Cristã, encontrada num cemitério no oeste da Eslováquia. Outras são tão estilizadas que chegam a ser mais abstratas que a nossa arte mais "moderna". Exemplo disso são os grandes vasos sacramentais, ou cálices, estilizados, em forma de Deusa entronada, gravados com ideogramas da cultura Tisza do sudeste da Hungria; as Deusas com cabeça cilíndrica e braços cruzados, de 5000 a.C. na Romênia; e a estatueta de mármore da Deusa de Tell Azmak, da Bulgária central, com braços esquemáticos e um triângulo púbico exagerado, de 6000 a.C. Há ainda outras imagens estranhamente belas, como o suporte de terracota com chifres e busto feminino, feito há oito mil anos, que faz lembrar a clássica estátua grega chamada Vitória Alada da Samotrácia; ou os vasos pintados de Cucuteni, com suas formas graciosas e rica ornamentação geométrica de serpentes enroladas. E outros, como as cruzes gravadas no umbigo ou busto da Deusa, que levantam interessantes perguntas sobre o significado primevo de alguns de nossos símbolos mais importantes.[6]

Há um senso de fantasia em algumas dessas imagens, uma qualidade onírica e por vezes bizarra, que sugere rituais arcaicos e mitos esquecidos. Por exemplo, uma escultura vinca de uma mulher com rosto de pássaro segurando um bebê com rosto de pássaro é, provavelmente, a encenação de uma história mitológica sobre uma Deusa-pássaro e seu divino filho. Assim também, uma cabeça de touro com olhos humanos em terracota, originária da Macedônia de 4000 a.C., sugere um protagonista mascarado de algum outro ritual ou mito neolítico. Algumas dessas figuras mascaradas parecem representar forças cósmicas, sejam benevolentes ou ameaçadoras. Outras sugerem um efeito humorístico, como o homem mascarado com cueca acolchoada e barriga de fora do quinto milênio antes da Era Cristã, chamado Fafkos e descrito por Gimbutas como um provável ator cômico. Encontramos também o que Gimbutas chama de ovos cósmicos, que são igualmente símbolos da Deusa, cujo corpo é o divino Cálice que contém o milagre do nascimento e o poder de transformar a morte em vida através da misteriosa regeneração cíclica da natureza.[7]

De fato, personificado pela Deusa, o tema da unidade de todas as coisas na natureza parece permear toda a arte do Neolítico, pois nesse período o poder supremo que governa o universo era uma Mãe divina que dava vida a seu povo, oferecia a ele alimento material e espiritual, e, mesmo na morte, não deixava de receber seus filhos de volta em seu ventre cósmico.

Como exemplo, encontramos nos santuários de Çatal Hüyük representações da Deusa grávida e dando à luz. Muitas vezes ela está acompanhada de animais poderosos, como leopardos e, especialmente, touros.[8] Como símbolo da unidade de toda a vida na natureza, em algumas representações ela mesma se mostra parte humana e parte animal.[9] Mesmo em seus aspectos mais sombrios, que os estudiosos chamam de ctônicos ou telúricos, ela continua sendo retratada como parte da ordem natural. Assim como a vida nasce dela, também retorna a ela na morte para de novo renascer.

Poder-se-ia dizer que as facetas denominadas pelos estudiosos como aspectos ctônicos da Deusa – retratadas em forma surrealista e por vezes grotesca – são a tentativa de nossos antepassados de lidar com os aspectos mais sombrios da realidade, dando forma e nome ao desconhecido e assustador. Tais imagens ctônicas – máscaras, murais e estatuetas simbolizando a morte em formas fantásticas e por vezes cômicas – também serviriam para transmitir ao iniciado religioso algum sentido de unidade mística, tanto com forças benignas como com as forças ameaçadoras que regem o mundo.

Assim, da mesma forma que a vida foi celebrada em imagens religiosas e rituais, o processo destrutivo da natureza também foi reconhecido e respeitado. Enquanto os ritos e cerimônias religiosos eram concebidos para dar ao indivíduo e à comunidade um sentido de participação e controle sobre os processos vivificantes e preservadores da natureza, outros ritos e cerimônias procuravam afastar processos mais assustadores.

Levando tudo isto em conta, as muitas imagens da Deusa em seu aspecto dual de vida e morte parecem expressar uma visão de mundo na qual o propósito fundamental da arte, e da vida, era não conquistar, pilhar e roubar, mas sim cultivar a terra e prover tudo quanto fosse necessário, material e espiritualmente, para uma vida satisfatória. Vista como um todo, a arte do Neolítico, e mais ainda a avançada arte minoica, parece expressar uma visão na qual a função primária dos poderes misteriosos que regem o universo não é de exigir obediência, punir e destruir, mas sim de dar.

Sabemos que a arte, especialmente a arte religiosa ou mítica, reflete não apenas a atitude dos povos, mas também sua forma particular de cultura e organização social. A arte centrada na Deusa que vimos examinando, com sua impressionante ausência de imagens de dominação masculina e guerra, parece refletir uma ordem social na qual as mulheres desempenhavam papel central, primeiro como líderes de clã e sacerdotisas e mais tarde em outras importantes funções, e uma ordem social onde homens e mulheres trabalhavam juntos em parceria para o bem comum. Se naquele período não existia glorificação de iradas deidades masculinas, de líderes empunhando raios ou armas, nem de grandes conquistadores que arrastam escravos pelas correntes, é razoável deduzir que isso ocorre porque não havia correspondência para tais imagens na vida real.[10] E se a imagem religiosa central era uma mulher dando à luz e não, como no nosso tempo, um homem morrendo na cruz, é razoável concluir que a vida e o amor à vida – em vez da morte e o temor da morte – fossem dominantes naquela sociedade como o são na sua arte.

O culto à Deusa

Um dos aspectos mais interessantes da adoração pré-histórica à Deusa é o que o historiador da religião e mitólogo Joseph Campbell chama de "sincretismo".[11] Basicamente, isso significa que o culto à Deusa era ao mesmo tempo politeísta e monoteísta. Politeísta, porque ela era adorada sob vários nomes e diferentes formas. Mas era também monoteísta, porque podemos afirmar com propriedade que aqueles povos tinham fé na Deusa, assim como nós falamos de fé em Deus enquanto entidade transcendente. Em outras palavras, há semelhanças marcantes entre os símbolos e imagens associados, em vários locais, à adoração da Deusa em seus vários aspectos de mulher, ancestral ou criadora, e virgem ou donzela.

Uma explicação possível para essa formidável unidade religiosa pode ser esta: a Deusa parece ter sido adorada originalmente em todas as sociedades agrícolas antigas. Há evidências de divinização da fêmea – que, por sua natureza biológica, dá à luz e sustenta seus filhos, exatamente como a Terra – nos três centros principais que originaram a agricultura: Ásia Menor e Sudeste Europeu, Tailândia e Sudeste Asiático, e mais tarde também na América Central.[12]

Em muitas das primeiras histórias da criação conhecidas, originárias de lugares muito diferentes do planeta, encontramos a Deusa Mãe como fonte de toda a existência. Nas Américas, ela é a Senhora da Saia de Serpente – algo interessante porque, como na Europa, no Oriente Médio e na Ásia, a serpente é uma de suas manifestações básicas. Na antiga Mesopotâmia, o mesmo conceito do universo aparece na ideia da montanha-mundo como corpo da Deusa Mãe do universo, uma ideia que sobreviveu até os tempos históricos. Como Nammu, a Deusa suméria que dá nascimento ao céu e à terra, seu nome é mencionado num texto cuneiforme de 2000 a.C. (hoje no Museu do Louvre) através de um ideograma que significa "mar".[13]

A associação do princípio feminino com as águas primevas é também um tema recorrente. Por exemplo, na cerâmica decorada da Europa Antiga, o simbolismo da água – muitas vezes associado ao ovo primevo – é uma figura frequente. Nesse caso, a Grande Deusa, por vezes na forma de Deusa-pássaro ou serpente, reina sobre a força vivificante da água. Tanto na Europa quanto na Anatólia, temas mostrando a vinda da chuva e o aleitamento aparecem combinados, enquanto vasilhames rituais são o equipamento padrão dos santuários. Sua imagem é também associada a vasilhames para água, que por vezes são moldados à sua imagem antropomórfica. Como a Deusa egípcia Nut, ela é a unidade fluida das águas celestiais primordiais. Mais tarde, como a Deusa cretense Ariadne (a Muito Sagrada) e a Deusa grega Afrodite, ela surge do mar.[14] De fato, tal imagem era ainda tão poderosa na Europa cristã que inspirou Botticelli a pintar sua famosa Vênus saindo do mar.

Muito embora essas coisas também não nos sejam ensinadas nas lições sobre a evolução cultural humana, muito do que evoluiu nos milênios de história do Neolítico permanece conosco até hoje. Como escreve Mellaart: "isto formou a base sobre a qual culturas e civilizações posteriores construíram".[15] Ou como coloca Gimbutas, mesmo depois que o mundo que representavam havia sido destruído, as imagens míticas dos nossos antepassados neolíticos adoradores da Deusa "persistiram no substrato que alimentou o desenvolvimento cultural europeu posterior", enriquecendo abundantemente a psique europeia.[16]

De fato, examinando de perto a arte do Neolítico, é impressionante a quantidade de imagens da Deusa que sobreviveu. Igualmente impressionante é que a maioria das obras de referência sobre história da religião não fala desse dado fascinante. A Deusa grávida do Neolítico descende diretamente das "Vênus" barrigudas do Paleolítico, e a mesma imagem sobrevive na Maria grávida da iconografia cristã medieval. A imagem neolítica da jovem Deusa ou Donzela é ainda venerada no seu aspecto de Santíssima Virgem Maria. E, obviamente, a figura neolítica da Deusa Mãe segurando nos braços o divino filho ainda sobrevive, de modo bastante exuberante em toda parte, como a Madona com o Menino do catolicismo.

Imagens tradicionalmente associadas à Deusa, como o touro e o bucrânio, ou apenas os chifres do touro, símbolos do poder da natureza, também sobreviveram até os tempos clássicos e chegaram à Era Cristã. O touro foi mais tarde adotado pela mitologia patriarcal "pagã" como seu símbolo central. E ainda mais tarde, o deus-touro com chifres, símbolo do poder masculino, foi convertido na iconografia cristã em símbolo de Satã ou do mal. Mas, nos tempos neolíticos, os chifres do touro, que hoje em geral associamos ao diabo, tinham um significado muito diferente. Imagens de chifres de touro foram desenterradas em casas e santuários de Çatal Hüyük, onde filas de chifres consagrados formam fileiras ou altares abaixo de imagens da Deusa.[17] E, nesse caso, o touro continua sendo uma manifestação do poder que, em última instância, é da Deusa. Ele é símbolo do princípio masculino, mas, como tudo mais, emana também do ventre divino que dá origem a tudo – como retratado num santuário de Çatal Hüyük, onde a Deusa é vista dando à luz um tourinho.

Mesmo as imagens neolíticas da Deusa em duas formas simultâneas – como as Deusas gêmeas encontradas em Çatal Hüyük – sobreviveram até os tempos históricos, como na representação clássica grega de Deméter e Core, como os dois aspectos da Deusa: Mãe e Donzela, símbolos da regeneração cíclica da natureza.[18] De fato, os filhos da Deusa estão ligados integralmente com os temas do nascimento, morte e ressurreição. Sua filha sobreviveu até os tempos da Grécia clássica como Perséfone ou Core. Seu filho-amante/marido igualmente sobreviveu até os tempos históricos, assumindo nomes como Adônis, Tammuz, Átis – e, finalmente, Jesus Cristo.[19]

Essa continuidade aparentemente assombrosa de símbolos religiosos torna-se mais compreensível se considerarmos que tanto no Neolítico e Calcolítico da Europa Antiga quanto, mais tarde, nas civilizações minoica, micênica e da Idade do Bronze, a religião da Grande Deusa aparece como o mais importante e proeminente aspecto da vida. No sítio arqueológico de Çatal Hüyük, na Anatólia, a adoração da Deusa parece permear todos os aspectos da vida. Por exemplo, dentre os 139 aposentos escavados entre 1961 e 1963, mais de 40 parecem ter servido como santuários.[20]

O mesmo padrão se repete na Europa neolítica e calcolítica. Além de todos os santuários dedicados aos vários aspectos da Deusa, as casas tinham recônditos sagrados com fornos, altares (bancadas) e lugares de oferenda. O mesmo vale para as civilizações posteriores de Creta, onde, como descreve Gimbutas, santuários de um tipo ou de outro são tão numerosos que há motivos para se acreditar que não apenas todos os palácios, mas todas as casas, serviam a tal propósito [...]. A julgar pela densidade de santuários, chifres de consagração e símbolos do machado duplo, todo o palácio de Cnossos era um santuário. Em todo lugar, pilastras e símbolos nos lembram da presença da Grande Deusa.[21]

Dizer que as pessoas que cultuavam a Deusa eram profundamente religiosas seria dizer pouco e, na verdade, seria um erro, pois entre eles não havia distinção entre o secular e o sagrado. Como observam os historiadores da religião, nos tempos pré-históricos e em boa parte dos tempos históricos a religião era a vida e a vida era religião.

Um dos motivos porque ignoramos este fato é que no passado, em geral, os estudiosos se referiam ao culto da Deusa não como religião, mas como "culto da fertilidade", sendo a Deusa uma "mãe-terra". Mas embora a fecundidade das mulheres e da terra tenha sido, e ainda é, um requisito para a sobrevivência da espécie, tal caracterização é muito simplista. Seria comparável, por exemplo, a caracterizar o cristianismo como um mero "culto da morte" porque a imagem central de sua arte é a crucificação.

A religião do Neolítico expressava a cosmovisão da sua época – como as ideologias religiosa e secular contemporâneas. O quão diferente era essa visão de mundo da nossa é algo que pode ser visto com clareza pela comparação do panteão religioso neolítico com o católico. No Neolítico, a cabeça da sagrada família era uma mulher: a Grande Mãe, a Rainha do Céu, ou a Deusa em seus vários aspectos e formas. Os membros masculinos desse panteão – seu consorte, irmão e/ou filho – eram também divindades. Por outro lado, a cabeça da sagrada família cristã é um Pai todo-poderoso. O segundo homem do panteão, Jesus Cristo, é outro aspecto de Deus. Mas embora pai e filho sejam imortais e divinos, Maria, a única mulher nessa versão religiosa da família patriarcal, é uma mera mortal – evidentemente colocada numa escala inferior, como suas equivalentes terrenas.

As religiões nas quais a única ou mais poderosa divindade é masculina tendem a refletir uma ordem social na qual a descendência é patrilinear (traçada pela linha do pai) e o domicílio é patrilocal (a mulher vai viver com a família ou o clã de seu marido). Da mesma forma, as religiões nas quais a única ou mais poderosa divindade é feminina tendem a refletir uma ordem social na qual a descendência é matrilinear (traçada pela linha materna) e o domicílio é igualmente matrilocal (o marido vai viver com a família ou com o clã da esposa).[22] Além disso, uma estrutura social no geral hierárquica e dominada pelo homem vem sendo refletida e mantida ao longo da história por um panteão religioso dominado pelo homem e por doutrinas religiosas nas quais a subordinação da mulher é tida como ordenamento divino.

Se não for patriarcado, tem de ser matriarcado

Aplicando tais princípios às crescentes evidências no sentido de que durante milênios de história humana a divindade suprema era feminina, muitos dos estudiosos do século XIX e começo do XX chegaram a uma conclusão aparentemente revolucionária. Se a pré-história não foi patriarcal, deve ter sido matriarcal. Em outras palavras, se os homens não dominavam as mulheres, as mulheres devem ter dominado os homens.

Então, quando as evidências não confirmaram a hipótese de dominância feminina, muitos estudiosos voltaram à visão mais convencional e amplamente aceita. Se nunca houve matriarcado, pensaram eles, então a dominância masculina deve ter sido sempre a norma das sociedades humanas.

No entanto, as evidências não apoiam nenhuma dessas conclusões. Em primeiro lugar, os dados arqueológicos agora disponíveis indicam que, do ponto de vista de sua estrutura geral, a sociedade pré-patriarcal era, segundo qualquer padrão vigente hoje, notavelmente igualitária. Em segundo, embora nessas sociedades a descendência fosse traçada pela linha materna, e as sacerdotisas e chefes de clãs desempenhassem papéis de liderança em todos os aspectos da vida, há pouca indicação de que a posição dos homens nesse sistema social fosse em qualquer aspecto comparável à repressão feminina característica dos sistemas de dominação masculina que o substituíram.

De suas escavações em Çatal Hüyük, onde a reconstrução sistemática da vida dos habitantes da cidade era o objetivo arqueológico principal,

Mellaart concluiu que, embora alguma desigualdade social esteja indicada pela diferença no tamanho dos prédios e qualidade de equipamentos e oferendas mortuárias, tal diferença "nunca era gritante".[23] Por exemplo, não há em Çatal Hüyük grandes diferenças entre as casas. A maioria segue uma planta retangular padrão com cerca de 25 m² de área. Mesmo os santuários não diferem das casas, em termos estruturais, e não são necessariamente maiores do que elas. Além disso, estão misturados com as casas e aparecem em grande número, novamente indicando uma estrutura religiosa e social comunitária ao invés de hierárquica.[24]

O mesmo quadro geral emerge da análise dos costumes funerários de Çatal Hüyük. Diferente das sepulturas posteriores, de chefes indo-europeus que nitidamente nos falam de uma estrutura social piramidal encimada por um homem forte, temível e temido, as de Çatal Hüyük não mostram qualquer desigualdade social gritante.[25]

Quanto ao relacionamento entre homens e mulheres, e conforme observou Mellaart, a divina família de Çatal Hüyük é representada, e isso é certo, "por ordem de importância, como mãe, filha, filho e pai",[26] e tal fato provavelmente espelha as famílias humanas que habitavam a cidade, evidentemente matrilineares e matrilocais. É também verdade que em Çatal Hüyük e em outras sociedades neolíticas as representações antropomórficas da Deusa (como jovem Donzela, Mãe madura, Avó ou Ancestral, até a Criadora original) são, conforme observou mais tarde o filósofo grego Pitágoras, projeções dos vários estágios da vida da mulher.[27] Algo que também sugere uma organização social matrilinear e matrilocal é que em Çatal Hüyük a plataforma onde a mulher dormia, e tinha sua cama ou divã e seus pertences pessoais, estava localizada sempre no mesmo local, na face leste da casa. O quarto do homem tem localização variável e também é um pouco menor.[28]

Apesar dessas evidências da proeminência das mulheres na religião e na vida, não há indicação de desigualdade marcante entre mulheres e homens. Nem há mostras de que as mulheres subjugassem ou oprimissem os homens.

Muito diferente das religiões dominadas por homens da nossa época, onde até bem pouco tempo atrás praticamente só os homens podiam tornar-se membros da hierarquia religiosa, em Çatal Hüyük há indícios da existência de sacerdotisas e sacerdotes. Por exemplo, Mellaart mostra que, embora pareça provável que as sacerdotisas estivessem basicamente encarregadas das funções religiosas de culto à Deusa, há também evidências sugestivas da participação de sacerdotes. Ele relata que dois grupos de objetos foram encontrados apenas em sepulturas de santuários: espelhos de obsidiana e finas fivelas de osso. Os espelhos foram encontrados apenas junto ao corpo de mulheres e as fivelas só com os homens. Isto levou Mellaart a concluir que esses objetos eram "atributos de certos sacerdotes e sacerdotisas, o que explicaria sua raridade e seu aparecimento apenas em santuários".[29]

É também revelador que as esculturas de homens velhos, por vezes em posições que lembram o famoso *Pensador* de Rodin, sugerem que os homens idosos, assim como as mulheres idosas, tinham papéis de importância e respeito.[30] Igualmente revelador é que o touro ou o bucrânio, ou os chifres de consagração, que tinham papel central nos santuários da Anatólia neolítica, da Ásia Menor, da Europa Antiga e, mais tarde, na iconografia minoica e micênica, são símbolos do princípio masculino, como são as imagens de falos e javalis, que aparecem no final do Neolítico, especialmente na Europa. Além disso, algumas das primeiras estatuetas da Deusa representam formas híbridas, não apenas de características humanas e animais, mas, muitas vezes, com traços que podem ser considerados andróginos, como um pescoço exageradamente longo.[31] E, é claro, o jovem deus, o filho-consorte da Deusa, desempenha papel recorrente no milagre central da religião pré-patriarcal: o mistério da regeneração e do renascimento.

Fica claro, portanto, que enquanto o princípio feminino como símbolo primário do milagre da vida permeou a arte e a ideologia do Neolítico, o princípio masculino também desempenhou papel importante. De fato, a fusão desses dois princípios através dos mitos e rituais do Matrimônio Sagrado continuou sendo celebrada na Antiguidade até os tempos patriarcais. Por exemplo, na Anatólia hitita o grande santuário de Yazilikaya foi dedicado a esse propósito. E ainda mais tarde, na Grécia e em Roma, a cerimônia sobreviveu como o *hieros gamos*.[32]

Nesse particular, é interessante notar que na iconografia neolítica há indicações de que se compreendia o papel conjunto de homens e mulheres na procriação. Por exemplo, uma pequena placa de pedra de Çatal

Hüyük mostra uma mulher e um homem ternamente abraçados. Logo ao lado dessa figura há um relevo mostrando a mãe segurando o filho, resultado daquela união.[33]

Todas estas imagens refletem a atitude radicalmente diferente que prevalecia no Neolítico quanto ao relacionamento entre mulheres e homens – atitude em que predominava a ligação em vez da hierarquização. Como escreve Gimbutas, ali

> o mundo do mito não era polarizado em feminino e masculino, como era entre os indo-europeus e muitos outros povos nômades e pastoris das estepes. Os dois princípios se manifestavam lado a lado. A divindade masculina na forma de um homem jovem ou animal macho aparece para afirmar e fortalecer os poderes da fêmea criativa e ativa. Nenhum se subordina ao outro: complementando-se mutuamente, seu poder é redobrado.[34]

Muitas vezes, percebemos que a discussão sobre a existência ou não de um matriarcado, que eclode periodicamente em textos acadêmicos e populares, parece surgir mais em função do paradigma hoje prevalecente do que em função de qualquer evidência arqueológica.[35] Ou seja, em nossa cultura edificada sobre ideias de hierarquia e estratificação, e de pensamentos do tipo "dentro do grupo" versus "fora do grupo", diferenças rígidas ou polaridades são enfatizadas. Nosso pensamento é do tipo "se não é isto tem de ser aquilo", marcado pela dicotomia "ou/ou", um modelo de pensamento que os primeiros filósofos já viam com desconfiança pelo risco de nos conduzirem a uma leitura simplista e errônea da realidade. De fato, os psicólogos de hoje descobriram que tal atitude sinaliza um estágio *inferior* de desenvolvimento emocional e cognitivo.[36]

Mellaart parece ter tentado superar essa noção ou/ou, o entrançado "se não for patriarcado, tem de ser matriarcado", quando escreveu o seguinte: "Se a Deusa presidia a todas as atividades de vida e morte da população da Çatal Hüyük neolítica, de certa forma seu filho também. Mesmo que seu papel se subordinasse totalmente ao dela, o papel masculino na vida parece ter sido plenamente percebido".[37] Mas na contradição entre um papel "plenamente percebido" e "totalmente subordinado", de novo nos vemos enredados no pressuposto cultural e linguístico inerente a um paradigma dominador: o de que as relações humanas devem se encaixar em algum tipo de ordem escalonada entre superiores e inferiores.

Contudo, contemplado de um ponto de vista estritamente analítico ou lógico, a primazia da Deusa – e com isso a centralidade dos valores simbolizados por seus poderes de nutrição e regeneração e encarnados no corpo feminino – não leva à conclusão de que as mulheres dominavam os homens naquela sociedade. Isso fica mais evidente se fizermos uma analogia com o único relacionamento humano que, mesmo nas sociedades de dominação masculina, em geral não é conceituado em termos de superioridade/inferioridade: o relacionamento entre mãe e filho. E a forma como o percebemos pode ser um resquício da concepção pré-patriarcal do mundo. A mãe adulta, maior e mais forte, é evidentemente superior à criança, menor e mais fraca em termos hierárquicos. Mas isto não significa que normalmente a criança seja vista como inferior ou menos valiosa.

Através da analogia com esse arcabouço conceitual diferente, podemos perceber que o fato de a mulher desempenhar papel central e vigoroso na religião e na vida pré-histórica não significa necessariamente que os homens eram percebidos e tratados de forma subserviente. Isto porque tanto homens como mulheres eram filhos da Deusa, como eram filhos das chefes das famílias e clãs. E embora isto conferisse às mulheres grande poder, usando da analogia com o relacionamento mãe-filho dos tempos atuais, vemos que tal poder correspondia mais a responsabilidades e amor do que a opressão, privilégio e medo.

Em suma, diferente da visão ainda prevalecente do poder como o poder representado pela Espada – o poder de tirar ou dominar –, uma visão muito diversa do poder parece ter sido a norma naquelas sociedades neolíticas que adoravam a Deusa. Sem dúvida, a visão do poder como poder "feminino" de nutrir e dar nem sempre era adotada, pois aquelas eram sociedades constituídas de pessoas de carne e osso, não utopias de faz de conta. Mas, ainda assim, esse era o ideal normativo, o modelo a ser imitado tanto por mulheres como por homens.

A visão de poder simbolizada pelo Cálice – para a qual proponho o termo *poder de realização*, contrapondo-se ao *poder de dominação* – reflete obviamente um tipo de organização social muito diferente daquela à qual estamos acostumados.[38] A partir das evidências do passado examinadas até agora podemos concluir que aquela organização social não pode ser chamada matriarcal. E também não pode ser chamada patriarcal, pois não se enquadra no paradigma dominador de organização social. Contudo, e valendo-nos da perspectiva da Teoria da Transformação Cultural que vimos desenvolvendo, ela se encaixa na outra alternativa de organização humana: uma sociedade de parceria, na qual nenhuma metade da humanidade é colocada acima da outra, e nenhuma diferença é igualada a inferioridade ou superioridade.

Como veremos nos capítulos que se seguem, essas duas alternativas afetaram profundamente nossa evolução cultural. A evolução tecnológica e social tende a tornar-se mais complexa independente do modelo prevalecente. Mas a *orientação* da evolução cultural – inclusive se o sistema social será belicoso ou pacífico – depende do fato de a estrutura social ser dominadora ou de parceria.

Capítulo 3

A diferença fundamental: Creta

A pré-história é como um quebra-cabeça gigante, em que mais da metade das peças está perdida ou destruída. É impossível reconstruí-la completamente. Mas o maior obstáculo à reconstrução exata da pré-história não é a falta de muitas peças, mas o paradigma vigente, pois ele dificulta muito a interpretação correta das peças que temos e sua inserção no verdadeiro cenário onde se encaixariam.

Por exemplo, no primeiro relato de sir Flinders Petrie sobre as escavações do túmulo de Meryet-Nit no Egito, ele presumiu automaticamente que Meryet-Nit era um rei. Pesquisas posteriores provaram, entretanto, que Meryet-Nit era uma mulher e, a julgar pela opulência de seu túmulo, uma rainha. O mesmo erro foi cometido em relação ao gigantesco túmulo descoberto em Nagadeh pelo professor Morgan. Também este foi considerado sepulcro do rei Hor-Aha da primeira dinastia. Mas como escreve o egiptólogo Walter Emery, pesquisas posteriores mostraram que era o sepulcro de Nit-Hotep, mãe de Hor-Aha.[1]

Como observa a historiadora da arte Merlin Stone, tais exemplos de como o viés cultural levou a erros são excepcionais apenas pelo fato de terem sido corrigidos posteriormente. Stone viajou pelo mundo todo examinando escavação por escavação, arquivo por arquivo, objeto por objeto, reexaminando as fontes primárias e depois conferindo como tinham sido interpretadas. E ela descobriu que, na maioria das vezes, quando havia evidência de um tempo em que as mulheres e os homens viviam como iguais, o fato foi simplesmente ignorado.²

Nas páginas que se seguem, ao examinar a notável civilização antiga descoberta na virada do século XX na ilha mediterrânea de Creta, veremos como esse viés levou a uma visão incompleta e bastante distorcida de nossa evolução cultural e também do desenvolvimento de civilizações mais evoluídas.

Bomba arqueológica

A descoberta da Creta minoica (assim batizada pelos arqueólogos por causa do lendário rei Minos), uma antiga cultura tecnologicamente avançada e socialmente complexa, caiu como uma bomba. Na descrição do arqueólogo Nicolas Platon, que em 1980 já escavara a ilha durante mais de cinquenta anos, "os arqueólogos estavam pasmos. Não compreendiam como a existência de uma civilização tão avançada tinha passado despercebida até então".³

"Desde o início", escreve Platon, que por muitos anos foi superintendente de antiguidades em Creta, "foram feitas descobertas fantásticas". À medida que o trabalho avançava, "vieram à luz vastos palácios de múltiplos andares, vilas, sedes de fazenda, bairros de cidades populosas e bem organizadas, instalações portuárias, redes de estradas cruzando a ilha de ponta a ponta, lugares de culto organizados e cemitérios planejados".⁴ Com a continuação das escavações, os arqueólogos descobriram quatro escritas (hieroglífica, protolinear, linear A e linear B), o que promoveu a civilização cretense ao período histórico ou literário, segundo a definição arqueológica. Muito se aprendeu sobre a estrutura social e os valores das fases minoica, inicial, e micênica, posterior. E o mais importante: no decorrer das escavações, à medida que mais afrescos, esculturas, vasos, entalhes e outras obras de arte iam sendo desenterrados, percebeu-se que ali estavam os resquícios de uma tradição artística única nos anais da civilização.

A história da civilização cretense começa por volta de 6000 a.C. quando uma pequena colônia de imigrantes, provavelmente da Anatólia, chegou no litoral da ilha. Eles é que trouxeram a Deusa consigo, bem como a tecnologia agrária que classifica esses primeiros pioneiros como povos neolíticos. Nos quatro mil anos que se seguiram houve um progresso tecnológico lento e constante na cerâmica, tecelagem, metalurgia, escultura, arquitetura e outras técnicas, o comércio cresceu e desenvolveu-se o estilo artístico vivo e alegre tão característico de Creta. Então, aproximadamente em 2000 a.C., Creta entrou no que os arqueólogos chamam de período Minoico Médio ou Protopalaciano.[5]

A essa altura já estávamos na Idade do Bronze, uma época em que, no resto do mundo civilizado, a Deusa vinha sendo paulatinamente substituída por deuses guerreiros masculinos. Ela ainda era reverenciada – como Hátor e Ísis no Egito, Astarté ou Ístar na Babilônia, ou como a Deusa-Sol de Arinna na Anatólia –, mas agora na condição de deidade secundária, descrita como consorte ou mãe de deuses masculinos mais poderosos. Esta época trouxe um mundo onde o poder da mulher declinava mais e mais, um mundo onde a dominância dos homens e as guerras de conquista e contraconquista tornavam-se a regra geral em toda parte.

Na ilha de Creta, onde a Deusa ainda reinava suprema, não havia sinais de guerra. Ali a economia prosperava e as artes floresciam. E mesmo quando no século XV a.C. a ilha finalmente caiu sob a dominação dos aqueus (período que os arqueólogos chamam de cultura minoica-micênica), a Deusa e o modo de pensar e viver que ela representava aparentemente se mantiveram.

Sob a influência minoica anterior, os novos senhores indo-europeus da ilha parecem ter adotado muito da cultura e religião minoicas. O mesmo aconteceu na Grécia continental, que também entrou no período Micênico. Por exemplo, nas figuras do famoso sarcófago Hagia Triada do século XV a.C., já mais rígidas e estilizadas mas ainda inquestionavelmente cretenses, é a Deusa que conduz a carruagem puxada por grifos para levar o homem morto até sua nova vida. São ainda as sacerdotisas da Deusa (e não os sacerdotes em longas roupas femininas) que desempenham papel central nos rituais pintados nos afrescos de pedra rebocada. São elas que levam a procissão e estendem seus braços para tocar o altar.

Como observa a historiadora cultural Jacquetta Hawkes, em linguagem tão típica dos acadêmicos: "Se isto ainda era verdadeiro no século XIV, sua prevalência nos períodos anteriores deve ter sido certa, tanto quanto é possível asseverar".⁶ Assim, no grande palácio de Cnossos vemos uma mulher – a Deusa, sua alta sacerdotisa ou talvez, como crê Hawkes, a rainha de Creta – representada no centro, enquanto duas filas de homens se aproximam para prestar-lhe homenagem.⁷ Em toda parte há figuras femininas, muitas com os braços levantados num gesto de bênção, algumas segurando serpentes ou machados duplos, símbolos da Deusa.

O amor à vida e à natureza

Tais gestos de bênção reverente parecem captar a essência da cultura minoica em vários aspectos. Como coloca Platon, aquela era uma sociedade na qual "toda a vida era permeada por uma fé ardente na Deusa-Natureza, fonte de toda a criação e harmonia". Foi em Creta que pela última vez na história escrita prevaleceu um espírito de harmonia entre mulheres e homens enquanto participantes iguais e jubilosos da vida. É esse o espírito que parece irradiar na tradição artística cretense, uma tradição que, nas palavras de Platon, é única em seu "deleite da beleza, da graça e do movimento" e em seu "desfrute da vida e proximidade da natureza".⁸

Alguns estudiosos descreveram a vida minoica como "expressão perfeita da ideia de *homo ludens*" – por "homem" expressando nossos mais elevados impulsos humanos através de rituais e trabalhos artísticos, a um só tempo alegres e significativos do ponto de vista mítico. Outros tentaram sintetizar a cultura cretense através de palavras como "sensibilidade", "dádiva da vida" e "amor à beleza e à natureza". E mesmo havendo alguns (e.g., Cyrus Gordon) que procuram deturpar e de alguma forma redefinir o fenômeno cretense para encaixá-lo nos preconceitos dominantes (de a Antiguidade ser mais guerreira – exceto pelos hebreus – e espiritualmente menos evoluída que o nosso tempo), a grande maioria dos estudiosos, e certamente aqueles que fizeram significativo trabalho de campo na ilha, parecem incapazes de conter sua admiração e mesmo assombro ao descrever seus achados.⁹

Em Creta existiu uma civilização próspera, técnica e culturalmente avançada na qual, segundo escrevem os arqueólogos Hans-Günther

Buchholz e Vassos Karageorghis, "toda a mídia artística e, de fato, o todo da vida e da morte – estavam profundamente cravadas numa religião onipresente que tudo permeava". No entanto, diferente de outras avançadas civilizações da época, tal religião centrada na adoração da Deusa parece ao mesmo tempo refletir e corroborar uma ordem social onde, para citar Nicolas Platon, "o medo da morte era quase obliterado pela irrestrita alegria de viver".[10]

Acadêmicos sérios como sir Leonard Woolley descreveram a arte minoica como "a mais inspirada do mundo antigo".[11] Arqueólogos e historiadores da arte do mundo inteiro a definiram usando frases como: "o encanto de um mundo feérico" e "a mais completa aceitação da graça da vida que o mundo já viu".[12] Não apenas a arte cretense – os magníficos afrescos com perdizes multicoloridas, grifos caprichosos e mulheres elegantes, raras miniaturas em ouro, joias finas e graciosas estatuetas – mas também sua sociedade foram consideradas extraordinárias pelos estudiosos.

Por exemplo, um aspecto impressionante da sociedade cretense, que a distingue claramente de outras civilizações avançadas antigas, é que parece ter havido ali uma distribuição igualitária da riqueza. "O padrão de vida – mesmo dos camponeses – parece ter sido alto", relata Platon. "Nenhuma das casas que encontramos até agora indica condições de vida muito ruins."[13]

Não que Creta fosse mais abastada, ou sequer tão rica quanto o Egito ou a Babilônia. Mas em vista da distância econômica e social entre o topo e a base da pirâmide social em outras civilizações "avançadas", é importante ressaltar que Creta parece ter usado e distribuído sua riqueza de modo muito diferente desde o princípio.

Desde os primeiros assentamentos a economia da ilha era basicamente agrária. Com o passar do tempo, ganhou vulto através da criação de animais, da indústria e principalmente do comércio – através de uma grande frota mercantil que singrava e, aparentemente, dominava todo o mar Mediterrâneo –, que contribuíram para a prosperidade econômica do país. E embora a base da organização social fosse inicialmente o *genos* ou clã matrilinear, por volta de 2000 a.C. a sociedade cretense tornou-se mais centralizada. Durante os períodos que sir Arthur Evans chama de

Minoico Médio e Tardio, e que Platon chama de Proto e Neopalaciano, há evidências de uma administração governamental centralizada em vários palácios cretenses.

Mas a centralização não trouxe um governo autocrático. Nem acarretou o uso de tecnologia avançada somente para benefício dos poucos poderosos, ou a exploração e brutalização das massas, tão marcante em outras civilizações daquele tempo. Pois, embora houvesse em Creta uma afluente classe dominante, não há sinal de que tenha sido sancionada por uma grande força armada (salvo pelos mitos gregos posteriores, como os de Teseu e do rei Minos e o Minotauro).

"O advento da escrita levou à criação da primeira burocracia, como vemos em algumas tábuas escritas em linear A", escreve Platon, que comenta como os recursos governamentais, advindos da crescente riqueza da ilha, eram judiciosamente empregados para melhorar as condições de vida que, mesmo para os padrões ocidentais, eram extraordinariamente "modernas". "Todos os centros urbanos tinham sistemas de drenagem perfeitos, instalações sanitárias e comodidades domésticas." Acrescenta ainda que

> não resta qualquer dúvida de que foram realizadas na Creta minoica extensas obras públicas financiadas pelo tesouro real. Embora apenas umas poucas ruínas tenham sido liberadas até agora, elas foram muito reveladoras: viadutos, estradas pavimentadas, postos de observação avançados, abrigos de beira de estrada, encanamento de água, fontes, reservatórios etc. Há evidência de irrigação de ampla escala com canais para distribuição de água.[14]

Apesar dos vários terremotos que destruíram completamente os antigos palácios e duas vezes interromperam o desenvolvimento de novos centros palacianos, a arquitetura de palácios cretense revela-se também única ao longo da civilização. Os palácios cretenses são uma combinação soberba de características agradáveis aos olhos e propícias à vida – ao contrário dos monumentos erigidos à autoridade e ao poder que encontramos na Suméria, no Egito, em Roma e em outras sociedades guerreiras antigas marcadas pela dominação masculina.

Havia nos palácios cretenses vastos pátios internos, fachadas majestosas e centenas de quartos dispostos em "labirintos" organizados – o que inspirou o apelido de Creta nas posteriores lendas gregas. Nesses prédios labirínticos havia muitos apartamentos distribuídos em vários andares, em diferentes alturas e arranjados assimetricamente em torno do pátio central. Havia salas especiais para culto religioso. Os membros da corte tinham aposentos no palácio ou ocupavam bonitas casas nas redondezas. Havia também acomodação para os empregados domésticos do palácio. Longas alas de armazéns com corredores de ligação eram usadas para guardar ordenadamente as reservas de alimento e os tesouros. Amplos salões com fileiras de elegantes colunas eram usados para audiências, recepções, banquetes e reuniões de conselho.[15]

Os jardins eram essenciais em toda a arquitetura minoica. Como também o planejamento visando privacidade, boa iluminação natural, funcionalidade e, talvez o mais importante, a atenção ao detalhe e à beleza. "Eram usados materiais locais e importados". Escreve Platon:

> Tudo trabalhado com grande esmero: pilastras e placas de gesso e travertino, unidas com perfeição, compunham fachadas, paredes, poços e pátios. As divisórias eram decoradas com gesso e, em muitos casos, murais ou revestimento de mármore [...]. Além das paredes, também os forros e o piso eram muitas vezes decorados por pinturas, mesmo em vilas, casas de campo e simples habitações urbanas [...]. Os temas mais recorrentes são de plantas marinhas e terrestres, cerimônias religiosas e a vida alegre dos membros da corte e do povo. A adoração à natureza permeia tudo.[16]

Uma civilização única

O imponente palácio de Cnossos, conhecido por sua grandiosa escadaria de pedra, suas varandas com colunas e o esplêndido salão de recepções, é também um exemplo típico da cultura minoica, mais no sentido estético do que na ênfase monumental da sala do trono e apartamentos reais – talvez muito expressivo do que a historiadora cultural Jacquetta Hawkes chama de "espírito feminino" da arquitetura cretense.[17]

Cnossos, que pode ter abrigado por volta de cem mil habitantes, era ligada aos portos da costa ao sul por uma estrada muito bem pavimentada, a primeira desse tipo na Europa. Suas ruas, como as de outros centros palacianos como Mália e Festo, eram pavimentadas e drenadas, ladeadas por casas bem feitas, de dois ou três andares, telhado plano e por vezes dotadas de um terraço superior para as noites quentes de verão.[18]

Hawkes descreve as cidades do interior em volta dos palácios como "bem planejadas para a vida civilizada", e Platon descreve a "vida privada" do período como tendo atingido "um alto grau de refinamento e conforto". Em resumo, como descreve Platon, "as casas eram adaptadas a todas as necessidades práticas da vida, e em torno delas era criado um ambiente bonito e convidativo. Os cretenses minoicos estavam muito próximos à natureza, e sua arquitetura visava permitir que a desfrutassem de modo amplo e irrestrito".[19]

A indumentária cretense era também desenhada para ser bonita e prática, deixando espaço para liberdade de movimentos. Mulheres e homens participavam de exercícios físicos e esportes, que eram praticados como forma de entretenimento. Quanto à alimentação, uma ampla variedade de culturas agrícolas, além da pecuária, pesca, apicultura e fabricação de vinhos possibilitavam um cardápio saudável e variado.[20]

Entretenimento e religião estavam muito interligados, fazendo com que o lazer em Creta fosse a um só tempo agradável e significativo. "Música, canto e dança somavam-se aos prazeres da vida", escreve Platon. "Havia cerimônias públicas frequentes, na maior parte religiosas, acompanhadas de procissões, banquetes e apresentações de acrobacia realizadas em teatros construídos para esse propósito ou em arenas de madeira", dentre elas, a famosa *taurokathapsia*, ou "jogo com touros".[21]

Outro estudioso, Reynold Higgins, resume assim esse aspecto da vida cretense:

> Para os cretenses, a religião era uma coisa festiva, celebrada em palácios-santuários, ou em santuários a céu aberto no alto das montanhas, ou ainda em cavernas sagradas [...]. Sua religião estava intimamente ligada à recreação. De suma importância eram os esportes praticados com touros, que provavelmente aconteciam no pátio central dos palácios. Jovens

mulheres e homens formavam equipes e se revezavam para agarrar o touro pelos chifres e dar saltos acrobáticos por sobre seu dorso.[22]

A parceria igualitária entre mulheres e homens que, ao que tudo indica, caracterizava a sociedade minoica encontra sua ilustração mais clara nesses jogos sagrados com touros, onde mulheres e homens jovens atuavam juntos, confiando suas vidas um ao outro. Tais rituais, que combinavam emoção, habilidade e fervor religioso, parecem traduzir também um outro aspecto importante do espírito minoico: eram planejados não apenas para o prazer ou salvação individual, mas também para invocar o poder divino a fim de propiciar o bem-estar de toda a sociedade.[23]

Mais uma vez é importante enfatizar que Creta não era uma sociedade ideal ou utópica, mas uma sociedade humana real, completa, incluindo problemas e imperfeições. Uma sociedade que se desenvolveu há milhares de anos, quando não havia nada que se assemelhasse à ciência de hoje, uma sociedade que explicava e lidava com os processos da natureza através de crenças animistas e rituais propiciatórios.[24] Além disso, era uma sociedade que funcionava num mundo cada vez mais guerreiro e dominado pelo masculino.

Sabemos, por exemplo, que os cretenses possuíam armas – algumas, como os punhais lindamente ornamentados, de grande excelência técnica. É provável que, à medida que se tornaram mais frequentes as escaramuças e a pirataria no Mediterrâneo, eles também tenham se envolvido em batalhas navais, tanto para preservar seu vasto comércio marítimo quanto para proteger sua costa. No entanto, em comparação com outras civilizações desenvolvidas daquele tempo, a arte cretense não idealiza a guerra. Como mencionei antes, mesmo o machado duplo da Deusa simbolizava a superabundante fecundidade da terra. Com o mesmo formato dos machados usados para cultivar a terra no plantio, ele representava também a borboleta, um dos símbolos de transformação e renascimento da Deusa.

Tampouco foi encontrada indicação de que os recursos materiais cretenses fossem investidos maciçamente em tecnologias de destruição – como são no mundo moderno, e de forma cada vez mais assustadora. Pelo contrário, as evidências mostram que a riqueza cretense era investida prioritariamente em desfrutar uma vida harmoniosa e bela.

Como escreve Platon:

> Toda a vida era permeada por uma fé ardente na Deusa-Natureza, fonte de toda criação e harmonia. Isto levava ao amor pela paz, ao horror pela tirania e ao respeito à lei. Mesmo as classes dominantes parecem não ter conhecido a ambição pessoal: em nenhum lugar encontramos o nome do autor numa obra de arte, nem registros das realizações de um governante.[25]

Hoje, numa época em que o "amor pela paz, o horror pela tirania e o respeito à lei" se mostram necessários à nossa sobrevivência, as diferenças entre o espírito de Creta e o de seus vizinhos ganha uma relevância maior do que todo interesse acadêmico que poderiam suscitar. As cidades cretenses desprovidas de fortificações militares, os vilarejos "desprotegidos" à beira-mar e a total ausência de indícios de que as várias cidades--Estado da ilha lutassem umas contra as outras ou embarcassem em batalhas de agressão (muito diferente das cidades muradas e guerras crônicas que já eram regra alhures), são uma indubitável confirmação histórica de que nossas esperanças de coexistência humana pacífica não são, como muitas vezes nos é dito, "sonhos utópicos". E nas imagens míticas de Creta – a Deusa como Mãe do universo e dos humanos, animais, plantas, água e céu, enquanto manifestações suas na terra – encontramos a consciência de nossa unidade com a natureza, um tema que hoje vem à tona novamente como pré-requisito de nossa sobrevivência ecológica.

Mas talvez o mais notável em termos do relacionamento entre sociedade e ideologia é que, especialmente no início do período minoico, a arte cretense parece refletir uma sociedade na qual o poder não se equipara a domínio, destruição e opressão. Nas palavras de Jacquetta Hawkes, uma das poucas mulheres a escrever sobre Creta, "a ideia de um monarca guerreiro triunfando através da humilhação e chacina do inimigo" não existe. "Em Creta, onde governantes sagrados possuíam riqueza e poder e viviam em esplêndidos palácios, não há sinal de tais manifestações de orgulho masculino e crueldade irracional."[26]

Um aspecto extraordinário da cultura cretense é a inexistência de estátuas ou relevos retratando aqueles que ocuparam os tronos de Cnossos ou de qualquer um dos outros palácios. Além do afresco da Deusa – ou talvez rainha/sacerdotisa – no centro de uma procissão que leva oferendas, parecem não existir quaisquer outros retratos da realeza senão na última fase. Mesmo assim, a única exceção possível é um relevo pintado (por vezes identificado como o jovem príncipe) que mostra um jovem de cabelos compridos, sem armas, de torso nu, coroado com penas de pavão e caminhando entre flores e borboletas.

A ausência de grandiosas cenas de batalha ou caça é igualmente marcante e reveladora na arte minoica cretense. "A ausência de tais manifestações por parte de um governante masculino todo-poderoso, tão amplamente difundidas nesse período e nesse estágio de desenvolvimento cultural a ponto de ser quase universal", comenta Hawkes, "é um dos motivos que levam a supor que os ocupantes dos tronos minoicos eram rainhas".[27]

A antropóloga cultural Ruby Rohrlich-Leavitt chegou à mesma conclusão. Escrevendo sobre Creta a partir de um ponto de vista feminista, ela ressalta que foram os arqueólogos modernos que intitularam o rapaz descrito acima como "jovem príncipe" ou "rei dos sacerdotes", quando, na verdade, até o momento não foi encontrada sequer uma única representação de um rei ou deus masculino dominante. Ela observa também que a ausência de idealizações de violência masculina e poder destrutivo na arte cretense se coadunam perfeitamente com o fato de que aquela sociedade "preservou a paz durante mil e quinhentos anos, tanto externa como internamente, em meio a uma era de guerras incessantes".[28]

Platon, que também caracteriza os minoicos como um "povo excepcionalmente amante da paz", descreve os ocupantes do trono minoico como reis. Contudo, ele também se admira diante do fato de que "cada rei governava seu domínio em plena harmonia e 'coexistência pacífica' com os outros". Platon comenta a ligação íntima entre governo e religião, uma característica típica da vida política da Antiguidade. Mas observa que em Creta, novamente muito diferente de outras cidades-Estado daquele tempo, "a autoridade do rei era provavelmente limitada por conselhos de altas autoridades, nos quais provavelmente outras classes sociais estavam representadas".[29]

Esses dados ainda bastante incompletos sobre a civilização pré-patriarcal da antiga Creta nos oferecem ótimas pistas, que seguiremos mais adiante, sobre as origens de boa parte dos valores acalentados pela civilização ocidental. É especialmente fascinante perceber como a crença moderna, de que o governo deve representar os interesses do povo, parece projetar-se a partir da Creta minoica, muito antes do chamado berço da democracia nos tempos da Grécia clássica. Além disso, o conceito moderno de poder que emerge agora como responsabilidade em vez de dominação também parece ser um ressurgimento de perspectivas antigas.

Isto porque as evidências mostram que em Creta o poder era equiparado fundamentalmente à responsabilidade materna, em vez de um poder exercido por uma elite masculina dominante que exige obediência pela força ou ameaça do uso de força. A primeira é a definição de poder que caracteriza o modelo social de parceria, no qual a mulher e as características associadas à mulher não são sistematicamente desvalorizadas. Esta era a definição de poder que prevalecia em Creta enquanto sua evolução social e tecnológica tornava-se cada vez mais complexa, concepção de poder que afetou em profundidade sua evolução cultural.

Especialmente interessante é o fato de que, muito depois de Creta adentrar a Idade do Bronze, a Deusa, enquanto doadora e provedora de toda a vida natural, continuou a ser venerada como suprema encarnação dos mistérios do mundo, e as mulheres continuaram mantendo sua posição proeminente na sociedade cretense. Ali, como Rohrlich-Leavitt escreve, as mulheres eram "o assunto central e mais frequentemente retratado nas artes e artesanato. Elas aparecem principalmente na esfera pública".[30]

Portanto, não se atesta a afirmação de que a cidade-Estado (ou o que algumas sociedades modernas chamam de estatismo) depende estruturalmente da guerra, da hierarquização e da subjugação das mulheres. É notável que nas cidades-Estado de Creta, lendárias por sua riqueza, sublime arte e florescente comércio, as novas tecnologias, e com elas uma organização social maior e mais complexa, incluindo crescente especialização, *não* tenham trazido qualquer deterioração ao status das mulheres.

Pelo contrário. Na Creta minoica, a redistribuição de papéis que acompanhou as mudanças tecnológicas parece ter fortalecido ao invés de enfraquecido o status da mulher. Pelo fato de ali não ter ocorrido qualquer mudança social ou ideológica fundamental, os novos papéis exigidos pelos avanços tecnológicos não acarretaram a descontinuidade histórica vista alhures. Nas sociedades do sul da Mesopotâmia, encontramos rígida estratificação social e guerras constantes por volta de 3500 a.C. junto ao declínio do status da mulher. Na Creta minoica, embora urbanização e estratificação social existissem, a guerra estava ausente e o status da mulher *não* declinou.³¹

A invisibilidade do óbvio

Dentro do paradigma hoje vigente, segundo o qual a hierarquia é o princípio organizacional básico, se a mulher ocupa uma posição superior, conclui-se que o status do homem é necessariamente menor. Já vimos que as instâncias de herança e descendência matrilinear, de mulheres como deidades supremas e de sacerdotisas e rainhas com poder temporal, são interpretadas como indicação de uma sociedade "matriarcal". Mas tal conclusão não tem qualquer fundamento nas evidências arqueológicas. Nem se pode concluir com base no grande status das mulheres cretenses que os homens tivessem condição comparável ao das mulheres que vivem em sistemas sociais de dominação masculina.

Na Creta minoica, todo o relacionamento entre os sexos – não apenas as suas definições e a valorização dos papéis de gênero, mas também as atitudes em relação à sensualidade e ao sexo – era obviamente muito distinto do que temos hoje. Por exemplo, a vestimenta das mulheres deixava o busto exposto e a dos homens era diminuta e salientava a genitália, o que demonstra uma franca apreciação das diferenças sexuais e do prazer que essas diferenças viabilizam. Segundo o que sabemos hoje graças à moderna psicologia humanista, esse "vínculo prazeroso" teria fortalecido um senso de mutualidade entre mulheres e homens enquanto indivíduos.³²

A atitude mais natural dos cretenses em relação ao sexo pode ter tido também outras consequências, igualmente difíceis de perceber a partir da ótica do paradigma prevalecente atual, já que os dogmas religiosos com frequência veem o sexo como mais pecaminoso que a violência. Como escreve Hawkes: "Os cretenses parecem ter reduzido e desviado sua agressividade através de uma vida sexual livre e bem equilibrada".³³ Junto a seu entusiasmo pelos esportes e pela dança, e a sua criatividade e amor pela vida, essas atitudes liberadas em relação ao sexo parecem ter contribuído para o espírito em geral pacífico e harmonioso, predominante na vida cretense.

Como vimos, é justamente essa questão espiritual que diferencia Creta das outras avançadas civilizações de seu tempo. Como coloca Arnold Hauser: "A cultura minoica é excepcional em relação a suas contemporâneas devido às diferenças essenciais de seu espírito".[34]

Mas nesse ponto chegamos à eterna barreira, o ponto onde os estudiosos encontram a informação que automaticamente é excluída por força da visão de mundo preponderante. Quando chega o momento de ligar essa diferença essencial com o fato de que a Creta minoica foi a última sociedade mais tecnologicamente avançada onde a dominância masculina *não* era a regra, a maioria dos estudiosos de repente tem um lapso ou rapidamente toma outra direção. Na melhor das hipóteses, se livram da situação através de uma estratégia "perifericizante". Observam que, muito diferente de outras sociedades antigas *e* contemporâneas, em Creta as virtudes "femininas" de apaziguamento e sensibilidade diante das necessidades alheias tinham prioridade na ordem social. Também observam que, em comparação a outras sociedades, as mulheres cretenses ocupavam elevadas posições sociais, econômicas, políticas e religiosas. *Mas* o fazem apenas de passagem, sem nenhuma ênfase, sinalizando assim ao leitor, naturalmente receptivo à sua autoridade, que se trata de uma questão acessória ou periférica.

Ao rever a maior parte da literatura sobre Creta é impossível não se lembrar da curiosa nota de rodapé escrita por Charles Darwin em *A descendência do homem*. Escrevendo sobre as diferenças raciais nesse clássico da ciência, Darwin lembra que ao ver a estátua do faraó Amunoph III pensou de imediato que suas feições eram distintamente negroides. Mas tendo dito isto, embora numa mera nota de rodapé, ele passa imediatamente a qualificar o que seus próprios olhos haviam visto – e que depois foi comprovado: que houve no Egito faraós negros. Embora seu próprio relato consigne que mais duas pessoas presentes na época corroboraram suas observações, ele se sente compelido a citar duas notórias autoridades no assunto, J. C. Nott e George R. Gliddon, que em seu livro *Types of Mankind* [Os tipos de ser humano] haviam descrito as feições daqueles faraós como "soberbamente europeias", afirmando que a estátua em questão de modo algum representava alguém "com miscigenação negra".[35]

No início deste capítulo comentamos incidentes similares, como o caso das evidências de mulheres faraós, Meryet-Nit e Nit-Hotep. Embora encontremos na egiptologia instâncias de cegueira douta esporádica, no caso da literatura acadêmica sobre Creta ela se torna generalizada, defletindo, tornando invisível ou, na melhor das hipóteses, banalizando a claríssima mensagem da arte cretense. Muito depois de Darwin, quando mais estátuas e muito mais evidências visuais foram descobertas comprovando a existência histórica de governantes negros, os especialistas (na sua esmagadora maioria homens brancos, é claro) ainda afirmavam peremptoriamente que não havia qualquer "miscigenação negra".[36] Assim também as evidências irrefutáveis da diferença essencial que distingue Creta de outras sociedades continuam sendo negadas ou diminuídas por muitos estudiosos.

O papel central desempenhado pelas mulheres na sociedade cretense é tão marcante que, desde a primeiríssima descoberta da cultura minoica, os estudiosos não puderam ignorá-lo de todo. No entanto, como Darwin, sentiram-se compelidos a moldar o que viam com seus próprios olhos segundo a ideologia prevalecente. Por exemplo, quando sir Arthur Evans começou a escavar a ilha no início do século XX, ele reconheceu que os cretenses adoravam uma deidade feminina. Viu também que a arte cretense retratava o que chamou de "cenas de confidência feminina". Mas, ao comentar tais cenas, Evans viu-se imediatamente forçado a iguálá-las ao que chamou de "fofoca" feminina sobre "escândalos da sociedade".[37]

A postura de Hans-Günther Buchholtz e Vassos Karageorghis tende a uma caricatura do estereótipo germânico em relação às mulheres. No entanto, por um lado, mesmo assim comentam que a "proeminência feminina em todas as esferas da vida está refletida no panteão", e que, mesmo mais tarde, "a alta estima pela mulher também está presente na religião da civilização micênica, que era mais masculina".[38] Somente uma mulher, Jacquetta Hawkes, caracteriza abertamente a civilização minoica como sendo "feminina" – mas mesmo ela não chega a explorar todas as implicações dessa importante constatação.

Platon observa que "o importante papel desempenhado pelas mulheres verifica-se em todas as esferas". E mais: "Não há dúvida de que as mulheres – ou ao menos a influência da sensibilidade feminina – contribuíram de forma notável à arte minoica". Ele escreve ainda que "o papel dominante desempenhado pelas mulheres na sociedade se evidencia pelo fato de que tinham parte ativa em todos os aspectos da vida neopalaciana". No entanto, mesmo tendo reconhecido como traço marcante da cultura cretense o grande status das mulheres e sua ativa participação em todos os aspectos da vida, Platon se vê compelido a acrescentar que "isso talvez se deva à ausência de homens, que empreendiam viagens marítimas prolongadas". E *isto* dito num trabalho acadêmico que é, em todos os outros aspectos, notável, e no qual o autor observa especificamente que "embora fosse equivocado descrever [Creta] como um matriarcado, há muitas evidências – inclusive do período helênico posterior – de que a sucessão obedecia a uma linha feminina".[39]

Vemos com frequência que, sob a influência do paradigma predominante, nosso verdadeiro passado – e o impulso original de nossa evolução cultural – só consegue ser visto obscuramente, como por trás de uma vidraça escura. Mas diante de todas as implicações daquilo que este passado preconizava – diante daquilo que nós, no nosso nível de desenvolvimento tecnológico e social, poderíamos ter sido e ainda podemos nos tornar –, nos defrontamos com uma pergunta insistente. O que provocou a mudança radical de orientação cultural, a mudança que nos precipitou de uma ordem social regida pelo Cálice para uma dominada pela Espada? Quando e como isto aconteceu? E o que diz essa mudança cataclísmica sobre nosso passado – e nosso futuro?

Capítulo 4

Uma ordem obscura surge do caos: do cálice à espada

Contamos em séculos o tempo da história humana que conhecemos. Mas quando se trata do período anterior, um tipo muito diferente de história, os períodos de tempo são contados em milênios, ou milhares de anos. O Paleolítico data de 30 mil anos atrás. A revolução agrícola do Neolítico aconteceu há mais de 10 mil anos. Çatal Hüyük foi fundada há 8500 anos. E a civilização de Creta caiu há apenas 3200 anos.

Durante esse período de milênios – muitas vezes mais extenso que a história registrada nos calendários desde o nascimento de Cristo – a maioria das sociedades da Europa e Oriente Próximo deram ênfase a tecnologias que sustentam e aprimoram a qualidade de vida. Durante os milhares de anos do período Neolítico, grandes avanços foram feitos no sentido de produzir alimento através da agricultura, caça, pesca e domesticação de animais. A habitação avançou com inovações nos métodos de construção, de fabrico de tapetes, mobília e outros artigos para a casa, e mesmo (como em Çatal Hüyük) de planejamento urbano.[1] O vestuário deixou para trás as peles de animais com a invenção da tecelagem e da costura. Como os fundamentos materiais e espirituais para civilizações mais avançadas estavam lançados, também as artes floresceram.

Ao que tudo indica, naquele tempo a descendência em geral era traçada pela linha materna. A mulher mais velha, ou as chefes dos clãs, administravam a produção e distribuição dos frutos da terra, que eram considerados propriedade de todos os membros do grupo. Junto com a propriedade comum dos principais meios de produção e uma percepção do poder social, como responsabilidade e tutoria em benefício de todos, veio o que parece ter sido uma organização social basicamente cooperativa. Tanto mulheres como homens – e mesmo, por vezes, como acontecia em Çatal Hüyük, pessoas de outras etnias – trabalhavam em cooperação para o bem comum.[2]

A maior força física do homem não servia de subsídio para opressão social, guerras organizadas, nem concentração de riqueza pessoal nas mãos dos homens mais fortes. Tampouco servia de fundamento para a supremacia dos machos sobre as fêmeas ou de valores "masculinos" sobre valores "femininos". Pelo contrário. A ideologia prevalecente era ginocêntrica, ou guiada pelo feminino, e a deidade representada na forma de mulher.

Simbolizadas pelo Cálice feminino, ou fonte da vida, as forças germinativas, mantenedoras e criativas da natureza – e não o poder de destruir – eram extremamente valorizadas, como vimos antes. Ao mesmo tempo, a função de sacerdotisas ou sacerdotes não servia para sancionar através da religião uma elite masculina brutal, mas para beneficiar igualmente todas as pessoas da comunidade, da mesma forma como as chefes dos clãs administravam as terras de propriedade comum e cultivo comunitário.[3]

Mas então veio a grande mudança, uma mudança tão colossal que, de fato, não se pode comparar a nada que conheçamos da evolução cultural humana.

Os invasores periféricos

No início era como a proverbial nuvem bíblica: "não maior que a mão de um homem" – as atividades de bandos nômades aparentemente insignificantes vagando pelas áreas marginais menos cobiçadas do globo em busca de pastagem para seu gado. Durante milênios eles ficaram por ali, naqueles territórios inóspitos, frios, menos férteis, nas extremidades do mundo, enquanto as primeiras grandes civilizações agrícolas se espalhavam pelos lagos e rios das férteis terras das áreas centrais. Para esses povos agrícolas que desfrutaram o primeiro pico da evolução humana, a paz e a prosperidade pareciam um estado de bênção eterna sobre a humanidade, e os nômades apenas uma novidade periférica.

Não temos nada para nos guiar a não ser especulações sobre como e em que período de tempo essas tribos nômades cresceram em número e ferocidade.[4] Mas por volta do quinto milênio a.C., ou a cerca de sete mil anos atrás, começamos a encontrar evidências do que Mellaart chama de "padrão desintegrador" nas velhas culturas neolíticas do Oriente Próximo.[5] Os achados arqueológicos mostram sinais muito claros de estresse em muitas regiões nesse período. Há evidência de invasões, catástrofes naturais, às vezes ambos, que provocaram destruição e deslocamentos em grande escala. Em muitas regiões a tradicional cerâmica pintada desapareceu. A devastação foi se alastrando pedacinho por pedacinho. Estagnação e regressão cultural se instalaram. Por fim, durante esse período de caos crescente o desenvolvimento civilizatório parou. Como escreve Mellaart, somente dois mil anos mais tarde emergiriam as civilizações da Suméria e do Egito.[6]

Também na Europa Antiga a destruição física e cultural das sociedades neolíticas que adoravam a Deusa parece ter começado no quinto milênio a.C., com o que Gimbutas chama de Onda Kurgan 1. "Graças ao número cada vez maior de datações com carbono radioativo, hoje é possível mapear várias ondas migratórias de pastores das estepes, ou povos kurgan, que varreram a Europa pré-histórica", diz Gimbutas. Essas constantes incursões, e os choques culturais e mudanças populacionais resultantes, se concentraram em três grandes invasões: a Onda 1, em cerca de 4300-4200 a.C.; a Onda 2, em cerca de 3400-3200 a.C.; e a Onda 3, em cerca de 3000-2800 a.C. (datas determinadas por dendrocronologia).[7]

Os kurgan pertenciam ao que os estudiosos classificam como povos indo-europeus ou arianos, um tipo que seria mais tarde considerado por Nietzsche, e depois Hitler, como a única raça europeia pura. Na verdade, eles não eram os europeus originais, dado que desceram em enxames sobre o continente vindos do nordeste europeu e asiático. Tampouco eram originalmente indianos, pois havia um outro povo, o dravidiano, que vivia na Índia antes de os invasores arianos conquistarem a região.[8]

Mas o termo indo-europeu pegou. Ele caracteriza uma longa linhagem de povos nômades que invadiram o norte da Ásia e da Europa. Liderados por poderosos sacerdotes e guerreiros, trouxeram consigo seus deuses masculinos da guerra e das montanhas. Como os arianos na Índia, hititas e mitanitas no Crescente Fértil, luvitas na Anatólia, kurgan no Leste Europeu, aqueus e depois dórios na Grécia, eles gradualmente impuseram suas ideologias e modos de vida às terras e aos povos que conquistaram.[9]

Havia ainda outros invasores nômades. O mais famoso deles é o povo semita, chamado de hebreu, que veio dos desertos ao sul e invadiu Canaã (depois chamada de Palestina por causa dos filisteus, outro povo que vivia na região). Os preceitos morais que associamos tanto ao judaísmo como ao cristianismo, bem como o foco na paz de muitas igrejas e sinagogas modernas, não chegam a toldar o fato histórico de que originalmente esses primeiros semitas eram um povo guerreiro regido por uma casta de sacerdotes-guerreiros (os levitas da tribo de Moisés, Aarão e Josué). Como os indo-europeus, também eles trouxeram consigo um deus feroz e raivoso da guerra e das montanhas (Jeová e Iahweh). Como se lê na Bíblia, também eles aos poucos foram impondo muito de sua ideologia e modo de vida aos povos das terras que invadiram.

As proverbiais semelhanças entre os indo-europeus e os antigos hebreus levaram a várias suposições de que talvez tenham tido origens comuns, ou ao menos alguns elementos de difusão cultural em comum.[10] O mais interessante não são as linhagens de sangue ou contatos culturais que não foram encontrados, mas sim aquilo que claramente une esses povos de lugares e épocas tão diversas: a estrutura de seus sistemas sociais e ideológicos.

O elemento comum a todos eles é o modelo dominador de organização social: um sistema social onde a regra é a dominação masculina, a violência masculina e uma estrutura social hierárquica e autoritária. Outro ponto em comum é que, diferente das sociedades que lançaram os fundamentos da civilização ocidental, sua maneira de adquirir riqueza material não se caracterizou pelo desenvolvimento de tecnologias de produção, mas por tecnologias de destruição cada vez mais eficazes.

Metalurgia e supremacia masculina

Na clássica obra marxista *A origem da família, da propriedade privada e do Estado*, Friedrich Engels foi um dos primeiros a fazer a ligação entre a emergência das hierarquias e da estratificação social baseada na propriedade privada e a dominação masculina sobre as mulheres. Engels também relacionou a mudança de matrilinearidade para patrilinearidade com o desenvolvimento da metalurgia do cobre e do bronze.[11] Embora estas tenham sido percepções pioneiras, não acertaram em cheio o alvo. Isto porque somente pesquisas recentes nos permitiram ver especificamente (e de modo fascinante para a sociologia) como a metalurgia do cobre e do bronze redirecionaram radicalmente o curso da evolução cultural da Europa e da Ásia Menor.

O que desencadeou essas mudanças radicais não é algo que esteja relacionado à descoberta desses metais. Relaciona-se com um argumento fundamental que vimos construindo em torno da tecnologia: a *utilização* que foi dada a esses metais.

Dentro do paradigma hoje prevalecente, supõe-se que todas as descobertas tecnológicas importantes da Antiguidade devam ter sido feitas pelo "homem caçador" ou pelo "homem guerreiro" a fim de melhor matar. Nos cursos universitários, e também em *2001 – Uma odisseia no espaço*, o épico e bastante popular filme de Arthur C. Clarke, aprendemos que isto tem sido assim desde os primeiros e toscos instrumentos de madeira e pedra que, segundo a mesma lógica, foram clavas e facas para matar os outros.[12] Assim, também se supôs que os metais fossem usados primeira e principalmente como armas. Contudo, as evidências arqueológicas mostram que os povos do Neolítico já conheciam metais como cobre e ouro, mas os utilizavam para finalidades ornamentais ou religiosas, ou para confeccionar ferramentas.[13]

As novas técnicas de datação, que não existiam na época de Engels, indicam que a metalurgia apareceu na Europa pela primeira vez no sexto milênio a.C. entre os povos que habitavam ao sul dos montes Cárpatos e na região dos Alpes Dináricos e da Transilvânia. Esses primeiros achados de metal são joias, estatuetas e objetos rituais. Já no quinto e quarto milênios, o cobre passou a ser bastante usado no fabrico de machados e machados duplos, ferramentas em formato de cunha, anzóis, sovelas, agulhas e pinos de dupla espiral. Mas, como observa Gimbutas, os machados de cobre da Europa Antiga "eram ferramentas para trabalhar em madeira, e não machados de guerra ou símbolos do poder divino, como depois foram vistos nas culturas protoindo-europeias e indo-europeia histórica".[14]

Assim, as evidências arqueológicas corroboram a conclusão de que não foi o metal em si, mas sua aplicação ao desenvolvimento de tecnologias de destruição cada vez mais eficientes, que desempenhou papel tão central no que Engels chamou de "a derrota mundial histórica do sexo feminino".[15] Ao contrário do que infere Engels, a dominância masculina não se tornou uma norma na pré-história ocidental quando os povos caçadores-coletores começaram a domesticar e criar animais (em outras palavras, quando a pecuária tornou-se sua principal tecnologia de produção). Isso aconteceu bem mais tarde, ao longo das incursões feitas durante milênios pelas hordas pastoris em direção às terras mais férteis, onde a agricultura era a principal tecnologia de produção.

Como vimos, as tecnologias de destruição *não* eram prioridades sociais importantes para os agricultores do Neolítico europeu. Mas eram para os bandos guerreiros que desciam das terras áridas do norte ou subiam dos desertos do sul. Nessa conjuntura crítica é que os metais desempenharam seu papel letal, forjando a história da humanidade: não como um avanço tecnológico generalizado, mas em forma de armas para matar, saquear e escravizar.

Gimbutas reconstruiu minuciosamente esse processo na Europa Antiga. Ela parte do fato de que não havia cobre nas regiões de onde os pastores vinham: as estepes áridas ao norte do mar Negro.

> Isto leva à hipótese de que os kurgan, povos cavaleiros das estepes, conheciam a metalurgia que existia no quinto e no quarto milênio a.C. ao sul das montanhas do Cáucaso. É provável que em 3500 a.C., no mais tardar, já tivessem aprendido as técnicas de metalurgia dos povos transcaucasianos, e logo depois explorado os metais dos caucasianos.[16]

Mais especificamente, logo depois eles já estariam forjando armas ainda mais letais feitas de metal.[17]

Os dados que Gimbutas utiliza se baseiam em vastas escavações realizadas depois da Segunda Guerra Mundial, com a ajuda da introdução de novas técnicas de datação. Fazendo uma síntese radical, esses dados mostram que a transição da Idade do Cobre para a Idade do Bronze (quando apareceram pela primeira vez o cobre-arsênico ou ligas de cobre e latão) aconteceu no período compreendido entre 3500 e 2500 a.C. Ou seja, muito mais cedo do que a data de 2000 a.C. tradicionalmente fixada por acadêmicos anteriores. Além disso, o rápido alastramento da metalurgia do bronze por todo o continente europeu está relacionado com as evidências de invasões cada vez mais numerosas por parte de um povo extremamente móvel, guerreiro, hierárquico e de dominância masculina vindo das estepes do norte, que Gimbutas chama de kurgan.

> O aparecimento de armas de bronze – adagas e alabardas – e também machados de bronze com lâminas finas e afiadas, bem como maças e machados de batalha em pedra semipreciosa e pontas de flecha em sílex, coincide com as rotas de dispersão dos povos kurgan.[18]

A mudança na evolução cultural

Isso não significa que a radical mudança na evolução cultural da sociedade ocidental ocorreu simplesmente em função de guerras de conquista. Como veremos, o processo foi muito mais complexo. Contudo, não resta dúvida de que desde o princípio a guerra foi um instrumento essencial na substituição do modelo de parceria pelo de dominação. E a guerra e outras formas de violência social continuaram a desempenhar um papel central no desvio de nossa evolução cultural do sentido da parceria para o da dominação.

Como veremos mais adiante, a mudança do modelo de organização social de parceria para o de dominação foi um processo gradual e, por algum tempo, previsível. No entanto, os acontecimentos que desencadearam tal mudança foram relativamente súbitos e, com o passar do tempo, tornaram-se imprevisíveis. O que os registros arqueológicos relatam é bastante congruente com as novas ideias científicas sobre mudanças imprevisíveis – ou como estados de equilíbrio sistêmico há muito estabelecidos podem, com relativa rapidez, mudar para um estado muito distante do equilíbrio ou caótico. Ainda mais notável é que em muitos aspectos essa mudança radical de nossa evolução cultural se coaduna com o modelo evolutivo não linear chamado modelo de "equilíbrio pontuado", proposto por Eldredge e Gould, segundo o qual "isolados periféricos" surgem em momentos de "bifurcação crítica".[19]

Os "isolados periféricos" que emergiam literalmente da periferia do nosso planeta (as estepes áridas do norte e os desertos áridos do sul) não eram uma espécie diferente. No entanto, ao interromper um longo período de desenvolvimento estável orientado pelo modelo social de parceria, trouxeram consigo um sistema de organização social inteiramente diferente.

O valor supremo reinante no cerne do sistema dos invasores era o poder de tirar a vida, e não o de dar a vida. Esse é o poder simbolizado pela Espada "masculina", e literalmente venerado pelos primeiros kurgan, segundo se vê de entalhes nas cavernas desses invasores indo-europeus.[20] Pois, na sua sociedade dominadora, governada por deuses – e homens – guerreiros, esse era o poder supremo.

Com o aparecimento desses invasores no horizonte pré-histórico – e não, como algumas vezes se afirma, por causa da gradativa descoberta pelo homem de que ele também participa da procriação –, a Deusa e as mulheres foram reduzidas a consortes ou concubinas dos homens. Pouco a pouco a dominação masculina, a guerra e a escravização das mulheres e dos homens mais cordatos, "afeminados", tornou-se a regra.

A magnitude da diferença fundamental entre esses dois sistemas sociais e as dimensões cataclísmicas das mudanças normativas impostas por estes "isolados periféricos" (que se tornaram invasores periféricos) é descrita de modo conciso neste trecho da obra de Gimbutas:

> As culturas da Europa Antiga e a dos kurgan eram antitéticas. Os europeus antigos eram horticultores sedentários que tendiam a viver em núcleos urbanos grandes e bem planejados. A ausência de fortificações e armas é testemunho da coexistência pacífica dentro dessa civilização igualitária, que era provavelmente matrilinear e matrilocal. O sistema kurgan era composto de unidades patrilineares, socialmente estratificadas e pastoris, que viviam em pequenas vilas ou assentamentos temporá-

rios cercadas por amplas áreas de pastagem. Uma economia baseada na agricultura e a outra na pecuária produziram ideologias contrastantes. O sistema de crenças da Europa Antiga se concentrava no ciclo agrícola de nascimento, morte e regeneração, incorporados pelo princípio feminino, a Mater Creatrix. A ideologia kurgan, conhecida da mitologia comparada indo-europeia, exaltava heroicos deuses viris e guerreiros do céu de raios e trovões. As armas não existem na iconografia da Europa Antiga, ao passo que a adaga e o machado de batalha são símbolos dominantes dos kurgan que, como todos os indo-europeus conhecidos da história, glorificavam o poder letal do fio da espada.[21]

Guerra, escravidão e sacrifício

O mais significativo, talvez, é que nas representações de armas gravadas em pedras, esteias ou rochas, que também só começam a aparecer *depois* das invasões kurgan, encontramos o que Gimbutas descreve como "as primeiras representações visuais conhecidas dos deuses guerreiros indo-europeus".[22] Algumas figuras são "semiantropomórficas", com cabeças e braços, diz Gimbutas sobre a escavação de uma série de entalhes em rocha nos Alpes suíços e italianos. Mas a maioria das imagens é abstrata e

> nelas o deus é representado somente por sua arma, ou por armas combinadas com um cinto, colar, pingente de dupla espiral e o divino animal: um cavalo ou cervo. Em várias representações há um sol ou a galhada de um cervo no lugar onde deveria estar a cabeça do deus. Em outras, os braços do deus são representados como alabardas ou machados com cabos longos. Uma, três, sete ou nove adagas ficam no centro da composição, mais frequentemente acima ou abaixo do cinto.[23]

"Obviamente as armas representavam as funções e poderes do deus", escreve Gimbutas,

> e eram adoradas como representações do próprio deus. O caráter sagrado da arma é bem evidente em todas as religiões indo-europeias. Heródoto nos conta que os cítios faziam sacrifícios à sua adaga sagrada, Akinakes.

O cálice e a espada

Não se conhece nenhuma imagem anterior de divindades portando armas na região alpina neolítica.[24]

Tal glorificação do poder letal do fio da espada acompanha um modo de vida no qual o massacre organizado de outros seres humanos junto com a destruição e saque de sua propriedade e a subjugação e exploração de seus membros parecem ter sido normais. A julgar pelas evidências arqueológicas, os primórdios da escravidão (um ser humano sendo propriedade de outro) parecem guardar uma estreita relação com as invasões armadas.

Exemplificando, esses achados indicam que em alguns acampamentos kurgan o grosso da população feminina *não* era kurgan, mas sim da Europa Antiga neolítica.[25] Isso sugere que os kurgan massacraram a maioria dos homens e crianças locais, mas pouparam algumas das mulheres, tomando posse delas para uso como concubinas, esposas ou escravas. Evidência de que esta era a prática corrente encontra-se nos relatos do Velho Testamento, de milhares de anos depois, quando as tribos de hebreus nômades invadiram Canaã. Em Números 31:32-35, por exemplo, lemos que dentre os despojos de guerra levados pelos invasores depois de sua batalha contra os madianitas havia: ovelhas, bois, jumentos e 32 mil moças que não conheceram homem (nessa ordem).

A brutal redução no número de mulheres e, portanto, também nos nascimentos de meninos e meninas, e sua redução ao status de meras posses masculinas – tudo está documentado pelos rituais de sepultamento dos kurgan. Como observa Gimbutas, dentre as primeiras evidências de "kurganização" encontramos uma série de sepulturas de pouco antes do quarto milênio a.C., ou seja, um pouco depois da primeira onda de invasores kurgan varrer a Europa.[26]

São as "sepulturas dos chefes", típicas das hierarquias dominadoras indo-europeias, que indicam uma mudança radical na organização social e a presença de uma elite de homens fortes no topo. Nessas sepulturas que, nas palavras de Gimbutas, são claramente um "fenômeno cultural estrangeiro", é evidente a diferença marcante em termos de ritos e práticas de sepultamento. Ao contrário do que ocorria nos enterros da Europa Antiga, que não demonstravam indícios de desigualdade social, há grande diferença no tamanho dos jazigos bem como no que os arqueólogos chamam de "dádivas funerárias": os objetos encontrados no túmulo junto ao cadáver.[27]

Pela primeira vez encontramos nos túmulos europeus, além de um esqueleto masculino excepcionalmente alto e de ossos largos, uma série de esqueletos menores de mulheres sacrificadas: as esposas, concubinas ou escravas dos homens que morreram. Essa prática, que Gimbutas chama de sati (termo emprestado da Índia, onde até o século XX sobreviveu a prática de imolar as viúvas), foi aparentemente introduzida pelos kurgan indo-europeus que chegaram à Europa e apareceu pela primeira vez a oeste do mar Negro, em Suvorovo, no delta do Danúbio.[28]

Essas inovações radicais nas práticas de sepultamento são, aliás, típicas das três invasões kurgan. Por exemplo, na cultura chamada Ânfora Globular, que predominou no norte da Europa ao longo de milhares de anos depois da Primeira Onda Kurgan, prevaleciam essas mesmas práticas funerárias brutais, refletindo o mesmo tipo de organização social e cultural. Como escreve Gimbutas:

> A probabilidade de se tratar de mortes simultâneas é nula em virtude da frequência desses sepultamentos múltiplos. Em geral, o esqueleto masculino esta enterrado com suas dádivas numa ponta da cista funerária, enquanto dois ou mais indivíduos estão agrupados na outra extremidade [...]. A dominância masculina é confirmada nos túmulos da cultura Ânfora Globular. A poliginia está documentada na cista funerária de Vojtsekhivka em Volínia, onde um esqueleto masculino foi encontrado cercado, em ordem heráldica, por duas mulheres e quatro crianças, com uma moça e um rapaz a seus pés.[29]

Essas sepulturas de elevada posição social são também repositório de outros artigos considerados importantes, tanto na vida quanto na morte, aos olhos desses homens da classe dominante. "Uma consciência bélica até então desconhecida na Europa Antiga", relata Gimbutas, "se evidencia no equipamento encontrado nos túmulos kurgan: arcos e flechas, lanças, 'facas' perfurantes e contundentes (protoadagas), machados em chifre e ossos de cavalo".[30] Nessas sepulturas também foram encontrados objetos simbólicos, como mandíbulas ou dentes de porco e javali, esqueletos de cães e escápulas de boi ou bisão: evidências de que houve, além de uma radical mudança social, também uma espantosa transformação ideológica.

Esses sepultamentos mostram o grande valor social dado às tecnologias de destruição e dominação. Contêm também evidências de uma estratégia cada vez mais frequente de obliteração e dominação ideológica: a apropriação, por parte dos homens, de importantes símbolos religiosos que os povos dominados associavam às mulheres e à adoração da Deusa.

"A tradição de colocar mandíbulas de porco ou javali, enterrar cães e depositar escápulas de boi ou bisão somente em sepulturas de homens", observa Gimbutas,

> remonta aos enterros kurgan I e II em Srednij Stog, nas Estepes Pônticas. A importância econômica dada a porcos e javalis como fonte de alimento é suplantada pelas implicações religiosas dos ossos desses animais, encontrados somente nos túmulos dos homens de alta posição social na comunidade. Os laços simbólicos que se evidenciaram entre o homem e o javali, porco e cão são o *reverso* do significado religioso que esses animais tinham na Europa Antiga, onde o porco era o companheiro sagrado da Deusa da Regeneração.[31]

Civilização truncada

A oeste e ao sul, a paisagem arqueológica da Europa Antiga foi traumaticamente alterada. "Tradições milenares foram truncadas", escreve Gimbutas, "cidades e vilas desapareceram, a magnífica cerâmica pintada sumiu, como também os santuários, afrescos, esculturas, símbolos e a escrita".[32] Ao mesmo tempo, entrava em ação uma nova máquina viva de guerra: o homem armado a cavalo – que naquele tempo deve ter tido o impacto que o tanque ou o avião tiveram no nosso. E na esteira da devastação kurgan, encontramos as típicas sepulturas de chefes guerreiros, com sacrifícios humanos de mulheres, crianças, sacrifícios de animais e com armas cercando o chefe morto.[33]

Escrevendo antes das escavações realizadas nas décadas de 1960 e 1970, e antes que Gimbutas tivesse organizado sistematicamente os dados antigos e novos usando as mais modernas técnicas de datação por carbono e dendrocronologia, V. Gordon Childe, estudioso da pré-história europeia, descreveu o mesmo padrão geral. Childe caracterizou a cultura dos primeiros europeus como "pacífica" e "democrática", sem qualquer indicação de "concentração da riqueza da comunidade nas mãos dos chefes".[34] Ele observou também como tudo isso mudou à medida que a guerra, e especialmente o uso de armas de metal, foi entrando em cena.

Como Gimbutas, Childe nota que, à medida que as armas foram aparecendo cada vez mais nas escavações, também os túmulos e as casas dos chefes foram mostrando evidências de estratificação social, e o governo dos fortes foi se tornando a regra. "Os assentamentos eram frequentemente localizados no alto de colinas", escreve Childe. Tanto ali quanto nos vales, estes eram agora "usualmente fortificados". Além disso, ele também enfatiza que "a competição pela terra assumiu caráter belicoso, e armas como o machado de batalha foram se especializando para fins de combate", enquanto a organização social e também ideológica da sociedade europeia passou por uma mudança fundamental.[35]

Childe, mais precisamente, observa como a guerra se tornou a regra: "a consequente preponderância dos membros masculinos das comunidades talvez explique o desaparecimento das figuras femininas". Ele nota como tais figuras femininas, tão indefectíveis nas épocas anteriores, agora "não estão mais em evidência", concluindo que: "a antiga ideologia foi alterada. Isto talvez reflita uma mudança de organização social, de matrilinear para patrilinear".[36]

Gimbutas é ainda mais específica. Com base no estudo sistemático de cronologias da Europa Antiga, e lançando mão de sua própria obra e da de outros arqueólogos, ela descreve em minúcias como, no rastro de cada nova onda de invasões, ocorreu não apenas a devastação física, mas também aquilo que os historiadores chamam de empobrecimento cultural. Já na esteira da Onda 1 a destruição foi tão grande que sobreviveram apenas alguns bolsões de assentamentos da Europa Antiga – por exemplo, o complexo de Cotofeni no vale do Danúbio em Oltênia; a oeste e noroeste de Muntênia; e ao sul de Banat e da Transilvânia. Mas mesmo ali houve consideráveis sinais de mudança, notadamente o aparecimento de mecanismos de defesa como fossos e muralhas.[37]

O cálice e a espada   101

Para a maioria dos assentamentos da Europa Antiga, como os dos agricultores de Karanovo na bacia do baixo Danúbio, as invasões kurgan foram, nas palavras de Gimbutas, catastróficas. Houve destruição material em massa de casas e santuários, de seu fino artesanato e arte – que não tinham significado nem valor para os invasores bárbaros. Multidões foram massacradas, escravizadas, ou postas para correr. Em consequência tiveram início reações em cadeia de migração populacional.[38]

Então começam a surgir o que Gimbutas chama de "culturas híbridas". Tais culturas se baseiam na "subjugação dos grupos restantes da Europa Antiga e sua rápida assimilação pelas sociedades estratificadas kurgan, com economia pastoril e parentesco agnático (patrilinear)".[39] Mas as novas culturas híbridas eram tecnológica e culturalmente bem menos adiantadas que as culturas que antes ocupavam esse território. A economia passou a se basear na criação de animais. Embora algumas das técnicas da Europa Antiga tenham se mantido em evidência, a cerâmica tornou-se evidentemente uniforme e inferior. Por exemplo, nos assentamentos de Cernavoda III, que surgiram na Romênia depois da Onda Kurgan 2, não há sinais de pintura cerâmica, nem dos desenhos simbólicos da Europa Antiga. No leste da Hungria e oeste da Transilvânia ocorre o mesmo. "O tamanho reduzido das comunidades – não maiores que trinta ou quarenta indivíduos – indica um sistema social reestruturado em pequenas unidades pastoris", escreve Gimbutas.[40] E fortificações começam a surgir em todo lugar à medida que a acrópole ou o forte no alto da montanha substitui o antigo assentamento aberto.

E assim, como mostram as escavações pré-históricas, a paisagem arqueológica da Europa Antiga se transformou. Não só encontramos sinais crescentes de destruição física e regressão cultural na esteira de cada onda de invasões, como também a orientação da história cultural sofre uma profunda modificação.

Aos poucos, à medida que os povos da Europa Antiga tentavam (na maioria dos casos em vão) proteger-se das invasões bárbaras, começaram a surgir novas definições do que é normal do ponto de vista social e ideológico. Em todo lugar ocorreu uma mudança de prioridades sociais, uma mudança que, como uma flecha, veio voando pelo tempo para cair na nossa época com uma ponta nuclear. Foi uma mudança orientada para tecnologias de destruição mais eficazes. E acompanhada por uma mudança de ideologia fundamental. O poder de dominar e destruir através da lâmina afiada gradativamente suplantou a visão do poder como capacidade de apoiar e nutrir a vida. A evolução das primeiras civilizações de parceria não foi apenas truncada pelas conquistas armadas – as sociedades que não foram simplesmente dizimadas sofreram uma mudança radical.

Os homens com maior poder de destruir – os fisicamente mais fortes, mais insensíveis, mais brutais – ascendem ao topo da escala social à medida que em todo lugar as sociedades se tornavam mais hierárquicas e autoritárias. As mulheres – que como grupo são fisicamente menores e mais fracas que os homens, e que guardam maior identificação com a visão antiga do poder simbolizado pelo cálice que dá e sustém a vida – foram sendo reduzidas à condição que assumirão dali em diante: tecnologias de produção e reprodução controladas pelo homem.

Ao mesmo tempo, a própria Deusa transformou-se meramente na esposa ou consorte de deuses masculinos que, com seus novos símbolos de poder na forma de armas destrutivas ou raios e trovões, foram se tornando supremos. Em suma, através do processo gradativo de transformação social e ideológica que examinaremos em detalhe nos capítulos seguintes, a história da civilização, do desenvolvimento de tecnologias sociais e materiais mais avançadas, se transformou no período sangrento que conhecemos tão bem e que se estende da Suméria até os dias de hoje: uma história de violência e dominação.

A destruição de Creta

A destruição violenta de Creta é especialmente assustadora e muito instrutiva. Por ser uma ilha ao sul do continente europeu, Creta ficou protegida durante algum tempo das hordas guerreiras por causa do abraço do mar. Mas o fim chegou também àquela ilha, e caiu a última civilização baseada na parceria em vez de no modelo dominador de organização social.

O começo do fim seguiu o modelo do que vinha ocorrendo no continente. Durante o período micênico, dominado pelos aqueus indo-europeus, a arte em Creta tornou-se menos espontânea e livre. É claramente visível nos registros arqueológicos cretenses que passou a existir uma ênfase e preocupação muito maior com a morte. "Antes de caírem sob a influência dos aqueus, os cretenses em geral não davam grande importância à morte ou aos ritos funerários", escreve Hawkes. "A atitude da elite aqueia era bem diferente."[41] Passamos a encontrar sinais de grande dispêndio de riqueza e trabalho para garantir provisões para os reis e nobres falecidos. E, ainda mais revelador, vemos evidências bem claras de um crescente espírito militar, devido em parte à influência dos aqueus e em parte à ameaça crescente de uma nova onda de invasores vindos do continente europeu.

A data exata de começo e fim do período micênico em Creta e a forma como o processo ocorreu são questões bastante controversas. Segundo uma das teorias, a tomada tanto de Creta como dos assentamentos minoicos do continente grego pelos aqueus deu-se na esteira de uma série de maremotos e terremotos que enfraqueceram a civilização minoica a ponto de não mais conseguirem resistir aos bárbaros que pressionavam ao norte. O problema é que a data em geral atribuída a esses desastres naturais é cerca de 1450 a.C., e não há evidência de invasão armada de Creta nessa época.[42] Não obstante, quer a conquista tenha se dado por invasões após os terremotos, por golpe militar ou por casamento de chefes aqueus com rainhas cretenses, o certo é que durante os últimos séculos da civilização cretense a ilha caiu sob o domínio de reis aqueus que falavam grego. E embora esses reis tenham adotado costumes minoicos mais civilizados, trouxeram consigo uma organização social e ideológica orientada mais para a morte que para a vida.

Parte do conhecimento que temos do período micênico nos vem das chamadas tábuas escritas em linear B, encontradas tanto em Creta como no continente grego, e que hoje foram decifradas. Nas tábuas encontradas em Cnossos e Pilos (um assentamento micênico no extremo sul da Grécia) estão listados nomes de divindades. Para grande satisfação dos que há muito sustentavam que houve uma continuidade entre Creta e a Grécia Clássica, esses documentos revelam que os deuses do panteão olímpico posterior (Zeus, Hera, Atena, Ártemis, Hermes etc.) já eram adorados séculos antes de ouvirmos falar deles por Hesíodo e Homero, apesar de aparecerem em formas e contextos diferentes.[43] Em conjunto com a evidência arqueológica, essas tábuas revelam, como diz Hawkes, "um casamento equilibrado entre divindades cretenses e aqueias".[44]

Mas esse casamento micênico entre as culturas minoica e aqueia teria pouca duração. Nas tábuas de Pilos (muitas das quais, segundo Hawkes, foram "escritas nos últimos dias de paz como parte do vão esforço de evitar a catástrofe") descobrimos que o *wanax*, como era chamado o rei micênico, havia recebido aviso prévio de que Pilos seria atacada. "A emergência foi encarada sem pânico", escreve Hawkes. "Os escrivães permaneceram em seus postos de trabalho registrando pacientemente todas as providências tomadas". Foram destacados remadores para formar uma frota defensiva. Pedreiros foram enviados, provavelmente para construir algum tipo de fortificação ao longo da costa indefesa. Para equipar os soldados, foi recolhida cerca de uma tonelada de bronze, e convocados perto de duzentos artífices. Até o bronze pertencente a santuários da Deusa foi requisitado, segundo aquilo que Hawkes descreve como "um comovente testemunho da crise de mudança da paz para a guerra".[45]

Mas tudo foi em vão. "Não há qualquer indício de que as muralhas tão necessárias tenham sido erguidas em Pilos", escreve Hawkes.

> Depois de examinar as tábuas que falam dos esforços para salvar o reino, devemos recorrer ao estado do palácio real para descobrir que fracassaram. Os guerreiros bárbaros invadiram. Devem ter ficado atônitos diante das salas pintadas e dos tesouros que encontraram [...]. Quando terminaram o saque, aquele prédio com decorações estrangeiras e pouco heroicas não valia nada a seus olhos. Atearam fogo, e tudo queimou furiosamente [...]. O calor era tamanho que alguns dos vasos de cerâmica nas dispensas derreteram, transformando-se em amontoados vítreos, as pedras viraram cal [...]. Nos almoxarifados e na sala dos impostos perto da entrada, as tábuas de argila foram cozidas, adquirindo tal dureza que as preservou para a posteridade.[46]

E assim, uma por uma, tanto no continente como nas ilhas gregas e em Creta, foram destruídas as realizações dessa civilização que atingira um ápice precoce de evolução cultural. "Provavelmente a história desenrolou-se mais ou menos da mesma forma à medida que Micenas, Tirinto e as outras fortificações reais (exceto Atenas) foram engolfadas pela maré bárbara", escreve Hawkes. "Por fim, os dórios tomaram todo o Peloponeso, salvo pela Arcádia, e seguiram para dominar Creta, Rodes e todas as ilhas próximas. A mais venerável de todas as casas reais, Cnossos, talvez tenha sido uma das últimas a cair."[47]

Por volta do século XI a.C. já estava tudo consumado. Depois de refugiar-se nas montanhas e durante algum tempo fazer guerrilha contra os assentamentos dórios, os últimos redutos de resistência cretense sucumbiram.[48] Junto com massas de imigrantes, o espírito que havia feito de Creta, nas palavras de Homero, "uma linda e rica terra", agora fugia da ilha que fora sua pátria por tantas eras.[49] Com o tempo, até mesmo a existência de mulheres – e homens – tão confiantes da Creta minoica caiu no esquecimento, como também a paz, a criatividade e o poder da Deusa de suster a vida.

Um mundo em desintegração

Podemos dizer que a queda de Creta há aproximadamente três mil anos marcou o fim de uma era. Esse foi um fim que, como vimos, teve seu início milênios antes. Começando pela Europa por volta de 4300 ou 4200 a.C., o mundo antigo foi castigado por onda após onda de invasões bárbaras. Depois do período inicial de destruição e caos, emergiram aos poucos as sociedades celebradas em nossos livros escolares como as fundadoras da civilização ocidental.

Mas escondido nesse início supostamente grande e glorioso, estava uma falha que foi se ampliando até se tornar um temível abismo nos dias de hoje. Depois de milênios de movimento ascendente no campo da evolução social e cultural, uma cisão ameaçadora se estabeleceu. Como as rachaduras profundas provocadas pelas violentas movimentações do terreno naquela época, a cisão entre nossa evolução tecnológica e nossa evolução social se alargou com o tempo. O movimento social e tecnológico em direção a maior complexidade estrutural e funcional continuou, mas as possibilidades de desenvolvimento cultural estancaram – rigidamente engessadas por uma sociedade dominadora.[50]

Em todo lugar as sociedades iam adotando a dominância masculina, as hierarquias e a belicosidade. A Anatólia, onde o povo de Çatal Hüyük vivera em paz durante milênios, foi tomada pelos hititas, um povo indo-europeu citado na Bíblia. E embora seus resquícios arqueológicos, como o grandioso templo de Yazilikaya, mostrem que a Deusa ainda era venerada, ela foi sendo relegada à posição de esposa ou mãe de novos deuses masculinos, deuses da guerra e do trovão. O mesmo padrão se repetiu na Europa, na Mesopotâmia e em Canaã. Além de não ser mais a deidade suprema, a Deusa foi sendo transformada numa padroeira da guerra.

De fato, para os povos que viveram esse período aterrorizante deve ter parecido que o próprio céu, antes tido como morada da generosa Deusa, fora tomado por forças sobrenaturais anti-humanas, aliadas a seus brutais representantes na terra. Em todo lugar imperava a lei do mais forte "ordenado pelos deuses" e a guerra crônica. Há também evidências de que o período entre cerca de 1500 a 1100 a.C. foi um tempo de caos físico e cultural.

Justamente nessa época uma série de brutais erupções vulcânicas, terremotos e maremotos sacudiram o mundo mediterrâneo. De fato, o ambiente físico foi tão profundamente abalado e rearranjado que a comoção pode ter dado origem à lenda de Atlântida, um continente inteiro que supostamente afundou durante um desastre natural de proporções e agressividade inconcebíveis.

Junto com esses terrores naturais veio ainda um terror produzido pelo homem. Do norte, os dórios descem, entrando cada vez mais na Europa. Finalmente a Grécia, e mesmo Creta, caíram sob a força de suas armas de metal. Na Anatólia, o império bélico hitita sucumbiu sob a pressão dos novos invasores. Por sua vez, os hititas foram empurrados para o sul em direção à Síria. As terras do Levante também foram invadidas nesse período, tanto por terra como por mar, por povos em migração, incluindo os filisteus, dos quais nos falam os relatos bíblicos.

Mais ao sul, a Assíria agora se tornava uma potência mundial, estendendo-se para abarcar a Frígia, a Síria, a Fenícia e até a Anatólia e os montes Zagros a leste. Seu grau de barbárie pode ser visto ainda hoje nos baixos-relevos que celebram as "heroicas" expedições do rei assírio Tiglate-Pileser. Ali estão o que parecem ser populações inteiras empaladas vivas, trespassadas por lanças que entram pelo meio das virilhas e saem nos ombros.

Ainda mais ao sul, no Egito, vemos estragos causados por invasores chamados nos hieróglifos de "povos vindos do mar" (que muitos estudiosos julgam ser refugiados mediterrâneos), que tentaram tomar o delta do Nilo no início do século XI a.C. Eles foram derrotados por Ramsés III, mas podem ser vistos ainda hoje nos murais de seu templo funerário em Tebas, onde desfilam em navios, carruagens e a pé com suas famílias e carros de boi.

Em Canaã, e dando início ao que os estudiosos acreditam ter sido uma série de três ondas migratórias, as tribos hebraicas, já consolidadas sob o império dos sacerdotes-guerreiros levitas, partiram para uma série de guerras de conquista.[51] Como podemos ler na Bíblia, e apesar das promessas de vitória do seu deus-guerreiro Jeová, foram precisos centenas de anos para vencer a resistência cananeia – algo explicado de vários modos na Bíblia: como prova idealizada por Deus para oferecer ao seu povo experiência de guerra, para testar e puni-lo; ou como forma de manter cultivadas áreas abandonadas até que o povo crescesse em número suficiente para invadir.[52] Ainda segundo a Bíblia, por exemplo, em Deuteronômio 3:3-6, a prática desses invasores "inspirados por Deus" era a de destruir "por completo homens, mulheres e crianças de todas as cidades".

Em todo o mundo antigo populações inteiras eram lançadas contra outras populações, e os homens contra mulheres e contra outros homens. Vagando por toda a extensão de um mundo que se desintegrava, massas de refugiados fugiam de suas pátrias buscando desesperadamente um abrigo, um lugar seguro para ficar.

Mas não havia lugar assim no novo mundo, pois esse era um mundo onde, tendo violentamente despido a Deusa e a metade feminina da humanidade de todo seu poder, reinavam deuses e homens da guerra. Era um mundo onde a Espada, e não o Cálice, teria doravante supremacia, um mundo no qual paz e harmonia seriam encontradas apenas em mitos e lendas de um passado muito distante.

Capítulo 5

Memórias de um tempo perdido: o legado da Deusa

A queda do Império Romano, a Idade das Trevas, a Peste, a Primeira e a Segunda Guerras Mundiais e todos os outros períodos aparentemente caóticos que conhecemos são diminutos se comparados a um tempo do qual sabemos muito pouco: a encruzilhada evolutiva da nossa pré-história, quando a sociedade humana sofreu violentas transformações. Hoje, milhares de anos mais tarde, quando nos aproximamos da possibilidade de uma segunda transformação – desta vez a mudança de uma sociedade dominadora para uma versão mais avançada da sociedade de parceria –, precisamos compreender tudo o que for possível sobre esse extraordinário intervalo em nosso passado perdido. O que está em jogo nessa segunda encruzilhada evolutiva é nada menos que a sobrevivência de nossa espécie, pois agora estamos de posse de tecnologias de destruição total, que antes eram prerrogativa somente de Deus.

Mas mesmo diante da credibilidade das novas pesquisas, da nova tecnologia, da corroboração vinda das ciências sociais, esse bloco imenso de novos conhecimentos sobre milênios de história humana contradiz de tal modo tudo o que aprendemos que sua influência sobre nossas mentes é como uma mensagem escrita na areia. O novo conhecimento talvez persista ali por um dia, uma semana. Mas a força dos ensinamentos martelados há séculos vai solapando insidiosamente o novo saber, até restar apenas a impressão passageira de um tempo de grande entusiasmo e esperança. Somente através da reiteração por outras fontes – tanto conhecidas como desconhecidas – é que poderemos reter esse conhecimento por tempo suficiente para tomar posse dele.

Evolução e transformação

Como vimos, as novas descobertas científicas sobre estabilidade e mudança sistêmicas oferecem uma fonte de reiteração. Esse corpo de conhecimentos recentemente criado – popularmente identificado com a "nova física" e às vezes chamado de teoria da "auto-organização" ou teoria do caos – oferece pela primeira vez uma estrutura adequada para começarmos a compreender o que aconteceu durante nossa pré-história, e que poderá acontecer novamente, mas agora na direção oposta.

Dentro da perspectiva desta nova estrutura conceitual, conforme incorporada pela Teoria da Transformação Cultural, o que temos examinado são dois aspectos da dinâmica social. O primeiro diz respeito à estabilidade social: por milhares de anos, as sociedades humanas se organizaram de uma forma diferente daquela que aprendemos ser o modo de organização de todas as sociedades humanas. O segundo diz respeito aos sistemas sociais que, como outros sistemas, podem mudar e de fato mudam fundamentalmente.

No último capítulo examinamos a dinâmica da primeira grande mudança social de nossa evolução cultural: vimos que depois de um período de desequilíbrio do sistema, ou caos, surgiu uma bifurcação crítica, e dela emergiu todo um novo sistema social. Tudo o que pudermos descobrir sobre essa primeira transformação do sistema lançará uma luz sobre nosso passado e presente, e também sobre nosso futuro, pois compreenderemos o que acontece durante períodos de mudança fundamental ou "caótica".

Mas alguém poderá perguntar: Se a mudança de uma sociedade de parceria para uma sociedade de dominação levou ao período seguinte da história de nossa espécie, isso não significaria que o sistema de dominação é um estágio superior do ponto de vista evolutivo? Aqui recordamos duas questões abordadas na introdução desta obra. A primeira é o uso dúbio do termo "evolução" como a um só tempo descritivo e normativo – tanto uma palavra para descrever o que aconteceu no passado como uma palavra para descrever o movimento do nível "inferior" para o "superior" (e o julgamento implícito de que a fase posterior é necessariamente melhor). A segunda questão é que nem mesmo nossa evolução tecnológica deu-se em movimento linear ascendente. Pelo contrário, foi um processo continuamente interrompido por grandes regressões.

Retornamos também a outro ponto igualmente importante: a diferença fundamental entre evolução cultural e evolução biológica. A evolução biológica leva ao que os cientistas chamam de especiação, ou seja, o surgimento de uma ampla gama de formas de vida cada vez mais complexas. Muito diferente desta, a evolução cultural humana leva ao desenvolvimento de *uma* espécie altamente complexa – a nossa – que tem duas formas: a feminina e a masculina.

Como vimos, esse dimorfismo humano, ou diferença de forma, funciona como limitação básica para a organização social, que pode ser fundada no escalonamento ou na ligação entre as duas metades da humanidade. A diferença crítica, que deve ser novamente salientada, é que cada um dos dois modelos resultantes tem um tipo característico de evolução tecnológica e social. Consequentemente, a *orientação* de nossa evolução cultural – particularmente o fato de ser pacífica ou belicosa – depende de qual desses dois modelos regerá a evolução.

Nossa evolução social e tecnológica pode caminhar, e de fato caminhou, de níveis mais simples para mais complexos dentro de uma sociedade de parceria e, depois, dentro da sociedade de dominação. No entanto, a evolução cultural, que determina a forma como *empregamos* essa maior complexidade tecnológica e social, se dá de forma radicalmente diferente em cada um dos modelos. E essa orientação da evolução cultural, por sua vez, volta a afetar profundamente a orientação de nossa evolução social e tecnológica.

O exemplo mais óbvio é a tecnologia. Sob a orientação cultural do paradigma de parceria, a ênfase estava nas tecnologias para fins pacíficos. Com a ascensão do paradigma dominador houve uma mudança que levou ao desenvolvimento da tecnologia de destruição e dominação que, ao longo dos séculos, escalou sem cessar até chegarmos à nossa época e ao risco de extinção.

Para nós é difícil ver quão profundos foram os efeitos desses dois modelos sobre nossa evolução cultural, pois não estamos acostumados a olhar a história em termos dos modelos de dominação e parceria que moldam nosso passado, presente e futuro. Por isso a importância de uma fonte de corroboração sobre as mudanças na nossa orientação cultural, que tem cinco mil anos de idade. Diferente da teoria do caos, essa segunda fonte não é nova. De fato, é algo que já sabemos, algo plantado há muito em nossas mentes, que são o repositório da mitologia sagrada, secular e científica da civilização ocidental. Só agora percebemos que ela revela a realidade de um passado remoto e melhor.

Uma raça dourada e a lenda de Atlântida

O poeta Hesíodo, que escreveu na Antiguidade durante o período que os historiadores ocidentais chamam de Idade das Trevas Grega (trezentos ou quatrocentos anos depois das invasões dórias), conta que houve certa vez uma "raça dourada". "Todas as coisas boas pertenciam a eles", escreve Hesíodo. "A terra fértil derramava em abundância seus frutos não requisitados. Calma e pacificamente eles mantinham suas terras de boa fartura, ricas em rebanhos e cara aos imortais."[1]

Mas depois dessa raça, que Hesíodo chama de "espíritos puros" e "defensores contra o mal", veio uma "raça de prata" inferior, que por sua vez foi substituída por "uma raça de bronze, de forma alguma semelhante à de prata, e que, terrível e poderosa, surgiu das cinzas". Hesíodo prossegue, explicando como esse povo – que agora vemos claramente serem os aqueus da Idade do Bronze – trouxe consigo a guerra. "Os lamentáveis e pecaminosos trabalhos de Ares eram seu principal cuidado." Diferente dos povos anteriores, não eram agricultores pacíficos, "não comiam grãos, e seus corações eram de pedra, a nada cediam e por nada eram conquistados".[2]

Ao comentar sobre a "terceira raça de homens" citada em Hesíodo, o historiador John Mansley Robinson escreve:

Sabemos quem eram esses homens. Vieram do norte em cerca de 2000 a.C. trazendo armas de bronze. Instalaram-se no continente, construíram as grandes fortalezas micênicas e deixaram os documentos escritos em linear B, que hoje reconhecemos como forma arcaica do grego [...]. É possível traçar a extensão de seu poder até o sul de Creta e, a leste, até a costa da Ásia Menor, onde saquearam a cidade de Troia no início do século XII a.C.[3]

Mas, para Hesíodo, os descendentes micênicos dos aqueus e os povos que conquistaram eram uma quarta "raça" distinta. "Esta era mais justa e mais nobre que a anterior", escreve Hesíodo.[4] Como Homero, ele idealiza esse povo, que se despojou de uma parcela de sua barbárie e adotou alguns dos costumes civilizados dos antigos europeus.

Mas então apareceu no horizonte histórico da Europa uma "quinta raça de homens". Esse era o povo que ainda reinava na Grécia do tempo de Hesíodo, e de quem ele mesmo descendia. "Quisera não ter qualquer ligação com essa quinta raça de homens", escreve ele. "Quisera ter morrido antes ou nascido depois", já que agora "um homem saqueia a cidade do outro [...]. O direito depende do poder e a piedade cessará de existir".[5] Como observa Robinson, esse povo da "quinta raça" eram os dórios, "que com suas armas de ferro destruíram as fortalezas micênicas e tomaram para si a terra".[6]

A historicidade das raças de bronze e ferro como sendo invasores indo-europeus aqueus e dórios é reconhecida pelos acadêmicos em geral. Mas a descrição que Hesíodo faz de uma "raça dourada" de agricultores pacíficos, ainda lembrada em seu tempo, e que não adorava a Ares, o deus da guerra, vem sendo sistematicamente interpretada como mera fantasia.

Por muito tempo aconteceu o mesmo com aquele que é provavelmente o mais conhecido mito grego sobre um tempo melhor do passado: a lenda de Atlântida, onde, segundo Platão, floresceu uma grande e nobre civilização que foi tragada pelo mar.

Platão localizou a civilização perdida de Atlântida no oceano Atlântico, supostamente baseado nos informantes egípcios de Sólon, que a situou no "extremo leste" e numa data muito posterior. Entretanto, como escreve J.V. Luce em *The End of Atlantis* [O fim de Atlântida], alguns dos elementos da Atlântida de Platão são um "esboço incrivelmente preciso do império minoico do século XVI a.C".[7] Ou, como escreve o arqueólogo grego Nicolas Platon: "a lenda que nos chegou através de Platão sobre a Atlântida submersa pode ser uma referência à história da Creta minoica e sua súbita destruição". Pois, para Platão, a Atlântida foi destruída por "enchentes e terremotos violentos", exatamente o que hoje os cientistas acreditam ter sido o golpe de misericórdia da civilização minoica, que possibilitou a tomada de Creta e dos assentamentos minoicos na Grécia pelos aqueus.[8]

Essa teoria foi proposta pela primeira vez em 1939 pelo professor Spyridon Marinatos, diretor do Departamento Grego de Arqueologia. Recentemente ela foi corroborada por achados geológicos mostrando que, em cerca de 1450 a.C., houve no Mediterrâneo uma série de erupções vulcânicas tão severas que levaram parte da ilha de Tera (hoje uma pequena faixa de terra chamada Santorini) ao fundo do mar. Tais erupções também deram origem a grandes terremotos e tsunamis. A ocorrência e gravidade desses desastres naturais – supostamente fundamento das lembranças populares da terra afundada que Platão chamou de Atlântida – é confirmada também por escavações arqueológicas em Tera e Creta, onde foram encontrados resquícios de extensos danos causados por terremotos e ampla devastação costeira provocada por ondas gigantes nesse mesmo período.[9]

Nas palavras de Luce, parece que "os tsunamis foram o verdadeiro 'touro vindo do mar', enviado para derrocar os governantes de Cnossos".[10] Parece que a história de Atlântida é, na verdade, a memória popular deturpada não do continente perdido de Atlântida, mas da civilização minoica de Creta.[11]

O Jardim do Éden e as tábuas da Suméria

Um tempo antigo em que os humanos levavam uma vida mais harmoniosa é também tema recorrente nas lendas da Mesopotâmia. Nelas temos referência constante a uma era de fartura e paz, um tempo que precedeu a grande enchente, tempo em que mulheres e homens viviam num jardim idílico. Segundo entendem os estudiosos contemporâneos da Bíblia, essas são as histórias das quais derivam parcialmente o mito do Jardim do Éden contido no Antigo Testamento.

Vista à luz das evidências arqueológicas que examinamos acima, a história do Jardim do Éden também se baseia evidentemente na memória popular. O Jardim é uma descrição alegórica do Neolítico, de quando as mulheres e os homens começaram a cultivar o solo, criando assim o primeiro "jardim". A história de Caim e Abel reflete em parte o confronto real entre os povos pastoris (simbolizados pelo oferecimento do carneiro por Abel) e os povos agrários (simbolizados pelo oferecimento "dos frutos da terra" por Caim, e recusados pelo deus pastoril Jeová). Da mesma forma, os mitos do Jardim do Éden e da Queda do Paraíso vêm, em parte, de eventos históricos reais. Como veremos em detalhe nos próximos capítulos, essas histórias refletem a mudança cultural cataclísmica que vimos examinando: a imposição da dominação masculina e consequente mudança de paz e parceria para dominação e luta.

Nas lendas mesopotâmicas também encontramos referências recorrentes a uma Deusa como deidade suprema ou "Rainha do Céu" – um título que aparece mais tarde no Antigo Testamento, mas em outro contexto: o de profetas que se revoltam contra o ressurgimento de crenças religiosas antigas. De fato, as inscrições mesopotâmicas mais antigas abundam em menções à Deusa. Uma oração suméria exalta a gloriosa Rainha Nanna (um dos nomes da Deusa) como "a Poderosa Senhora, a Criadora". Outra tábua refere-se à Deusa Nammu como "a Mãe que deu à luz o céu e a terra".[12] Tanto nas lendas da Suméria como depois nas da Babilônia, encontramos relatos de como mulheres e homens eram criados simultaneamente ou em pares pela Deusa[13] – histórias que, numa sociedade já dominada pelos homens, parecem remontar a um tempo em que as mulheres não eram vistas como inferiores aos homens.

De outras tábuas podemos deduzir que nessa região, por tanto tempo vista como o berço da humanidade, houve um tempo antigo em que a descendência era matrilinear e as mulheres ainda não eram controladas pelo homem. Por exemplo, ainda em 2000 a.C., num documento de Elam (cidade-Estado um pouco a leste da Suméria) lemos que uma mulher casada, recusando-se a fazer seu testamento junto com o do marido, deixou toda sua propriedade para a filha dela. Esses documentos mostram também que só mais tarde a Deusa de Elam tornou-se a "Grande Esposa" e foi relegada a uma posição secundária em relação a seu marido Humbam.

Mesmo na Babilônia de um período posterior, já sob dura dominância masculina, há prova documental de que algumas mulheres ainda eram proprietárias e gerenciavam seus bens, especialmente as sacerdotisas, que também comerciavam extensamente.[14]

Além disso, e conforme escreve o professor H. W. F. Saggs: "Na religião dos primórdios da Suméria, as Deusas ocupavam posições de proeminência e mais tarde virtualmente desapareceram, salvo (e com exceção de Ístar) como consortes de certos deuses". Novamente nas palavras de Saggs, esse fato apoia a conclusão de que "o status da mulher era certamente maior nas primeiras cidades-Estado da Suméria do que foi mais tarde".[15] Indícios de que houve na região do Crescente Fértil um tempo anterior à dominação do homem, um tempo em que a supremacia de deidades masculinas armadas e temíveis não era regra, podem ser encontrados em túmulos como o da rainha Shub-Ad da primeira dinastia de Ur. Ali, e ainda que os arqueólogos afirmem que o esqueleto masculino a seu lado é o do rei, apenas o nome dela está inscrito. Além disso, o túmulo dela é o mais esplêndido e opulento.[16] Da mesma forma, embora os historiadores que estudam a Suméria falem em geral dos "reinados" de Lugalanda e Urukagina e refiram-se a suas esposas Baranamtarra e Shagshag somente de passagem, um exame dos documentos oficiais mostra que na verdade tais documentos foram datados em nome das duas rainhas.[17] Isto levanta dúvidas sobre se essas mulheres eram realmente apenas "consortes" sob as ordens e o domínio de homens.

A dúvida vai além quando examinamos de perto o texto das chamadas reformas Urukagina da Suméria, de cerca de 2300 a.C. Ali se lê que as frutas e o alimento produzidos nas terras dos templos seriam doravante destinados aos necessitados, e não exclusivamente aos sacerdotes, como havia se tornado habitual, e menciona-se que essa prática remontava aos costumes de tempos antigos. Tais reformas aconteceram num tempo em que as rainhas ainda (ou novamente) tinham poder. Mas não é só isso. Como aponta a historiadora da arte Merlin Stone, o documento sugere também que as primeiras sociedades da Suméria eram menos hierárquicas e mais orientadas para a comunidade.[18]

E mais, o documento nos fala que costumes e leis mais humanos, como a exigência de a comunidade ajudar os necessitados, também remontam à era das sociedades de parceria – e nesse sentido as reformas Urukagina estavam simplesmente reafirmando os preceitos morais e éticos de um tempo antigo. Como mostra Stone, essa conclusão é confirmada pela palavra usada para designar aquelas reformas. Elas são chamadas *amargi*, que no idioma sumério tem o duplo sentido de "liberdade" e "retorno à mãe". Novamente, isso sugere a lembrança de um tempo antigo menos opressivo, quando as mulheres, como chefes dos clãs ou rainhas, ainda exercem o poder enquanto responsabilidade, e não como meio autocrático de controle.[19]

São ainda as tábuas da Suméria que nos ensinam que a Deusa Nanshe de Lagash era adorada como "aquela que conhece o órfão, conhece a viúva, busca a justiça para os pobres e o abrigo para os fracos".[20] No dia de Ano-Novo era ela quem julgava toda a humanidade. E nas tábuas encontradas perto de Erech lemos que a Deusa Nidaba era conhecida como "A Erudita dos Recintos Sagrados, Aquela que ensina os Decretos".[21] Esses nomes antigos da Deusa como Concedente da Lei e da Justiça, e também da Compaixão, e igualmente Primeiro Juiz, parecem indicar a existência de alguma codificação jurídica mais antiga, e possivelmente até um sistema jurídico mais ou menos complexo, em que as sacerdotisas sumérias que serviam à Deusa talvez ajuizassem contendas ou administrassem justiça.

Nas tábuas da Mesopotâmia lemos ainda que a Deusa Ninlil era reverenciada por ter concedido ao seu povo a compreensão dos métodos de semeadura e colheita.[22] Há também evidência linguística das origens da agricultura. As palavras encontradas nos textos sumérios para designar "fazendeiro", "arado" e "sulco na terra" *não são* vocábulos sumérios. Como também são estrangeiras as palavras: "tecelão", "cesteiro", "curtidor", "ferreiro", "pedreiro" e "ceramista". Isso indica que todas essas tecnologias básicas da civilização foram adotadas por aqueles que invadiram a região onde anteriormente viviam os povos adoradores da Deusa, e cuja linguagem se perdeu, salvo por aquelas palavras.[23]

Os dons da civilização

É de entendimento geral que o banho de sangue no tempo dos sumérios e assírios foi apenas um lamentável pré-requisito para que houvesse avanço tecnológico e cultural. Se os "selvagens" que existiam antes da nossa "primeira" civilização eram pacíficos, entende-se que eles, sem a motivação adequada, obviamente não teriam produzido nada de valor duradouro. Isto porque a motivação da guerra (dirão o homem comum e os estrategistas militares) foi necessária para instigar todo o progresso tecnológico e, portanto, cultural. Contudo, os dados que estão agora sendo examinados, bem como muitos outros mitos e lendas antigos, nos falam da mesma história evidenciada pelas escavações arqueológicas. E este é um dos segredos históricos mais bem guardados: praticamente todas as tecnologias materiais e sociais que constituem a base da civilização foram desenvolvidas antes da imposição de uma sociedade dominadora.

Os princípios da agricultura e também da construção, armazenamento e produção de roupas já eram conhecidos pelos povos adoradores da Deusa no período Neolítico.[24] Estes também sabiam utilizar, com crescente sofisticação, recursos naturais como madeira, fibras, couro e, mais tarde, metais para a fabricação de artefatos. Nossas tecnologias imateriais mais importantes, como a lei, o governo e a religião também remontam às sociedades antigas, na acepção dada por Gimbutas quando cunhou o termo Europa Antiga. O mesmo vale para todos os conceitos correlatos como oração, julgamento e sacerdócio. A dança, o drama ritual e a literatura oral ou folclórica, bem como a arte, a arquitetura e o planejamento urbano são também criações da sociedade pré-dominadora.[25] O comércio, tanto por terra como por mar, é outro legado dessa era mais antiga.[26] E também a administração, a educação e até a previsão do futuro – já que a primeira identificação de poder oracular ou profético recai sobre as sacerdotisas da Deusa.[27]

A religião apoia e perpetua a organização social que reflete. Em muitos textos das religiões antigas que sobreviveram, é à Deusa – e não às divindades masculinas já dominantes – que se atribui a dádiva dos "dons da civilização".[28] Os mitos que atribuem nossas principais invenções físicas e espirituais a uma divindade feminina podem estar refletindo o fato de essas inovações terem sido inventadas, de fato, por mulheres.[29]

Tal hipótese é quase inconcebível dentro do paradigma hoje vigente, pois este mostra a mulher como dependente e submissa ao homem, não apenas intelectualmente inferior, mas, segundo a Bíblia, muito menos desenvolvida espiritualmente do que o homem – tanto assim que foi culpada pela queda do paraíso.

No entanto, nas sociedades que conceituavam o poder superior do universo como uma Deusa, reverenciada como a fonte sábia e justa de todos os nossos dons materiais e espirituais, as mulheres tenderiam a internalizar uma autoimagem muito diversa. Tendo um modelo tão forte, elas tenderiam a considerar como seus o direito e o dever de participar ativamente e liderar o desenvolvimento e a utilização de tecnologias materiais e espirituais. Elas se veriam como competentes, independentes e, com certeza, criativas e inovadoras. De fato, há crescente evidência da participação e liderança das mulheres no desenvolvimento e administração das tecnologias materiais e imateriais, sobre as quais depois foi sobreposta uma ordem dominadora.

Voltando no tempo até os dias em que nossos ancestrais primatas começaram a se transformar em humanos, os cientistas começam a reconstruir uma visão bem mais equilibrada da nossa evolução – uma visão na qual as mulheres, e não apenas os homens, desempenham papel central. O antigo modelo evolutivo baseado no "homem caçador" atribui os primórdios da sociedade humana ao "agrupamento de homens" supostamente necessário à caça. Alega também que as primeiras ferramentas foram desenvolvidas por homens para matar suas presas – e também para matar humanos mais fracos ou competidores. Um modelo evolutivo alternativo foi proposto modernamente por cientistas como Nancy Tanner, Jane Lancaster, Lila Leibowitz e Adrienne Zihlman.[30]

Essa visão alternativa propõe que a postura ereta que permite liberar as mãos não veio em função da caça, mas sim em função da mudança de uma alimentação de simples coleta (comer o que aparece no caminho) para um sistema de colher para armazenar e depois partilhar. Além do mais, o estímulo para o desenvolvimento de um cérebro maior e mais eficiente (e, portanto, útil para o fabrico de armas e o processamento e a partilha mais eficiente de informações) não foi o agrupamento entre homens necessário para matar. Pelo contrário, esse estímulo se originou da ligação entre mães e filhos, sem a qual a prole humana não sobrevive. Segundo essa teoria, os primeiros artefatos humanos não foram armas, mas recipientes para carregar comida (e crianças), bem como ferramentas usadas pelas mães para triturar plantas a fim de alimentar seus filhos, que precisavam de leite e alimentos sólidos para sobreviver.[31]

Esta teoria é mais coerente visto que os primatas, bem como todas as tribos primitivas existentes, dependem primariamente da coleta e não da caça para viver. É também coerente com o achado de que o consumo de carne formava apenas uma parte ínfima da dieta dos primatas ancestrais, dos hominídeos e dos primeiros humanos. Maior corroboração vem do fato de que os primatas diferem dos pássaros e outras espécies justamente porque, regra geral, são as mães quem partilham o alimento com os filhos. Também entre os primatas vemos que as primeiras ferramentas foram desenvolvidas para coletar e processar alimentos e *não* para matar. No grupo de primatas mais estudado nos dias de hoje, os chimpanzés, verificou-se que as fêmeas usam ferramentas com maior frequência.[32]

Eis por que Tanner, ao escrever sobre um tempo muito anterior que serviu de base para a sociedade antiga que vimos examinando, afirmou que "as mulheres coletoras" e não os "homens caçadores" parecem ter desempenhado o papel mais vital na evolução de nossa espécie.[33] "Tinham uma vantagem evolutiva os filhos nascidos de mães inteligentes capazes de achar, juntar, pré-mastigar e partilhar alimento suficiente com eles", observa Tanner. "Dentre as crianças sobreviventes, aquelas mais capazes de aprender e melhorar as técnicas de suas mães, e aquelas que, como suas mães, estavam dispostas a partilhar, acabavam tendo filhos mais aptos a viver tempo suficiente para reproduzir."[34]

"É muito improvável", prossegue Tanner, "que nessa época fossem usadas ferramentas para matar animais, pois as presas eram pequenas e indefesas, podendo ser mortas com as mãos". Além disso, "é bastante provável que as mulheres com filhos tenham sido as criadoras da tecnologia de colheita". Também as ferramentas e o bipedismo humano, ou o uso independente de mãos e pés, pré-requisito para colher e guardar, e desnecessário à simples coleta, eram muito mais necessários às mulheres, que precisavam ter as mãos livres para carregar comida e filhos.[35]

É também altamente provável que a mulher tenha inventado a mais fundamental das tecnologias humanas, sem a qual a civilização não teria evoluído: a domesticação de plantas e animais.[36] Embora o fato seja raramente mencionado nos livros e aulas sobre a história do "homem primitivo", a maioria dos cientistas atuais concorda que o processo tenha sido esse. Observaram que, nas sociedades contemporâneas de coletores-caçadores, são as mulheres, e não os homens, que se encarregam de processar o alimento. Por isso seria muito mais provável que as mulheres tenham, pela primeira vez, deixado cair sementes no terreno do acampamento, e também começado a domesticar filhotes de animais, alimentando-os e cuidando deles como faziam com seus próprios filhos. Os antropólogos apontam ainda para o fato de que nas economias baseadas na horticultura das tribos e nações "em desenvolvimento", ao contrário do que se presume no Ocidente, o cultivo do solo está, até hoje, basicamente nas mãos das mulheres.[37]

Tal dedução é reforçada ainda pelos inúmeros mitos religiosos antigos que explicitamente atribuem a invenção da agricultura à Deusa. Os documentos egípcios, por exemplo, referem-se insistentemente à Deusa Ísis como inventora da agricultura. Nas tábuas mediterrâneas, a Deusa Ninlil é reverenciada por ensinar seu povo a cultivar o solo.[38] Tanto na arqueologia como na mitologia, há numerosas associações não verbais que ligam a Deusa à agricultura. Elas abrangem um amplo período de tempo, desde Çatal Hüyük, onde grãos eram ofertados nos santuários da Deusa, até o período clássico grego, quando oferendas similares eram feitas a deidades femininas como Deméter e Hera.[39]

Baseados numa exaustiva pesquisa de mitos pré-históricos, cientistas como Robert Briffault e Erich Neumann também concluíram que a cerâmica foi inventada pelas mulheres. Essa técnica foi vista como um processo sagrado associado à adoração da Deusa e em geral ligado às mulheres. Também a fiação e a tecelagem estão associadas às mulheres e a deidades femininas na maioria dos mitos antigos, segundo os quais as Três Moiras continuam fiando o destino dos "homens".[40]

Há também evidências no Egito, na Europa e no Crescente Fértil de que a associação da feminilidade com a justiça, a sabedoria e a inteligência remonta a tempos muito ancestrais. Maat é a Deusa egípcia da justiça. Mesmo depois da imposição da dominância masculina, a Deusa egípcia Ísis e a Deusa grega Deméter continuaram conhecidas como doadoras da lei e sábias provedoras do conhecimento virtuoso, do conselho e da justiça. Registros arqueológicos da cidade de Nimrud no Oriente Médio, onde já era adorada a deusa marcial Ístar, mostram que mesmo assim as mulheres ainda serviam como juízas nas cortes de justiça. Das lendas pré-cristãs irlandesas, ficamos sabendo que os celtas adoravam Cerridwen como Deusa da inteligência e do conhecimento.[41] As Moiras gregas, que aplicavam a lei, e as Musas gregas, que inspiravam todas as iniciativas criativas, são evidentemente mulheres. E também a imagem de Sofia, ou Sabedoria, que perdurou até os tempos da Idade Média cristã, juntamente com a imagem da Deusa como Mãe de Misericórdia.[42]

Há ainda abundante evidência de que a espiritualidade, e especialmente a visão espiritual característica de sábios videntes, era antes associada às mulheres. Dos registros arqueológicos da Mesopotâmia temos que Ístar da Babilônia, sucessora de Innana, ainda era vista como a Senhora das Visões, Aquela que Guia os Oráculos, a Profetisa de Kua. As tábuas babilônicas contêm inúmeras referências a sacerdotisas dispensando aconselhamento profético nos santuários de Ístar, em alguns casos com importância política e registro nos anais históricos.[43]

Dos documentos que temos do Egito antigo sabemos que a figura da cobra-de-capelo era o símbolo hieroglífico para a palavra "Deusa", e que a cobra-de-capelo era conhecida como *uzait*, "Olho", símbolo de visão mística e sabedoria. A Deusa-cobra conhecida como Ua Zit era a deidade feminina do Baixo Egito (norte) nos tempos pré-dinásticos. Mais tarde, tanto a Deusa Hátor como Maat ainda eram conhecidas como o "Olho". A *uraeus*, uma cobra-de-capelo pronta para dar o bote, é frequentemente encontrada adornando a fronte da realeza egípcia. Além disso, havia um santuário profético, possivelmente um antigo santuário da Deusa Ua Zit, na cidade egípcia de Per Uto, que os gregos chamaram de Buto, nome grego para a própria Deusa-cobra.[44]

O conhecido santuário oracular de Delfos também foi erigido num lugar originalmente identificado com o culto à Deusa. E mesmo nos tempos da Grécia Clássica, depois de ter sido encampado para o culto ao deus Apolo, o oráculo ainda falava pela boca de uma mulher. Ela era uma sacerdotisa chamada Pítia, que se sentava sobre um banquinho de três pés, em torno do qual se enrolava uma jiboia africana chamada *python*. Além disso, a obra de Ésquilo nos mostra que nesse mais sagrado dentre os santuários a Deusa era reverenciada como a profetisa primeva, indício de que mesmo mais tarde, durante o período clássico grego, a tradição da sociedade de parceria – de procurar revelação divina e sabedoria profética através das mulheres – ainda não tinha sido esquecida.⁴⁵

Os escritos de Diodoro Sículo do primeiro século a.C. revelam que, mesmo nessa época tardia, a justiça e a cura ainda eram associadas às mulheres. Ao viajar pelo Egito ele descobriu que a Deusa Ísis, sucessora de Ua Zit e de Hátor, ainda era reverenciada, não apenas como a primeira a estabelecer a lei e a justiça, mas também como grande curadora.⁴⁶ Aliás, é interessante notar que as duas serpentes conhecidas como o caduceu ainda são o emblema moderno da profissão médica. Segundo a lenda, essa tradição veio da associação das serpentes com os sacerdotes gregos do deus Esculápio. Mas seria possível argumentar que a associação entre cura e serpentes deriva de uma tradição muito mais antiga: a da serpente com a Deusa, uma associação que, como vimos, a liga tanto à cura quanto à profecia.⁴⁷

Mesmo a invenção da escrita, que há muito se entendia remontar a 3200 a.C. na Suméria, parece ter surgido muito antes, e com possíveis raízes femininas. Nas tábuas sumérias, a Deusa Nidaba é descrita como escriba do céu sumério, bem como inventora das tábuas de argila e da arte da escrita. Na mitologia indiana, é atribuída à Deusa Sarasvati a invenção do primeiro alfabeto.⁴⁸ E hoje, com base nas escavações arqueológicas da Europa Antiga, Gimbutas descobriu que os primórdios da escrita esquemática remontam ao período Neolítico. E mais: esse primórdio não pareceu estar ligado, como era na Suméria, a uma escrita "comercial-administrativa", concebida para melhor controlar a acumulação material. Ao contrário. O primeiro uso da mais poderosa ferramenta de comunicação humana parece ter sido espiritual: uma escritura sagrada associada à adoração da Deusa.⁴⁹

Provavelmente os achados mais conhecidos e que dão sustentação a essa teoria mais recente são aqueles encontrados em Vinča, cerca de 22 quilômetros a oeste de Belgrado, na Iugoslávia. Como acontece em muitos outros sítios arqueológicos, quando a cultura vinca foi descoberta pensou-se, devido à sua grande sofisticação artística, que se tratava de uma cultura muito mais recente do que de fato era. O professor M. Vasic, que conduziu escavações da cultura vinca entre 1908 e 1932, concluiu inicialmente que era um centro de civilização egeia do segundo milênio a.C. Depois deduziu que era posterior, e provavelmente uma colônia grega.

Tais conclusões, como observa Gimbutas, continuam a ser citadas em algumas obras sobre a história dos Bálcãs.⁵⁰

Tais teorias, propostas antes que a arqueologia dispusesse de ferramentas científicas de datação como o carbono radioativo e a dendrocronologia, eram coerentes com o paradigma arqueológico então prevalecente, de que não havia culturas nativas avançadas nos Bálcãs da Antiguidade. Mas as datações por carbono radioativo obtidas em oito sítios diferentes, de oito fases da cultura vinca, situam-na num período que vai de 5300 a 4000 a.C., ou seja, cerca de sete mil anos atrás.⁵¹ Esses dados, somados a evidências arqueológicas de que a Deusa era ali a deidade suprema, colocam Vinča exatamente no período da sociedade de parceria.

Em Vinča foram encontradas as chamadas tábuas de Tartara e também outros símbolos inscritos em estatuetas e vasos. Gimbutas conta como esses achados, associados a "evidências de grande intensificação da vida espiritual em geral",⁵² levaram a uma outra teoria, que guarda ainda alguma congruência com o antigo paradigma arqueológico, segundo o qual não havia cultura nativa avançada nos Bálcãs. Segundo essa teoria, a cultura vinca teria sido importada da Anatólia, ou mesmo da Mesopotâmia. Hoje ficou provado que a cultura vinca é de fato nativa dos Bálcãs. Assim, se as marcas inscritas nas tábuas, estatuetas e outros objetos neolíticos encontrados em Vinča, e em outros sítios da Europa Antiga, são de fato o que parecem ser – uma forma rudimentar de escrita linear –, as origens da escrita remontam a um tempo muito anterior à era da dominação.⁵³

Há cada vez mais evidências fundamentando tal conclusão. Em 1980 a professora Gimbutas relatou que "até o momento sessenta sítios apresentaram objetos inscritos [...]. A maioria provém dos sítios dos grupos culturais de Vinča e Tisza e da cultura Karanovo na Bulgária central. Símbolos gravados ou pintados aparecem também em Dimini, Cucuteni, Petreşti, Lengyel, Butmir, Bukk e em cerâmica utilitária linear". Esses achados indicam que "não mais podemos falar de uma 'escrita vinca' ou da tábua de Tartara", pois "ficou evidente que a escrita era uma característica universal na civilização da Europa Antiga".⁵⁴

Além disso, essa escrita parece ter brotado da tradição mais antiga de usar a arte como uma espécie de taquigrafia visual para comunicar conceitos importantes. Por toda a Europa Antiga havia estatuetas da Deusa altamente estilizadas e inscritas com símbolos, como meandros, zigue-zagues ou escamas de peixe, "V"s, "X"s, espirais e círculos e traços múltiplos. Como escreve Gimbutas, essas imagens representavam formas coletivamente aprovadas e compreendidas de comunicar os pressupostos básicos explicativos do mundo daquele tempo. Quando esse tipo de comunicação simbólica depois evoluiu mais um degrau, surgiu provavelmente a primeira forma de escrita humana. São ideogramas nos quais os símbolos existentes (já presentes no Paleolítico e amplamente difundidos no Neolítico) foram modificados por linhas, curvas e pontos.

Gimbutas, que está decifrando a escrita da Europa Antiga, também acredita que alguns desses ideogramas foram adquirindo um valor fonético.

> O V é uma das inscrições mais frequentemente encontradas nas estatuetas e outros objetos de culto. Acredito que nessa escrita ele tem valor fonético que deriva do ideograma simbólico. O M, provavelmente um ideograma para água (como no Egito), deve ter tido um valor fonético desde um tempo muito antigo, não posterior ao sexto milênio a.C.[55]

Através do estudo intensivo dos símbolos encontrados primeiramente em estatuetas e depois cada vez mais em cerâmica, sinetes, discos e placas, Gimbutas vem tentando decifrar seu significado através de associações. Por exemplo, ela supõe que os glifos "V" representam a Deusa na sua manifestação como pássaro, e que os objetos assim marcados eram dedicados ao seu culto. Ela observa ainda que quando, mais tarde, os símbolos foram inscritos em filas, como na travessa de Gradeshika, os repetidos agrupamentos de "V"s (bem como "M"s, "X"s e "Y"s) podem representar votos, orações ou dádivas à Deusa.[56]

Gimbutas também chama a atenção para as "indubitáveis similaridades entre os caracteres da Europa Antiga e aqueles da escrita linear A, cipro-minoica e cipriota clássica".[57] Isso levanta a possibilidade de que a linear A, a mais antiga e ainda não decifrada forma de escrita da Creta minoica, tenha sido na verdade um desenvolvimento daquela incipiente tradição escrita neolítica, e não – como até então se presumia – algo que os cretenses haviam emprestado dos povos com os quais comerciavam na Ásia Menor e Egito.[58]

Uma nova visão do passado

É inevitável que toda essa informação sobre nosso passado dê início a um conflito entre o velho e o novo dentro de nossa mente. A antiga visão diz que a primeira relação de parentesco (e depois econômica) evoluiu a partir dos homens que caçavam e matavam. A nova visão diz que os fundamentos de nossa organização social vieram da partilha entre mães e filhos.[59] A antiga visão pintava a pré-história como a história do "homem caçador e guerreiro". A nova visão mostra mulheres e homens, juntos, utilizando nossas capacidades humanas singulares para nutrir e aprimorar a vida.

Assim como as sociedades primitivas ainda existentes (como as de BaMbuti e !Kung) não se caracterizam por belicosos homens das cavernas que arrastam as mulheres pelo cabelo, ficou claro agora que o Paleolítico foi um tempo admiravelmente pacífico. E assim como Heinrich e Sophia Schliemann desafiaram as certezas acadêmicas de seu tempo e provaram que a cidade de Troia não era uma fantasia homérica, mas sim um fato pré-histórico, novos achados arqueológicos constatam lendas sobre um tempo anterior àquele em que os deuses masculinos decretaram que a mulher fosse eternamente subserviente ao homem, um tempo em que a humanidade vivia em paz e abundância.

Em suma, dentro dessa nova visão da evolução cultural, a dominância masculina, a violência masculina e o autoritarismo não são inevitáveis, nem são dados imutáveis. E longe de ser um "sonho utópico", um mundo mais pacífico e igualitário é uma possibilidade real para nosso futuro.

Mas a herança recebida dessas sociedades que adoravam a Deusa não é apenas uma lembrança de um tempo em que "a árvore da vida" e a "árvore do conhecimento" eram ainda vistas como dádivas da Mãe Natureza para a mulher e o homem. Tampouco se resume a uma sensação pungente de algo que poderia ter sido, caso a humanidade tivesse amadurecido livre para fruir essas dádivas. Como vimos, as tecnologias básicas, sobre as quais todas as civilizações posteriores foram erigidas, são o legado deixado pelas sociedades de parceria dos nossos primórdios.

Isso não significa que essas sociedades eram ideais. Mesmo tendo contribuído em muito para a cultura humana, e sendo lembradas como um tempo melhor e mais inocente, elas *não* eram sociedades utópicas. É importante frisar que uma sociedade pacífica não significa ausência de violência – aquelas sociedades eram feitas de seres humanos de carne e osso, com fraquezas e falhas humanas.

Não obstante sua engenhosidade e seu potencial, as tecnologias do Neolítico eram ainda bastante primitivas se comparadas às que temos hoje. Embora haja evidência de escrita, parece que não havia literatura. E apesar de conhecerem bastante acerca de assuntos como agricultura e astronomia, provavelmente não havia ciência na forma como a concebemos nos dias de hoje.

De fato, agora percebemos na arte religiosa do Neolítico que, na ausência do conhecimento científico que temos hoje, nossos antepassados tentaram explicar e influenciar o universo de um modo que agora parece primitivo e supersticioso. E apesar de a maioria dos sacrifícios humanos pertencer a sociedades dominadoras posteriores, há indícios de sacrifícios rituais que podem remontar a períodos bem anteriores.[60]

Quanto a vantagens e desvantagens, uma perspectiva útil pode ser obtida daquilo que podemos deduzir (a partir das evidências) sobre a qualidade da mentalidade típica desse período. A arte do Neolítico é por vezes descrita como irracional porque abunda em imagens que associamos com contos de fadas, filmes de horror e até ficção científica. Mas se definirmos a racionalidade por critérios humanísticos como o uso da mente para transcender uma parte destrutiva e brutal da natureza, e a irracionalidade como pensamento e comportamento destrutivos, seria mais acertado dizer que a arte do Neolítico não reflete tanto uma visão de mundo irracional, mas uma visão de mundo pré-racional.[61] Em comparação com o pensamento empírico tão valorizado pela nossa era secular, o pensamento daquela época foi produto de uma consciência mística, intuitiva e imaginativa.

Não se sugere com isso que esses povos primevos usavam apenas o lado direito do cérebro, como defendeu o psicólogo Julian Jaynes. Jaynes alegava que a verdadeira consciência humana – que ele equipara ao uso exclusivo de nossas funções mais lógicas ou do hemisfério cerebral esquerdo – surgiu em decorrência das cataclísmicas convulsões proporcionadas pelo sangrento encadeamento de invasões e desastres naturais que examinamos antes. De fato, ele sustenta que, até então, éramos pouco mais que autômatos de dominância direita possuídos por Deus.⁶² Mas basta olharmos para os santuários de Stonehenge e Avebury para ver que já no período Neolítico estavam bem estabelecidas as funções lógicas, sequenciais e lineares que caracterizam o funcionamento do hemisfério cerebral esquerdo. É evidente que o alinhamento daquelas rochas imensas com o movimento do Sol e da Lua, como também seu formato, transporte e instalação, exigiram o domínio de matemática, astronomia e engenharia.⁶³ E certamente os cretenses – que construíram viadutos e ruas pavimentadas, projetaram palácios de grande complexidade arquitetônica, tinham casas com encanamento interno, mantinham comércio exuberante e conheciam a navegação – devem também ter feito pleno uso das funções de ambos os hemisférios cerebrais. As conquistas materiais cretenses são extraordinárias até para os padrões atuais, e sobrepujam o desempenho de muitas sociedades em desenvolvimento nos dias de hoje.

O mais impressionante é que, se comparados ao nosso mundo moderno, nessas sociedades de parceria pré-históricas os avanços tecnológicos eram utilizados em primeira instância para tornar a vida melhor, e não para dominar e destruir. Isso nos leva de volta à distinção básica entre a orientação da evolução cultural nas sociedades de dominação e de parceria. Também aponta para a conclusão de que, nesse aspecto fundamental, nossas sociedades de parceria menos avançadas tecnológica e socialmente eram mais evoluídas do que as sociedades de alta tecnologia do mundo atual, onde milhões de crianças são condenadas a morrer de fome a cada ano, enquanto bilhões de dólares são gastos para criar formas cada vez mais sofisticadas de matar.

Vendo sob este ângulo, a moderna busca pela espiritualidade perdida do passado pode ser vista numa ótica nova e extremamente útil. Em essência, a busca empreendida hoje por tantas pessoas em direção à sabedoria mística antiga é uma busca pelo tipo de espiritualidade característica de uma sociedade de parceria – e não de uma sociedade de dominação.

As evidências místicas e arqueológicas mostram que talvez a qualidade mais notável da mente pré-dominadora era seu reconhecimento de nossa unidade com a natureza, que repousa no cerne da adoração à Deusa, tanto no Neolítico quanto em Creta. Cada vez mais, o trabalho dos ecologistas modernos indica que essa disposição mental ancestral, hoje associada com alguns tipos de espiritualidade oriental, era muito mais avançada que a ideologia ambientalmente destrutiva dos dias de hoje. De fato, ela preconizou as novas teorias científicas no sentido de que toda a matéria viva da terra, junto com a atmosfera, os oceanos e o solo, formam um sistema vivo complexo e interligado. Com grande propriedade, o químico James Lovelock e o microbiólogo Lynn Margulis batizaram essa teoria de hipótese Gaia – sendo Gaia um dos antigos nomes gregos para a Deusa.[64]

A noção que a Sociedade Antiga tinha dos poderes que regem o universo como uma mãe generosa proporciona mais segurança do ponto de vista psicológico se comparada à concepção de deuses masculinos punitivos, que ainda domina boa parte do planeta e produz grande tensão e ansiedade. De fato, a tenacidade com que homens e mulheres se apegaram à veneração da mãe compassiva e bondosa na figura da Virgem Maria cristã atesta em favor da sede humana por essa imagem reconfortante. Contudo, e à semelhança de outros aspectos intrigantes da história, tal tenacidade só se torna compreensível no contexto daquilo que hoje sabemos sobre a tradição milenar de adoração à Deusa na pré-história.

Esses novos conhecimentos sobre a orientação original de nossa evolução cultural lançam uma luz muito diferente sobre nosso passado – e sobre nosso futuro. Exatamente por isso é tão difícil lidar com esses novos conhecimentos. Por representarem uma grande ameaça ao sistema vigente, imensos esforços são envidados para reprimi-los.

Mesmo no âmbito das pesquisas que hoje disponibilizam as descobertas arqueológicas relatadas neste livro, encontramos exemplos da dinâmica da sociedade de dominação buscando suprimir informações. Exemplo gritante disso é o trabalho no sítio arqueológico neolítico de Hacilar. Quando os níveis inferiores e mais antigos das escavações ainda não tinham sido atingidos, James Mellaart recebeu ordens para interromper os trabalhos sob a alegação de que "a continuação apenas ofereceria resultados repetitivos e sem grande valor científico".[65] Tal decisão foi tomada sob os protestos de Mellaart, apesar de na época as partes já expostas, incluindo os cemitérios adjacentes (fonte padrão para as informações arqueológicas mais valiosas na maioria das escavações), ainda não terem sido exploradas. No entanto, sem apoio financeiro nem institucional, as escavações tiveram de cessar. Desde então, saqueado por caçadores de tesouro sem qualquer preocupação científica, o sítio hoje perdeu todo seu valor arqueológico.

Sem dúvida, outros fatores contribuíram para a decisão de fechar prematuramente as escavações nesse importante sítio arqueológico – uma decisão que Mellaart chamou de "um dos capítulos mais trágicos da arqueologia".[66] Mas resta saber até que ponto a decisão foi motivada – mesmo que inconscientemente – pela crescente percepção de que por trás da atividade artística abundante diversificada de Hacilar "repousa", como escreveu Mellaart, "a única e grande força inspiradora, a velha religião da Anatólia, o culto à Grande Deusa".[67]

Como veremos nos capítulos seguintes, os esforços dos intelectuais para fazer a realidade se coadunar com a cosmovisão dominadora remontam à própria pré-história. Certamente a ferramenta principal para a dramática transformação de nossa evolução cultural foi a Espada. Mas houve uma outra ferramenta, que a longo prazo provou ser ainda mais poderosa. É a ferramenta do escriba e do acadêmico: a caneta ou buril para gravar as tábuas com palavras. Especialmente na época contemporânea, em que estamos tentando criar uma sociedade pacífica, é instrutivo saber que a caneta pode ser tão poderosa quanto a espada. Pois, no final, foi essa ferramenta, na aparência insignificante, que literalmente virou a realidade de pernas para o ar.

Capítulo 6

A realidade de ponta-cabeça: parte I

A trilogia *Oresteia* é um dos dramas gregos mais famosos e mais encenados. Nesse clássico, durante o julgamento de Orestes pelo assassinato de sua mãe, o deus Apolo explica que os filhos não guardam relação de parentesco com suas mães: "Aquela a quem chamam mãe não é a geradora do seu filho", afirma. Ela "é apenas aquela que cuida da semente recém-plantada que cresce".[1]

"Vou dar-te uma prova do que afirmo", prossegue Apolo. "Pode-se ser pai sem a ajuda da mãe. Pode testemunhá-lo alguém aqui presente, a filha de Zeus olímpico, que não foi criada nas trevas do seio materno e, no entanto, nenhuma deusa seria capaz de dar à luz um tal rebento."[2]

Nesse ponto a deusa Atena, que segundo a antiga religião grega nasceu adulta da cabeça de seu pai, Zeus, entra e confirma a declaração de Apolo. Somente o pai tem parentesco com seus filhos. "É que eu não tive mãe que me desse à luz", ela afirma, acrescentando que "por isso sou em tudo e de todo o coração pelo homem, ao menos até que um dia eu venha a celebrar as minhas núpcias. Sou inteiramente a favor do pai".[3]

E assim, depois que o coro – as Eumênides, ou Fúrias, que representam a velha ordem – exclama horrorizado: "Ah! Jovens deuses, que espezinhais leis antigas e me arrancais aquele que já tinha em minhas mãos!",[4] Atena dá seu voto decisivo. Orestes é absolvido de qualquer culpa pelo assassinato de sua mãe.

Matricídio não é crime

Por que alguém tentaria negar o mais poderoso e óbvio de todos os relacionamentos humanos? Por que um dramaturgo brilhante como Ésquilo escreveria uma trilogia em torno desse tema? E por que essa trilogia – que na época não era o teatro da forma que nós o conhecemos, mas drama ritual, concebido especificamente para mexer com as emoções e conseguir obediência às normas vigentes – seria encenada para todos os habitantes de Atenas, inclusive mulheres e escravos, em importantes ocasiões cerimoniais?

Ao tentar responder à questão de qual teria sido a função normativa da *Oresteia*, a interpretação acadêmica padrão tem sido a de que se destinava a explicar as origens do Areópago grego, ou corte criminal. Supostamente, nessa corte (algo novo para aquele tempo) a justiça seria obtida através de instrumentos jurídicos estatais mais impessoais do que a vingança de clã.[5] Mas como aponta a socióloga britânica Joan Rockwell, tal interpretação é absurda. Sequer chega a tocar na questão central de por que, justamente esse caso, alegadamente o primeiro a ser apreciado pela corte criminal grega, teve de ser o do homicídio de uma mãe por seu filho. Nem aborda a questão vital de como, segundo uma peça que é supostamente uma "lição de moral" em favor da justiça administrada pelo Estado, um filho seria inocentado pelo assassinato frio e premeditado de sua mãe – e ainda por cima com base na alegação obviamente incoerente de que não havia relação de parentesco entre eles.[6]

Para saber que tipo de normas a *Oresteia* realmente expressa e afirma, é preciso analisar a trilogia como um todo. Na primeira peça, *Agamênon*, a rainha Clitemnestra se vinga pelo derramamento do sangue de sua filha. Ficamos sabendo que seu marido, Agamênon, a havia enganado, conseguindo que ela enviasse a ele sua filha Ifigênia, supostamente para casar-se com Aquiles, mas na verdade para ser sacrificada a fim de conseguir bons ventos para a frota. Agamênon volta da guerra de Troia, e, enquanto toma um banho ritual para limpar-se de seus pecados de guerra, Clitemnestra joga sobre ele uma rede e o apunhala até a morte. Ela deixa claro que seus atos não brotam meramente da dor e do ódio pessoais, mas são seu dever social como chefe de clã, responsável por vingar o derramamento de sangue de um parente. Em resumo, ela age dentro das normas de uma sociedade matrilinear na qual, como rainha, é seu dever fazer justiça.

Na segunda peça, *Coéforas*, seu filho Orestes volta a Argos disfarçado. Ele entra no palácio de sua mãe como convidado, mata o novo consorte dela, Egisto, e depois de alguma hesitação, e para vingar a morte de seu pai, põe fim à vida de sua mãe. Na terceira peça, *Eumênides*, assistimos ao julgamento de Orestes no templo de Apolo em Delfos. Ficamos sabendo que as Eumênides, como representantes da velha ordem, e cumprindo seu papel de protetoras da sociedade e executoras da justiça, haviam perseguido Orestes. Agora um júri de doze cidadãos atenienses, presidido pela deusa Atena, deverá decidir se ele será inocentado ou condenado à morte. Por causa do empate da votação, Atena dá o voto final e inocenta Orestes, alegando que ele não derramou sangue de um parente.

A *Oresteia* nos leva, portanto, de volta ao tempo em que ocorreu o que estudiosos clássicos como H. D. F. Kitto e George Thompson chamam de choque entre as culturas matrilinear e patrilinear.[7] Sob a nossa ótica, ela delineia e justifica a mudança das normas de parceria para as de dominação.

Como escreve Rockwell, a peça nos leva "do consentimento total com a justiça dos atos de Clitemnestra na primeira peça até um ponto em que sua filha foi esquecida, seu fantasma eclipsado, e sua justificativa já não existe, porque as mulheres não possuem os direitos e atributos que ela alegara antes".[8] Pois, "se uma criatura poderosa como Clitemnestra, tendo sido provocada como foi com o assassinato de sua filha Ifigênia, não tem o direito à vingança, que mulher terá esse direito?".

Através da lição do destino dessa mulher tão influente, mesmo numa causa tão justa, todas as mulheres foram eficazmente desestimuladas a nem sequer pensar em atos de rebeldia. Além disso, o papel de Atena nesse drama normativo é "uma pequena obra-prima de diplomacia cultural; é muito importante que numa mudança institucional uma figura líder do partido derrotado seja vista aceitando o novo poder,"[9] como bem observa Rockwell.

Com Atena, descendente direta da Deusa e patrona da cidade de Atenas, declarando-se a favor da supremacia masculina, a mudança para a dominância masculina precisa ser aceita por todo ateniense. E assim também a mudança de um sistema de propriedade basicamente comunitária ou de clãs (nos quais a descendência era traçada pela linha materna) para um sistema de propriedade privada de bens *e* mulheres pelos homens. Como escreve Rockwell: "O primeiro julgamento da nova corte criminal prova que o matricídio não é crime nem blasfêmia porque não existe parentesco matrilinear – que argumento melhor para estabelecer a descendência exclusivamente patrilinear?".[10]

Na *Oresteia* todos os atenienses puderam ver como até mesmo as antigas Fúrias, ou Destino, finalmente concordaram. A ordem de dominância masculina havia sido estabelecida, as novas normas haviam substituído as antigas, e sua fúria de nada lhes valeu. Completamente derrotadas, elas se retiram para as cavernas sob a Acrópole, pois Atena as "convence" a ficarem em Atenas – depois de reiterar o incrível argumento de que matar a própria mãe não é derramar o sangue de um parente e dar o voto decisivo. Evidentemente submissas, elas agora passam a invocar seus velhos poderes, os poderes da Deusa, e prometem servir Atena ajudando a guardar esta cidade "governada pelo onipotente Zeus e por Ares" (sendo Ares, logicamente, o deus da guerra).[11]

As Fúrias, como últimas remanescentes do poder feminino dos tempos pré-olímpicos, continuarão a tecer o destino de mulheres e homens, determinando quando nascerão e morrerão os mortais. "Como a mãe Kali da mitologia hindu", escreve Rockwell, "a mulher dá nascimento e morte".[12] Mas essas últimas representantes dos velhos poderes femininos foram levadas ao subterrâneo, tornando-se figuras menores e marginais num panteão de novos deuses sob dominância masculina.

O pensamento dominador e o de parceria

A *Oresteia* foi concebida para influenciar e alterar a visão que as pessoas tinham da realidade. O espantoso é que isso ainda fosse necessário no quinto século a.C., depois de quase mil anos de dominação aqueia sobre Atenas. E mais espantoso ainda é que o próprio coro, falando pelas Eumênides, resume o tema central da *Oresteia*: "Eu sofrer esta afronta, ai, eu, a antiga Deusa! Eu habitar nesta terra como um ser desprezado, ah!, e impuro!".[13]

Embora no tempo de Ésquilo essa mentalidade do passado – repositório das memórias já esmaecidas de um tempo anterior – não estivesse ainda de todo destruída, já era possível proclamar publicamente, num grande evento cerimonial, que os crimes de homens contra mulheres, inclusive o assassinato de uma filha pelo pai, deviam ser simplesmente esquecidos. A mente das pessoas havia sido transformada de forma tão profunda que já era possível proclamar como verdade que mãe e filho não são parentes, que a ascendência materna não tem base na realidade e que, portanto, só a linha paterna é válida.

Mais de dois mil anos mais tarde, alguns dos gigantes da ciência ocidental, como Herbert Spencer no século XIX, ainda procuravam "explicar" a dominância masculina afirmando que as mulheres não passavam de incubadoras do esperma masculino.[14] Graças a evidências científicas provando que uma criança precisa de igual número de genes de cada progenitor, a ideia de que não existe parentesco entre mãe e filho não é mais ensinada nas escolas e universidades. Mas ainda hoje nossos líderes religiosos mais poderosos, bem como alguns dos cientistas mais respeitados, ainda afirmam que as mulheres são criaturas colocadas por Deus na Terra basicamente para dar aos homens filhos – de preferência meninos.

Ainda hoje continuamos a identificar as crianças por sobrenomes que falam apenas de seu relacionamento com o pai. Além disso, milhões de famílias ocidentais são ainda socializadas normativamente no sistema patrilinear através da leitura da Bíblia nos púlpitos e em casa. Não estou falando das intermináveis genealogias da Bíblia Sagrada, mas de todas as passagens bíblicas nas quais alguém importante é sempre apresentado como sendo filho de seu pai. Mesmo o povo de Israel, bem como toda a humanidade e o próprio Messias Salvador, são todos descritos como filhos de Deus, o Pai.[15]

Para nós, depois de milhares de anos de incansável doutrinação, isso não passa da realidade, o jeito que as coisas são, pura e simplesmente.

Mas para a mentalidade que foi enxotada, a mentalidade que adorava a Deusa como Suprema Criadora de toda a Vida e Mãe não apenas da humanidade, mas de todos os animais e plantas, a realidade seria algo muito diferente.

Para uma mente socializada por uma sociedade assim, na qual a descendência era traçada pela linha materna e as mulheres, como chefes de clã e sacerdotisas, ocupavam posições honradas e socialmente valorizadas, a descendência patrilinear e a redução da mulher a propriedade particular do homem dificilmente seria vista como "natural". E o fato de um filho não ser condenado pelo assassinato de sua própria mãe seria totalmente incompreensível para uma mente assim, como foi para as Eumênides da peça de Ésquilo. Igualmente inconcebível, e até uma blasfêmia, é a ideia de que os poderes supremos que governam o universo sejam personificados por deidades armadas e vingativas, que não apenas toleram, mas, em nome do direito e da moral, ordenam que os homens pratiquem rotineiramente atos de assassinato, pilhagem e estupro.

Em suma, essa antiga mentalidade não funcionaria dentro do novo sistema de dominação. Durante algum tempo, talvez pudesse ser contida pela força bruta e ameaças. Mas, a longo prazo, seria necessário transformar completamente a forma como as pessoas percebiam e processavam a realidade.

Mas como fazer isso? Como transformar as mentes? É fascinante observar que agora, quando nos encontramos na iminência de outra grande mudança na nossa evolução cultural, os cientistas estão examinando a questão de como os sistemas colapsam em períodos de extremo desequilíbrio e são substituídos por sistemas diferentes.[16] De grande interesse para o estudo de como um sistema social é substituído por outro, é o trabalho de Humberto Maturana e Francisco Varela, do Chile, e de Vilmos Csányi e Gyorgy Kampis, da Hungria. Eles estudam a auto-organização dos sistemas vivos através do que Maturana chama de autopoiese (do grego *auto*, próprio, e *poiesis*, criação) e Csányi chama de autogênese.[17]

Csányi descreve como os sistemas se formam e se mantêm através do processo que ele chama de replicação. Basicamente um processo de autocópia, a replicação pode ser observada no nível biológico: para replicarem-se continuamente, as células trazem consigo o que Csányi chama de informação replicacional no código genético, ou DNA. Mas esse processo ocorre em todos os níveis: molecular, biológico e social, pois cada sistema tem suas próprias características de replicação, que formam, expandem e mantêm a coesão dos sistemas.[18]

A replicação de ideias, como observa Csányi, é essencial, antes de tudo, para formar e depois manter os sistemas sociais. Claramente, o tipo específico de informação replicativa adequada à sociedade de parceria (por exemplo, a ideia básica de igualdade) é totalmente inadequada para uma sociedade dominadora. As normas (ou aquilo considerado normal e correto) nesses dois tipos de organização social são, como vimos, diametralmente opostas.

Assim, para substituir uma organização social de parceria por uma outra baseada na dominação pela força foi necessário efetuar mudanças fundamentais nas informações replicativas vigentes. Voltando à analogia biológica, era necessário um código replicativo inteiramente diferente. E esse novo código teria de ser implantado na mente de cada homem, mulher e criança até que suas ideias sobre a realidade fossem totalmente transformadas de modo a se adequar às exigências da sociedade de dominação.

Em poucas páginas é impossível até mesmo começar a descrever um processo que se desenrolou ao longo de milênios, e que prossegue em nossos dias: aquele pelo qual a mente humana vem sendo remodelada – às vezes brutal e às vezes sutilmente, às vezes propositadamente e às vezes sem querer – para tornar-se a nova mentalidade necessária àquela drástica transformação de nossa evolução cultural. Esse foi um processo que, como vimos, significou muitíssima destruição física, que se estendeu até os tempos históricos. Segundo lemos na Bíblia, os hebreus, e mais tarde também os cristãos e muçulmanos, arrasaram templos, cortaram glebas de árvores sagradas e despedaçaram ídolos pagãos.[19] O mesmo processo acarretou destruição espiritual, algo que também perdurou até os tempos históricos. Aqueles que não percebiam a realidade do modo prescrito eram mortos ou convertidos, e não apenas através da queima de livros e da queima e perseguição de hereges.

Diretamente, pela coerção pessoal, ou indiretamente, através de exibições de força em eventos sociais intermitentes, como inquisições e execuções públicas, os comportamentos, atitudes e percepções que não se conformavam às normas de dominação eram sistematicamente desencorajados. Esse condicionamento pelo medo tornou-se parte de todos os aspectos da vida diária, permeando a criação dos filhos, as leis e as escolas. E através destes e de todos os outros instrumentos de socialização, o tipo de informação replicativa necessária para estabelecer e manter uma sociedade de dominação foi disseminado por todo o sistema social.

Durante milênios um dos mais importantes instrumentos de socialização foi a "educação espiritual" a cargo dos antigos cleros. Parte integrante do poder do Estado, o clero servia e fazia parte das elites masculinas que passaram a governar e explorar o povo em toda parte.

Os sacerdotes, que agora difundiam o que chamavam a palavra divina – a Palavra de Deus magicamente comunicada a eles –, tinham o apoio de exércitos, cortes de justiça e carrascos. Mas seu maior suporte era espiritual e não temporal. Suas armas mais poderosas eram as histórias e rituais "sagrados", os decretos religiosos através dos quais sistematicamente inculcavam nas pessoas o medo de deidades terríveis, remotas e inescrutáveis. Pois o povo precisava aprender a obedecer às deidades – e também a seus representantes na Terra – que agora exerciam arbitrariamente o poder de vida ou morte da forma mais cruel, injusta e caprichosa possível – algo que até hoje é explicado muitas vezes como "a vontade de Deus". Ainda hoje as pessoas aprendem com as "histórias" sagradas o que é bom e o que é mau, o que deve ser imitado ou abominado e o que deve ser aceito como ordem divina, não só para si como para os outros. Através de cerimônias e rituais, as pessoas também participam dessas histórias. Como resultado, os valores ali expressos penetram no mais profundo recôndito da mente, onde estão guardados até os nossos dias como verdades sagradas e imutáveis.

O controle centralizado e homogêneo que os cleros exercem sobre essas histórias sagradas nas cidades-Estado teocráticas da Antiguidade é difícil de imaginar hoje em dia, quando as pessoas podem ler e ter contato com uma ampla gama de pontos de vista – salvo nos lugares onde a censura do Estado, a religião ou a mídia de massa o impedem. Na Antiguidade, o material disponível para ler, ou no caso de populações analfabetas, para ouvir, era muito mais limitado e expressava as visões oficialmente aprovadas. Além disso, a replicação de qualquer ideia que solapasse a ideologia oficialmente sancionada era praticamente impossível. Mesmo que de alguma forma se conseguisse evitar a censura teocrática, torturas horripilantes e a morte eram a punição para tal heresia.

Havia então, como há hoje, memórias populares de mitos, rituais, versos e canções mais antigos. Mas, no geral, a cada geração elas iam se tornando mais deturpadas e distorcidas, à medida que sacerdotes, trovadores, compositores e poetas as convertiam naquilo que agradava seus senhores.

Sem dúvida, muitos desses homens acreditavam estar realizando a vontade dos deuses e sentiam-se divinamente inspirados. Seja em nome dos deuses, dos bispos, dos reis ou da fé, da ambição ou do medo, esse trabalho de constantemente moldar e remodelar a literatura normativa oral ou escrita não era simplesmente para acompanhar as mudanças sociais. Era uma parte integrante do processo de mudança das normas: o processo através do qual uma sociedade violenta e hierárquica, dominada pelos homens, paulatinamente começou a ser vista não apenas como normal, mas também como correta.

A metamorfose do mito

Em seu livro *1984*, George Orwell previu um tempo no qual o "Ministério da Verdade" reescreveria todos os livros e remodelaria todas as ideias, obrigando-as a se conformar com as necessidades dos homens no poder.[20] O terrível é que isso não está no futuro. Já aconteceu no passado distante em quase todos os rincões do mundo antigo.[21]

No Oriente Médio – primeiro na Mesopotâmia e Canaã, e mais tarde nos reinos hebreus da Judeia e Israel –, a reforma das histórias sagradas, junto com a edição de códigos legais, foi em grande parte trabalho de sacerdotes. Semelhante ao processo ocorrido na Europa Antiga, este começou com as primeiras invasões androcráticas e continuou por milênios à medida que o Egito, a Suméria e todas as terras do Crescente Fértil foram gradualmente transformadas em sociedades guerreiras de dominação masculina. Conforme amplamente documentado pelos pesquisadores bíblicos dos nossos dias, esse processo de remitificação continuou até o ano de 400 a.C. quando, segundo nos contam os estudiosos, sacerdotes hebreus reescreveram pela última vez a Bíblia hebraica (o Antigo Testamento).[22]

Todos os mitos e leis que afetaram tão profundamente a mente ocidental foram condensados em um único livro sagrado (a primeira metade de nossa Bíblia), por volta de cem anos depois que Ésquilo escreveu a *Oresteia* na Grécia. Nessa época, na Palestina, a mitologia bíblica sobre a qual se baseiam ainda o judaísmo, o cristianismo e o islamismo foi novamente peneirada e editada, recebendo acréscimos por parte de um grupo de sacerdotes hebreus, identificados por estudiosos bíblicos como P de Priestly School (Escola Clerical). Esse rótulo serve para diferenciá-los de remitificadores anteriores, como a E (Escola de Elohim) que escreveu no reino norte de Israel, e a J (Escola de Jahweh), no reino sul da Judeia. As equipes de editores E e J haviam anteriormente retrabalhado mitos babilônios e cananeus, bem como a história dos hebreus, a fim de servir a seus propósitos. A equipe P chegou então para trabalhar com esses textos antigos heterogêneos a fim de produzir um novo pacote sagrado. Seu objetivo, citando estudiosos bíblicos que anotaram a famosa Bíblia de Dartmouth, era "traduzir para a realidade a estrutura necessária a um Estado teocrático".[23]

Esses mesmos estudiosos da religião relatam que, embora seja difícil estabelecer se essa remitificação final por motivações políticas envolveu uma conspiração ideológica, é certo que envolveu uma conspiração de fatos. "Eles fundiram o material das escolas J e E", afirmam os anotadores da Bíblia de Dartmouth sobre a P, ou Escola Clerical, "introduzindo o que conhecemos por viés P". E prosseguem afirmando: "A quantidade e natureza desse último acréscimo pelos autores da Escola Clerical surpreendem aqueles que não estão familiarizados com seu trabalho. Parece incluir quase a metade do Pentateuco, pois muitos estudiosos atribuem à P 11 capítulos dentre os 50 do Gênesis, 19 dos 40 do Êxodo, 28 dos 36 de Números e todo o Levítico".[24]

Além disso, descartaram muito do que anteriormente era considerado sagrado, como alguns dos chamados Apócrifos. E ainda conforme as anotações da Bíblia de Dartmouth, "foram sancionadas práticas religiosas da época, atribuindo-se a elas uma origem no passado remoto, ou atribuindo origem divina a várias normas".[25] Em suma, segundo a Bíblia de Dartmouth, essa remitificação final do que veio a ser conhecido hoje como Antigo Testamento foi, na verdade, a confecção de "uma colcha de retalhos".[26]

Isso explica porque, apesar das tentativas de "dar uma impressão de unidade",[27] há tantas contradições e incoerências internas na Bíblia. Um exemplo bem conhecido é o das duas histórias diferentes de como Deus criou os seres humanos, contidas no capítulo 1 do Gênesis. A primeira diz que mulher e homem foram criados simultaneamente por Deus. A segunda, mais elaborada, diz que Eva foi criada depois, a partir da costela de Adão.

Muitas dessas incoerências são indícios óbvios do conflito ainda existente entre a velha realidade, que persistia na cultura popular, e as realidades mais novas que a classe dominante de sacerdotes tentava impor. Por vezes, o confronto entre as normas antigas e as novas é evidente, como na narrativa do primeiro casal humano em que vemos igualitarismo versus supremacia masculina. Mas, na maioria das vezes, o conflito entre velho e novo é menos óbvio.

Um caso que se sobressai, e que vem ao encontro do nosso estudo, é o tratamento bíblico da serpente. De fato, a parte desempenhada pela serpente na dramática expulsão do Jardim do Éden só começa a fazer sentido no contexto da realidade antiga, uma realidade na qual a serpente era um dos principais símbolos da Deusa.

Nas escavações arqueológicas de todo o Neolítico, a serpente é um dos temas mais frequentes. "A cobra e sua abstração derivada, a espiral, são os temas dominantes da arte da Europa Antiga", escreve Gimbutas.[28] Ela observa também que a associação da serpente com a Deusa sobreviveu até os tempos históricos, não apenas na sua forma original, em Creta, mas através de vários mitos gregos e romanos posteriores, como os de Atena, Hera, Deméter, Atargatis e Dea Syria.[29] No Oriente Médio e em boa parte do Oriente ocorre o mesmo. Na Mesopotâmia, uma Deusa desenterrada em um sítio do vigésimo quarto século a.C. tem uma serpente enrolada no seu pescoço. Adorno igual aparece numa figura quase idêntica de 100 a.C. na Índia.[30] Na antiga mitologia egípcia, a Deusa-cobra Ua Zit é a original Criadora do mundo. Astoreth, ou Astarté, a Deusa cananeia, é representada com a serpente. Num baixo-relevo sumério de 2500 a.C. chamado "A Deusa da Árvore da Vida" encontramos duas serpentes junto a duas imagens da Deusa.[31]

É flagrante que a serpente era um símbolo do poder da Deusa por demais importante, sagrado e universalmente disseminado para ser ignorado. Se a mentalidade antiga precisava ser remodelada para se coadunar às exigências do novo sistema, a serpente teria de ser apropriada como um dos emblemas da nova classe dominante – ou então derrotada, distorcida e desacreditada.

Assim, na mitologia grega, ao lado do olímpico Zeus, a serpente tornou-se símbolo do novo poder.[32] Desse modo, surge uma serpente no escudo de Atena, a deidade metamorfoseada para representar, além da sabedoria, também a guerra. Chegou-se a criar uma serpente viva no Erecteion, um prédio ao lado do templo de Atena na Acrópole.[33]

Essa apropriação da serpente pelos senhores indo-europeus da Grécia serviu a propósitos políticos bem pragmáticos. Ajudou a legitimar o poder dos novos governantes, produzindo um efeito desnorteante, pois mostrava um símbolo poderoso, antes próprio da Deusa, em mãos do estrangeiro. Também serviu como lembrete constante da derrota da Deusa pelos deuses de violência e guerra dos conquistadores.

Simbolizando a derrocada da velha ordem, temos ainda os muitos relatos de matança de serpentes nas lendas gregas. Zeus mata a serpente Syphon. Apolo mata a serpente Python. Hércules mata a serpente Ladon, guardiã da árvore frutífera sagrada da Deusa Hera, que lhe teria sido dada pela Deusa Gaia quando se casou com Zeus.

Da mesma forma, no Crescente Fértil encontramos o mito de Baal (nesse tempo simultaneamente o deus tempestade e irmão-consorte da Deusa) subjugando a serpente Lotan ou Lowtan (curiosamente, Lat significava Deusa no idioma cananeu). E na Anatólia temos a história de como o deus hitita indo-europeu derrotou o dragão Illuyankas.[34]

No mito hebreu, que pode ainda ser lido em Jó 41:1 e no Salmo 74, Jeová mata a serpente Leviatã, agora representada como terrível monstro marinho de muitas cabeças. Mas, ao mesmo tempo, lemos na Bíblia de Dartmouth que o símbolo mais sagrado da religião hebraica, a arca da aliança, provavelmente *não* continha originalmente os dez mandamentos. Nessa arca, que até hoje ocupa lugar central nos ritos judaicos, havia uma serpente de bronze.[35]

Essa é a serpente de metal da qual se fala em II Reis 18, e que, segundo escreve Campbell, era "adorada no próprio templo de Jerusalém junto com uma imagem de sua esposa, a poderosa Deusa, que era conhecida por Aserá".³⁶ Como relata a Bíblia, foi apenas por volta de 700 a.C., durante as grandes perseguições religiosas do rei Ezequias, que essa serpente de metal, dita como feita por Moisés no deserto para provar o poder de Jeová, foi finalmente levada para fora do templo e destruída.³⁷

Mas a evidência mais impressionante da persistência do poder da serpente nos chega da história da queda de Eva e Adão do paraíso.³⁸ Nela, é a serpente quem aconselha a mulher a desobedecer Jeová e comer, ela mesma, da árvore do conhecimento – um conselho que supostamente condenou a humanidade ao castigo eterno até os dias de hoje.

Tem havido inúmeras tentativas por parte dos teólogos de explicar a história da queda do paraíso sem "explicar" a barbárie, a crueldade e a insensibilidade como resultado inevitável do "pecado original". De fato, reinterpretar este mais famoso dos mitos religiosos de modo a revelar simbolismos mais favoráveis ao humano é algo fundamental para a transformação ideológica que deve acompanhar a mudança social, econômica e tecnológica do sistema dominador para um sistema de parceria. Mas é também essencial que compreendamos o significado social e ideológico dessa importante história em termos de seu contexto histórico.

De fato, a história de Eva se aconselhando com uma serpente só faz sentido a partir de uma perspectiva histórica. Não é por acaso que a serpente (um símbolo da Deusa, com valor oracular ou profético nos tempos remotos) aconselha Eva (a mulher arquetípica) a desobedecer às ordens de um deus masculino. Nem é por acaso que Eva de fato siga o conselho da serpente e, ignorando as ordens de Jeová, coma da sagrada árvore do conhecimento. Como a árvore da vida, a árvore do conhecimento era também um símbolo associado à Deusa na mitologia mais antiga. Além do mais, dentro da antiga realidade mítica e social, a mulher como sacerdotisa era o veículo que servia à sabedoria e revelação divinas – como ainda acontecia com as pitonisas da Grécia e, mais tarde, as sibilas de Roma.

Do ponto de vista daquela realidade antiga, as ordens desse poderoso e emergente Deus Jeová, no sentido de que Eva não podia comer da árvore sagrada (seja do conhecimento, da sabedoria divina ou da vida), soariam não apenas estranhas, mas sacrílegas. Bosques de árvores sagradas eram parte integrante da antiga religião, como também dos ritos concebidos para propiciar nos fiéis uma consciência receptiva às revelações de verdades divinas ou místicas – ritos nos quais as mulheres oficiavam como sacerdotisas da Deusa.

Portanto, do ponto de vista da realidade antiga, Jeová não tinha direito de dar uma ordem como aquela. No entanto, depois que a ordem foi dada, não se podia esperar que Eva nem a serpente obedecessem, visto que eram representantes da Deusa.

Mas enquanto essa parte da história da Queda só faz sentido em termos da realidade anterior, o resto só faz sentido sob a ótica da política de poder necessária para impor uma sociedade de dominação. A transformação do touro com chifres (outro símbolo antigo associado à adoração da Deusa) no diabo com cascos e chifres da iconografia cristã, a transformação do antigo símbolo de sabedoria oracular num símbolo do mal satânico, e a culpa da mulher por todas as desventuras da humanidade foram artifícios políticos e inversões propositais da visão de mundo anterior.

Dirigidas ao público original da Bíblia – o povo de Canaã, que ainda se lembrava das terríveis punições infligidas a seus ancestrais pelos homens que trouxeram consigo os deuses da guerra e do trovão –, as horríveis consequências da desobediência de Eva às ordens de Jeová foram mais do que uma simples alegoria sobre a condição "pecaminosa" da humanidade. Foram um aviso claro para evitar a persistente adoração da Deusa, que ainda sobrevivia.

O "pecado" de Eva (ao desafiar Jeová e ir, ela mesma, até a fonte do conhecimento) foi sua recusa a abrir mão daquela adoração. E porque ela – a primeira mulher simbólica – se aferrou à crença antiga com mais tenacidade que Adão, que apenas fez o que ela indicava, sua punição foi mais terrível. Assim, ela agora teria de ser submissa a tudo. Não apenas sua dor, mas também o número de filhos seria multiplicado.[39] Para toda a eternidade ela passaria a ser governada por um Deus vingativo e por seu representante terreno, o homem.

Também a vilanização da serpente e a associação da mulher ao mal foram meios de desacreditar a Deusa. De fato, o exemplo mais revelador de como a Bíblia serviu para estabelecer e manter uma realidade de dominância masculina, hierarquização e guerra não é o modo como tratou a serpente. Mais revelador – e, como veremos no capítulo seguinte, mais singular – é o modo como os homens que escreveram a Bíblia lidaram com a própria Deusa.[40]

Capítulo 7

A realidade de ponta-cabeça: parte II

No início os invasores eram simplesmente bandos de saqueadores que matavam e pilhavam. Na Europa Antiga, por exemplo, o abrupto desaparecimento das culturas estabelecidas coincide com o primeiro aparecimento de túmulos de chefes kurgan.[1] E na Bíblia lemos que cidades inteiras eram rotineiramente queimadas, e que obras de arte – inclusive as imagens mais sagradas dos povos conquistados, os "ídolos pagãos" mencionados na Bíblia – eram derretidas e transformadas em barras de ouro para serem mais facilmente transportadas.[2]

Mas depois de algum tempo os próprios conquistadores começaram a mudar. Eles – e seus filhos e netos, e por sua vez os filhos e netos destes – adotaram algumas das tecnologias, valores e modos de vida mais avançados das populações conquistadas. Eles se fixaram e tomaram por esposas mulheres da região. Como os senhores micênicos em Creta e o rei Salomão em Canaã, acabaram interessando-se pelas coisas mais "refinadas" da vida. Construíram para si palácios e encomendaram obras de arte.

Depois de cada onda sucessiva de invasões, paulatinamente também se reafirmou o impulso em direção a maior refinamento e complexidade tecnológica e cultural. A cada invasão, e após um certo período de regressão cultural, a civilização retomava seu curso interrompido. Mas a civilização tomava agora um rumo muito diferente. Isso porque, se os conquistadores quisessem manter suas posições dominantes, havia um aspecto da cultura anterior que não podia ser absorvido. Esse aspecto, ou mais precisamente esse complexo de aspectos, era o cerne sexual e socialmente igualitário e pacífico do modelo anterior de sociedade de parceria.

O redirecionamento da civilização

A continuidade de dois sistemas – o dominador sobreposto ao anterior, de parceria – constituía um risco enorme de o sistema antigo recobrar sua força, sendo por demais convidativo aos povos que tinham fome de paz e queriam libertar-se da opressão. O sistema socioeconômico anterior, no qual as chefes dos clãs matrilineares detinham a terra como depositárias do povo, era uma constante ameaça.

Para consolidar o poder das novas elites dominantes, essas mulheres teriam de ser despidas de seus poderes de decisão. Ao mesmo tempo, sacerdotisas teriam de ser despojadas de sua autoridade espiritual. A descendência matrilinear teria de ser substituída pela patrilinear, mesmo entre os povos conquistados – como de fato ocorreu na Europa Antiga, na Anatólia, na Mesopotâmia e em Canaã, onde as mulheres passaram a ser vistas cada vez mais como tecnologias de produção e reprodução controladas pelos homens em vez de membros independentes e líderes da comunidade.

Mas as mulheres não foram apenas tiradas de seus antigos postos de responsabilidade e poder. À medida que foram sendo feitos novos avanços tecnológicos, também estes foram usados para consolidar e manter um sistema socioeconômico baseado na hierarquia.

Como é típico das sociedades de dominação, as tecnologias de destruição receberam altíssima prioridade. Os homens mais fortes e brutais passaram a ser honrados e lautamente recompensados por sua capacidade técnica de conquistar e pilhar. E não só isso, também os recursos materiais passaram a ser cada vez mais canalizados para produzir armamentos mais e mais sofisticados e letais. Pedras preciosas, pérolas, esmeraldas e rubis eram cravados no cabo de espadas e nos escudos. E embora as correntes com as quais os conquistadores arrastavam seus prisioneiros ainda fossem feitas de metais comuns, a prata e o ouro eram matéria-prima até para as carruagens desses guerreiros mais reverenciados, os reis e imperadores.

À medida que a evolução tecnológica retomou seu crescimento, após a estagnação ou regressão dos tempos de invasão, aumentou a quantidade de bens e outros recursos materiais. Mas o modo como eram distribuídos esses recursos mudou. Em Creta, eram importantes as obras públicas e um bom padrão de vida para todos. Agora, com o aprimoramento das tecnologias de produção de bens materiais, o grosso dessa nova riqueza ia para as mãos dos homens no poder; e para seus súditos, apenas as migalhas.

A evolução social também retomou o impulso ascendente. Instituições políticas, econômicas e religiosas continuaram a ganhar complexidade. Mas à medida que novas especializações e funções administrativas se fizeram necessárias em função das novas tecnologias, também essas foram assumidas por conquistadores e seus descendentes adeptos do uso da força.

O padrão típico dessas conquistas era o seguinte: primeiro os homens conseguiam posições de dominância destruindo e apropriando-se da riqueza dos territórios conquistados – ao invés de criar riqueza nova. Depois, à medida que avanços tecnológicos e complexidade social criavam a necessidade de novos papéis na produção e administração da riqueza, também estes eram apropriados por eles. Os cargos mais vantajosos e lucrativos eram ocupados pelos homens no poder, o resto era distribuído àqueles que, dentre seus vassalos, melhor os serviam e obedeciam. Tais postos incluíam, por exemplo, as novas e lucrativas profissões de coletor de tributos (e depois coletor de impostos) bem como outros postos burocráticos que conferiam a seus detentores não apenas poder e prestígio, mas também riqueza.[3]

Os cargos novos, prestigiosos e rentáveis, certamente *não* eram dados às chefes dos clãs matrilineares, nem às sacerdotisas, que ainda se aferravam aos velhos costumes. Ao invés disso, e como vemos dos registros sumérios de cidades como Elam, todas as novas posições sociais e especializações que tivessem algum poder ou status – e também, cada vez mais, os antigos cargos – eram sistematicamente transferidos de mulheres para homens.[4]

Agora era a força, ou ameaça de uso da força, o que determinava quem controlaria os canais de distribuição da riqueza. A organização social era regida agora pelo princípio do escalonamento. Começando pela colocação dos homens fisicamente mais fortes acima da outra metade da humanidade, as mulheres, todas as relações humanas tinham de se conformar a esse modelo.

Ainda assim, a força não podia ser usada constantemente para conseguir obediência. Era preciso estabelecer que os antigos poderes que governavam o universo – simbolizados pelo Cálice doador da vida – haviam sido substituídos por deidades novas e mais poderosas, em cujas mãos a Espada agora se fazia suprema. E para tanto era necessário, acima de tudo, garantir que não apenas sua representante terrena, a mulher, mas também a própria Deusa, fosse derrubada de seu elevado posto.

Em alguns mitos do Oriente Médio, isso foi obtido pela história de como a Deusa foi trucidada. Em outros, ela foi subjugada e humilhada pelo estupro. Por exemplo, a primeira menção ao poderoso deus sumério Enlil na mitologia do Oriente Médio é associada ao estupro da Deusa Ninlil. Tais contos serviram a um propósito social muito importante. Ambos simbolizavam e justificavam a imposição da dominância masculina.

Outro recurso muito usado era o de reduzir a Deusa à posição subordinada de consorte (esposa) de um deus masculino mais poderoso. Outro ainda era transformá-la em deusa marcial. Em Canaã, por exemplo, temos Ístar, a que tem sede de sangue, a reverenciada e temida deusa da guerra. Da mesma forma, na Anatólia, a Deusa também foi transformada em uma deidade bélica, característica que, como observa E. O. James, está ausente em todos os textos anteriores.[5]

Ao mesmo tempo, muitas das funções antes associadas a deidades femininas foram associadas a deuses. Por exemplo, e como assinala a antropóloga cultural Ruby Rohrlich-Leavitt, "quando o patrono dos escribas mudou de uma deusa para um deus, apenas escribas homens passaram a ter emprego nos templos e palácios, e a história passou a ser escrita a partir de uma perspectiva androcêntrica".[6]

Mas embora em Canaã, como na Mesopotâmia, já se estivesse caminhando havia algum tempo para uma sociedade de dominação, não resta dúvida de que a invasão pelas treze tribos hebraicas não só acelerou como também radicalizou o processo de transformação social e ideológica. Pois é somente na Bíblia que a Deusa como poder divino está completamente ausente.

A ausência da Deusa

Negar completamente que o feminino – e, portanto, a mulher – participa da divindade é algo espantoso, principalmente porque boa parte da mitologia hebraica derivou dos mitos mesopotâmicos e cananeus anteriores. Mais espantoso ainda, porque as evidências arqueológicas mostram que, muito depois das invasões hebraicas, o povo de Canaã, incluindo os próprios hebreus, continuou a venerar a Deusa.

Como escreve o estudioso da Bíblia Raphael Patai em seu livro *The Hebrew Goddess* [A Deusa hebraica], as descobertas arqueológicas não deixam "nenhuma dúvida de que até o final da monarquia hebraica a veneração dos antigos deuses cananeus era parte integrante da religião dos hebreus". Além disso, "o culto à Deusa teve um papel muito mais importante nessa religião popular do que a veneração aos deuses".[7] Por exemplo, no sítio de Tell Beit Mirsim (a cidade bíblica de Devir, a sudoeste da atual Hebron) os objetos religiosos mais frequentemente encontrados nos níveis anteriores à Era do Bronze (séculos XXI a XII a.C.) foram as chamadas placas ou estatuetas de Astarté. Mas mesmo depois que a cidade foi reconstruída após a destruição durante a invasão hebraica de cerca de 1300-1200 a.C., como observa Patai, "as evidências arqueológicas não deixam qualquer dúvida de que essas estatuetas eram muito populares entre os hebreus".[8]

Há, é claro, algumas alusões a esse fato na própria Bíblia. Os profetas Esdras, Oseias, Neemias e Jeremias ralham constantemente contra a "abominação" de se adorar outros deuses. Detestam especialmente aqueles que ainda adoram a "Rainha do Céu".[9] E sua mais ferrenha ira dirige-se contra a "infidelidade das filhas de Jerusalém", que compreensivelmente estavam "abjurando" e retomando as crenças que professavam que autoridade temporal e espiritual não eram monopólio dos homens. Mas além dessas passagens ocasionais, e sempre pejorativas, não há menção de que algum dia tivesse havido – ou pudesse haver – uma divindade que não fosse masculina.

Seja como deus do trovão, da montanha ou da guerra ou, ainda mais tarde, como o mais civilizado Deus dos profetas, havia ali apenas um Deus: o "ciumento" e inescrutável Jeová, que na mitologia cristã posterior envia seu único divino Filho, Jesus Cristo, para a morte a fim de pagar pelos "pecados" de seus filhos humanos. Muito embora a palavra hebraica *Elohim* tenha duas raízes, uma feminina e uma masculina (o que explica o fato de que no mito de criação do Gênesis tanto homem quanto mulher foram criados à imagem de Elohim), todas as outras denominações da divindade são exclusivamente masculinas: Rei, Senhor, Pai e Pastor.[10]

Se lermos a Bíblia como literatura social normativa, a ausência da Deusa constitui a mais importante assertiva isolada sobre o tipo de ordem social que os homens (que por séculos escreveram e reescreveram esse documento religioso) lutavam para estabelecer e manter. Do ponto de vista simbólico, a ausência da Deusa nas escrituras sagradas oficialmente sancionadas é a ausência de um poder divino para proteger as mulheres e vingar os males infligidos pelos homens.

Não se diz com isso que a Bíblia não contenha importantes preceitos éticos e verdades místicas, ou que o judaísmo na forma posteriormente assumida não tenha feito contribuições positivas à história ocidental. De fato, boa parte do que é humano e justo na civilização ocidental deriva dos ensinamentos de profetas hebreus, embora esteja cada vez mais evidente que se fundam em sabedorias mais antigas. Por exemplo, muitos dos ensinamentos de Isaías, que por sua vez inspiraram muitos ensinamentos posteriores de Jesus, projetam uma sociedade mais de parceria do que de dominação. No entanto, junto com o humano e edificante, boa parte do que encontramos na Bíblia judaico-cristã é uma rede de mitos e leis projetadas para impor, manter e perpetuar um sistema dominador de organização social e econômica.[11]

Como os kurgan, que vários milênios antes varreram a Europa Antiga, as tribos hebraicas que invadiram Canaã, vindas dos desertos do sul, eram invasores periféricos que trouxeram consigo seu deus da guerra – o feroz e ciumento Iahweh, ou Jeová. Em termos de tecnologia e cultura, eles eram mais avançados que os kurgan, mas, à semelhança destes indo-europeus, eram também dominados por homens guerreiros extremamente violentos. Passagem após passagem do Antigo Testamento, lemos como Jeová dá ordens de destruir, pilhar e matar – e como essas ordens são obedecidas com fidelidade.[12]

A sociedade tribal hebraica, como aquela dos kurgan e outras tribos indo-europeias, era extremamente hierárquica, governada do topo pela tribo de Moisés, os levitas. Acima deles havia uma elite ainda menor. Era a família de Konath ou Cohen, de sacerdócio hereditário da linhagem de Aarão, que constituía a autoridade última. Como se lê no Antigo Testamento, os homens desse clã deviam seus poderes diretamente a Jeová. Além do mais, os estudiosos da Bíblia nos dizem que foi essa elite de sacerdotes que provavelmente levou a cabo boa parte da tarefa de reescrever os mitos e a história a fim de solidificar sua posição de domínio.[13]

Por fim, completando e encimando a configuração violenta da sociedade de dominação, temos o autoritarismo e a dominância masculina. O Antigo Testamento proclama explicitamente que por vontade de Deus as mulheres devem ser governadas pelo homem. Assim como os kurgan, e outros invasores indo-europeus que arrasaram a Europa e a Ásia Menor, a antiga sociedade tribal hebraica era um sistema de rígida dominação masculina.

Novamente, é importante salientar que de modo algum isso significa que a religião dos antigos hebreus – e muito menos a judaica – é culpada pela imposição de uma ideologia dominadora. A mudança da realidade de parceria para uma de dominação começou muito antes das invasões de Canaã pelos hebreus, e aconteceu simultaneamente em muitas partes do mundo antigo. Além disso, o judaísmo vai muito além do Antigo Testamento em sua concepção de deidades e moralidade e, na tradição mística da Shekina, reteve de fato muitos dos elementos do antigo culto à Deusa.

Como vimos, o culto à Deusa estava disseminado na religião dos povos hebreus até os tempos monárquicos. Ocasionalmente havia mulheres, como a profetisa e juíza Débora, que ainda ascendiam a postos de liderança. No entanto, na esmagadora maioria das vezes, a sociedade hebraica antiga era regida do topo por uma pequena elite de homens. E mais grave ainda, conforme se lê no Antigo Testamento, as leis criadas por essa casta masculina dominante definiam as mulheres como propriedade privada dos homens e não como seres humanos livres e independentes. Primeiro pertenciam a seu pai. Depois pertenciam a seus maridos ou senhores, como também os filhos que gerassem.

Sabemos pela Bíblia que as meninas e mulheres das cidades-Estado conquistadas que não tinham "conhecido homem por deitar com ele" eram normalmente feitas escravas segundo os mandamentos de Jeová.[14] O Antigo Testamento nos fala também de servos cativos (que a Bíblia do Rei James chama de servos e servas) e de como a lei permitia que um homem vendesse sua filha como serva. E, mais significativo, quando um servo era libertado, segundo a lei bíblica, sua esposa e filhos eram retidos como propriedade do senhor.[15]

Mas não apenas servas, concubinas e sua prole eram propriedades dos homens. A conhecida história de Abraão, que sai para sacrificar a Jeová o seu filho com Sara, Isaac, ilustra de modo dramático em que medida os filhos e esposas estavam sob o controle total dos homens. E a famosa história de como Jacó comprou sua mulher Lia, trabalhando sete anos para o pai dela, mostra que todas as mulheres estavam sob o mesmo jugo.

Sexo e economia

Essa visão desumana das mulheres fica muito clara durante a leitura bíblica do amontoado de prescrições e proscrições que, conforme nos foi ensinado, serviam para proteger a virtude das mulheres. Por exemplo, em Deuteronômio 22:28-29 lemos:

> Se um homem encontra uma jovem virgem que não está prometida, e a agarra e se deita com ela e é pego em flagrante, o homem que se deitou com ela dará ao pai da jovem cinquenta siclos de prata, e ela ficará sendo sua mulher, uma vez que abusou dela. Ele não poderá mandá-la embora durante toda a sua vida.

A mensagem que recebemos foi a de que tal lei constituiu um grande progresso, um passo ético e humanitário dado por uma civilização de pagãos imorais e pecadores. Mas se analisarmos com objetividade essa lei, dentro do contexto social e econômico na qual foi aplicada, fica evidente que não brotou de considerações morais ou humanitárias. Ao contrário, foi concebida para proteger os direitos de propriedade dos homens sobre "sua" esposa e "suas" filhas.

Essa lei diz que uma moça solteira que não é mais virgem deixa de ser um patrimônio econômico, e seu pai deve ser ressarcido. Quanto à exigência legal de que o violentador era obrigado a casar com a moça, numa sociedade em que os maridos tinham poderes praticamente ilimitados sobre suas esposas, tal casamento forçado dificilmente teria tido origem na preocupação pelo bem-estar da moça. Também esse castigo diz respeito à economia masculina: já que a moça tornou-se um produto sem valor de mercado, não seria "justo" onerar o pai com sua manutenção. Ela tem de ser adquirida pelo homem que foi a causa da desvalorização.

A finalidade de todo esse sistema de costumes e leis sexuais "morais" é demonstrada ainda mais brutalmente em Deuteronômio 22:13-21. Esses versos tratam do caso de um homem que, depois que descobre que sua noiva não é virgem, alega que ela lhe causa "aversão" e deseja ver-se livre dela. O remédio legal proposto pela Bíblia nesse caso é o seguinte: se os pais da mulher puderem produzir "os sinais da virgindade da moça, estendendo o lençol diante dos anciãos da cidade", o marido terá de pagar ao pai da moça cem siclos de prata e não poderá enviar a moça de volta a seus pais enquanto ela viver. No entanto, se a virgindade da moça não for devidamente provada, o marido pode se livrar dela, visto que a lei determina que "a moça deve ser levada à porta da casa de seu pai, e os homens da sua cidade a apedrejarão até que morra".

Somos informados pela Bíblia que há bons motivos para matar uma mulher que não é virgem ao se casar: "pois ela cometeu uma infâmia em Israel, desonrando a casa do seu pai". Traduzido em termos contemporâneos, ela deve ser morta como punição por trazer desonra não só a seu pai, mas a toda sua família e às doze tribos de Israel. Mas em que consiste tal desonra? Qual a ofensa ou prejuízo causado a seu povo ou a seu pai pela perda da virgindade?

A resposta é a seguinte: uma mulher que se comporta como uma pessoa sexual e economicamente livre *é* uma ameaça a todo o tecido socioeconômico de uma sociedade rigidamente dominada pelos homens. Tal comportamento não pode receber o consentimento geral sem que todo o sistema social e econômico entre em colapso. Por isso a "necessidade" de uma fortíssima condenação social e religiosa e uma punição radical.

Num plano bastante prático, essas leis que regulam a virgindade da mulher eram concebidas para proteger transações essencialmente econômicas entre os homens. Exigindo ressarcimento ao pai se a acusação contra a mulher fosse falsa, a lei oferecia punição por falsamente acusar a reputação de um homem como mercador honesto. Também oferecia ao pai proteção adicional. Se a acusação fosse mentirosa, a mercadoria em questão (sua filha) não mais poderia ser devolvida. Por outro lado, o apedrejamento da moça no caso da acusação ser verdadeira *também* protegia o pai: já que a moça desonrada não podia ser vendida uma segunda vez, a lei oferecia uma solução para a destruição de seu patrimônio agora sem valor econômico. Da mesma forma, as leis da Bíblia sobre o adultério, exigindo que ambos os envolvidos fossem mortos, previa o castigo para o ladrão (o homem que "roubou" a propriedade de outro homem) e a destruição da mercadoria danificada (a esposa que trouxe "desonra" a seu marido).

Mas os homens que faziam as regras para manter tal ordem social e econômica não falavam em termos econômicos tão crassos. Diziam que seus decretos eram não apenas morais, justos e honrados, mas a palavra de Deus. E até os nossos dias, tendo sido criados para ver as sagradas escrituras como produto da sabedoria divina, ou ao menos da sabedoria moral, é difícil para nós considerar a Bíblia com objetividade e ver todo o significado de uma religião na qual a suprema e única deidade é masculina.

Aprendemos que a tradição judaico-cristã foi o maior progresso moral da nossa espécie. A Bíblia preocupa-se, de fato, com o que é certo e errado. Mas o certo e o errado dentro de uma sociedade de dominação não são o mesmo certo e o errado de uma sociedade de parceria. Conforme mencionamos, há nos ensinamentos judaicos e cristãos preceitos compatíveis com um sistema de relações humanas de parceria. Entretanto, no tocante à porção que reflete uma sociedade de dominação, na melhor das hipóteses a ética bíblica deixa a desejar. Na pior das hipóteses, ela é uma pseudomoralidade na qual a vontade de Deus é usada como recurso para acobertar crueldades e barbárie.

Em Números 31, por exemplo, temos o relato do que aconteceu depois da queda dos madianitas. Tendo chacinado todos os homens adultos, os antigos hebreus invasores "levaram presas as mulheres dos madianitas com as suas crianças". E então Moisés lhes disse que essa era a vontade do Senhor: "Matai todas as crianças do sexo masculino. Matai também todas as mulheres que conheceram varão coabitando com ele. Não conservareis com vida senão as meninas que ainda não coabitaram com homem e elas serão vossas".[16]

Como é comum na Bíblia, o ordenamento divino foi uma punição. A praga que veio depois da vitória sobre os madianitas deveu-se, segundo Moisés, aos pecados dessas mulheres capturadas. Mas isso não explica por que "todas as mulheres e meninas que não conheceram homem" deviam ser poupadas "para vós". Uma explicação plausível para tanto seria que os homens da classe dominante sentiram que suas tropas estariam dispostas a matar mulheres mais velhas e meninos, mas não tão dispostas a matar virgens e meninas, que constituíam sua parte nos despojos da guerra, podendo ser vendidas como concubinas, escravas e mesmo esposas.

A moralidade da dominação

Foi tão eficaz a imposição de uma moralidade dominadora, que até os dias de hoje homens e mulheres que se consideram pessoas boas e moralmente corretas conseguem ler essas passagens da Bíblia sem se perguntarem como um Deus justo e bom seria capaz de dar ordens tão horríveis e desumanas. Nem parecem questionar a moralidade de alguns homens mulçumanos que, até os nossos dias, por infrações sociais reais ou imaginadas, consideram seu dever "proteger a virtude feminina", ameaçando matar (ou matando) suas filhas, irmãs, esposas e netas. Tampouco questionam os preceitos que, a seus próprios olhos e aos olhos dos homens em geral, roubam a metade feminina da humanidade de todo valor a não ser que sejam sexualmente "puras", chamando a isso de "moralidade".

Isso porque, depois de nos fazermos esses questionamentos, não é possível conservarmos o tipo de mentalidade necessária à sociedade de dominação, na qual nosso desenvolvimento ético não pode ir além do que o sistema dita. Assim, em virtude do processo de replicação sistêmica sendo desvendado atualmente pelo cientista Vilmos Csányi, milhões de pessoas ainda hoje parecem incapazes de perceber o que nossa literatura sagrada realmente diz, e como ela serve para conservar as barreiras e nos manter aprisionados num sistema dominador.

Talvez o exemplo mais marcante de cegueira induzida pelo sistema seja o tratamento bíblico do estupro. No Livro de Juízes, capítulo 19, os sacerdotes que escreveram a Bíblia nos falam de um pai que oferece sua filha virgem aos bandidos. Ele tem como convidado em sua casa um homem de alta estirpe da tribo dos levitas. Desordeiros da tribo de Benjamin batem à sua porta e exigem ver o visitante lá fora, aparentemente para fazer-lhe mal. O dono da casa responde: "Aqui está minha filha que é virgem. Eu a entrego a vós. Abusai dela e fazei o que vos aprouver, mas não pratiqueis para com este homem uma tal infâmia".[17]

Isto nos é dito casualmente, como se fosse de pouca importância. À medida que a história prossegue, descobrimos que

> Então o homem tomou a sua concubina e a levou para fora. Eles a conheceram e abusaram dela toda a noite até de manhã e ao raiar da aurora deixaram-na. Pela manhã a mulher veio cair à porta da casa do homem com quem estava o seu marido, e ali ficou até vir o dia. De manhã seu marido se levantou e, abrindo a porta da casa, saiu para continuar o seu caminho, quando viu que a mulher, sua concubina, jazia à estrada da casa, com as mãos na soleira da porta. "Levanta-te", disse-lhe, "e partamos"! Não houve resposta. Então ele a colocou sobre o seu jumento e se pôs a caminho de casa.[18]

Em nenhum ponto desse relato brutal – de traição da confiança de uma filha e de uma amante, de estupro e morte de uma mulher indefesa – detectamos qualquer indício de compaixão, muito menos de indignação moral ou revolta. Mais significativo ainda – e algo que não faz o menor sentido – é o fato de que a oferta do pai de sacrificar aquilo que, segundo os padrões da época sua filha tinha de mais precioso, sua virgindade, e talvez até sua vida, não constituía violação alguma da lei. Ainda mais absurdo é que as ações que previsivelmente levaram ao estupro coletivo, tortura e, por fim, ao assassinato da mulher que era, no fundo, esposa do levita, também não constituíam violação da lei – tudo isso num livro cheio de prescrições e proibições aparentemente infindáveis sobre o que é certo e errado do ponto de vista moral e jurídico.

Em resumo, tão espantosa era a moralidade desse texto sagrado, capaz de ditar ostensivamente a lei divina, que ele contém autorização legal para que metade da humanidade seja entregue por seus pais e maridos para ser estuprada, espancada, torturada ou morta, sem medo de punição – ou mesmo reprovação moral.

Ainda mais brutal é a mensagem de uma história, que até os dias de hoje é lida rotineiramente como parábola moralizante a congregações e crianças que frequentam a escola dominical em todo o mundo ocidental: a história de Ló, que foi o único poupado por Deus quando da destruição das cidades pecaminosas e imorais de Sodoma e Gomorra. Assim, mais uma vez lemos em Gênesis 19:8 que, com a mesma indiferença, e segundo o costume social disseminado e aceito, Ló oferece suas duas filhas virgens (provavelmente meninas, visto que naquela época as mulheres casavam cedo) a um bando de desordeiros que ameaçam dois homens convidados em sua casa. De novo, não há qualquer indício de violação da lei ou expressão de indignação diante do fato de que um pai trate suas filhas de forma tão desnaturada. Pelo contrário. Já que os dois visitantes de Ló revelam ser anjos enviados por Deus, quando o Senhor "fez chover enxofre e fogo desde os céus sobre Sodoma e Gomorra", em virtude de suas "perversões", Ló acaba sendo recompensado por *suas* perversões! Somente ele e sua família são poupados.[19]

Da perspectiva da Teoria da Transformação Cultural, o que podemos aprender sobre o sistema a partir desses exemplos de moralidade bíblica, cujo propósito era manter o referido sistema? É evidente que a moralidade que apoiava a escravidão sexual foi imposta para atender às exigências econômicas de um sistema rígido de dominação masculina, em que a propriedade passava de pai para filho, e os benefícios do trabalho de mulheres e crianças constituíam aportes ao patrimônio dos homens. Foi imposta também para atender às exigências políticas e ideológicas no sentido de reverter os fundamentos da velha ordem, na qual as mulheres eram agentes livres do ponto de vista sexual, econômico e político, e a Deusa era a divindade suprema. Pois somente através de uma inversão dessa monta poderia ser mantida uma estrutura de poder baseada em rígidas hierarquias.

Como vimos, não foi por coincidência que em toda parte do mundo antigo a imposição da dominância masculina marcou a mudança de um modo pacífico e igualitário de organizar a sociedade humana para uma ordem violenta e hierárquica, governada por homens brutais e gananciosos. Também não foi coincidência, do ponto de vista sistêmico, que as mulheres do Antigo Testamento tenham sido excluídas de seus papéis anteriores como sacerdotisas para que as leis religiosas que governariam a sociedade fossem feitas somente pelos homens. Tampouco é coincidência que as árvores da vida e do conhecimento, outrora associadas ao culto da Deusa, passassem a ser propriedade privada de uma divindade masculina suprema – que simboliza e legitima o poder absoluto de vida e morte exercido por uma casta de governantes masculinos sobre a sociedade, e por todos os homens sobre as mulheres.

O conhecimento é mau, o nascimento é sujo, a morte é sagrada

Como vimos pelo relato do Gênesis de como Adão e Eva foram punidos para sempre por desobedecer às ordens dadas por Jeová para ficar longe da árvore do conhecimento, qualquer rebelião contra a autoridade dos sacerdotes no poder – e dos homens em geral, por ordem direta de Jeová – era um pecado hediondo. Tanto o autoritarismo quanto a dominância masculina eram, assim, robustamente justificados pelo mesmo discurso que continua a ser utilizado pelos modernos totalitários, ou aspirantes a totalitaristas, sejam do direito teológico, sejam da esquerda ateia: Não pensem. Aceitem as coisas como *são*, aceitem o que a *autoridade* diz ser verdade. Acima de tudo, *não* usem a sua própria inteligência, sua própria capacidade mental para questionar-nos ou buscar conhecimento independente. Pois, nesse caso, o castigo será terrível.

Mas embora a desobediência à autoridade e a ousadia de buscar conhecimento independente sobre o bem e o mal se apresentem como o crime mais abjeto possível, na nossa Bíblia matar e escravizar nossos semelhantes e destruir e se apropriar de sua propriedade é algo frequentemente tolerado. Na verdade, matar numa guerra conta com aprovação divina, como também saquear, estuprar mulheres e crianças e arrasar cidades inteiras. A pena de morte para todo tipo de ofensas não violentas, incluindo ofensas sexuais, é também apresentado como instrumento da justiça oriunda de Deus. E mesmo o assassinato premeditado de um irmão pelo outro não é ofensa tão grave quanto desobedecer à autoridade por comer da árvore do conhecimento. Pois não foi Caim ter matado seu irmão Abel o que condenou a humanidade a viver para sempre em tristeza, mas sim o fato de que Eva "degustou" o bem e o mal de forma independente ou desautorizada.

Da mesma forma como tornou-se norma derramar sangue matando e ferindo outros seres humanos – em guerras, punições brutais e no exercício da autoridade praticamente absoluta dos homens sobre as mulheres e crianças –, o ato de dar à vida tornou-se maculado e impuro. No Antigo Testamento, entre as purificações ligadas à lepra e às carnes limpas e imundas, estão as purificações pertinentes ao parto. Em Levítico 12 se lê que uma mulher que tiver dado à luz uma criança deve ser ritualmente purificada para que sua "impureza" não contamine os outros. Isso não acarreta apenas seu isolamento, mas também pagamento a sacerdotes e certos atos rituais. A mulher precisa levar ao sacerdote oferendas "à entrada da tenda da reunião [...] em sacrifício pelo pecado, e o sacerdote fará por ela o rito de expiação". Somente então será considerada oficialmente "purificada".[20]

E assim, primeiro na Mesopotâmia, depois em Canaã e mais tarde nas teocracias da Judeia e de Israel, a guerra, o governo autoritário e a subjugação das mulheres tornaram-se parte integrante da nova moralidade e sociedade dominadoras. Por meio de habilidosa remitificação, o conhecimento foi transformado em algo pecaminoso. Até o nascimento tornou-se imundo. Em resumo, a reedição da nossa evolução cultural foi tão bem-sucedida que a realidade virou de ponta-cabeça.

Ainda assim, ao olhar para o passado, inclusive para a história contada pelos historiadores, filósofos e sacerdotes a serviço de seus poderosos senhores, é possível encontrar a mentalidade antiga – a mentalidade humana ancestral – ainda lutando para se afirmar em meio a um curso evolucionário totalmente diferente.

A Grande Deusa, cuja veneração fora o cerne ideológico de uma sociedade mais pacífica e igualitária, não desapareceu de todo. Embora não fosse mais o princípio supremo que rege o mundo, ela permaneceu uma força poderosa – uma força que mesmo na Idade Média europeia continuou sendo reverenciada como a Mãe de Deus. Apesar de séculos de proibições e profecias religiosas, seu culto não pôde ser totalmente erradicado.

Como Hórus e Osíris, como Hélio e Dioniso e, antes destes, o jovem deus de Çatal Hüyük, e a jovem deusa Perséfone, ou Core e os antigos mistérios de Elêusis, Jesus também é filho da Mãe divina. Ele é ainda o filho da Deusa e, como seus filhos divinos da Antiguidade, simboliza a regeneração da natureza por meio de sua ressurreição toda primavera, na Páscoa.

Assim como o filho da Deusa foi outrora também seu consorte, segundo a mitologia cristã "também Cristo é o noivo de Maria, a Santa Madre Igreja, que é e continua sendo sua mãe".[21] A fonte batismal, ou cálice, é ainda o símbolo feminino de outrora que representa o receptáculo da vida, e o batismo, como escreve o historiador de mitos jungiano Erich Neumann, significa "a volta ao útero misterioso da Grande Mãe e suas águas da vida".[22]

Até a data escolhida para o aniversário de Jesus (a data histórica sendo desconhecida) é sabidamente a mesma de festivais antes associados à veneração da Deusa. Nessa época do ano, os antigos celebravam o solstício de inverno, o dia em que a Deusa dá à luz o Sol, data que cai em geral entre 21 e 24 de dezembro. Na época escolhida para a Epifania, de 21 de dezembro a 6 de janeiro, também se celebravam numerosas festas populares de nascimento e renovação na Roma Antiga.[23]

Apesar das várias similaridades, há diferenças fundamentais. No panteão oficial cristão, a única mulher é também o único personagem mortal. Ela ainda é reverenciada como Mãe compassiva e misericordiosa. Em algumas iconografias, como as *Vierges Ouvrantes*, ela ainda contém dentro de seu corpo o milagre último e o mistério da vida.[24] Mas tornou-se evidentemente uma figura de menor importância. Além disso, a imagem mítica central dessa religião de dominância masculina não é mais o nascimento do jovem deus, mas sua crucifixão e morte.

Sua mãe apenas dá à luz o Cristo – é seu pai celeste quem o envia à Terra como oferenda sacrifical, um bode expiatório para pagar pela iniquidade e pelo pecado dos homens. Assim como os humanos, a quem ele foi enviado para "salvar", sua breve passagem por esse "vale de lágrimas" não é o que importa. É sua morte e promessa de uma vida melhor depois da morte o que conta – mas apenas para os que obedecem fielmente aos mandamentos do Pai. Para os demais, não há esperança sequer na morte – somente sofrimento e danação eternos.

A ênfase das imagens sagradas não repousa mais nos poderes da Deusa de dar, suster e regenerar a vida. Sumiram as flores e os pássaros, os animais e as árvores, salvo como pano de fundo ou cenário. Persiste a memória da Deusa acalentando o divino filho nos braços: a Madona. Mas agora a mente dos homens, e das mulheres, está possuída e consumida pelo tema maior que permeia toda a arte cristã. Ele está presente repetidas vezes em telas de santos cristãos que flagelam seus corpos com horríveis torturas, de mártires cristãos sendo mortos das maneiras mais atrozes e ardilosas imagináveis – nas visões soturnas do inferno cristão de Dürer, no *Juízo final* de Michelangelo, e na figura de Salomé dançando com a cabeça de João Batista em suas mãos.

Mas em nenhum lugar o tema da onipresença aparece de modo tão pungente como na imagem de Cristo morrendo na cruz. A imagem central da arte não é mais a celebração da natureza e da vida, mas a exaltação da dor, do sofrimento e da morte.[25] Pois nessa nova realidade, supostamente obra de um Deus masculino somente, o Cálice que dá e sustém a vida do universo foi derrocado pelo poder de dominar e destruir, o poder letal da Espada. E é essa realidade o que aflige a humanidade, tanto mulheres como homens, até os dias de hoje.

Capítulo 8

A outra metade da história: parte I

Como viajantes num túnel do tempo, fomos transportados através das descobertas arqueológicas para conhecer uma realidade diferente. Nela não descobrimos os estereótipos brutais de uma "natureza humana" irremediavelmente depravada, mas paisagens fantásticas que mostram a possibilidade de uma vida melhor. Vimos que nos primórdios da civilização nossa evolução cultural foi truncada, mudando de direção. Vimos como e quando nossa evolução social e tecnológica retomou seu ímpeto numa direção oposta. Mas vimos também que as velhas raízes civilizatórias nunca foram erradicadas.

O primevo amor pela vida e pela natureza, o velho costume de partilhar em vez de roubar, de cuidar em vez de oprimir e a visão antiga de poder enquanto responsabilidade ao invés de dominação – nada disso morreu. Como as mulheres e as qualidades associadas à feminilidade, esses valores foram relegados a um lugar secundário.

Também não desapareceu a aspiração humana por beleza, verdade, justiça e paz. Esses anseios ficaram abafados e reprimidos pela nova ordem social. As antigas aspirações ainda lutavam ocasionalmente para se expressar. No entanto, e cada vez mais, o faziam sem qualquer consciência de que o problema subjacente era o modo como estavam estruturadas as relações humanas (a começar pela relação entre as duas metades da humanidade): um modo rígido e consolidado por hierarquias baseadas na força.

Foi tão bem-sucedida a transformação da realidade que o fato aparentemente óbvio – de que a forma como uma sociedade estrutura a mais fundamental das relações humanas afeta profundamente todos os aspectos do viver e do pensar – foi quase completamente obscurecido ao longo do tempo. Assim, nossos complexos idiomas modernos, com termos técnicos para tudo o que se possa imaginar e mais um pouco, não têm palavras para descrever a profunda diferença entre aquilo que chamamos até agora de sociedade de parceria e de dominação.

Na melhor das hipóteses, temos palavras como "matriarcado" para descrever o oposto de "patriarcado". Mas essas palavras só reforçam a ideia prevalente de realidade (e de "natureza humana"), descrevendo os dois lados de uma mesma moeda. Além do mais, aludindo a imagens conflitantes e emocionalmente muito carregadas (de pais tirânicos e velhos sábios), a palavra patriarcado não chega sequer a descrever com precisão nosso sistema atual.

"Parceria" e "dominação" são termos úteis para descrever os dois princípios contrastantes de organização que vimos examinando. Mas, embora consigam capturar a diferença essencial, não transmitem um ponto específico e de vital importância: estas são duas formas contrastantes de estruturar as relações entre a metade feminina e a metade masculina da humanidade, e afetam profundamente o sistema social como um todo.

Chegamos agora a um ponto no qual, para clareza e economia na comunicação, precisamos de termos mais exatos do que aqueles disponíveis no nosso vocabulário convencional. Só assim poderemos continuar examinando como essas duas alternativas afetam nossa evolução cultural, social e tecnológica. Estamos também prestes a olhar de perto a civilização da antiga Grécia, que se destacou pela primeira expressão acurada de pensamento científico. Os dois novos termos que proponho, e que em alguns contextos serão usados como alternativa para "dominação" e "parceria", derivam desse precedente.

No lugar de *patriarcado*, para descrever com maior exatidão um sistema social regido pela força, ou ameaça de uso de força pelos homens, proponho o neologismo *androcracia*. Já utilizada por alguns, essa palavra deriva das raízes gregas *andros*, "homem", e *kratos*, "governo".

Para descrever uma alternativa palpável ao sistema baseado no escalonamento de uma metade da humanidade sobrepondo-se a outra, proponho o neologismo *gilania*. *Gi* deriva da raiz grega *gyne*, "mulher"; *an* deriva de *andros*, "homem". A letra "l" entre as duas sílabas tem duplo significado: representa a ligação entre as duas metades da humanidade – ou seja, não se trata de um escalonamento, como na androcracia – e em grego deriva do verbo *lyein* ou *lyo*, que por sua vez também tem duplo significado; resolver ou solucionar (como se vê da palavra aná*l*ise) e dissolver ou libertar (como na palavra catá*l*ise). Nesse sentido a letra "l" representa a solução de nossos problemas através da libertação das duas metades da raça humana em relação aos papéis degradantes e distorsivos que foram rigidamente impostos pelas hierarquias de dominação inerentes aos sistemas androcráticos.

Isso nos leva a uma distinção crucial entre dois tipos muito diversos de hierarquia, distinção que não é própria do uso convencional da palavra. Nesta obra, a palavra hierarquia descreve sistemas de escalonamento humano baseados no uso da força ou ameaça do uso de força. Essas *hierarquias de dominação* são muito diferentes de outro tipo de hierarquia, que sugiro se chamem *hierarquias de realização*. Essas últimas são as hierarquias familiares, ou os sistemas dentro de sistemas mais complexos (por exemplo: moléculas dentro de células, dentro de órgãos do corpo) – uma progressão que cresce em direção a níveis mais elevados, evoluídos e complexos de funcionamento. Ao contrário, e como vemos em toda parte à nossa volta, via de regra as hierarquias de dominação inibem a realização de funções mais elevadas, não apenas do sistema social em geral, mas também do ser humano individual. Esse é um dos principais motivos pelos quais o modelo gilânico de organização social abre possibilidades evolutivas muito mais amplas para o futuro do que o modelo androcrático.

Nossa herança oculta

Parece particularmente adequado usar raízes gregas para descrever como esses dois modelos sociais diferentes afetaram nossa evolução cultural. Isso porque o conflito entre gilania e androcracia, como dois modos muito distintos de estar no mundo, e também os avanços evolutivos promovidos pela influência gilânica podem ser ilustrados de modo bastante expressivo se olharmos para a Grécia Antiga a partir da nova perspectiva oferecida pela Teoria da Transformação Cultural.

A maioria dos cursos sobre civilização ocidental começa com a leitura de Homero e de filósofos gregos como Pitágoras, Sócrates, Platão e Aristóteles, bem como de obras de historiadores modernos da Era Clássica, que exaltam as glórias da Era Dourada da Grécia de Péricles. Aprendemos que a história da Europa começou com os primeiros registros históricos da cultura indo-europeia dos arianos (Homero e Hesíodo) e que devemos muitas das ideias modernas sobre justiça e democracia à extraordinária civilização da Grécia Clássica.

É possível que, folheando leituras suplementares, descubramos que Pitágoras aprendeu ética com uma certa Temistocleia, sacerdotisa em Delfos, e que Sócrates foi aluno de Diotima, sacerdotisa em Mantineia.[1] Talvez até nos deparemos com a informação intrigante de que os líderes de todo o mundo grego iam até Delfos para receber, de uma sacerdotisa chamada Pitonisa, conselhos quanto às questões sociais e políticas mais contundentes daquele tempo. Mas, sem dúvida, a maior parte dos textos nem faz menção a mulheres, nem tampouco a Creta.

De fato, acabamos tendo a impressão de que não houve civilização europeia anterior, e que até a chegada dos conquistadores indo-europeus a Europa era habitada por povos selvagens sem qualquer cultura digna de nota. Somos também levados a acreditar que, quando o primeiro florescimento de civilização europeia ocorreu na Grécia, as mulheres não tinham direitos civis nem políticos, e muito menos cargos de poder.

No entanto, na *Odisseia* de Homero, as mulheres figuram dentre as personagens mais poderosas. Quando começa a trama, Odisseu se vê retido pela ninfa Calipso, soberana da ilha de Ogígia. Quando, depois da intervenção da deusa Atena, Odisseu finalmente consegue fugir da ilha, surge uma tempestade, mas ele se salva do afogamento graças ao véu presenteado a ele pela deusa Ino. Com essa peça flutuante ele é levado pelas águas até a terra dos feácios, onde a princesa Nausícaa o encontra.

Na esplendorosa corte dos feácios, considerada por muitos acadêmicos como um retrato das casas reais micênicas, a mãe de Nausícaa, a rainha Arete, é honrada pelo rei "como nenhuma outra mulher foi honrada" e adorada por "todo o povo, que a considera uma deusa [...] quando ela percorre a cidade".[2] Depois que Odisseu parte da ilha dos Feácios, novamente enfrenta um batalhão de figuras femininas: as terríveis Cila e Caribdes, as sedutoras Sereias e a poderosa rainha-bruxa, Circe.

E ao voltar para casa ele descobre que Penélope, sua esposa, é uma mulher forte e decidida. Não é por acaso que ela esteja resistindo a um mutirão de pretendentes que querem casar com ela para ganhar controle sobre Ítaca – trata-se de um forte indício de que, mesmo depois das invasões aqueias na Grécia, a sucessão matrilinear ainda era norma, bem como pré-requisito para qualquer pretensão ao trono.[3]

Já vimos que as referências de Hesíodo a uma "raça de ouro", que vivia em "pacífica tranquilidade" e a quem "a terra fértil dava fruto abundante", constituem a memória de um povo neolítico agrário, pacífico e igualitário, que até o tempo de Hesíodo ainda era lembrado de forma lendária. O fato de que na mitologia de Hesíodo o crédito da criação do mundo vai para uma figura masculina chamada Caos confirma o que já sabemos através dos registros arqueológicos: o domínio dos indo-europeus foi imposto através do caos induzido por destruição física em grandes proporções e por ruptura cultural.

A obra de Hesíodo, como a de Homero, é cheia de resquícios de uma sociedade e de uma mitologia mais gilânicas. Por exemplo, é ainda "a Terra de seios fartos" que, como a Deusa dos tempos antigos, dá à luz o Céu e "as vastas montanhas, ditoso abrigo de deusas-ninfas". Como nas religiões antigas, é ainda um poder feminino que "sem a doce união do amor" – ou seja, sozinha – gera o oceano.[4]

O mundo de Hesíodo já estava dominado pelos homens, era bélico e hierárquico. Mas continuava sendo um mundo no qual a antiga parceria ou, mais especificamente, os valores gilânicos não tinham sido totalmente esquecidos. Para Hesíodo, a guerra não é inerente à natureza humana, ou, como depois afirmaria o filósofo grego Heráclito, não é "o pai de todos" e "rei de tudo".[5] Hesíodo afirma explicitamente que a guerra e o deus da guerra, Ares, foram trazidos para a Grécia por uma "raça de homens inferiores", os aqueus, que invadiram a Grécia com armas de bronze e foram depois seguidos por homens que Hesíodo desprezava mais ainda, os dórios, que arrasaram a Grécia com suas armas de ferro.

Poderíamos dizer que, se Freud e Jung estavam certos e de fato existe uma memória racial geneticamente transmitida, foi isso o que instou Hesíodo a escrever sobre um passado melhor, esquecido no tempo. Mas uma explicação mais plausível é a de que Hesíodo simplesmente ainda estava sob a influência de histórias passadas de geração a geração sobre como as coisas tinham sido outrora.

É revelador que Hesíodo afirme: "Não de mim, mas de minha mãe vem a história de como a terra e o céu foram outrora uma só forma".[6] Isso não sugere apenas que sua obra se baseou de fato em histórias passadas de geração a geração, mas indica também que sua mãe, uma mulher num mundo dominado pelos homens, ainda encontrava consolo na memória esmaecida de um tempo anterior e menos repressivo.

Hesíodo escreveu no final de um período denominado pelos historiadores como Idade das Trevas Grega. Esse período terminou com o surgimento da Grécia Clássica, meio milênio depois que os invasores dórios mergulharam a Europa no caos. No entanto, como evidenciaram Nicolas Platon, Jacquetta Hawkes, J.V. Luce e outros, a civilização grega não nasceu adulta das cinzas da devastação dória na Europa (como Atena supostamente brotou da cabeça de Zeus). Tampouco os invasores bárbaros trouxeram consigo sementes civilizatórias próprias. E é muito improvável que a civilização grega tenha resultado principalmente da "difusão cultural" e de "empréstimos" a culturas do Oriente Médio, mais avançadas e antigas, obtidos através de comércio e outros contatos – como às vezes se afirma.

Uma outra hipótese é bem mais provável e mais congruente com os dados arqueológicos: os invasores aqueus que reinaram nos tempos micênicos e os senhores dórios que os destronaram só conseguiram avançar depois de ter absorvido muito da cultura material e espiritual dos povos conquistados.

Luce tentou reconstruir esse processo:

> Como uma oliveira consumida pelo fogo, a cultura minoica ficou por algum tempo em dormência para depois brotar novamente à sombra das cidadelas micênicas [...]. As princesas minoicas, as "filhas de Atlas", casaram-se com os senhores guerreiros das casas micênicas. Arquitetos minoicos projetaram os palácios do continente e pintores minoicos os adornaram com afrescos. O grego tornou-se uma língua escrita nas mãos dos escribas minoicos.[7]

Mais tarde, depois da onda seguinte de devastação bárbara, novamente surgiram os brotos da cultura minoica, embora numa forma ainda mais alterada. Escreve Luce:

> Não é por acaso que a Creta dórica do período Arcaico se distinguiu pela excelência de suas leis e instituições. A estirpe que havia sido tão amorosamente cultivada ao longo dos séculos de paz não seria tão facilmente erradicada. Enxertos híbridos da mesma estirpe foram transplantados na própria Grécia, se enraizaram e floresceram também ali.[8]

Portanto, mesmo depois da devastação produzida pelos dórios, e como escreve Luce, "nem tudo estava perdido".[9] Certamente muito foi esquecido. Mesmo a memória da civilização minoica começou a se perder e virar lenda. E muito mudou, a exemplo da Grande Deusa, que assumiu a forma de Hera, Atena e Afrodite, que passaram a se subordinar a Zeus no panteão grego oficial. No entanto, sobreviveram elementos da civilização grega que continuam a encaixar-se melhor numa sociedade de parceria do que numa de dominação. Ou, para usar termos mais específicos, são elementos mais *gilânicos* do que *androcráticos*.

A unidade cíclica da natureza e a harmonia das esferas

Uma das primeiras manifestações da civilização grega foi a emergência dos chamados filósofos e cientistas pré-socráticos. Conforme tem sido afirmado, sua visão de mundo (precursora de ideias que muitos consideram espantosas e controvertidas ainda hoje) foi a primeira abordagem secular e científica da realidade sobre a qual se tem notícia.[10] Ali, pela primeira vez na história escrita, o conhecimento não foi descrito como função de revelação divina através de mitos sagrados e ritos religiosos, mas como fatos empiricamente comprováveis ou não. Por exemplo, em Homero o arco-íris ainda é identificado com a Deusa Íris. Já em Anaxímenes ele é tido como resultado dos raios do sol refletidos pelo ar denso e úmido.[11]

Nesse aspecto, as ideias de filósofos pré-socráticos como Xenófanes, Tales, Diógenes e Pitágoras certamente representaram uma ruptura drástica com a cosmovisão religiosa anterior. Mas o extraordinário é que, em muitos aspectos, os pressupostos fundamentais desses homens são mais coerentes com a cosmovisão anterior, mais gilânica, do que com a posterior, androcrática.

Por exemplo, Xenófanes é considerado a primeira fonte do que o historiador filosófico Edward Hussey chama de "monoteísmo radical, tão estranho à religião grega tradicional".[12] Hussey observa que a ideia de Xenófanes, de que o universo é regido por uma única inteligência infinita e todo-abrangente, se contrapõe claramente à cosmovisão expressa pelo panteão olímpico oficial. Neste, múltiplos deuses imprevisíveis, e muitas vezes armados (bastante parecidos com a miríade de senhores e reis que varreram o mundo antigo), exercem de forma arbitrária e caprichosa o poder sobre o ritmo da natureza e sobre a vida de seus "súditos" humanos.[13] Mas à luz do que agora sabemos sobre a pré-história, seria igualmente válido dizer que, na verdade, a visão dominadora e androcrática do universo é que era "nova e revolucionária" e não, como escreve Hussey, a visão de mundo subjacente aos progressos políticos e sociais da Grécia do século VI.[14]

Da mesma forma, e não por coincidência, quando a civilização começou a brotar novamente depois da devastação dórica, voltou a emergir, embora modificada, a visão antiga de uma ordem mundial coerente e cíclica – algo antes simbolizado pela Grande Deusa, Mãe e Doadora de Tudo. Também não é por acaso que isso tenha acontecido naquele lugar – nas cidades que faziam parte da Anatólia, onde certa vez florescera Çatal Hüyük, e nas ilhas perto da outrora gloriosa civilização da Creta minoica, onde a Deusa reinou suprema, até a conquista dórica, nos seus vários aspectos de Mãe, Donzela e Criadora ou Ancestral.[15]

Já observamos como a adoração à Deusa era ao mesmo tempo politeísta e monoteísta. A Deusa era venerada em várias formas, mas todas essas deidades tinham traços comuns, em especial o fato de que a Deusa como Mãe e Doadora de Tudo era considerada em toda parte como fonte de toda a natureza e da vida.[16] Portanto, nesse aspecto, a ideia pré-socrática de uma ordem mundial coerente e ordenada se aproxima bem mais da visão antiga da Deusa – como poder sobre-humano supremo que tudo provê e tudo abarca – do que a visão simbolizada pelo panteão olímpico posterior, segundo a qual um grupo de deidades irascíveis, competitivas e de modo geral imprevisíveis governa o mundo.

A concepção pitagórica do cosmos como ampla harmonia musical (a famosa "harmonia das esferas") também parece ser mais congruente com a velha cosmologia religiosa do que com o panteão olímpico tão assolado por conflitos. Na cosmologia dos pré-socráticos, encontramos forças mais impessoais do que a Deusa, com referências esparsas a uma divindade presumivelmente masculina que tudo abarca. Mas seu mundo está muito longe do universo caótico e aleatório concebido por alguns pensadores androcráticos.

Um dos princípios que governam a visão pré-socrática do universo é que a ordem mundial apresenta regularidade observável, sendo que "as mudanças principais se repetem em ciclos diários ou anuais".[17] Tal visão lembra muito aquilo que poderíamos chamar de Religião Antiga, na qual os ciclos naturais – e femininos – são recorrentes. Tales, que de acordo com Aristóteles foi o pioneiro da filosofia "natural", teria argumentado, ainda segundo o filósofo, que a água era a origem de todas as coisas. Esta visão é, mais uma vez, notavelmente similar à antiga ideia de que a Deusa, e com ela a Terra, emergiu das águas primevas.[18]

Também o conceito dialético do equilíbrio dos opostos como princípio essencial tanto da mudança quanto da estabilidade já vinha sendo expresso nos séculos VI e V a.C. por filósofos como Anaximandro, Zenão e Empédocles.[19] A novidade é que talvez isto tenha tido precursores ainda mais antigos na imagética cosmológica da era de adoração à Deusa.

Na cerâmica decorada da cultura Cucuteni europeia, da metade do quarto milênio a.C., a tensão entre pares e entre opostos é um tema frequente.[20] O dinamismo da natureza e seu rejuvenescimento periódico através da vida e da morte, aparentemente opostas, era o fulcro da mitologia das antigas religiões. A Deusa encarnava tanto a unidade quanto a dualidade da vida e da morte. Os princípios contrastantes da virgindade e maternidade estavam também amalgamados na Deusa.[21] Muitas vezes a feminilidade e a masculinidade estavam também fundidas, tanto nas primitivas imagens andrógenas da Deusa como no ritual posterior do Matrimônio Sagrado. De fato, o nascimento e a morte de toda a humanidade, e também de toda a natureza, eram na mitologia religiosa antiga manifestações da justaposição e unidade essencial das forças criativas e destrutivas da Deusa. Essa qualidade transformadora universal da divindade primeva é sumarizada por Erich Neumann na frase: "A deusa dos opostos".[22]

Por existirem semelhanças entre as ideias egípcias, mesopotâmicas e de outras culturas do Oriente Médio, alguns estudiosos tentaram explicar as ideias pré-socráticas como "empréstimos" a essas civilizações mais antigas, mais avançadas e, naquela altura dos acontecimentos, já predominantemente dominadoras/androcráticas. Sem dúvida, a difusão cultural contribuiu para o desenvolvimento da cosmovisão pré-socrática. Mas o fator mais importante, que até agora foi ocultado ou menosprezado, parece ter sido a influência de tradição e lendas locais.

Para sermos mais específicos, certos elementos desenvolvidos localmente parecem ter levado a um "abrandamento" gradual do sistema protoandrocrático. Durante um período de paz relativa entre as várias cidades-Estado gregas, um período livre de invasões estrangeiras, houve não apenas um ressurgimento das artes e do artesanato, mas também um movimento no sentido de substituir reis e chefes autoritários por democracias oligárquicas (governos eleitos formados por aristocratas ou homens de posses).

Portanto, e como aponta Hussey, não é surpreendente que as ideias dos filósofos gregos reflitam e também impulsionem "a difusão da igualdade política" e o ressurgimento da lei como "algo determinado, imparcial e imutável".[23] Com certeza, a ideia pitagórica de "igualdade geométrica"[24] entre os elementos do cosmos e também entre os seres humanos não se coaduna com o poder do mais forte da nova ordem, muito embora os assentamentos pitagóricos tenham sido de fato regidos por oligarquias coerentes com a concepção platônica posterior de reis-filósofos.[25]

É significativo também o que Aristóxenes nos conta: que Pitágoras recebeu boa parte de seu conhecimento ético de uma mulher, Temistocleia, que era sacerdotisa em Delfos. Consta também que Pitágoras introduziu o misticismo antigo na filosofia grega, e até que era feminista.[26] Em sua reforma da religião do mistério órfico, Pitágoras também parece ter salientado o culto do princípio feminino.[27] E Diógenes nos conta que as mulheres estudavam junto aos homens na escola de Pitágoras, como aconteceu mais tarde também na academia de Platão.[28]

Como observa a historiadora do período clássico Jane Harrison, é também significativo que muito da filosofia platônica esteja baseada em influências pitagóricas, bem como em símbolos órficos, que guardam elementos da religião e ética pré-androcráticas.[29] A concepção platônica de um universo ideal, harmonioso e ordenado, que se encontra além da "caverna escura" da percepção humana, parece brotar também daquela tradição. O fato de que Platão defende a igualdade educacional para as mulheres em seu Estado ideal, descrito na *República*, o coloca na contramão do pensamento androcrático, segundo o qual, acima de tudo, as mulheres deviam ser subjugadas.[30]

Grécia Antiga

Ao volvermos o olhar para a Grécia Antiga, fica claro que boa parte do que há de melhor nessa extraordinária civilização – seu grande amor à arte; intenso interesse nos processos naturais; rica e variada simbologia mítica feminina e masculina; e a tentativa, embora breve e limitada, de estabelecer uma forma mais igualitária de organização política, chamada "democracia" pelos gregos – tem suas origens numa era anterior. Ao mesmo tempo, hoje não temos dificuldade para encontrar a fonte dos elementos menos culturalmente avançados da cultura grega. A democracia grega excluía a maior parte da população (sem dar participação alguma a mulheres e escravos) e isso deu-se em função da superestrutura androcrática imposta à ordem anterior, mais pacífica e mais igualitária. O mesmo se pode dizer da preocupação que a classe governante grega tinha com a guerra e de sua idealização das chamadas virtudes masculinas de heroísmo e conquista armada – sem falar da total deterioração do status das mulheres.

É possível ver claramente o conflito e o jogo entre os elementos androcráticos e gilânicos da Grécia Clássica na figura de Atena. Refletindo as normas próprias do antigo vetor de parceria da evolução cultural, ela continua sendo a Deusa do conhecimento, com seu antigo emblema da serpente. Mas ao mesmo tempo, refletindo as novas normas de dominação, ela é agora deusa da guerra, equipada com capacete e lança, seu cálice transformado em escudo. Vemos esses dois elementos de novo na *República* de Platão, que propõe um Estado paradoxalmente hierárquico e humanista-igualitário.

Por um lado, Platão advoga uma sociedade de três classes sustentada pelo que ele chama ironicamente de "nobre mentira": a classe governante ou os "guardiões" são de ouro, os guerreiros de prata, e o resto (trabalhadores e camponeses) de metais vis. Por outro, para os guardiões, este deve ser um sistema igualitário, austeramente comunalista até, sendo que o exercício do poder deve ser regido por princípios equitativos mais parecidos com aqueles simbolizados pelo Cálice do que os representados pela Espada. E, embora seja inimaginável chamar Platão de feminista, ele argumenta na *República* que as mulheres da classe governante devem receber a mesma educação que os homens, algo frontalmente contra a prática reinante em Atenas.

A justaposição de gilania e androcracia é ainda mais ricamente ilustrada pela arte grega. O antigo amor à vida e à natureza se expressa em preciosos retratos de corpos femininos e masculinos. Mas guerra e luta armada são temas também muito frequentes.

Mais evidências de conflito entre duas culturas aparecem na religião grega. O panteão olímpico e, principalmente, os santuários locais onde deidades femininas são cultuadas são testemunho das raízes mais antigas de uma religião grega integrada à cosmovisão segundo a qual as mulheres e os valores "femininos" não haviam sido suprimidos. Oficialmente, Zeus é a deidade suprema. Mas as deusas ainda são poderosas, por vezes mais poderosas que os deuses. Está claro também que estas mesmas raízes culturais aparecem nos grandes mistérios eleusianos, celebrados anualmente em Elêusis, a poucos quilômetros de Atenas. Ali a Deusa, em sua forma gêmea de Deméter e Core, ainda revelava as verdades místicas mais elevadas a iniciados religiosos. Nesses ritos, o antigo Vaso Feminino, o Cálice, ou fonte sagrada, era a imagem central, algo que ainda hoje pode ser visto, pois essas imagens estão preservadas num sinete de ouro da Beócia e em um vaso pintado de Tebas.[31]

É possível ver os elementos gilânicos e androcráticos da sociedade grega na situação paradoxal das mulheres atenienses, que, apesar de grandes restrições legais e sociais, era para algumas atenienses bem melhor do que a situação das mulheres nas teocracias do Oriente Médio. Aliás, justamente porque ali as mulheres talvez tenham sido menos reprimidas, encontramos indicações de que possa ter havido em Atenas algo semelhante a um "movimento feminino".

É verdade que as mulheres foram excluídas da celebrada democracia ateniense, como também os escravos de ambos os sexos. De fato, segundo a história preservada por Santo Agostinho, as mulheres de Atenas perderam o direito ao voto quando houve a mudança da matrilinearidade para a patrilinearidade. Portanto, a imposição da androcracia marcou o fim da verdadeira democracia.[32] Além disso, na Era Clássica, a maioria das mulheres da classe alta era obrigada a viver no confinamento insalubre e debilitante do gineceu, ou alojamento das mulheres. Mas há também evidências de que na própria cidade de Atenas – onde, segundo Jacquetta Hawkes, a "condição das mulheres era a pior" (ou talvez onde mais se reclamasse) dentre todas as cidades-Estado gregas – algumas mulheres desempenhavam importantes papéis na vida intelectual e pública.[33] Por exemplo, Aspásia, a companheira de Péricles, atuava como acadêmica e estadista, defendendo a educação das donas de casa atenienses e ajudando a criar a extraordinária cultura cívica que os historiadores chamam de "Era de Ouro de Péricles".[34]

Embora a tão celebrada educação ateniense se restringisse em geral aos homens, e conforme observamos antes, havia mulheres que estudavam na academia de Platão. Isso revela a forte influência gilânica/de parceria na cultura grega se comparada aos Estados Unidos, onde as mulheres só tiveram acesso a cursos superiores no final do século XIX e começo do XX.

Ainda mais revelador é o fato de que nos vários períodos da história da Grécia houve mulheres cuja obra ainda se conservava nas bibliotecas "pagãs", destruídas mais tarde por zelotas cristãos e maometanos. Por exemplo, uma grega que supostamente estudara na escola pitagórica, a filósofa Arignote, editou um livro chamado *Discurso sagrado*, e escreveu *Ritos de Dioniso* e outras obras.[35] Especula-se que talvez a *Odisseia* tenha sido escrita por uma mulher. Há evidência de que as mulheres encabeçavam escolas filosóficas próprias. Uma delas era a escola de Areta de Cirene, cujo maior interesse eram as ciências naturais e a ética, e cuja preocupação principal era "um mundo no qual não haveria senhores nem escravos".[36] Telesila de Argos era conhecida por suas canções políticas e hinos. Corina da Beócia, professora de Píndaro, segundo a historiadora do feminino Elise Boulding, "ganhou dele cinco vezes em competições poéticas". E Erinna era considerada pelos antigos como páreo para Homero.

Através dos poucos fragmentos de sua obra que chegaram a nós, ficamos sabendo que a poetisa grega Safo de Lesbos (que também dirigia uma escola para mulheres) escrevia poesias belíssimas exaltando o amor ao invés da guerra, ao contrário de boa parte da poesia grega daquele tempo. "Alguns dizem que a visão suprema nessa terra negra é a da cavalaria e outros da infantaria ou de uma frota de navios de guerra, eu digo que é o ser amado"[37], escreveu ela.

Para algumas mulheres gregas, a profissão de hetaira oferecia uma alternativa de maior independência e relativa respeitabilidade em relação ao papel subordinado de esposa. Embora as hetairas tenham sido incorretamente igualadas a prostitutas, os antigos gregos não as viam dessa forma. As hetairas eram mais semelhantes às cortesãs dos séculos XVII e XVIII na Europa, que tinham grande poder político. Entretinham e recebiam com grande habilidade, possuindo graus variáveis de educação e bagagem cultural. O mais interessante são os registros das hetairas, que eram também intelectuais e mesmo figuras de liderança pública. "As hetairas das cidades-Estado de Jônia e Etólia eram consideradas as mais brilhantes", afirma Boulding. "Duas das alunas de Platão mais famosas eram Lastênia de Mantineia e Asioteia."[38] Acredita-se que Aspásia, que tanto contribuiu à cultura ateniense, fosse uma hetaira.

Talvez a evidência mais impressionante seja a de um movimento que, na Grécia Antiga, procurava retornar a uma organização social onde as duas metades da humanidade não mais estivessem escalonadas – algo talvez semelhante ao movimento de liberação das mulheres. Encontramos um registro mordaz disso em sátiras misóginas escritas por homens como Aristófanes e Crátinos, sobre mulheres que se reúnem e falam de modo inoportuno demonstrando querer "ser como homens".[39] De fato, é provável que as mulheres que se encontravam com regularidade e frequência em celebrações religiosas e reuniões exclusivamente para mulheres, onde se honravam deidades femininas, tivessem preservado uma forte identidade feminina. Assim, mesmo já em plena era Clássica, muitas mulheres gregas tinham uma fonte de empoderamento, algo de que as mulheres não dispunham na maioria das culturas ocidentais, onde a Deusa fora obrigada a ficar no subterrâneo ou fora, completamente expurgada.

Igualmente interessante são os indicativos da existência de ativismo feminino antiguerra na Grécia Antiga. Aquele que pode ter sido um movimento organizado pela paz, bem semelhante ao movimento pacifista que temos hoje em dia, foi registrado de modo muito expressivo em peças gregas, como a famosa *Lisístrata*, de Aristófanes, na qual as mulheres ameaçam negar favores sexuais aos homens até que cessem as guerras. O fato de que a esse tema tenha sido dedicada uma peça inteira, por um dramaturgo cômico extremamente popular, é sinal da provável força do movimento e também de uma estratégia ainda típica nas sociedades de dominação masculina do nosso tempo: manter o controle masculino sobre as mulheres através do uso do ridículo e da trivialização.

O recurso à trivialização – e, na verdade, à estratégia ainda mais comum de excluir os dados sobre as mulheres – é traço característico da maioria das histórias gregas. Ali, como nas histórias em toda parte, tudo o que diz respeito às mulheres é, por isso mesmo, secundário ou simplesmente irrelevante. Assim, os historiadores convencionais têm sistematicamente ignorado as atividades de mulheres que trabalham por uma sociedade mais justa e humana. No entanto, e como descobertas sucessivas têm revelado, nossa história perdida mostra que as atividades daquelas mulheres foram extremamente significativas. Como veremos mais adiante, na Grécia e alhures as mulheres trabalharam ativamente para transformar valores "femininos" como paz e criatividade em prioridades sociais operantes.

Assim como a ausência de termos específicos de gênero, como *gilania* e *androcracia*, no vocabulário dos historiadores, também a omissão sistemática das mulheres nos relatos sobre o passado serviu para manter um sistema fundado no escalonamento macho-fêmea. Isso reforça o argumento central da dominação masculina: as mulheres não são tão importantes quanto os homens. Ao excluir qualquer deixa de que "as questões femininas" são fundamentais na nossa organização social e ideológica, essas omissões escondem eficazmente as alternativas sociais descritas pelos termos gilania e androcracia.

Se, contudo, olharmos a história a partir de uma perspectiva holística de gênero, é possível começar a enxergar o conflito oculto entre gilania e androcracia – duas formas distintas de viver no mundo. A liberdade relativamente maior de algumas mulheres gregas, se comparada à das mulheres nas teocracias do Oriente Médio, pode ser vista como importante indicador social. Pode ser vista também como causa e efeito da persistência e ressurgimento na Grécia de uma visão mais humanista do poder político enquanto responsabilidade por (ao invés de controle sobre) outros – algo característico da era pré-androcrática.

Muitas de nossas ideias ocidentais sobre justiça social – as ideias de liberdade e democracia, por exemplo – são originárias de filósofos gregos como Sócrates e Pitágoras. A conclusão de que tais conceitos derivam de raízes gilânicas antigas é reforçada pelo fato de que esses dois filósofos foram alunos de mulheres. É também revelador que Temistocleia, mestra de Pitágoras, e Diotima, mestra de Sócrates, fossem sacerdotisas: repositórios de religiões e tradições éticas mais antigas.

Mas, embora possamos ver na Grécia Antiga muitos sinais de ressurgimento gilânico, observamos também a feroz resistência androcrática a esse ímpeto evolutivo. A religião grega oficial era uma religião dominadora em seus aspectos fundamentais: Zeus estabelece e mantém sua supremacia através de atos de crueldade e barbárie, incluindo muitos estupros de deusas e mortais. Já vimos como os grandes dramas rituais dos tempos clássicos, como a *Oresteia*, foram planejados para manter e reforçar as normas androcráticas de dominação e violência masculinas. Isso refletia a política das elites dominantes da Grécia. Não importando o quão "civilizadas" se tornassem, para manter suas posições de dominação, não podiam se dar ao luxo de aprovar qualquer mudança fundamental na configuração tríplice (dominação masculina, autoritarismo e violência social institucional) que caracteriza os sistemas androcráticos.

Certo e errado na androcracia

O humanismo chegava a ser aprovado, e mesmo ocasionalmente admirado, pelos homens que governavam na Grécia Antiga. Mas só isso, nem um passo a mais. Nesse sentido é muito revelador examinar o estranho e mais perturbador dos eventos pessoais da Grécia Clássica: a sentença de morte imposta ao velho e aparentemente inofensivo filósofo Sócrates. Quais eram as ideias "radicais" pelas quais até mesmo um grande filósofo como Sócrates teve de ser condenado à morte por "corromper" a juventude ateniense? Eram justamente ideias que continham heresias gilânicas – como educação igual para as mulheres e uma noção de justiça que desafiava frontalmente o pressuposto androcrático de que "o poder faz a justiça".

O desafio que Sócrates lança ao sistema de hierarquia baseada na força ganha dimensões expressivas na *República* de Platão. Ali aparecem suas ideias sobre a igualdade de educação para as mulheres, ideias que ainda chocavam filósofos supostamente iluministas do século XVIII, como Jean Jacques Rousseau. Naquele clássico da filosofia ocidental, encontramos também o diálogo de Sócrates com o filósofo sofista Glauco. O ponto de vista articulado por Glauco, e incisivamente questionado por Sócrates, é o de que para os homens da classe dominante a justiça e a lei são meros instrumentos.

Também os sofistas eram às vezes acusados de minar a moralidade convencional, porque alguns rejeitavam abertamente os deuses gregos. Mas nesse diálogo Platão mostra que seus ensinamentos são expressão fiel da moralidade convencional daquele tempo, sem qualquer verniz de dissimulação ou hipocrisia.[40]

A visão de mundo cruamente exposta pelos sofistas era simplesmente aquela dos governantes da Grécia – e também dos governantes que mandam em boa parte do mundo de hoje. Os sofistas transcenderam os pronunciamentos morais para chegar às realidades políticas e sociais da vida androcrática dizendo que, então como agora, os homens provam que estão certos através do poder armado.

Na *República*, Glauco diz a Sócrates que as leis não passam de invenção dos fracos que, astutamente, percebem ser de seu interesse restringir os fortes. Quanto à justiça, é meramente um "meio termo" entre "o melhor – fazer o mal e não ser punido – e o pior – ser lesado e não poder se vingar".[41]

É especialmente revelador que esta mesma visão de mundo – e de justiça – apareça na obra do famoso historiador e comandante grego Tucídides, que nos deixou o relato da Guerra do Peloponeso ocorrida entre 431 e 403 a.C. No relato feito por Tucídides do diálogo entre emissários atenienses e representantes de Milos (uma pequena cidade-Estado na província de Cíclades e cobiçada pelos atenienses), estes dizem sem rodeios que não estão interessados em certo e errado, que só interessa o que lhes convém. Pois "a questão da justiça só é pertinente entre iguais em força, ao passo que os fortes fazem o que podem, e os fracos sofrem o que não podem evitar".[42]

Essa moralidade de conveniência, como aponta John Mansley Robinson em sua análise da filosofia grega, funda-se em parte na premissa de que os seres humanos são "animais impiedosos, gananciosos e autocentrados".[43] Esta, por sua vez, se baseia na premissa de que escalonamentos humanos fundados na força são "naturais" e, portanto, corretos. Segundo tal perspectiva, e conforme exposto por Aristóteles em sua *Política*, há na natureza elementos destinados a governar e elementos destinados a serem governados. Ou seja, o princípio que *deve* reger a organização social é o escalonamento em vez da ligação ou conexão. Como afirmou Aristóteles ao articular os fundamentos da filosofia e da vida androcráticas, assim como os escravos são naturalmente governados por homens livres, as mulheres devem ser governadas pelos homens. Qualquer outra situação seria uma violação da ordem observável e, portanto, "natural".[44]

Como vimos, essas mesmas premissas filosóficas também são parte integrante da outra grande tradição que moldou a civilização ocidental: nossa herança judaico-cristã. Elas aparecem em ideias cristãs como o pecado original e numa mitologia religiosa na qual o escalonamento de Deus acima do homem e do homem acima da mulher, das crianças e da natureza se apresenta como ordenamento divino.[45]

De fato, se estudarmos a história cristã veremos que a palavra convencional para expressar a ideia de escalonamento, "hierarquia", referia-se originalmente ao governo da Igreja. Deriva do grego *hieros* (sagrado) e *archia* (governo) e descreve os escalões ou níveis de poder através dos quais os homens que encabeçavam a Igreja exerciam autoridade sobre os padres e sobre os povos da Europa cristã.[46]

Mas há um outro lado, muito diferente, da nossa herança judaico-cristã que tem sustentado a esperança constante, embora algo desesperada, de que a evolução espiritual humana poderá ainda algum dia libertar-se de um sistema que nos tem mantido atolados na barbárie e na opressão. Como veremos no capítulo seguinte, esse é o lado que poderia ter levado a uma segunda transformação gilânica das normas ocidentais dois mil anos atrás.

Capítulo 9

A outra metade da história: parte II

Há quase dois mil anos, às margens do mar da Galileia, um jovem judeu chamado Jesus, gentil e compassivo, denunciava as classes dominantes daquela época – não apenas os ricos e poderosos, mas também as autoridades religiosas – por explorar e oprimir o povo da Palestina. Ele pregava o amor universal e ensinava que os pequenos, humildes e fracos algum dia herdariam a terra. Além disso, tanto em palavras como em ações, ele frequentemente rejeitava o lugar subserviente e isolado alocado às mulheres por sua cultura. Associando-se livremente às mulheres, algo que por si já constituía uma heresia naquele tempo, Jesus proclamava a igualdade espiritual de todos.

Não é de admirar que as autoridades de seu tempo, segundo a própria Bíblia, tenham considerado Jesus um perigoso revolucionário cujas ideias radicais tinham de ser silenciadas a qualquer custo. O quão radicais eram essas ideias da perspectiva do sistema androcrático, no qual o escalonamento de homens sobre mulheres constituía o modelo para todos os escalonamentos humanos, é algo sucintamente relatado em Gálatas 3:28. Ali se lê que para os que seguem o evangelho de Jesus "não há judeu nem grego, não há escravo nem livre, não há homem nem mulher; pois todos vós sois um só em Jesus Cristo".

Alguns teólogos cristãos, como Leonard Swidler, afirmaram que Jesus era um feminista porque mesmo em textos oficiais ou "sagrados" fica claro que ele rejeitava a rígida segregação e subordinação das mulheres, práticas vigentes naquele tempo.[1] Mas o feminismo tem como objetivo primeiro a liberação das mulheres. Assim, chamar Jesus de feminista não seria historicamente correto. Seria mais exato dizer que os ensinamentos de Jesus incorporam uma visão gilânica das relações humanas.

Tal visão não era nova e, como observamos antes, estava presente em algumas partes do Antigo Testamento afinadas com a sociedade de parceria. No entanto, é óbvio que esse jovem carpinteiro da Galileia a expressava de modo mais contundente, herético até, aos olhos das elites religiosas de seu tempo. Embora a liberação das mulheres não fosse seu foco central, se considerarmos a mensagem de Jesus a partir da nova perspectiva da Teoria da Transformação Cultural, é possível discernir um tema espantoso e unificador: a visão da liberação de *toda* a humanidade através da substituição dos valores androcráticos por valores gilânicos.

Jesus e a gilania

Os escritos do Novo Testamento atribuídos a discípulos que conheceram Jesus de modo ostensivo – os evangelhos de Mateus, Marcos, Lucas e João – em geral são consideradas as melhores fontes para conhecer o Jesus "de verdade". Embora tenham sido escritos vários anos depois da morte de Jesus e, sem dúvida, bastante editados, esses evangelhos são provavelmente um reflexo mais preciso dos ensinamentos de Jesus se comparados com outras partes da Bíblia, como Atos ou a Epístola aos Coríntios.

Naqueles evangelhos se vê que está ausente, salvo por raras exceções, a pedra angular da ideologia dominadora: o modelo "masculino-superior/feminino-inferior". Permeando todos esses escritos transparece a mensagem de igualdade espiritual deixada por Jesus.

Ainda mais espantosos – e onipresentes – são os ensinamentos de Jesus no sentido de que devemos elevar "as virtudes femininas" de uma posição secundária e subsidiária para uma posição primária e central.

Não devemos ser violentos, mas dar a outra face. Devemos fazer aos outros o que gostaríamos que nos fizessem. Devemos amar nossos semelhantes e até nossos inimigos. Ao invés das "virtudes masculinas" da força, agressividade e dominação, o que devemos valorizar acima de tudo são a responsabilidade mútua, a compaixão, a gentileza e o amor.

Examinando de perto seus ensinamentos e também o modo como disseminou sua mensagem, vemos que ele pregou repetidamente o evangelho da sociedade de parceria. Ele rejeitava o dogma de que os homens de alto escalão – sacerdotes, nobres, ricos e reis daquele tempo – eram os favoritos de Deus. Convivia livremente com mulheres, abertamente negando as normas de supremacia masculina de seu tempo. E muito diferente de sábios cristãos posteriores, que chegaram a debater se a mulher tinha ou não uma alma imortal, Jesus *não* pregou a suprema mensagem dominadora: que as mulheres são espiritualmente inferiores aos homens.

A existência histórica de Jesus vem sendo discutida há muito tempo. O argumento, muito bem corroborado por documentos, é o de que não há qualquer prova de sua existência salvo por registros históricos de fontes altamente suspeitas por serem cristãs. Os analistas notam ainda que praticamente todos os eventos da vida de Jesus, bem como a maioria de seus ensinamentos, aparecem na vida e pronunciamentos de figuras míticas de outras religiões. Isto seria indício de que Jesus foi produzido a partir de empréstimos para servir aos propósitos dos primeiros líderes da Igreja. Curiosamente, o argumento mais contundente a favor da historicidade de Jesus talvez seja seu pensamento e comportamento feminista e gilânico. Isto porque, como vimos, a exigência suprema do sistema era que se produzissem deuses e heróis que apoiassem valores androcráticos ao invés de rejeitá-los.

Portanto, é difícil crer na invenção de uma figura que, como vemos em João 4:7-27, violava os costumes androcráticos de seu tempo falando abertamente com as mulheres. Alguém cujos discípulos "se espantavam" ao vê-lo falar com mulheres, não apenas de passagem, mas detidamente. Uma figura que não tolerava o costumeiro apedrejamento até a morte das mulheres que, na opinião de seus senhores, eram culpadas do pecado hediondo de ter relações sexuais com um homem que não o seu senhor.

Em Lucas 10:38-42 vemos que Jesus acolhia abertamente as mulheres em seu grupo de companheiros – chegando a encorajá-las a transcender seus papéis servis e a participar ativamente da vida pública. Ele enaltece a ativista Maria diante de sua irmã mais doméstica, Marta. Em todos os evangelhos oficiais lemos sobre Maria Madalena e como ele tratava essa suposta prostituta com respeito e atenção.

Ainda mais surpreendente, o Evangelho nos mostra que é a Maria Madalena que o Cristo ressuscitado aparece pela primeira vez. Chorando no sepulcro vazio após sua morte, é Maria Madalena quem guarda sua tumba. Ali ela tem uma visão, na qual Jesus lhe aparece *antes* de aparecer a quaisquer de seus conhecidíssimos apóstolos do sexo masculino. E é a Maria Madalena que Jesus ressuscitado pede para contar aos outros que ele está próximo de ascender aos céus.[2]

Não é de surpreender que os ensinamentos de Jesus tivessem – como ainda têm – grande apelo às mulheres. Embora os historiadores cristãos raramente se refiram a isso, mesmo nas escrituras oficiais ou Novo Testamento, encontramos mulheres que são líderes cristãs. Por exemplo, em Atos 9:36 lemos sobre uma *discípula* de Jesus que se chama Tabita, ou Dorcas, que chama a atenção por estar ausente na lista dos propalados doze. Em Romanos 16:7 lemos que Paulo saúda respeitosamente uma apóstola chamada Júnia, que descreve como discípula mais antiga do que ele: "Saudai Maria, que muito fez por nós. Saudai Andrônico e Júnia, meus parentes e companheiros de prisão, apóstolos exímios *que me precederam* na fé em Cristo" (grifo nosso).

Alguns estudiosos acreditam que a Epístola aos Hebreus do Novo Testamento pode ter sido escrita por uma mulher chamada Priscila. Esposa de Áquila, ela é descrita no Novo Testamento como alguém que trabalhou com Paulo, e seu nome em geral é mencionado antes do de seu marido.[3] E como aponta a historiadora e teóloga Constance Parvey, em Atos 2:17 encontramos menção explícita a mulheres como *profetisas*. Ali se lê: "Derramarei de meu Espírito sobre toda carne; vossos filhos e as *vossas filhas* profetizarão" (grifo nosso).

Portanto, é evidente que, apesar da forte pressão social daquele tempo em favor de rígida dominância masculina, as mulheres tinham papéis de liderança nas primeiras comunidades cristãs. Como mostra a teóloga

Elisabeth Schüssler Fiorenza, essa tendência é confirmada pelo fato de que grande parte dos encontros dos primeiros cristãos, segundo o Novo Testamento, aconteciam na casa de mulheres. Por exemplo, em Colossenses 4:15 lemos sobre a igreja na casa de Ninfa. Em I Coríntios 1:11 ficamos sabendo da igreja na casa de Cloé. Em Atos 16:14-15 e 40 temos o relato sobre a igreja na casa de Filipe, que começou com a conversão da empresária Lídia – e assim por diante.[4]

O Novo Testamento menciona Maria Madalena repetidas vezes. Ela é descrita como prostituta – uma mulher que violou a lei androcrática mais fundamental: ser um objeto sexual de propriedade exclusiva de seu marido e senhor. Mas apesar dessa tentativa de desacreditá-la, ela continua evidentemente um membro importante do movimento cristão inicial. De fato, como veremos, há forte evidência de que Maria Madalena foi uma líder do movimento cristão primitivo depois da morte de Jesus. De fato, em um documento suprimido da Bíblia ela é retratada como alguém que resistiu fortemente à reintrodução, em algumas seitas cristãs, daquele tipo de escalonamento que Jesus havia questionado. Tais evidências, obviamente, *não* foram mantidas nas escrituras que os líderes daquelas seitas reuniram sob o nome de Novo Testamento.

Para a mentalidade androcrática é inconcebível que Jesus estivesse envolvido numa contrarrevolução gilânica. Parafraseando a parábola, seria mais fácil um camelo passar pelo olho da agulha do que uma mentalidade gilânica entrar na mente de fundamentalistas, do tipo que hoje põem adesivos no carro exortando os outros a "se acertarem com Jesus". Iniciemos com a pergunta: por que Jesus se preocuparia em elevar as mulheres e os valores femininos do lugar subserviente em que se encontravam? Para os fundamentalistas seria óbvio que, sendo quem era, Jesus deveria ocupar-se de questões muito mais relevantes – questões que, por definição convencionada, excluem tudo o que possa ser chamado de feminino.

É realmente notável que Jesus tenha ensinado o que ensinou, pois ele mesmo era fruto da androcracia, um judeu nascido no tempo em que no judaísmo prevalecia ainda uma rígida dominação masculina. Naquele tempo, como se vê de João 8:3-11, as mulheres eram rotineiramente apedrejadas até a morte por adultério, ou seja, por violar os direitos de propriedade sexual de seu marido ou senhor. É bastante revelador que justamente numa ocasião assim Jesus tenha impedido o apedrejamento e, ao mesmo tempo, desafiado os escribas e fariseus, que haviam armado essa situação para expô-lo como um rebelde perigoso.

Jesus tem sido reconhecido há muito como uma das maiores figuras espirituais de todos os tempos. Avaliado por qualquer critério de excelência, a figura retratada na Bíblia mostra um nível excepcional de sensibilidade e inteligência, bem como coragem para enfrentar a autoridade estabelecida e, mesmo à custa da própria vida, denunciar a crueldade, a opressão e a ganância. Portanto, não é de surpreender que Jesus estivesse consciente de que os valores "masculinos" de dominação, desigualdade e conquista, que em toda parte degradavam e distorciam a vida humana, deviam ser substituídos por um conjunto mais suave, mais "feminino", de valores fundados na compaixão, na responsabilidade e no amor.

O reconhecimento, por parte de Jesus, de que nossa evolução espiritual foi debilitada pelo modo como se estruturaram as relações humanas, com base em escalonamentos calcados na violência, poderia ter levado a uma transformação social fundamental. Poderia ter nos livrado do sistema androcrático. Mas, como em outras ocasiões de ressurgimento gilânico, a resistência do sistema foi muito forte. E, no final, os patriarcas da Igreja nos deixaram um Novo Testamento, onde essa percepção ficou sufocada pela superposição de dogmas completamente contraditórios, necessários para justificar a posterior estrutura e objetivos androcráticos da Igreja.

As escrituras apócrifas

Muitas vezes, a realidade de antigas obras-primas é revelada por restauradores de arte que raspam camadas sucessivas de pintura, sujeira e verniz sobrepostas ao original. Da mesma forma, o Jesus gilânico vem sendo revelado nos nossos dias pela pesquisa realizada por novos teólogos e historiadores da religião que têm investigado profundamente o Novo Testamento e além.

Para melhor compreender a verdadeira natureza do cristianismo primitivo, é preciso sair das escrituras oficiais contidas no Novo Testamento e recorrer a outros antigos documentos cristãos, alguns dos quais só encontrados há pouco tempo. Dentre eles, o mais importante e revelador é o conjunto de 52 evangelhos gnósticos, desenterrados em 1945 em Nag Hammadi, uma cidade do Alto Egito.[5]

Elaine Pagels, professora de ciência da religião de Princeton, escreve em seu livro *The Gnostic Gospels* [Os evangelhos gnósticos]: "Aqueles que escreveram e difundiram esses textos não consideravam a *si mesmos* como 'hereges'".[6] No entanto, boa parte do que sabíamos antes sobre essas escrituras "heréticas" nos chegou pela mão de homens que as atacavam, e que dificilmente passariam uma visão objetiva da questão.

De fato, os homens que a partir do ano 200 assumiram o controle do que mais tarde se denominou igreja "ortodoxa", ou "a única verdadeira igreja", ordenaram que todos esses textos fossem destruídos. Mas, como conta Pagels, "alguém, possivelmente um monge do mosteiro de São Pacômio, que fica próximo dali, levou os livros e os escondeu numa ânfora de cerâmica para que não fossem destruídos – e ali ficaram enterrados por quase 1600 anos".[7] Depois da descoberta desses evangelhos gnósticos ou apócrifos, e devido a uma série de acontecimentos que mais parecem uma história de detetive, foram necessários mais 32 anos para que os estudiosos pudessem completar seus estudos e o livro de Pagels trazer tudo a público em 1979.

Segundo o professor Helmut Koester, da Universidade de Harvard, alguns desses textos sagrados cristãos são mais antigos que os evangelhos do Novo Testamento. Ele escreve que eles remontam "possivelmente à segunda metade do primeiro século da Era Cristã (50-100 a.C.), contemporâneo ou anterior a Marcos, Mateus, Lucas e João".[8]

Os evangelhos gnósticos foram escritos, portanto, num tempo em que a androcracia já tinha se estabelecido há muito como norma no Ocidente. Eles não são documentos gilânicos. E, no entanto, encontramos neles um incisivo desafio às normas da sociedade de dominação.

O termo "gnóstico" deriva da palavra grega *gnosis*, ou conhecimento. É o antônimo de "agnóstico", termo ainda muito usado para designar alguém que entende ser esse assunto difícil de conhecer com certeza ou de todo incognoscível. Como outros místicos de tradições religiosas ocidentais e orientais, o cristianismo gnóstico sustentava que o mistério da verdade suprema ou divina podia ser conhecido por todos nós através de disciplina religiosa e uma vida ética – uma perspectiva que aparentemente não constitui heresia alguma.

Então o que havia de tão herético no gnosticismo que justificasse o seu banimento? O que de mais específico encontramos nesses evangelhos gnósticos é a mesma ideia que levou os sacerdotes hebreus a vilipendiarem e eliminarem Jesus. Ou seja: o acesso à divindade *não* depende de uma hierarquia religiosa encabeçada por um alto rabino, bispo ou papa. Tal contato é possível *diretamente* através da gnosis, ou conhecimento divino – sem necessidade de se prestar homenagem ou tributo a um clero autoritário.

O que encontramos também nessas escrituras apócrifas suprimidas pelos cleros "ortodoxos" cristãos é a confirmação de algo que há muito se suspeitava a partir da leitura das escrituras oficiais e de fragmentos gnósticos descobertos anteriormente: o fato de que Maria Madalena foi uma das figuras mais importantes no movimento cristão primitivo.

No *Evangelho de Maria* lemos novamente que ela foi a primeira a ver o Cristo ressuscitado (como citam de passagem os evangelhos de Marcos e João).[9] Aqui se lê que Cristo amava Maria Madalena mais do que os demais discípulos, fato confirmado também pelo *Evangelho gnóstico de Filipe*.[10] Mas a importância do papel desempenhado por Maria Madalena na história do cristianismo primitivo só se revela nas escrituras suprimidas da Bíblia. O *Evangelho de Maria* relata que, depois da morte de Jesus, foi Maria Madalena a líder cristã que teve a coragem de desafiar a autoridade de Pedro enquanto chefe de uma nova hierarquia religiosa, autoridade fundada na alegação de que somente ele e seus sacerdotes e bispos tinham linha direta com a divindade.[11]

"Analisem as implicações políticas do *Evangelho de Maria*", diz Pagels. "Assim como Maria desafiou Pedro, também os gnósticos têm nela seu protótipo e desafiam a autoridade dos padres e bispos que alegam ser sucessores de Pedro."[12]

Havia outras diferenças doutrinárias correlatas e igualmente fundamentais entre a Igreja emergente, e cada vez mais hierárquica, encabeçada por Pedro e outras comunidades cristãs primitivas, como a dos gnósticos e as seitas, como os montanistas e os marcionitas. Ao contrário dos homens hoje descritos como patriarcas da Igreja, muitas dessas seitas honravam as mulheres como discípulas, profetisas e fundadoras do cristianismo; e como parte de seu firme compromisso com os ensinamentos de Jesus sobre igualdade espiritual, eles incluíam as mulheres nos seus círculos de liderança.[13]

Para enfatizar ainda mais o princípio gilânico básico de fazer conexões e evitar escalonamentos permanentes, algumas seitas gnósticas escolhiam o líder a cada reunião e por sorteio. Isto é relatado nos escritos de inimigos do gnosticismo, como o bispo Irineu, que supervisionava a Igreja de Lyon por volta do ano de 180 d.C.[14]

"Numa época em que os cristãos ortodoxos diferenciavam cada vez mais o clero dos leigos", escreve Pagels,

> esse grupo de cristãos gnósticos mostrou que, entre eles, não haveria distinções. Em vez de escalonar seus membros em "ordens" inferiores e superiores dentro de uma hierarquia, eles seguiam um princípio estrito de igualdade. Todos os iniciados, fossem homens ou mulheres, participavam igualmente do sorteio; qualquer um podia ser sorteado para servir como *padre, bispo ou profeta*. Além disso, e pelo fato de fazerem o sorteio a cada reunião, mesmo as distinções estabelecidas pelo sorteio nunca se tornavam "escalões" permanentes.[15]

Para os cristãos androcráticos, que por todo lado cobiçavam e aferravam-se a posições de poder no escalão hierárquico, essas práticas eram abominações horrendas. Tertuliano, que escreveu por volta de 190 d.C. a favor da "ortodoxia", se declarou ultrajado porque "todos eles têm igual acesso, ouvem igual, rezam igual – e até os pagãos, se estes aparecerem". Mostra-se igualmente insultado porque "eles também partilham do beijo da paz com qualquer um que chegar".[16]

No entanto, o que mais incomodou Tertuliano – e com razão, visto que ameaçava os próprios fundamentos da infraestrutura hierárquica que ele e os outros bispos tentavam impor à Igreja – foi a posição de igualdade para as mulheres. "Tertuliano protesta especificamente contra a participação 'daquelas mulheres dentre os heréticos', que partilhavam com os homens posições de autoridade", observa Pagels. "'Elas ensinam, elas discutem, elas exorcizam, elas curam' – ele suspeita até que elas chegassem a batizar, o que significava que também poderiam agir como bispos!"[17]

Para homens como Tertuliano somente uma "heresia" era maior que homens e mulheres serem iguais no campo espiritual. A ideia que ameaçava profundamente o crescente poder dos homens que se estabeleciam como novos "príncipes da Igreja" era a do divino enquanto feminino. E isso era exatamente o que alguns dos primeiros seguidores de Jesus pregavam, conforme ainda podemos ler nos evangelhos apócrifos e outros documentos sagrados cristãos suprimidos das escrituras oficiais do Novo Testamento.

Seguindo a tradição antiga e pelo visto ainda lembrada, de que a Deusa era tida como Mãe e Doadora de Tudo, os seguidores de Valentinus e Marcus oravam à Mãe como "Silêncio místico e eterno", como Graça, "Aquela que é antes de todas as coisas" e como "Sabedoria incorruptível".[18] Em outro texto, a *Protenoia trimórfica* (literalmente: pensamento primordial de três formas), encontramos uma celebração ao pensamento, inteligência e antevisão como sendo poderes femininos – novamente seguindo a tradição que os considerava atributos da Deusa. O texto começa com uma figura divina falando:

> Eu sou Protenoia, o Pensamento que habita a Luz [...]. Ela que existe antes do Tudo [...]. Eu me movo em toda criatura [...]. Eu sou Aquela Invisível dentro de Tudo [...]. Sou a percepção e o Conhecimento, que usa a Voz por meio do Pensamento. Eu sou a verdadeira Voz.[19]

Num outro texto, atribuído ao mestre gnóstico Simon Magus, o próprio paraíso – o lugar onde a vida começou – é descrito como o ventre da Mãe.[20] E nas obras atribuídas a Marcus ou Theodotus (cerca de 160 d.C.) lê-se que "os elementos masculino e feminino juntos constituem o mais refinado produto da Mãe, Sabedoria".[21]

Qualquer que seja a forma assumida por essas "heresias", é evidente que derivaram das tradições religiosas antigas, quando se adorava a Deusa, e as sacerdotisas eram suas representantes na Terra. Por isso a sabedoria divina era personificada como feminina em quase todo lugar – como se revela ainda em palavras femininas como *hokma* do hebraico e *sophia* do grego, ambas significando "sabedoria" ou "conhecimento divino". O mesmo ocorre em outras tradições místicas antigas do Oriente e do Ocidente.[22]

Essas heresias assumiram ainda um outro aspecto no modo "pouco ortodoxo" como representaram a sagrada família. "Determinado grupo de fontes gnósticas alegava ter recebido uma tradição secreta de Jesus através de Tiago e de Maria Madalena", relata Pagels. "Membros desse grupo oravam ao Pai e à Mãe divinos: 'De Vós, Pai, e através de Vós, Mãe, os dois nomes imortais, Progenitores do ser divino, e vós que habitais no céu, humanidade, do poderoso nome'."[23]

Da mesma forma, o poeta e mestre Valentinus ensinava que, embora a divindade seja essencialmente indescritível, o divino pode ser retratado como uma díade formada pelos princípios feminino e masculino.[24] Outros eram mais literais, insistindo que o divino deveria ser considerado andrógino. Ou então descreviam o espírito santo como feminino, de modo que em termos da trindade católica convencional, da união do Pai com o Espírito Santo ou Mãe Divina nasceu seu Filho, o Cristo Messias.[25]

As heresias gilânicas

Esses primeiros cristãos não apenas ameaçavam o poder crescente dos "patriarcas da Igreja", mas constituíam também um desafio frontal à família dominada pelo homem. Suas visões solapavam a autoridade do homem sobre a mulher como fruto de ordenamento divino, sobre a qual estava estruturada a família patriarcal.

Os estudiosos da Bíblia muitas vezes observaram que o cristianismo primitivo era percebido como ameaça pelas autoridades hebraicas e romanas. E não apenas porque os cristãos se recusassem a adorar o imperador e prestar lealdade ao Estado. O professor S. Scott Bartchy, ex-diretor do Instituto para Estudo das Origens Cristãs de Tübingen, Alemanha, observa que havia um motivo ainda mais forte para que os ensinamentos de Jesus e seus seguidores fossem percebidos como perigosamente subversivos: eles questionavam as tradições familiares vigentes. Consideravam as mulheres como pessoas com seus próprios direitos. Bartchy conclui que os cristãos primitivos "desrespeitavam" as estruturas familiares vigentes, tanto hebraicas como romanas, que colocavam a mulher como subordinada.[26]

Se olharmos para a família como microcosmo do mundo – e como o único mundo que uma criança pequena e dócil conhece –, tal "desrespeito" à família dominada pelo homem, na qual a palavra do pai é lei, pode ser visto como uma grande ameaça ao sistema fundado em escalonamento e sancionado pela força. Isso explica porque algumas pessoas (que hoje gostariam de nos obrigar a voltar "aos bons e velhos tempos", quando as mulheres e os "fracos" ainda conheciam seu lugar) têm como prioridade a volta à "família tradicional". Tal visão também lança uma nova luz sobre a luta que dilacerou o mundo há dois mil anos, quando Jesus pregou sua mensagem de compaixão, não violência e amor.

Há muitas semelhanças interessantes entre o nosso tempo e os anos turbulentos em que o poderoso Império Romano – uma das sociedades dominadoras mais poderosas de sua época – começou a entrar em colapso. Ambos são períodos em que, como definem os teóricos do caos, temos a presença de estados de crescente desequilíbrio sistêmico – períodos em que podem ocorrer mudanças sistêmicas imprevisíveis e sem precedentes. Se examinarmos os anos que precederam e se seguiram à morte de Jesus à luz do conflito permanente entre androcracia e gilania, veremos que, semelhante à nossa época, aquele foi um período de forte ressurgimento gilânico. Isso não é surpresa, pois justamente nesses períodos de grande desorganização social é que "flutuações" inicialmente pequenas podem levar à transformação sistêmica, como escreve Ilya Prigogine, ganhador do Prêmio Nobel e estudioso da termodinâmica.[27]

Se pensarmos no cristianismo primitivo como uma flutuação inicialmente pequena que surgiu pela primeira vez às margens do Império Romano (na pequena província da Judeia), sua potencialidade em relação à nossa evolução cultural adquire novas proporções e seu fracasso ganha intensidade ainda maior. Além disso, olhando para o cristianismo primitivo dentro dessa estrutura mais abrangente, que leva em conta a interligação dos acontecimentos de todos os sistemas, perceberemos que houve outras manifestações de ressurgimento gilânico, mesmo dentro da própria cultura romana.

Em Roma, por exemplo, a educação estava mudando. Meninas e meninos da aristocracia às vezes tinham acesso ao mesmo currículo escolar. Como escreve a historiadora teológica Constance Parvey: "Dentro do Império Romano, durante o primeiro século d.C., muitas mulheres recebiam educação e algumas foram muito influentes, gozando de grande liberdade na vida pública".²⁸ Ainda existiam restrições legais. As mulheres romanas precisavam ter guardiões e nunca receberam direito ao voto. Mas iam participando cada vez mais da vida pública, principalmente na classe alta. Algumas se dedicavam à arte. Outras adotaram profissões como a medicina. Outras ainda participavam dos negócios, da corte e da vida social, do atletismo, iam a teatros, eventos esportivos e concertos, e viajavam sem a exigência de um acompanhante masculino.²⁹ Em outras palavras, como Parvey e Pagels observam, houve nesse período um movimento pela "emancipação" das mulheres.

Temos notícia de outras ameaças ao sistema androcrático, como rebeliões de escravos e de províncias marginais. Houve a rebelião judaica sob o comando de Bar Kokhba (132-135 d.C.) que marcou o fim da Judeia.³⁰ Mas à medida que o escalonamento androcrático fundado na força ia sendo desafiado, e quando os primeiros cristãos esposaram a não violência e começaram a falar de compaixão e paz, Roma tornou-se cada vez mais despótica e violenta.

E como revelam os requintes de crueldade dos famosos circos romanos e os excessos de seus imperadores (inclusive Constantino, o cristão), a ameaça gilânica a essa sociedade dominadora e sangrenta fracassou. Aliás, mesmo dentro do próprio cristianismo a gilania não subsistiria.

O pêndulo volta

"Apesar da prévia participação pública das mulheres cristãs", escreve Pagels,

> por volta do ano 200 a maioria das comunidades cristãs endossou como canônica a carta pseudopaulina de Timóteo, que enfatiza (e exagera) o elemento antifeminista da abordagem de Paulo: "Que a mulher aprenda em silêncio, com toda sujeição. Não permito, porém, que a mulher ensine, nem use de autoridade sobre o marido: que se mantenha em silêncio" [...]. No final do segundo século, a participação das mulheres no culto foi explicitamente condenada. Os grupos nos quais as mulheres continuavam a liderar foram rotulados como heréticos.³¹

E Pagels prossegue:

> Quem estuda a história dos primeiros cristãos (matéria chamada "patrística", ou seja, o estudo dos "patriarcas da Igreja") não se espanta com a passagem que fecha o Evangelho de Tomé: "Simão Pedro disse a eles [os discípulos]: Que Maria nos deixe, pois as mulheres não são dignas da Vida". E Jesus disse: "Eu mesmo a conduzirei, para fazer dela homem, para que também ela se torne um espírito vivo, semelhante a vocês, homens. Pois toda mulher que se fizer homem entrará no Reino dos Céus".[32]

A exclusão tão cabal de uma metade da humanidade como indigna da vida – e, mais ironicamente, a metade de cujo corpo emerge a própria vida – só faz sentido no contexto da repressão e regressão androcráticas que se instalavam naquele período. Este é um sinal claro de algo que muitos de nós já sabíamos lá no fundo, mas não éramos capazes de definir com clareza: por algum motivo o evangelho do amor do cristianismo original desandou terrivelmente. Se assim não fosse, como esse mesmo evangelho poderia ter sido usado para justificar toda a tortura, as conquistas e o derramamento de sangue levados a cabo por cristãos devotos, uns contra os outros, algo que perfaz boa parte da história do Ocidente?

O fato é que, no final das contas, aconteceu no mundo ocidental uma mudança sistêmica dramática e imprevisível. Em meio ao caos do colapso do mundo clássico romano surgiram os contornos de uma nova era. Aquela que começou como um culto misterioso menor tornou-se a nova religião do Ocidente. Embora sua mensagem perene fosse de transformação de si e da sociedade, em vez de transformar a sociedade, esse invasor periférico foi quem sofreu uma transformação. Como outras antes e a maioria das que vieram depois, o cristianismo tornou-se uma religião androcrática. O Império Romano foi substituído pelo Sagrado Império Romano.

Já no ano 200 d.C., num caso clássico de espiritualidade virada do avesso, o cristianismo estava se tornando exatamente o tipo de sistema hierárquico e calcado na violência contra o qual Jesus se rebelara. E depois da conversão do imperador Constantino, o cristianismo tornou-se um braço oficial, ou servo, do Estado. Como escreve Pagels, quando o "cristianismo tornou-se uma religião oficialmente aprovada no século IV, os bispos cristãos, antes perseguidos pela polícia, passaram a comandá-la".[33]

Consta da história cristã que Constantino, em 312 d.C., um dia antes de derrotar e matar seu rival Maxêncio e ser proclamado imperador, viu no pôr do sol uma visão enviada por Deus: uma cruz na qual estavam escritas as palavras *in hoc signo victor seris* (sob este signo serás vencedor). O que os historiadores cristãos em geral omitem é que este mesmo primeiro imperador cristão mandou cozinhar viva sua esposa Fausta e ordenou o assassinato de seu próprio filho, Crispo.[34] Mas o banho de sangue e a repressão que introduziram a cristianização da Europa não se restringiram aos atos da vida privada de Constantino. Nem se limitaram aos atos públicos deste ou de seus sucessores cristãos, como os éditos que mais tarde proclamariam as heresias como atos de traição puníveis com a tortura e a morte.

Os líderes da Igreja agora passariam a comandar pessoalmente a tortura e execução de todos que não aceitassem a "nova ordem".[35] Torna-se procedimento padrão suprimir metodicamente todas as informações "heréticas" que pudessem, mesmo remotamente, ameaçar a nova lei da hierarquia androcrática.

Em vez de ser um espírito absoluto, tanto mãe como pai, Deus agora tornava-se explicitamente masculino. E como o papa Paulo VI afirmou cerca de dois mil anos mais tarde, em 1977, as mulheres não podem ser sacerdotes porque "Nosso Senhor era homem".[36] Naquela época os evangelhos gnósticos e outros textos semelhantes, que haviam circulado livremente nas comunidades cristãs no início da Era Cristã, foram denunciados e destruídos como heresias por aqueles que se autodenominavam ortodoxos, ou seja, a única Igreja legítima.

Como escreve Pagels, todas essas fontes –

> evangelhos apócrifos, revelações, ensinamentos místicos – estão entre aquelas não incluídas na seleta lista que constitui a coleção reunida no Novo Testamento [...]. Todos os textos secretos que os grupos gnósticos reverenciavam foram omitidos da coleção canônica e taxados como heréticos por aqueles que se autodenominavam cristãos ortodoxos. Quando o processo de seleção dos inúmeros textos chegou ao fim – *provavelmente*

por volta do ano 200 – virtualmente toda a iconografia feminina de Deus desaparecera da tradição ortodoxa.[37]

Que cristãos tenham estigmatizados como heréticos outros cristãos que acreditavam na igualdade é algo especialmente irônico, visto que, nas primeiras comunidades apostólicas, mulheres e homens conviviam e trabalhavam como Jesus havia ordenado, praticando *ágape*, ou seja, o amor fraterno. É ainda mais irônico se lembrarmos que muitos dentre essas mulheres e esses homens que trabalhavam juntos enfrentaram a morte como mártires cristãos. Mas para os homens que em toda parte usavam o cristianismo para estabelecer seu poder, a vida e a ideologia cristãs tinham de se enquadrar aos moldes androcráticos.

Com o passar dos anos, a cristianização dos pagãos europeus tornou-se justificativa para, mais uma vez, reinstalar o dogma da sociedade de dominação: "O poder faz a justiça". Isso levou necessariamente à derrota e conversão forçada de todos os que não abraçavam o cristianismo oficial, exigindo também a destruição de templos, santuários e "ídolos" "pagãos" e o fechamento de antigas academias gregas, onde o questionamento "herético" ainda era praticado. Foi tão bem-sucedida a prova eclesiástica do direito "moral" através do poder que até mais de mil anos depois, na Renascença, qualquer expressão artística ou investigação empírica que não recebesse a "bênção" da Igreja dificilmente aparecia na Europa. Foi tão completa a destruição sistemática de todo conhecimento emergente, incluindo a queima maciça de livros, que ela se espalhou para além da Europa, chegando a todos os lugares onde a autoridade cristã alcançou expressão.

Assim, em 391 d.C., no reinado do imperador Teodósio I, os cristãos, agora totalmente androcratizados, queimaram a biblioteca de Alexandria, um dos últimos repositórios da sabedoria e dos conhecimento antigos.[38] Ajudados e instigados por um homem que seria depois canonizado, Santo Cirilo (bispo cristão de Alexandria), os monges cristãos retalharam barbaramente, usando cascas de ostras, a notável Hipátia, matemática, astrônoma e filósofa da escola neoplatônica de Alexandria. Essa mulher, agora reconhecida como uma das maiores acadêmicas de seu tempo, foi considerada por Cirilo uma fêmea perversa, que ousava ministrar ensinamentos a homens, contrariando os mandamentos de Deus.[39]

Nos escritos paulinos oficialmente sancionados – ou pseudopaulinos, como vêm sendo considerados pelos estudiosos atuais –, os dogmas afirmavam com extrema autoridade que as mulheres e tudo o que fosse feminino era inferior e tão perigoso que devia ser estritamente controlado. Havia ainda umas poucas exceções, notadamente os escritos de Clemente de Alexandria, que ainda caracterizavam a Deus como simultaneamente feminino e masculino, escrevendo que "a palavra 'humanidade' designa tanto homens como mulheres".[40] Mas, no geral, o modelo de relações humanas proposto por Jesus, segundo o qual homens e mulheres, ricos e pobres, gentios e judeus eram um só, foi expurgado das ideologias e também das práticas diárias da Igreja cristã ortodoxa.

Os homens no controle da nova Igreja ortodoxa levantavam ritualmente o Cálice antigo, agora a taça da Sagrada Comunhão, cheio do sangue simbólico do Cristo; mas, na verdade, era a Espada que novamente se levantava sobre tudo. Sob a espada e o fogo da aliança da Igreja com as classes dominantes caíram não apenas pagãos como os mitraístas, mas também judeus e devotos das antigas religiões do mistério de Elêusis e Delfos, bem como qualquer cristão que não se submetesse e aceitasse suas leis. Eles ainda afirmavam que seu objetivo era difundir a mensagem de amor de Jesus. Mas através da selvageria e do horror de suas cruzadas santas, caças às bruxas, inquisições e queima de livros e pessoas, disseminaram não o amor, mas os chavões androcráticos antigos de repressão, devastação e morte.

Dessa forma, ironicamente, a revolução não violenta de Jesus, motivo de sua morte na cruz, foi transformada em império da força bruta e do terror. Como observaram os historiadores Will e Ariel Durant, com sua distorção e perversão dos ensinamentos de Jesus o cristianismo medieval foi, na verdade, um retrocesso ético.[41] Em vez de ameaça à ordem androcrática estabelecida, o cristianismo se transformou naquilo que todas as religiões deste mundo, lançadas em nome da iluminação espiritual e liberdade, também se transformaram: um poderoso instrumento para perpetuar aquela mesma ordem androcrática.

No entanto, a luta da gilania contra a androcracia estava longe de chegar ao fim. Em certos lugares e em determinadas épocas ao longo dos séculos negros de cristianismo androcrático – e de reis e papas despóticos que reinaram sobre a Europa em seu nome – o ímpeto gilânico de retomar nossa evolução cultural ressurgiria. Como veremos nos capítulos seguintes, esse esforço continuado tem sido a força oculta mais poderosa a moldar a história ocidental, e nos dias de hoje toma mais uma vez a frente.

Capítulo 10

Os padrões do passado: gilania e história

Da forma como é ensinada na maioria das escolas, a história se resume à luta pelo poder entre homens e nações. Trata de datas de batalhas e nomes de reis e generais famosos por terem alternadamente construído e destruído fortalezas, palácios e monumentos religiosos. Mas se contemplarmos a história outra vez à luz das novas informações que vimos examinando e da nova estrutura teórica que desenvolvemos, emergirá o retrato de uma luta totalmente diversa. Hoje, por trás de nomes e datas sangrentos podemos visualizar os mesmos processos subjacentes que estão sendo estudados por cientistas como Ilya Prigogine, Isabelle Stengers, Edward Lorenz e Ralph Abraham no mundo natural:[1] flutuações e movimentos aparentemente aleatórios, oscilações ou movimentos cíclicos e sistemas de transformação através de "bifurcações" críticas, nas quais, como afirmam Prigogine e Stengers, "o sistema pode 'escolher' entre um ou mais de um futuro possível".[2]

Numa análise inicial e superficial, podemos observar flutuações ao longo da história: tempos mais sangrentos e outros mais pacíficos; épocas de autoritarismo e medo e outras de criatividade; períodos em que as mulheres são mais reprimidas e outros em que ao menos algumas mulheres gozam de maiores oportunidades de educação e vida. Para o historiador tradicional, estas flutuações não são surpresa, constituindo a simples realidade, sem maior significado.

Mas serão estes movimentos meramente aleatórios, desprovidos de qualquer padrão? Se examinarmos mais profundamente, veremos que essas flutuações históricas revelam certos padrões. Da perspectiva que vimos desenvolvendo podemos constatar que os tempos de guerra são, em geral, também tempos de maior autoritarismo. Tempos de mais paz são, em geral, também tempos de maior igualdade, podendo apresentar ainda evolução cultural e grande criatividade. Aprofundando ainda mais a análise, as oscilações, ou movimentos cíclicos, começam a se evidenciar. Além disso, percebemos que por trás desses movimentos cíclicos há uma dinâmica subjacente que até agora foi estudada de modo apenas perfunctório e marginal.

Contemplando a história a partir de uma perspectiva holística, e levando em conta as duas metades da humanidade, bem como toda a nossa evolução cultural, veremos como esses padrões cíclicos se relacionam com as transformações fundamentais que examinamos antes: a mudança sistêmica ocorrida na pré-história, que nos colocou num curso radicalmente diferente em termos de evolução cultural. E a história escrita adquire nova clareza e complexidade quando examinamos, à luz dos novos princípios sobre estabilidade e mudança sistêmica sendo descobertos nas ciências naturais, aquilo que aconteceu depois dessa mudança do modelo de parceria para o modelo dominador de organização social.

Os matemáticos que estudam a dinâmica dos processos sistêmicos falam daquilo que denominam *atratores*. Toscamente semelhantes a ímãs, esses atratores podem ser "pontuais" ou "estáticos", que regem a dinâmica dos sistemas em equilíbrio; podem ser atratores "periódicos", que regem movimentos cíclicos ou oscilatórios; ou ainda atratores "estranhos" ou "caóticos", que caracterizam estados de desequilíbrio.[3] Semelhantes aos isolados periféricos estudados por Eldredge e Gould, os atratores caóticos ou estranhos poderão, às vezes, e com relativa rapidez e imprevisibilidade, tornar-se o núcleo para a construção de um novo sistema. Mas pode haver também transformações mais gradativas ou "sutis", quando atratores pontuais perdem um pouco de seu poder de atração e atratores periódicos tornam-se progressivamente mais atraentes.[4]

De modo análogo, Prigogine e Stengers nos falam também de flutuações que se localizam inicialmente numa pequena parte do sistema. Se o sistema for estável, o novo modo de funcionamento representado por essas flutuações não sobreviverá. Mas se esses "inovadores" multiplicarem-se com suficiente rapidez, o sistema inteiro poderá adotar um novo modo de funcionamento.[5] Em outras palavras, se as flutuações ultrapassarem o que Prigogine e Stengers chamam de "limiar de nucleação", elas se "alastrarão para todo o sistema". À medida que essas flutuações inicialmente pequenas se amplificam, abrem-se "pontos de bifurcação" críticos – na verdade, abrem-se caminhos para possíveis transformações do sistema. Quando se chega a esses pontos de bifurcação, "a narrativa determinista colapsa" e não é mais possível prever qual "ramo" ou "futuro" será escolhido.[6]

Como podemos aplicar essas observações dos processos naturais aos processos sociais? Evidentemente, há grandes diferenças entre os sistemas químicos, biológicos e sociais – não apenas maior complexidade, mas, principalmente, um elemento de escolha cada vez maior. Mas ao mesmo tempo que é importante não reduzir os acontecimentos de um sistema social ao que acontece em níveis de organização mais simples, ao examinar de perto todos os sistemas vivos, evidenciam-se extraordinários isomorfismos ou padrões de semelhança que regem a estabilidade e a mudança em todos os níveis. E ao olhar para a história a partir da perspectiva oferecida pela visão que vem se desenvolvendo sobre os sistemas e as mudanças sistêmicas, é possível começar a formular uma nova teoria da transformação cultural ou, mais especificamente, da transformação do sistema androcrático para gilânico.

Longe de serem aleatórias, as flutuações relatadas pela história escrita revelam movimentos periódicos no sistema androcrático vigente em direção a um "atrator" do modelo de organização social de parceria. No nível estrutural, isso se reflete em alterações periódicas na forma como as relações humanas se organizam – em particular, as relações entre as metades feminina e masculina da humanidade. No nível axiológico, isso se reflete (em tudo, desde a literatura até as políticas públicas) na luta periódica entre os valores "masculinos" estereotipadamente duros, simbolizados pela Espada, e os valores "femininos" estereotipadamente suaves, simbolizados pelo Cálice.

Além disso, a dinâmica da história pode ser vista de uma perspectiva evolutiva mais ampla. Como vimos nos capítulos precedentes, a orientação cultural original de nossa espécie, durante os anos formativos da civilização humana, apontava para o que podemos chamar de uma parceria incipiente ou modelo protogilânico de sociedade. Nossa evolução cultural foi moldada inicialmente por esse modelo e atingiu seu apogeu inicial na cultura altamente criativa de Creta. Seguiu-se então um período de desequilíbrio ou caos crescente. Através de ondas sucessivas de invasões, e graças à força replicativa de espada e escrita, a androcracia agiu primeiramente como um atrator "caótico", mais tarde tornando-se um atrator "estático" ou "pontual" bem estabelecido na maioria das civilizações ocidentais. Mas ao longo de toda a história documentada, e especialmente durante períodos de instabilidade social, o modelo gilânico continuou a atuar como um atrator "periódico", muito mais tênue, porém persistente. Como uma planta que se recusa a morrer apesar de ter sido esmagada ou podada inúmeras vezes, e como mostra a história que agora examinaremos, a gilania procurou insistentemente restabelecer seu lugar ao sol.

O "feminino" como força histórica

A concepção da história como movimento dialético de forças conflitantes moldou a análise de Hegel, Marx e outros pensadores. Os ciclos históricos também foram observados por Arnold Toynbee, Oswald Spengler, Arthur Schlesinger (pai) e outros.[7] Contudo, a história convencional centrada no homem não costuma mencionar a poderosa alternância entre períodos de ascensão gilânica e regressão androcrática. Para compreender essa alternância cíclica – algo vital nesse momento, já que outra mudança, da paz para a guerra, poderá ser a última – devemos nos voltar para a obra de historiadores menos convencionais.

Um desses historiadores é Henry Adams. Embora visionário em alguns aspectos, Adams foi essencialmente um conservador que defendia a volta aos valores mais religiosos do passado. Mas, ao focalizar o nível mais profundo de sua obra, veremos que ele detectou na história uma força "feminina" poderosa e costumeiramente ignorada. Adams afirmou que "sem compreender o movimento sexual" a história se resumia a "mero pedantismo". Ele criticou a história americana por praticamente "não mencionar o nome de uma mulher" e a história britânica por lidar com as mulheres "tão timidamente como se elas fossem uma nova espécie ainda não descrita pela ciência".[8] De fato, o principal impacto da análise de Adams vem de sua afirmação no sentido de que a principal força civilizatória da história ocidental foi o que ele chama de Virgem. "Toda a energia do mundo", escreveu, "não conseguiria construir a catedral de Chartres, algo que a Virgem conseguiu", pois esta Virgem foi "a maior força que o mundo ocidental já conheceu".[9] Contrapondo-se ao poder positivo da Virgem, haveria um poder negativo e destrutivo, uma força bruta que Adams chamou de Dínamo, ou tecnologia desumanizadora e incontrolável.

Adams formulou suas observações usando uma mistura de estereótipos sexuais androcráticos e generalizações místicas. Mas depois de transpormos tal barreira, o que emerge é o mesmo conflito que identificamos antes como a luta entre as duas visões de poder representadas pela androcracia e pela gilania, pelos modelos de dominação e parceria, ou a Espada e o Cálice. De fato, os simbolismos empregados por Adams, a Virgem e o Dínamo, são análogos ao Cálice e à Espada. Tanto o Cálice como a Virgem são símbolos do poder "feminino" de criar e alimentar. E tanto a Espada como o Dínamo são símbolos "masculinos" da tecnologia insensata e destrutiva.

Um preconizador ainda mais notável da análise da história em termos da luta entre os valores chamados feminino e masculino é G. Rattray Taylor e sua obra *Sex in History* [O sexo na história].[10] Como no caso de Adams, para aproveitar os dados de Taylor é preciso ir além do que ele diz estar descrevendo para chegar ao que de fato descreve. Na esteira das teorias bem conhecidas de Wilhelm Reich[11] e outros psicólogos, que veem as sociedades patriarcais como sexualmente repressivas em sua essência, Taylor argumenta que as mudanças históricas de atitudes sexualmente permissivas para sexualmente repressivas são o substrato da alternância entre períodos mais livres e criativos e períodos mais autoritários e menos criativos.[12] Mas, na realidade, o que seu livro documenta é o fato de que na base desses ciclos está a alternância entre valores que ele mesmo chama de identificados com a mãe ou identificados com o pai.

De fato, os termos empregados por Taylor – *matrismo* (ou identificação com a mãe) e *patrismo* (ou identificação com o pai) – e cunhados por ele devido à inexistência de palavras para descrever o que observava, designam as mesmas configurações expressas pelas palavras *gilania* e *androcracia*. Períodos de matrismo são aqueles em que as mulheres e os valores "femininos" (que Taylor chama de identificados com a mãe) têm status elevado. Tais períodos são marcados tipicamente por maior criatividade, menos repressão social e sexual, mais individualismo e reformas sociais. Os períodos de patrismo, pelo contrário, são de pronunciada derrogação das mulheres e do feminino. Esses períodos, quando os valores identificados com o pai, ou "masculinos", estão em alta novamente, são marcados por maior repressão social e sexual, menos ênfase nas artes criativas e nas reformas sociais.[13]

Taylor usa o período do trovadorismo no sul da França medieval como exemplo de período matrista – ou, usando nossa terminologia, um período de ressurgimento gilânico. No século XII, na corte de Leonor de Aquitânia e de suas filhas Maria e Alice, o amor cortês e a reverência pelas mulheres emergiu como tema central tanto na poesia como na vida.[14] A visão trovadoresca da mulher como poderosa e honrada ao invés de dominada e desprezada – e a visão do homem como honrado e gentil ao invés de dominador e brutal – não era nova. Como vimos, em Creta e no Neolítico havia uma cultura semelhante. Mas num mundo onde a selvageria e o deboche masculinos eram regra, os conceitos trovadorescos de cavalheirismo, gentileza, honra e amor romântico foram verdadeiramente revolucionários, como observa Taylor.

Taylor também demonstra ser indiscutível que os valores femininos (ou, na sua terminologia, identificados com a mãe)[15] desses trovadores humanizaram profundamente a história ocidental. Esses valores não só floresceram mais tarde "sempre que matristas estavam em ascensão", como também, mas em certa medida, "inclusive os patristas vieram a aceitar o ideal de gentileza para com os fracos, crianças e mulheres, sempre quando tais mulheres fossem da mesma classe social".[16]

"Eles eram inovadores e progressistas", escreve Taylor a respeito dos trovadores:

Interessados nas artes, e algumas vezes pressionando por reformas sociais, eles evitavam o uso da força e adoravam roupas alegres e coloridas. Sobretudo, elevaram a Virgem Maria à condição de sua santa padroeira: muitos de seus poemas são dedicados a ela, e no ano de 1140 uma nova festa foi criada em Lyon – uma festa que, segundo os protestos de Bernardo de Claraval, era "alheia aos costumes da Igreja, reprovável pela razão e destituída de sanção pela tradição": a festa da Imaculada Conceição.[17]

A acusação feita por Bernardo, de que a tradição não sancionava a adoração de uma mãe que dá à luz um filho divino, era, obviamente, infundada. A veneração de Maria representava um retorno à antiga adoração da Deusa. E a feroz resistência da Igreja à adoração de Maria constituiu um reconhecimento tácito do poder persistente da religião arcaica – além de expressão da resistência patrista ao forte ressurgimento dos valores gilânicos que caracterizaram o trovadorismo.

Se substituirmos os termos "matrista" e "patrista" de Taylor pelas palavras "gilânico" e "androcrático", a leitura revelará muitas coisas que antes pareciam incompreensíveis na história medieval, conferindo-lhes significado político específico. O fato de que a Igreja condenou as mulheres a uma posição subordinada e "silenciosa" se revela como expressão *primária* de que a Igreja estava possuída pelo modelo androcrático/dominador – e deixa de ser um pequeno mistério histórico. Era de vital importância silenciar e subordinar as mulheres – junto com os valores "femininos" pregados originalmente por Jesus – para manter as normas androcráticas e, com elas, o poder da Igreja medieval.

Outro aspecto aparentemente inexplicável da história medieval adquire significado político – e vital: o extremo aviltamento da mulher, ou "fonte carnal de todo mal",[18] nas palavras do *Malleus maleficarum*, ou *Martelo das bruxas* (manual de caça às bruxas do inquisidor, com as bênçãos da Igreja).

Na maioria dos livros de história, os episódios de caça às bruxas são mencionados de passagem, quando muito. No entanto, ocorreram de forma intermitente ao longo de vários séculos, durante os quais, por ordem da Igreja, os homens sadicamente infligiram torturas horripilantes a milhares, talvez milhões, de "bruxas". Sabe-se que a maioria dessas mulheres acabou sendo condenada à dor lancinante da morte lenta na fogueira, mas quando a história menciona o fato, em geral explica tudo como resultado de histeria coletiva. Somos instados a acreditar que do século XIII ao XVI os camponeses europeus foram tomados por uma loucura – ou que as próprias bruxas eram loucas –, como escreveu Gregory Zilboorg: "Milhões de bruxas, feiticeiras, possuídas e obsediadas, eram uma colossal massa de pessoas gravemente neuróticas [e] psicóticas".[19] Mas, como apontam Barbara Ehrenreich e Deirdre English,

> a caça às bruxas não foi um festival de executamentos nem um suicídio em massa de milhões de mulheres. Pelo contrário, seguiu procedimentos ordenados e legais. A caça às bruxas aconteceu através de campanhas organizadas, iniciadas, financiadas e executadas pela Igreja e pelo Estado.[20]

Um dos motivos para tais perseguições era o seguinte: os "médicos" do século XIII (homens formados pela Igreja que, na verdade, não tinham qualquer formação em saúde), ao começar a tratar os nobres e monarcas, entraram em competição com as "curandeiras" tradicionais, e elas começaram a ser acusadas de usar "poderes mágicos" para afetar a saúde – e queimadas em fogueiras pelo "crime" de utilizar tais dons para ajudar a curar.[21] Outra justificativa (refletida na acusação de existirem organizações de bruxas onde pagãos se reuniam para ter parte com o diabo) era a de que muitas dessas mulheres continuavam a cultivar crenças religiosas antigas, provavelmente a adoração de uma deidade feminina e/ou seu filho-consorte, o antigo deus-touro (agora transformado em demônio de casco fendido). Mas a acusação mais reiterada e reveladora é simplesmente a de que as bruxas eram sexuais – pois, aos olhos da Igreja, todo o poder das bruxas vinha, em última instância, de sua sexualidade feminina "pecaminosa".[22]

É típico que tal visão misógina e patológica da mulher enquanto sexo seja explicada como mera irracionalidade de homens sexualmente frustrados. Mas a condenação "moral" das mulheres pela Igreja foi muito mais que uma deformação psicológica. Foi uma justificativa para a dominância masculina, uma reação apropriada, e nesse sentido também racional, do sistema androcrático frente aos resquícios da tradição gilânica antiga e ao periódico ressurgimento gilânico que, como escreve Taylor, ameaçava "suplantar a autoridade do pai".[23]

Em outras palavras, a caça às bruxas, com sansão oficial, e também as repetidas denúncias da Igreja contra as mulheres enquanto sexo, não foram fenômenos excêntricos nem dissociados. Foram elementos essenciais para primeiro impor e depois manter a androcracia. Meios necessários e, nesse sentido, racionais, para combater ressurgimentos gilânicos recorrentes.

Ao focalizar a antissexualidade histérica e a violenta repressão da Igreja – que transformaram a "Idade Média num 'cruzamento entre crematório e asilo de loucos'"[24] –, Taylor tende a deixar escapar o caráter essencialmente antifeminista da condenação eclesiástica ao sexo. No entanto, os dados que ele apresenta não deixam dúvidas sobre o que a Igreja considerava "heresia". Taylor mostra repetidamente que o elemento comum a unir todas as seitas heréticas perseguidas de modo tão cruel pela Igreja era sua identificação com os chamados valores femininos. Essas seitas em geral adoravam a Virgem ou Nossa Senhora do Pensamento. Como outras seitas dos primórdios do cristianismo, que desempenharam papel tão importante no ressurgimento gilânico de sua época, também estas conferiam grande status, e até posições de liderança, a mulheres.[25]

Como escreve o próprio Taylor,

> a questão que se apresenta a nós é: por que a Igreja percebia, ainda que obscuramente, haver um fator de união entre os trovadores, os cátaros, os bagardos e as muitas seitas menores que pregavam o amor casto? [...]. A única resposta possível é que havia um fator comum [...]. Enquanto seus dogmas e rituais diferissem muito, e algumas delas alegassem ser ainda parte da Igreja, psicologicamente tinham uma coisa em comum: a identificação com a mãe. Esta é a única heresia pela qual a Igreja medieval realmente se interessava.[26]

A história se repete

Através da obra *Sex in History* [Sexo na história], percebemos que a qualidade fundamental da Igreja medieval era seu patrismo ou identificação com o pai – em outras palavras, seu caráter androcrático e dominador. Começamos também a vislumbrar, por trás dos movimentos do pêndulo da história, conflitos específicos entre valores de dominação e valores de parceria.

Taylor observa, por exemplo, que na Era Elisabetana, quando a rainha Elizabeth I, uma mulher, subiu ao trono, os valores "femininos", "identificados com a mãe" entraram em alta. Embora tenha sido um período ainda brutal, houve na Inglaterra elisabetana "um despertar da consciência de responsabilidade pelos outros, que se manifestou, por exemplo, na promulgação da Lei dos Pobres". Apareceu também "um novo gosto pelo aprendizado leigo, que se traduziu em grande atividade acadêmica e na fundação de colégios" e "numa enchente de energia criativa, especialmente no campo da poesia e do teatro, modalidade artística preferida da Inglaterra, e também no terreno da pintura, arquitetura e música".[27]

É igualmente significativo – e, em termos sistêmicos, vital, como veremos – que durante períodos de ressurgimento gilânico (como o dos trovadores, a Era Elisabetana e a Renascença) as mulheres da classe alta conseguem relativamente mais liberdade e maior acesso à educação.[28] Como exemplo, temos Pórcia e outras heroínas shakespearianas, que eram mulheres evidentemente educadas – o que reflete o status ligeiramente mais alto das mulheres desse período. Mas, como se vê do tratamento que Shakespeare dá à hereticamente rebelde Kate de *A megera domada* e outras obras, antes que a Era Elisabetana chegasse ao fim, a violenta reafirmação do controle masculino já estava a caminho.

De fato, um dos sinais mais eloquentes de que o pêndulo estava prestes a voltar é o ressurgimento dos dogmas misóginos. Além da introdução de novos "fatos" justificando a subordinação das mulheres, este é um sinal do que Taylor chama de "a permanente autoilusão dos patristas no sentido de que os padrões de comportamento estão degringolando" e de que os "valores identificados com o pai" precisam ser de novo impostos a todo custo.[29] O mais importante, este é um sinal de alerta que mostra que um período de regressão androcrática mais repressivo e sangrento está prestes a se instalar.

O recentíssimo trabalho do psicólogo David Winter tem grande relevância nesse contexto. Junto com outros acadêmicos de renome, Winter vem estudando o que ele chama de "a motivação do poder", que é também título de uma obra sua.[30] Estudioso da psicologia social, ele dedicou-se a revelar os padrões históricos através de medições objetivas. Novamente, é preciso olhar um pouco além daquilo que Winter ressaltou com base na perspectiva psicológica androcêntrica convencional e observar os dados por ele apresentados, que são um registro dramático de como as atitudes mais repressivas em relação às mulheres prenunciam períodos de agressão bélica.

Concentrando-se numa das personagens românticas mais famosas da ópera e da literatura, o terrível "assassino de mulheres" Don Juan, a análise sociopsicológica de Winter se funda em grande parte no estudo da frequência de certos temas na literatura. Winter observa que, apesar da forçosa condenação das ações de Don Juan como sendo "más e amaldiçoadas", ele na verdade é idealizado como "o maior sedutor da Espanha". Mostra também que a agressão, o ódio e o desejo de humilhar e punir as mulheres são a motivação das ações de Don Juan – e não seus impulsos sexuais. Observa ainda algo que tem profunda importância psicológica e histórica: atitudes por demais hostis em relação às mulheres são características de épocas em que as mulheres são muito rigidamente reprimidas pelos homens. O caso clássico em questão é a Espanha, onde a lenda de Don Juan nasceu, quando os espanhóis afluentes adotaram o "costume mouro de manter suas mulheres em reclusão".[31] O motivo psicológico subjacente a esse aumento de hostilidade, explica Winter, é que em tais períodos o relacionamento mãe-filho – junto com as relações homem-mulher em geral – torna-se especialmente tenso.[32]

No devido contexto, fica evidente que o que Winter chama de "motivação do poder" é, nos termos empregados na presente obra, o impulso androcrático de conquistar e dominar outros seres humanos. Tendo provado que o tratamento degradante dado por Don Juan às mulheres é uma manifestação da "motivação de poder", Winter procede então ao mapeamento da frequência com que as histórias de Don Juan aparecem na literatura nacional, comparando-a aos períodos de expansão imperial e de guerra. Seus achados mostram algo que poderíamos prever usando o modelo de alternância gilânica-androcrática: as narrativas sobre esse famoso arquétipo de dominação masculina aparecem historicamente com maior frequência antes e durante períodos de maior militarismo e imperialismo.[33]

Winter confirma que, em termos sistêmicos, a dominância masculina está inexoravelmente inter-relacionada com a violência masculina e a guerra. Atesta também um aspecto da alternância gilânica-androcrática que cientistas feministas pioneiros como Kate Millett e Theodore Roszak já haviam observado: a reidealização da supremacia masculina é sinal de mudança em direção a valores e comportamentos que historicamente incentivam a violência durante períodos de regressão androcrática.[34]

A brilhante obra de Millett intitulada *Sexual Politics* [Política sexual] é um estudo pioneiro daquilo que ela intuitivamente chamou de o fator mais importante da nossa história política: a dominância masculina.[35] Embora Roszak seja mais conhecido por sua análise mais convencional e centrada no homem da sociedade, seu ensaio "The Hard and the Soft: The Force of Feminism in Modern Times" [O duro e o suave: a força do feminismo nos tempos modernos] é também um trabalho pioneiro em prol da análise da história voltada para o desenvolvimento de uma teoria de mudança sistêmica de androcracia para gilania.[36]

Lendo nas entrelinhas e abaixo da superfície de centenas de estudos que procuram compreender a escalada de violência e militarismo que culminou na terrível carnificina da Primeira Guerra Mundial, Roszak detectou algo que chamou de "crise histórica da dominação masculina".[37] O movimento feminista do século XIX, observa ele, não só desafiou os estereótipos convencionais de dominância masculina e submissão feminina; pela primeira vez na história escrita, ofereceu também um inédito e importante desafio frontal ao sistema vigente, atingindo em cheio seu cerne ideológico. Tipicamente, este movimento do século XIX é pouquíssimo mencionado nos livros de história convencionais. Mas ele foi alvo de debates tão acalorados e disputas tão passionais quanto o movimento feminista contemporâneo. Isso porque, além de desafiar a tradicional dominação de homens sobre mulheres, questionou também o mais fundamental dos valores de nosso sistema, segundo o qual traços como ternura, compaixão e pacifismo são considerados femininos e, portanto, totalmente inadequados para homens verdadeiramente "masculinos" – e para a governança social.[38]

A resposta do sistema androcrático a esse desafio foi a reafirmação violenta dos estereótipos masculinos em todas as suas manifestações. Como escreveu Roszak sobre o final do século XIX e começo do XX, antes da Primeira Guerra Mundial: "A masculinidade compulsiva estava escrita em todo o estilo político daquele período". Nos Estados Unidos,

Theodore Roosevelt falava de "um câncer de tranquilidade isolada e pacífica" e de "virtudes masculinas e aventurosas". Na Irlanda, o poeta revolucionário Patrick Pearse declarava que "o derramamento de sangue é algo purificador e sagrado, e a nação que o julga abominável perdeu sua masculinidade". Na Itália, Filippo Marinetti anunciava: "Partimos para glorificar a guerra, a única fonte de saúde do mundo! Militarismo! Patriotismo! O Braço Destruidor do Anarquista! Desprezo às mulheres!".[39]

Assim como a consagrada lenda de Don Juan, esse desprezo brutal pelas mulheres e por tudo o que fosse considerado feminino era um sinal. A mensagem (permeando os textos que transcendem todas as barreiras nacionais e ideológicas) era a de que a mudança para um mundo "sem guerras" e "afeminado" – um mundo não mais governado pela Espada "masculina" – *não* seria tolerada.

Perscrutando suas diferenças nacionais e ideológicas para chegar a níveis mais profundos, Roszak revelou traços subjacentes comuns a todos os homens que, na virada do século XIX para o XX – e ao longo de toda a história –, mergulharam o mundo em guerra. Esse traço em comum é a equiparação de masculinidade com violência, algo necessário à manutenção de um sistema de hierarquias baseadas na força. Ele confirma também a dinâmica que Winter observou em sua pesquisa: a reidealização do estereótipo "masculino" assinala não apenas uma mudança regressiva de valores, mas também uma mudança da paz para a guerra.

A contundente pesquisa do psicólogo David McClelland corrobora essa dinâmica social em geral ainda bastante ignorada. Em seu livro *Power: The Inner Experience* [Poder: a experiência interior], McClelland relata que estudou a possibilidade de prever períodos de conflito bélico, ou de paz, através de indicadores encontráveis nos escritos e declarações que antecedem tais períodos.[40] Seus achados confirmam aquilo que poderíamos prever mapeando as alterações históricas segundo o modelo gilânico-androcrático.

McClelland estudou documentos históricos e literários da trajetória norte-americana. Descobriu que os períodos onde ganhou força o que ele chamou de "motivação de afiliação" (que nós chamaríamos de valores "femininos", compassivos e pacíficos) eram seguidos por tempos de paz. Por exemplo, McClelland verificou que a "motivação de afiliação" cresceu antes dos períodos pacíficos de 1800-1810 e de 1920-1930.[41] Ao contrário, épocas nas quais os escritos novamente mostravam uma mudança para o que ele chamou de motivação de "poder imperialista" (que batizamos de motivação "masculina" de dominação) quase invariavelmente culminaram em guerra. Também na história da Inglaterra uma combinação de forte motivação "de poder imperialista" e baixa motivação de "afiliação" precedeu tempos de violência histórica, como, por exemplo, 1550, 1650 e 1750.[42] Por outro lado, períodos de baixa motivação de poder e alta motivação de afiliação na história inglesa precederam tempos mais pacíficos.

Como Taylor, McClelland demonstra outro ponto importante. Os valores "suaves", mais "femininos", característicos do modelo social de parceria, fazem parte de uma configuração social e ideológica específica que enfatiza a criação ao invés da destruição. Como vimos no período Paleolítico e nos encantadores murais e palácios da Creta antiga – bem como nos períodos que Taylor chama de matristas, tal como a Era Elisabetana –, os períodos gilânicos são também tipicamente marcados por maior criatividade cultural.

McClelland usa abreviaturas para representar seu sistema motivacional. Assim, a necessidade de afiliação é grafada "n Afiliação" e a necessidade de poder é grafada "n Poder", e assim por diante. Nesses termos, ele observa que

> o traço verdadeiramente notável da Era Elisabetana é que todos os indicadores motivacionais indicam que este deve ter sido um ótimo período para viver, como concordam os historiadores. A "n Afiliação" aumentou, a "n Poder" caiu um pouco, o que sinaliza uma era de paz relativa, e a Realização continuou alta, pressagiando alguma prosperidade.[43]

Mas logo depois veio a tão familiar mudança. "Durante os embates entre monarquistas e parlamentaristas, e com a guerra civil, a 'n Poder' ganhou força de novo e a 'n Afiliação' caiu bruscamente, indicando que aquele deve ter sido um período de grande violência e crueldade, como de fato foi."[44] Na nossa terminologia, o movimento em direção a maior nível de evolução cultural só poderia chegar até onde chegou devido ao sistema de dominação masculina prevalente. Para que se mantivesse o sistema era preciso haver regressão cultural, novamente mergulhando o sistema na dinâmica "normal" de violência androcrática.

Para completar a configuração sistêmica androcrática típica que temos observado ao longo desta obra, a análise de McClelland confirma inclusive que o terceiro elemento do sistema, o autoritarismo, ganha força quando a motivação agressiva de poder torna-se dominante. Escreve ele: "A combinação de grande 'n Poder' e baixa 'n Afiliação' é associada, na história contemporânea, a ditaduras, crueldade, supressão de liberdades e violência doméstica e internacional".[45]

A recente produção acadêmica feminista também examinou o poder de modo novo e esclarecedor. Os trabalhos notáveis da destacada socióloga Jessie Bernard, da psicóloga de Harvard Carol Gilligan e da psiquiatra Jean Baker Miller mostram que em sociedades dominadas pelo homem a *afiliação* é associada com a feminilidade, enquanto o *poder* – no sentido convencional de dominar os outros – está associado à masculinidade.[46]

Essas obras também revelam algo da maior importância. Nos sistemas dominados pelo homem, a configuração de valores que McClelland chamou de afiliação, que Taylor chamou de matrista e que nós chamamos de gilânica fica restrita a um mundo separado, subordinado ou auxiliar, na periferia do mundo "real" maior "dos homens" – confinada ao mundo das mulheres.

Nesse mundo das mulheres sobreviveu a definição gilânica de poder como algo que *capacita*, ou seja, como o poder de dar e criar, tão característico do antigo *ethos* de parceria. Como observa Miller, esta ainda é a concepção que as mulheres têm de poder – a responsabilidade que as mães têm de ajudar os filhos, particularmente os meninos, a desenvolverem seus talentos e habilidades.[47] Nesse âmbito, "o *ethos* feminino de amor/dever" citado por Bernard continua sendo o modelo primário para pensar e agir – mas apenas para as mulheres.[48] Nesse âmbito continua reinando a "ética feminina do cuidado", como nomeia Gilligan: o dever positivo de fazer para os outros o que gostaríamos que fizessem para nós.[49] No entanto, este é o modelo de pensamento e ação indicado apenas para aqueles que não devem governar a sociedade: as mulheres.

Levando em consideração esses novos estudos sobre a metade em geral ignorada da humanidade, podemos ver com clareza como os períodos de luta armada e repressão podem ser previstos a partir do enfraquecimento dos valores gilânicos de afiliação ou *ligação*, e o correspondente fortalecimento dos valores androcráticos de poder agressivo e *escalonamento* baseado na força. Podemos vislumbrar também, sob as mudanças aparentemente aleatórias que pontuam nossa história escrita, a resistência básica à evolução cultural: um sistema social onde a metade feminina de humanidade é dominada e reprimida.

As mulheres como força na história

Se esta dinâmica sistêmica gilânica/androcrática parece tão óbvia, por que foi tão pouco estudada? Se as mulheres formam a metade da nossa espécie, por que seus comportamentos, atividades e ideias foram foco de tão pouca investigação? Novamente nos vemos diante de uma daquelas omissões que deixarão boquiabertos cientistas e historiadores do futuro.

Hoje a porta para um estudo holístico da sociedade humana apenas começou a se abrir. Ela abriu-se um pouco quando os historiadores passaram a reconhecer, como observa Lynn White Jr., que a história escrita foi muito seletiva e na sua maior parte escrita por, para e sobre grupos dominantes da história.[50] Agora, quando a metade feminina que estava faltando na história começa a ser estudada com seriedade, podemos começar a desenvolver uma nova teoria da história e da evolução cultural que leve em consideração a *totalidade* da sociedade humana.

Não é de admirar que a história convencional sistematicamente omita tudo o que se relacione às mulheres ou ao "feminino", se pensarmos que até muito pouco tempo atrás nenhuma universidade norte-americana tinha um programa de estudos sobre a mulher. Ainda não se estuda essa disciplina na esmagadora maioria dos cursos de ensino fundamental e médio. Ainda hoje os programas de estudo sobre a mulher, quando existem, recebem dotações orçamentárias ínfimas, pouco relevo, e ainda menos prioridade na hierarquia universitária. É possível contar nos dedos os cursos de graduação que têm como pré-requisito ter cursado uma matéria de estudos sobre a mulher. Portanto, também não é de surpreender que a maioria das pessoas "educadas" considere difícil acreditar que existiram mulheres historicamente importantes, ou que algo tão periférico como as mulheres ou os valores "femininos" possa ser uma força central também nas nossas perspectivas para um futuro melhor, como o foi no passado.

O livro de Mary Beard, *Woman as a Force in History* [A mulher como força na história], foi uma das primeiras obras do século XX a tentar corrigir essa omissão patológica das mulheres no que tem sido convencionalmente escrito como história.[51] Essa historiadora pioneira levou-nos de volta à pré-história como fonte do nosso legado humano perdido, mostrando como as mulheres de fato foram importantes formadoras da sociedade ocidental, apesar da dominância masculina. Tem grande relevância na documentação apresentada por Beard algo que os historiadores convencionais considerariam ainda mais absurdo que as correlações apontadas por Winter e McClelland entre valores "femininos" e "masculinos" e alternativas históricas críticas: os períodos em que as mulheres ganham status são caracterizados por ressurgimento cultural.

Da perspectiva da Teoria da Transformação Cultural que vimos desenvolvendo, não é surpresa encontrar uma correlação entre o status das mulheres e o fato de uma sociedade ser pacífica ou belicosa, preocupada com o bem-estar ou indiferente à equidade social ou principalmente hierárquica ou igualitária. Isso porque, como vimos ao longo do presente livro, a forma como a sociedade estrutura as relações entre as duas metades da humanidade tem implicações sistêmicas profundas e altamente previsíveis. O surpreendente é que no começo do século XX, e sem dispor de tal arcabouço teórico, Beard conseguiu perceber esses padrões e comentá-los em sua obra, que continua sendo uma das poucas tentativas de mapear as atividades femininas na história ocidental.

Em *Women as a Force in History*, Beard comenta "as atividades abrangentes e influentes das mulheres italianas na promoção da educação humanista" durante a Renascença. Ela observa que nesse período as mulheres – junto com valores "afeminados", como expressão e pesquisa artística – começaram a se libertar do controle da Igreja medieval. Ela registra que no Iluminismo francês dos séculos XVII e XVIII as mulheres desempenharam papéis igualmente vitais. De fato, como veremos adiante, durante esse período – que lançou a reação secular contra aquilo que Beard chama de "barbarismo e abusos" do Antigo Regime –, nos "salões" de mulheres como Madame Rambouillet, Ninon de Lenclos e Madame Geoffrin é que germinaram as ideias iniciais que mais tarde formariam as ideologias modernas mais humanistas ou, em nossa terminologia, mais gilânicas.[52]

Não se afirma com isso que as mulheres não tenham ajudado a manter no poder os valores "masculinos". Apesar do aparecimento de grandes figuras aqui e ali, o papel das mulheres na história escrita foi desempenhado, na maioria dos casos, como "auxiliar" do homem, segundo prescrito pela androcracia. Mas Beard nos mostra exaustivamente que, embora as mulheres tenham ajudado o homem a fazer guerras, por vezes até lutando, seu papel em geral foi muito diferente. Não tendo sido socializadas para serem rudes, agressivas e voltadas à conquista, as mulheres têm agido, vivido e pensado de forma mais tipicamente "suave", ou seja, menos violenta, mais compassiva e voltada ao cuidado dos outros. Num exemplo dado por Beard: "A poesia de uma mulher da Eólia chamada Sappha por seu povo, posteriormente conhecida em toda parte por Safo, foi uma das primeiras (e talvez a primeira) rivais dos hinos à guerra, ao ódio e à vingança, e imortalizada por Homero".[53]

Tal visão aparece novamente em outro trabalho pioneiro que focaliza o papel da mulher na história: o livro *The First Sex* [O primeiro sexo], de Elizabeth Gould Davis.[54] Semelhante a outros livros escritos por mulheres na tentativa de resgatar seu passado, sem o apoio de instituições ou colegas doutos, o livro de Davis tem sido criticado por enveredar por estranhas fantasias e até esoterismo. Apesar de suas falhas, e talvez precisamente por não se conformar à tradição acadêmica, livros assim são precursores intuitivos do estudo da história no qual o status das mulheres e dos chamados valores femininos viria a tornar-se central.

O livro de Davis, como o de Beard, reinstala as mulheres nos lugares de onde haviam sido apagadas pelos historiadores androcráticos. Essas obras também oferecem informações que possibilitam ver a ligação entre a repressão das mulheres e a supressão de valores femininos em conjunturas históricas críticas. Como exemplo, Davis compara a Era Elisabetana com a de regressão puritana que veio em seguida, marcada por amargas medidas de repressão às mulheres, incluindo a queima de "bruxas".

Mas é no trabalho contemporâneo de historiadoras e cientistas sociais mais exigentes que encontramos os dados necessários para dar corpo e desenvolver uma nova teoria holística de transformação e alternância gilânica-androcrática. Estamos nos referindo a obra de mulheres como Renate Bridenthal, Gerda Lerner, Dorothy Dinnerstein, Eleanor Leacock, JoAnn McNamara, Donna Haraway, Nancy Cott, Elizabeth Pleck, Carroll Smith-Rosenberg, Susanne Wemple, Joan Kelly, Claudia Koonz, Carolyn Merchant, Marilyn French, Françoise d'Eaubonne, Susan Brownmiller, Annette Ehrlich, Jane Jaquette, Lourdes Arizpe, Itsue Takamure, Rayna Rapp, Kathleen Newland, Gloria Orenstein, Bettina Aptheker, Carol Jacklin e La Frances Rodgers-Rose; e de homens como Carl Degler, P. Steven Sangren, Lester Kirkendall e Randolph Trumbach, que laboriosamente – muitas vezes recorrendo a fontes obscuras e difíceis de encontrar, como diários de mulheres e outros registros até então ignorados – vão aos poucos resgatando uma metade incrivelmente negligenciada da história.[55] Ao longo desse processo, vão produzindo as peças que estavam faltando para construir o paradigma histórico necessário à compreensão e superação da alternância, no estilo "um passo para frente e outro para trás", presente na história escrita. Isso porque a nova produção acadêmica feminista nos permite ver a causa daquilo que o filósofo francês Charles Fourier observou há mais de um século: o grau de emancipação das mulheres é um indicador do grau de emancipação da sociedade.[56]

O *ethos* feminino

Já vimos que em períodos de rígido controle androcrático, os valores "femininos" mais suaves ficam rigidamente confinados ao mundo subalterno das mulheres, o mundo privado do lar, regido por um só homem. Vimos também que em tempos de ascendência gilânica esses valores saem para a esfera pública, ou o mundo mais amplo dos homens, assim engendrando algum progresso social.

Os achados trazidos pela produção acadêmica feminista possibilitam documentar o fato de que isso não acontece em função de algum princípio místico, cíclico e inexorável tal como "o destino" – como sugerido por Adams na justaposição entre a "Virgem" e o "Dínamo". Acontece por um motivo muito prático e simples, que teria sido apontado há muito pelos historiadores caso tivessem incluído as mulheres na história que examinaram. Em épocas e lugares onde a mulher não ficou confinada estritamente ao mundo privado do lar, onde as mulheres, em massa, puderam movimentar-se livremente como portadoras e disseminadoras do *"ethos feminino"* elas introduziram uma visão de mundo mais gilânica na tendência social predominante.

Como vimos na Grécia Clássica, e depois nos tempos de Jesus, as mulheres de fato tiveram grande impacto na melhoria da sociedade. Mas talvez o caso mais impressionante disso seja um movimento social profundamente humanizador dos tempos modernos que, como sempre, tem sido quase totalmente ignorado, salvo pelas fontes feministas. Trata-se do movimento feminista que surgiu no século XIX e ganhou grande ímpeto no século XX.

Embora também omitido dos livros de história padrão, o trabalho desconhecido ou ignorado de centenas de feministas do século XIX (como Lucy Stone, Margaret Fuller, Mary Lyon, Elizabeth Cady Stanton e Susan B. Anthony) melhorou óbvia e expressivamente a condição da metade feminina da humanidade. No âmbito doméstico, estas "mães" do moderno feminismo liberaram as mulheres das leis que permitiam o espancamento das esposas. Do ponto de vista econômico, ajudaram a libertar as mulheres de leis que davam aos maridos o controle sobre a propriedade das esposas. Também tornaram acessíveis às mulheres profissões como direito e medicina, e deram a elas acesso à educação superior, enriquecendo em muito a sua vida e a de suas famílias.[57]

Mas ao libertar as mulheres das formas opressivas mais escandalosas de dominação masculina, o movimento feminista do século XIX ajudou a movimentar o impulso gilânico dos nossos dias de uma outra forma, que só podemos enxergar se olharmos para além dos livros de história padrão. Ao permitir, pela primeira vez na história, que muitas mulheres pusessem um pé no mundo de fora de seus lares, esse movimento humanizou enormemente a sociedade como um todo. O impacto do *"ethos feminino"* encarnado por mulheres como Florence Nightingale, Jane Addams, Sojourner Truth e Dorothea Dix, que então começavam a entrar em massa no "mundo público", fez emergir novas profissões, como a enfermagem e a assistência social. Esse mesmo impacto permitiu que o movimento abolicionista de libertação dos escravos ganhasse apoio maciço da população, e que o tratamento dos loucos e deficientes mentais fosse humanizado.[58]

Essa mesma visão mais "feminina" ou "de parceria" nas relações humanas, caracterizada por afiliação em vez de escalonamento fundado na violência, foi disseminada por toda a sociedade através do movimento feminista do século XX. Como o movimento feminista do século XIX, o movimento de libertação das mulheres também melhorou em muito a situação feminina. Numa época em que as mudanças tecnológicas levaram as mulheres de papéis subservientes no lar para funções subservientes na força de trabalho, o movimento de libertação das mulheres conseguiu a aprovação de várias leis de proteção às mulheres, dentro e fora de suas casas. Mas, como sempre, essa segunda onda de feminismo moderno também imprimiu um salto de qualidade na condição de homens *e* mulheres pela introdução de uma consciência mais gilânica nas esferas de atividade que antes estavam totalmente controladas pelos homens.

Assim como no século XIX as mulheres desempenharam papel importante no movimento de libertação dos escravos negros, no século XX as mulheres novamente formaram uma rede de apoio, chegando a morrer pelo fortalecimento dos direitos civis dos negros. Da mesma forma, há em todo o mundo ocidental centenas de organizações, grandes e pequenas, que procuram promover uma ordem social mais justa, pacífica e ecologicamente equilibrada, organizações que são compostas em grande parte por mulheres.[59]

É claro que nem todas as mulheres injetam valores gilânicos na vida pública. As mulheres que galgam sozinhas as hierarquias masculinas até chegar ao topo, como Indira Gandhi ou Margaret Thatcher, o fazem exatamente porque provam *não* ser muito "suaves" nem "femininas". Evidentemente, hoje muitos homens trabalham pela paz e por melhorias sociais – como fizeram em outros tempos de ressurgimento gilânico. Mas um dos motivos pelos quais agem dessa forma é que estes são tempos em que os valores mais "femininos" – e também as mulheres – são menos "privatizados".

Os acontecimentos do final da década de 1960 e início da de 1970, quando tantos norte-americanos rejeitaram a ideia "masculina" de que a guerra do Vietnã era "nobre" e "patriótica", ilustram esta questão. Esse não foi apenas um período em que muitas mulheres rejeitaram o confinamento à esfera privada dos lares dos homens, mas também um tempo em que muitos homens rejeitaram os estereótipos "masculinos" que ditavam, principalmente no tocante ao comportamento público, que os "homens de verdade" não fossem "femininos", ou seja, gentis, pacíficos e preocupados com o bem-estar dos outros.

Não se diz com isso que haja uma relação de causa e efeito simples e linear entre a mudança do status da mulher e a ascensão de valores "femininos". De fato, quando um número expressivo de mulheres exige ou consegue melhorias de impacto, é certo que uma retaliação androcrática está a caminho.

Por exemplo, ao longo do movimento de contracultura dos anos 60 e 70 do século XX, os rapazes rejeitaram o caráter "heroico" e "viril" da guerra e adotaram vestimentas e cortes de cabelo mais femininos, e as mulheres fizeram importantes conquistas em igualdade de direitos. Mas enquanto os velhos estereótipos sexuais eram duramente questionados, as forças da chamada retaliação masculina conservadora já ganhavam vigor em movimentos como o anti-ERA (contrário à lei de direitos iguais para as mulheres), o Moral Majority (coalizão de fundamentalistas religiosos) e outros grupos de direita. Da mesma forma, na Renascença e nos tempos elisabetanos, onde encontramos forte ressurgimento gilânico, também surgiram sinais claros de resistência androcrática. Por um lado, se constata uma tendência de iguais oportunidades de estudo para as mulheres da classe dominante, e surgem condições para os primórdios da moderna literatura feminista, em obras como *Book of the City of Ladies* [Livro da cidade de mulheres] de Christine de Pisan.[60] Por outro, se intensifica a vilanização das mulheres, novas leis restringem seu poder econômico e político e surgem gêneros literários dedicados a mostrar as mulheres em papéis adequadamente "femininos", ou seja, submissos.

Tudo isto leva a uma questão fundamental e extrema. Apesar de algum enfraquecimento da infraestrutura androcrática durante períodos de ascendência gilânica, até bem recentemente o status subordinado das mulheres continuou praticamente inalterado. O mesmo acontece com o status subordinado de valores como afiliação, cuidado e não violência, associados de forma estereotipada às mulheres.

O fim da linha

Como vimos, por toda a história escrita a primeira linha de "defesa" do sistema androcrático tem sido a reafirmação do controle masculino. Em termos ainda mais específicos, vimos que uma regressão no sentido de maior contenção das mulheres é um sintoma incipiente que prenuncia a instalação de um período repressivo e sangrento da história. Como documentam as pesquisas de McClelland, Roszak e Winter, tudo isso aponta para a triste conclusão de que, se não tratarmos da questão do relacionamento sistêmico entre a repressão das mulheres e os valores afiliativos e compassivos, estaremos fadados a outro período de derramamento de sangue e guerra.

A pesquisa de McClelland mostra que a eclosão de temas violentos na literatura e na arte prenuncia períodos de conflito bélico e repressão. A pesquisa de Winter sobre o estuprador Don Juan mostra que o tema da violência repressiva contra as mulheres é um indicador ainda mais específico de tempos de violência e guerra. Hoje testemunhamos uma escalada global de violência contra a mulher – não só em ficção, mas de fato.

Do ponto de vista ideológico, nosso mundo está prestes a cair numa regressão aos dogmas antifemininos dos fundamentalistas cristãos e islâmicos. No cinema e na literatura, temos uma enxurrada inédita de violência contra a mulher, com representações pictóricas de assassinato e estupro de mulheres que fazem a violência literária de *A megera domada* e *Don Juan* parecer insignificante. Igualmente sem precedentes é a proliferação atual de pornografia explícita que, através de um negócio multibilionário, invade os lares em forma de livros, revistas, tirinhas, cinema e mesmo televisão a cabo, afirmando que o prazer sexual reside na violência, no espancamento, em escravidão, tortura, mutilação, degradação e humilhação do sexo feminino.[61]

Como observou Theodore Roszak, a resistência ao movimento feminista do século XIX foi marcada por um aumento daquilo que os legistas chamam de "lesões corporais graves": espancamento doméstico severo de mulheres, com fraturas, corpo incendiado ou olhos arrancados.[62] Visto que durante toda a história escrita a violência contra as mulheres tem sido a resposta do sistema androcrático a qualquer ameaça de mudança fundamental, na esteira do movimento de libertação das mulheres no século XIX ocorreu um aumento substancial da violência contra as mulheres. Exemplos disso são a queima de noivas na Índia, execuções públicas no Irã, prisão e tortura na América Latina, espancamento de esposas no mundo inteiro e o terrorismo global dos estupros, que ocorrem uma vez a cada treze segundos nos Estados Unidos, segundo cálculo de especialistas.[63]

Vista da perspectiva da Teoria da Transformação Cultural, não é difícil de perceber a função sistêmica da violência massiva e brutal contra as mulheres. Se a androcracia quiser se manter, as mulheres precisam ser reprimidas custe o que custar. E se esta violência – e o avivamento de incitações à violência, calúnias religiosas contra as mulheres e a equiparação de prazer sexual a matar, estuprar e torturar mulheres – está crescendo no mundo todo, é porque nunca antes a dominância masculina foi tão vigorosamente desafiada através de um movimento tão sinérgico de mulheres lutando pela libertação da humanidade.[64]

Nunca antes o mundo presenciou uma tal proliferação de organizações governamentais e não governamentais com milhões de membros – grupos que vão desde o All China Women's Federation, uma federação oficial do governo chinês, até o National Women's Studies Association, o National Organization for Women e o Older Women's League nos Estados Unidos, todos dedicados a melhorar a condição da mulher. Nunca antes havia sido declarada uma Década da Mulher pela ONU. Nunca antes haviam sido realizadas conferências internacionais, reunindo milhares de mulheres de todos os cantos do mundo para tratar de problemas derivados da supremacia masculina. Nunca antes na história escrita mulheres de todas as nações da Terra haviam se reunido para trabalhar por um futuro de igualdade sexual, desenvolvimento e paz – as três metas da Primeira Década da Mulher das Nações Unidas.[65]

Mulheres e homens reconhecem que essas metas estão relacionadas porque percebem intuitivamente a dinâmica que vimos examinando. Depois que se percebe a função da violência masculina contra a mulher, não é difícil enxergar porque os homens, tendo aprendido que devem dominar a metade da humanidade que tem menor força muscular, pensam que é seu dever "masculino" dominar também homens e nações mais fracas.

Seja em nome da defesa nacional, como no caso de Estados Unidos e antiga União Soviética, ou em nome de Deus, como no caso do mundo islâmico, a guerra ou a preparação para a guerra servem não apenas para reforçar a dominância e violência masculinas, mas também para reforçar o autoritarismo, que é o terceiro componente mais importante da androcracia, como ilustram a Alemanha de Hitler e a Rússia de Stálin. As épocas de guerra oferecem justificativa para a existência de líderes autoritários e também para a suspensão de direitos e liberdades civis, como ilustram a censura dos meios de comunicação durante a invasão de Granada pelos Estados Unidos em 1983, e a lei marcial crônica em tantas nações da África, Ásia e América Latina.

No passado, o pêndulo sempre voltou da paz para a guerra. Sempre que valores mais "femininos" emergiam de tempos em tempos ameaçando transformar o sistema, a androcracia enfurecida e temerosa nos empurrou para trás. Mas será inevitável que a correnteza nos leve de volta a mais violência doméstica e internacional e, com elas, a mais e mais supressão de liberdades e direitos civis?

Será mesmo inevitável uma nova guerra – agora nuclear? Será este o fim da evolução cultural que começou tão promissoramente na era da Deusa, quando o poder do Cálice doador de vida ainda reinava supremo? Ou será que agora estamos perto de ganhar a liberdade necessária para evitar tal fim?

Capítulo 11
Rumo à liberdade: a transformação incompleta

A nossa deveria ser a era moderna, uma Idade da Razão. O conhecimento substituindo a superstição, o humanismo tomando o lugar da barbárie, o conhecimento empírico reinando onde antes imperavam dogmas e lugares-comuns. Talvez nunca antes tantos poderes mágicos tenham sido atribuídos à Palavra. Pois através das palavras, através daquilo que possibilita o pensamento lógico consciente da mente humana, seriam sanadas todas as irracionalidades, todos os velhos erros e males da humanidade. Nunca antes as palavras, e principalmente a palavra escrita, chegaram tão longe.

Isso porque nunca antes houve tantas pessoas alfabetizadas, nem tantos meios de comunicação para disseminar as palavras pelo mundo todo. O advento daquilo que o historiador da filosofia Henry Aiken chama de Idade da Ideologia[1] veio junto com uma grande mudança sociotecnológica. Tal mudança, ou "segunda onda" na terminologia de Alvin Toffler, é comparável à "primeira onda" ou revolução agrícola de muitos milênios atrás.[2] A revolução industrial, embora ainda muito limitada ao Ocidente, trouxe consigo uma enxurrada de novas tecnologias, dentre elas a imprensa, que possibilitou a primeira distribuição em larga escala de livros, jornais e revistas. Depois veio a mídia auditiva: o telégrafo, o telefone e o rádio. Estas foram seguidas pela mídia visual: o cinema e a televisão, que juntamente com a descomunal proliferação de revistas, jornais e livros, literalmente inundaram todos os cantos do planeta com palavras.

Mas houve, principalmente no Ocidente, um outro motivo para essa explosão ideológica. À medida que as ideologias religiosas enfraqueciam na esteira da crescente industrialização, surgiu uma fome, quase uma avidez desesperada por novas formas de perceber, ordenar e valorar a realidade – em outras palavras – uma fome de novas ideologias.

As vozes de filósofos e cientistas, que alguns chamam de clero secular, se fizeram ouvir por todo o mundo ocidental. No século XIX eles estiveram em toda parte reinterpretando, reordenando e reavaliando a realidade segundo os evangelhos modernos de Kant e Hegel, Copérnico e Galileu, Darwin e Lavoisier, Mill e Rousseau, Marx e Engels, para citar apenas alguns poucos dentre os primeiros profetas da Palavra secular.

O fracasso da razão

Estes seriam os profetas da transformação cultural. Com a libertação da mente humana pela razão, o "homem racional", produto do Iluminismo do século XVIII, poderia agora deixar para trás a barbárie do passado.

Em virtude da revolução industrial, a evolução tecnológica foi se desenvolvendo de forma prodigiosa. Logo aconteceria o mesmo com nossa evolução cultural. Assim como as novas tecnologias materiais (como máquinas e remédios) estavam operando mudanças aparentemente milagrosas, modernas tecnologias sociais (como novas formas de organizar e orientar o comportamento humano) apressariam a realização dos potenciais e aspirações mais elevados da humanidade. Por fim, a milenar luta humana por justiça, verdade e beleza concretizaria seus ideais.

Mas essa grande esperança começou a minguar. Durante os séculos XIX e XX o "homem racional" continuou a oprimir, matar, explorar e humilhar irmãos e irmãs humanos sempre que possível. Tendo como justificativa as novas doutrinas "científicas", como o darwinismo social do século XIX, perpetuou-se a escravidão econômica das raças "inferiores". Ao invés de "salvar os pagãos" ou promover a glória de Deus, as guerras coloniais eram agora empreendidas por motivos político-econômicos "racionais" como, por exemplo, o "livre comércio" e a "contenção" de potências rivais. Se o controle das mulheres pelos homens não mais podia se basear em fundamentos irracionais como a desobediência de Eva ao Senhor, agora era justificado por novos dogmas "racionais e científicos", no sentido de que a dominância masculina era biológica ou devida a uma lei social.

O "homem racional" agora falava em "dominar" a natureza, "subjugar" os elementos e "conquistar" o espaço sideral – considerado um dos maiores avanços do século XX. Declarava que travaria guerras para conseguir a paz, a liberdade e a igualdade, e que era preciso assassinar crianças, mulheres e homens terroristas a fim de trazer dignidade e libertação aos povos oprimidos. Como membro das elites dos mundos capitalista e comunista, o homem moderno continuava a acumular propriedades ou privilégios, ou ambos. A fim de lucrar mais e atingir objetivos mais ambiciosos, passou também a sistematicamente envenenar o meio ambiente, assim ameaçando de extinção outras espécies e causando graves doenças em adultos humanos e deformidades em bebês humanos – sempre explicando que tudo aquilo era por motivos patrióticos ou idealistas e, acima de tudo, racionais.

Finalmente, depois de Auschwitz e Hiroshima, a justificativa racional começou a ser questionada. O que dizer do uso "racional" de gordura humana como forma eficiente de fazer sabão? Ou da utilização bastante eficaz do chuveiro para administrar gás venenoso? Como explicar as experiências militares, cuidadosamente estudadas, sobre o efeito da bomba atômica e da radiação sobre seres humanos vivos e totalmente indefesos? Poderia toda essa destruição em massa eficientíssima ser chamada de um avanço para a humanidade?

A explosão industrial descontrolada, a arregimentação de populações inteiras em linhas de montagem ou a computadorização de indivíduos e sua transformação em números podem ser consideradas um progresso para a nossa espécie? Ou serão estes desenvolvimentos modernos, junto com a crescente poluição da terra, do mar e do ar, sinais de regressão cultural ao invés de progresso cultural? Já que o "homem racional" parece decidido a profanar e destruir nosso planeta, não seria melhor voltarmos ao "homem religioso", àquele tempo anterior ao progresso que nos lançou nesta era secular e tecnológica?

Já no último quarto do século XX os filósofos e cientistas sociais questionavam a razão, como também todas as ideologias progressistas modernas. Nem o capitalismo nem o comunismo cumpriram suas promessas. Por toda parte se falava no "fim do liberalismo", enquanto os "realistas" declaravam que uma sociedade livre e igualitária nunca seria mais que um sonho utópico.

Desiludidas com o suposto fracasso das ideologias seculares, no mundo inteiro as pessoas começaram a retornar aos ensinamentos fundamentalistas cristãos, muçulmanos e de outras religiões. Assustadas com os crescentes indícios de caos global iminente, populações inteiras se voltaram para a antiga ideia androcrática de que a vida na Terra não é o que realmente importa, e focalizaram o medo de desobedecer a Deus (e às ordens dos homens que são seus porta-vozes na Terra) e ser castigados violentamente por toda a eternidade.

Dado que a ameaça de aniquilação global por bombas nucleares é real, e diante de uma cosmovisão que não oferece alternativas realistas ao sistema vigente, parece haver de fato apenas três maneiras de reagir ao que se configura cada vez mais como uma crise global insolúvel. Um caminho é voltar à antiga visão religiosa de que a única saída está num outro mundo onde – conforme afirmam cristãos batizados e muçulmanos xiitas – Deus recompensará os que obedeceram às suas ordens e punirá os que não o fizeram. O segundo é o caminho mais imediato da fuga: o niilismo, a dessensibilização e o desespero que alimentam a desilusão furiosa do *punk rock*, o atordoamento do abuso de drogas, bebidas alcoólicas e sexo mecânico, a decadência do supermaterialismo insaciável e o fim de toda compaixão através da moderna indústria do "entretenimento", que já se assemelha muito aos circos sangrentos dos últimos dias do Império Romano. O terceiro caminho é tentar levar a sociedade de volta a um imaginário passado melhor: os "bons e velhos tempos", em que as mulheres e os homens "inferiores" não questionavam seu lugar correto na "ordem natural".

Mas segundo a abordagem que desenvolvemos, e com base na cuidadosa revisão de nosso presente e passado, todo esse desespero é infundado. Nem tudo está perdido se reconhecermos que não é a natureza humana, mas sim o modelo dominador de sociedade o que hoje nos conduz inexoravelmente em direção à guerra nuclear. Nossos esforços não serão inúteis se percebermos que é o sistema, e não alguma implacável lei natural ou divina, que exige o *uso* de descobertas tecnológicas para melhor dominar e destruir (mesmo que isso leve à falência global e, por fim, a uma guerra atômica). Em suma, se contemplarmos nosso presente a partir da perspectiva da Teoria da Transformação Cultural, fica claro que existem alternativas a um sistema fundado no escalonamento baseado na força, em que uma metade da humanidade se sobrepõe a outra. O que fica evidente também é que a grande transformação da sociedade ocidental, que começou com o Iluminismo do século XVIII, não fracassou – está apenas incompleta.

O questionamento das premissas androcráticas

Na verdade, as ideias que surgiram do Iluminismo do século XVIII eram apenas parcialmente novas. Com raízes profundas fincadas no passado que examinamos nos primeiros capítulos deste livro, elas são ideias gilânicas, ideias adequadas a um sistema de parceria de organização social – ao invés de um sistema dominador. São estas as ideias que, com formatação mais moderna, vieram à tona durante o Iluminismo e encontraram terra fértil nos salões intelectuais de mulheres como Madame du Châtelet e Madame Geoffrin. Inicialmente, depois de tantos séculos de desuso ou mau uso, elas apareceram como novidades e entretenimento intelectual para uma pequena elite de pessoas educadas. Mas em seguida, através de melhores tecnologias de comunicação de massa, como a mídia impressa e, mais tarde, também a educação em massa, essas ideias (que não se encaixavam no modelo dominador de sociedade) começaram a se replicar em toda parte.

O progresso foi uma das primeiras e mais importantes dentre essas ideias. Se o universo não era – como queria o dogma religioso – uma entidade imutável controlada por uma divindade onipotente, e se afinal o "homem" não tinha sido criado à imagem e semelhança de Deus, então se abria a possibilidade de melhorar a natureza, a sociedade e o próprio "homem". Esse argumento foi salientado por aqueles que sustentam que a grande virada da cultura ocidental foi a substituição de ideias religiosas por ideias seculares. No entanto, essas análises esquecem que não era a religião que estava sendo rejeitada, mas sim a premissa androcrática de que uma ordem social hierárquica e estática é a vontade de Deus.[3]

Quando o abade de Saint-Pierre escreveu *Observations on the Continuous Progress of Human Reason* [Observações sobre o progresso contínuo da razão humana] em 1737, ele expressou, talvez pela primeira vez em termos tão diretos, a ideia de que a humanidade tem pela frente "o panorama de uma vida imensamente longa e progressiva".[4] Essa ideia de grandes oportunidades para o aprimoramento da vida social e individual sobre a Terra constituiu uma frontal rejeição das crenças cristãs, segundo as quais a Terra é uma espécie de área de teste onde os seres humanos, segundo um plano divino, são treinados e disciplinados para alcançar seu destino final – não aqui na Terra, mas na outra vida. A ideia de progresso roubou sustentação do status quo autoritário e apoiou o avanço perene dos ideais e aspirações humanos, tendo tido importância vital para o desenvolvimento jurídico, social e econômico que de fato aconteceu durante os séculos XVIII e XIX.

Igualdade e liberdade são duas ideias correlatas que também representaram uma ruptura fundamental com a ideologia androcrática. Em 1651 Thomas Hobbes escreveu em seu *Leviatã*: "A natureza fez os homens tão iguais em faculdades de corpo e mente que [...] tudo considerado, a diferença entre um homem e outro não é tão considerável que permita a um homem reclamar para si qualquer benefício que um outro não possa igualmente pretender possuir".[5]

No século seguinte, o francês Jean Jacques Rousseau escreveu que os "homens" não apenas nasciam livres e iguais, mas que o "direito natural" os autorizava a "quebrar as correntes"[6] – uma visão da realidade que se tornaria o cerne das revoluções francesa e norte-americana. E durante o mesmo século, na Inglaterra, Mary Wollstonecraft asseverava que este "direito natural" pertencia também às mulheres – visão que seria vital para a revolução feminista ainda em curso.[7]

Depois, no século XIX, Augusto Comte escreveu sobre o positivismo e a lei do desenvolvimento humano. John Stuart Mill discorreu sobre o governo representativo como a melhor maneira de propiciar qualidades morais e intelectuais desejáveis. E Karl Marx, em parte influenciado pelas primeiras descobertas sobre a era pré-androcrática, dissertou sobre uma sociedade sem classes, na qual "o livre desenvolvimento de cada pessoa é condição para o livre desenvolvimento de todos".[8]

Perpassando as muitas diferenças entre esses modernos filósofos seculares, havia a suposição antiandrocrática comum de que, sob condições sociais adequadas, os seres humanos poderiam e de fato viveriam em harmonia, igualdade e liberdade. Em outras palavras, embora não se manifestassem nesses termos, o que essas mulheres e homens vislumbraram foi a possibilidade de uma sociedade de parceria ao invés de uma sociedade de dominação.

O termo "ser humano" era, e ainda é, equiparado a "homens" ou humanidade. Assim, também o novo compromisso dos séculos XVIII e XIX com os direitos humanos era geralmente visto como aplicável apenas aos homens. De fato, no início tal compromisso se limitava aos homens brancos livres e proprietários. Não obstante, junto com essas rupturas ideológicas fundamentais em relação ao passado, vieram mudanças igualmente fundamentais nas realidades sociais, que afetaram de modo muito profundo a vida de mulheres e homens.

A realeza – por séculos a pedra angular da organização social androcrática – foi questionada primeiro na Revolução Norte-Americana e depois na Revolução Francesa. Na mente de um número cada vez maior de pessoas, palavras como igualdade, liberdade e progresso iam tomando o lugar de palavras como sujeição, ordem e obediência. Na maior parte do mundo ocidental, as repúblicas foram substituindo as monarquias, escolas seculares surgiram no lugar de escolas religiosas. Famílias menos autocráticas começaram a substituir configurações familiares rigidamente dominadas por homens, nas quais a vontade do pai ou marido era lei absoluta, como no caso dos reis despóticos.

Hoje o constante enfraquecimento do controle masculino sobre a família é apresentado por muitos como parte de um perigoso declínio da instituição família. Mas a erosão paulatina da autoridade absoluta do pai e marido foi um pré-requisito importante para todo o movimento moderno em prol de uma sociedade mais justa e igualitária. Como escreve o sociólogo Ronald Fletcher (um dos poucos a focalizar este componente de vital importância) em seu livro *The Family and Its Future* [A família e seu futuro]: "O fato é que a família moderna foi criada como parte necessária a esse processo maior de aproximação com as ideias centrais de justiça social para a reconstrução total da sociedade".[9]

Uma obra recente que procura explicar essa dinâmica psico-histórica crucial, embora ainda muito pouco estudada, é o livro *The Rise of the Equalitarian Family* [A ascensão da família igualitária], de Randolph Trumbach.[10] O autor mostra que a moderna família igualitária surgiu bem mais cedo na Inglaterra do que no continente, e este pode ser um fato importante que explica por que a Inglaterra não passou por violentos levantes antimonárquicos nos séculos XVIII e XIX – diferente da França, Rússia e Alemanha. Sua pesquisa mostra que o crescente poder feminino no seio das famílias da classe dominante britânica provocou importantes mudanças nos homens que governavam a Inglaterra. Essas mudanças fizeram com que os homens estivessem mais dispostos a aceitar reformas sociais, como a mudança para um sistema parlamentar de governo, que conserva o monarca apenas como líder oficial – algo muito diferente do contumaz despotismo dos reis da Rússia, Alemanha e França.

As ideologias seculares

Se empreendermos a análise da história moderna a partir da perspectiva do conflito latente entre androcracia e gilania enquanto caminhos distintos de evolução cultural, a emergência das modernas ideologias seculares progressistas adquire um significado novo e bem mais animador. Usando as novas ferramentas analíticas da Teoria da Transformação Cultural, percebemos que a replicação de ideias como igualdade e liberdade levou, gradativamente, à formulação de novos modos de ver o mundo. Funcionando como "atratores", tais ideias gilânicas serviram como núcleos a partir dos quais se formaram novos sistemas de crença, ou ideologias, que foram sendo disseminadas por todo sistema social e, ao menos em parte, substituíram o paradigma androcrático. Pouco a pouco essas ideologias foram desafiando o mundo piramidal governado do alto por um Deus masculino, tendo abaixo os homens, as mulheres, as crianças e por fim o resto da natureza, em ordem decrescente de dominação.

Não deixa de ser irônico o fato de que uma das primeiras ideologias progressistas, o capitalismo, seja a mais duramente criticada pelos progressistas de hoje. O alicerce ideológico do capitalismo já fora preparado pela Reforma Protestante do século XVII. Através da ênfase dada pelo protestantismo às virtudes mercantis da industriosidade, conquista individual e riqueza – e aos pecados mercantis da preguiça, fracasso individual e pobreza –, a ética protestante foi pré-requisito para a ascensão do capitalismo.[11] Mas o capitalismo enquanto ideologia secular só surgiu no século XVIII. Segundo todos concordam, seu principal autor foi Adam Smith, o primeiro dos chamados filósofos seculares.[12] Como o primeiro dos economistas, Adam Smith louvava o livre comércio como sendo a pedra angular de uma sociedade livre e próspera.

Distanciando-se radicalmente da visão anterior – segundo a qual a posição social e a riqueza de um homem estavam relacionadas à sua condição de nascimento como nobre, artesão ou servo –, o capitalismo de fato foi um passo na direção de uma sociedade mais livre. Ele derrubou as rígidas hierarquias das primeiras organizações sociais protoandrocráticas, onde os homens mais fortes, brutais e violentos, os conquistadores guerreiros e seus descendentes, os reis e os nobres, exerciam poderes despóticos justificados por ideologias religiosas e divinamente ordenadas.

Portanto, o capitalismo – a primeira ideologia moderna fundada numa base material ou econômica – foi um passo importante na passagem de uma sociedade dominadora para uma de parceria. Ele ofereceu também o impulso que contribuiu para novas formas políticas mais socialmente responsáveis, como as monarquias constitucionais e as repúblicas. Com certeza, a economia capitalista é preferível à economia feudal, que se fundava, em última análise, na violência: uma infindável sucessão de assassinatos e pilhagens praticados pelos senhores feudais em sua sede insaciável de mais terras para sustentação de seu poder. No entanto, o capitalismo continuou sendo basicamente androcrático devido à sua ênfase no poder aquisitivo, competição e ganância individual (a motivação de lucro), seu inerente escalonamento (a estrutura de classes) e seu persistente recurso à violência (e.g., as guerras coloniais).

O mais grave é que o capitalismo, na forma como o conhecemos, repousa sobre a supremacia masculina, como afirmam abertamente pensadores capitalistas modernos como George Gilder. Em seu livro *Wealth and Poverty* [Riqueza e pobreza], louvado pelo ex-presidente norte-americano Ronald Reagan como um dos livros mais importantes do capitalismo desde *A riqueza das nações* de Adam Smith, Gilder enaltece especificamente aquilo que ele chama de "superior agressividade masculina" como o mais elevado de todos os valores sociais e econômicos.[13]

Socialismo e comunismo foram as principais ideologias que surgiram a seguir. Seus primeiros teóricos rejeitavam muitas das premissas androcráticas esposadas pelo capitalismo. A obra de "socialistas utópicos", como Charles Fourier, e o "socialismo científico" de Marx e Engels foram fatores de peso na promoção do ideal de igualdade, ou seja, de uma organização social baseada na ligação ou afiliação em vez de uma fundamentada no escalonamento e dominação.[14] Marx e Engels reconheceram explicitamente a importância vital da opressão das mulheres pelos homens, que Engels chamava de "opressão da primeira classe" ou "derrota mundial histórica do sexo feminino"[15] – muito embora esse assunto tenha figurado apenas como coadjuvante em sua vultosa obra.

Mesmo que em vários lugares do mundo as ideias socialistas (como educação pública gratuita e imposto proporcional à renda) tenham ajudado a conquistar maior igualdade social e trazer alívio à terrível pobreza de milhões de camponeses e operários, o socialismo e o comunismo também conservaram fortes componentes androcráticos. Parte do problema repousa na teoria do comunismo. O marxismo, que se transformou numa das ideologias mais influentes dos tempos modernos, não abandonou o princípio androcrático de que o poder só se obtém através da violência, como atesta o conhecido mote: "Os fins justificam os meios". Outra parte do problema está na forma como o marxismo foi aplicado na primeira nação a adotar o comunismo como ideologia oficial, a antiga União Soviética. Marx e Engels haviam reconhecido que uma profunda modificação nas relações entre mulheres e homens durante a pré-história levara à instalação da sociedade de classes que eles tanto abominavam. Em consequência, nos primeiros anos da Revolução Russa foram envidados esforços para igualar a posição social das mulheres.

Mas, no final, os homens – e pior, os valores masculinos – continuaram no controle.[16]

De fato, uma das lições mais instrutivas da história moderna foi a constatação de que a regressão maciça à violência e ao autoritarismo sob o governo de Stálin coincidiu com a reversão das políticas anteriores para substituir as relações familiares patriarcais por um relacionamento igualitário entre mulheres e homens. Como admitiu Trotsky (depois de sua queda e exílio), a revolução comunista fracassou em relação a seus objetivos porque seus líderes não conseguiram operar uma mudança nas relações patriarcais dentro da família.[17] Em nossos termos, o fracasso foi o de não ter conseguido qualquer mudança fundamental nas relações entre as duas metades da humanidade, que continuaram a funcionar com base em escalonamento em vez de ligação.

Durante os séculos XIX e XX emergiram também outras ideologias humanistas modernas: abolicionismo, pacifismo, anarquismo, anticolonialismo e ambientalismo. Mas, como na conhecida história sobre o cego descrevendo um elefante, cada uma delas descreveu manifestações diferentes do monstro androcrático como sendo a totalidade do problema. Ao mesmo tempo, deixaram de abordar o fato de que no cerne de tudo está um modelo de humanidade do tipo "macho-dominador/fêmea-dominada".

E claro, o feminismo é a única ideologia que questiona frontalmente esse modelo de relações humanas, bem como o princípio do escalonamento humano baseado na força. Por isso ocupa um espaço único, tanto na história moderna quanto na história de nossa evolução cultural.

A partir da ampla perspectiva da nossa evolução cultural, cujos detalhes examinamos nos capítulos anteriores, vemos claramente que o feminismo não é uma ideologia nova. Embora a ideia de afiliação ou ligação com outros seres humanos receba apenas belos discursos nos sistemas androcráticos, durante milênios da nossa evolução cultural essa ideia ganhou expressão operacional em sociedades mais igualitárias e pacíficas. Ao longo de toda a história escrita – na Grécia Antiga e em Roma, durante as eras elisabetana e trovadoresca, na Renascença e no Iluminismo – a "questão da mulher" (como Marx e Engels a denominavam) foi um tema recorrente.

Mas o feminismo como ideologia moderna não emergiu até a metade do século XIX. Embora boa parte da base filosófica do feminismo tenha sido articulada antes por mulheres como Mary Wollstonecraft, Frances Wright, Ernestine Rose, George Sand, Sarah e Angelina Grimké e Margaret Fuller, sua data de nascimento oficial é 19 de julho de 1848, em Seneca Falls, Nova York.[18] Ali, na primeira convenção de que se tem notícia e organizada com o propósito explícito de lançar uma luta coletiva das mulheres contra a subordinação e a degradação, Elizabeth Cady Stanton fez uma declaração essencial: "Dentre as muitas questões importantes trazidas à consciência do grande público, não há nenhuma que afete a família humana tanto quanto aquela denominada 'direitos da mulher'".[19]

O crescente impacto desta afirmação desafia nosso sistema com maior intensidade e força do que jamais ocorreu no passado. No entanto, o feminismo ainda é percebido por muitos como "apenas uma questão feminina". E, portanto, pelo fato de o feminismo estar ainda fora da principal corrente ideológica, as outras ideologias progressistas, do centro até a esquerda, continuam a padecer de incoerências internas monumentais.

Em compensação, existe um quarto grupo dentre as ideologias modernas que não sente qualquer desconforto com essa situação, que não vê nenhum problema nos progressos e retrocessos contraditórios. São as ideologias que começaram a evoluir nos séculos XVIII e XIX a partir da obra de homens como Edmund Burke, Arthur Schopenhauer e Friedrich Nietzsche, que eram total e escandalosamente androcráticos.[20]

Nietzsche, cuja filosofia reidealiza a protoandrocracia primitiva, ainda hoje é bastante citado e admirado. Abertamente e sem desculpas ou disfarces, Nietzsche declara que, assim como os homens devem governar as mulheres, uns poucos homens "selecionados naturalmente" e "socialmente puros" devem governar o resto da humanidade. Para ele, a religião é uma forma vil e desprezível de superstição. Sua oposição a ideias "degeneradas" e "afeminadas", como igualdade, democracia, socialismo, emancipação feminina e humanitarismo, se baseava estritamente em fundamentos "racionais" e não religiosos.[21]

A filosofia de Nietzsche, segundo a qual os "nobres e poderosos [...] podem agir em relação a pessoas de condição social inferior como queiram", é a precursora do moderno fascismo. Remontando aos antigos mitos indo-europeus, Nietzsche desprezou a tradição judaico-cristã como insuficientemente androcrática, visto que continha o que chamou de ideias "afeminadas" e "moralidade da domesticação": abnegação, caridade, benevolência e amor ao próximo. Semelhante aos "nobres tempos" dos guerreiros arianos ou indo-europeus, o ideal de ordem moral sonhado por Nietzsche é um mundo onde "os governantes" determinam, sozinhos, o que é "bondade", e os heróis "super-homens" travam guerras gloriosas. Este seria um mundo governado por homens que dizem "eu gosto disso, eu me aproprio disso", que sabem como "manter uma mulher sob controle e punir e subjugar a insolência", e a quem os fracos "se submetem voluntariamente [...] e pertencem por natureza". Em suma, um mundo bem parecido com aquele imaginado em *Minha luta*, de Adolph Hitler, o supremo documento neo androcrático do século XX.[22]

O modelo dominador de relações humanas

A ascensão do fascismo e de outras ideologias de direita é bastante lamentada por aqueles que ainda guardam esperanças em relação à retomada de nossa evolução cultural. Eles observam alarmados que as ideologias de direita gostariam de reinstalar o autoritarismo e levar-nos de volta a um tempo de injustiça e desigualdade ainda maiores. Motivo de especial preocupação é o militarismo da direita e da nova direita, sua idealização da violência, do derramamento de sangue e da guerra. Segundo eles, esse modo de pensar oferece perigo iminente e ameaça a nossa segurança e sobrevivência. Mas há um outro aspecto da ideologia de direita que raramente se comenta. Os direitistas – desde a direita norte-americana do fim do século XX até a Action Française do seu início – não só aceitam mas reconhecem abertamente o relacionamento sistêmico entre dominância masculina, conflito armado e autoritarismo.[23]

Ao reexaminarmos objetivamente os regimes políticos da modernidade, veremos que não por acaso a rígida dominância masculina, e com ela a dominância de valores "masculinos", caracterizou alguns dos regimes mais violentos e repressivos de nossos tempos. Foi o caso da Alemanha de Hitler, da Espanha de Franco e da Itália de Mussolini. Outros exemplos são os regimes militares de Idi Amin na África, Zia-ul-Haq no Paquistão, Trujillo nas Índias Ocidentais e Ceausescu na Romênia.[24]

É bastante instrutivo observar que, no próprio "berço da democracia moderna", o governo norte-americano se coloca acima da lei, trava guerras ilícitas ou secretas e corta os programas de bem-estar social para custear o maior orçamento militar da história dos Estados Unidos. O governo desse país também se opõe à reforma constitucional que garantiria às mulheres igualdade jurídica, enquanto apoia uma reforma constitucional que priva as mulheres de seu direito à liberdade de escolha reprodutiva. Além disso, se examinarmos de perto as ideologias religiosas neoandrocráticas mais visíveis – a de fundamentalistas norte-americanos como Jerry Falwell (amigo e conselheiro espiritual do ex-presidente Reagan) e a do aiatolá Khomeini do Irã – veremos que a ligação entre violência institucional, repressão das mulheres e supressão de liberdades torna-se ainda mais evidente.

Nos Estados Unidos, Jerry Falwell pregou a milhões de telespectadores que Deus é contra a Equal Rights Amendment, emenda da constituição que garante direitos iguais às mulheres. Sua posição contra a liberdade de imprensa, a livre escolha reprodutiva e o livre-arbítrio no que se refere à prática religiosa representa uma ameaça à liberdade. E sua defesa de uma "América" mais "forte" e militarista, seu apoio ao governo sul-africano e à política de repressão brutal dos negros, assim como sua simpatia por outros regimes que matam e torturam sua própria gente com armas fornecidas por "líderes norte-americanos tementes a Deus", selam a violência como vontade de Deus. Assim, o cristianismo androcrático dos Falwells da vida revela a clara conexão entre dominância masculina, autoritarismo e violência masculina.

Prova similar dessa ligação foi oferecida pelo aiatolá Khomeini quando proclamou o *chador* (vestido até os pés que as mulheres muçulmanas tradicionais precisam usar) como símbolo da volta do Irã à androcracia teocrática regida do alto pelo Khomeini e seus mulás.[25] Com efeito, visto da perspectiva da Teoria da Transformação Cultural, o chamado ressurgimento islâmico é, na verdade, o ressurgimento do sistema androcrático, que resiste violentamente ao forte impulso gilânico dos tempos modernos.

O aiatolá Khomeini foi expulso do Irã depois de liderar uma revolta de dois dias contra o tratamento mais igualitário para as mulheres. Ao voltar, uma de suas primeiras ações foi revogar a Lei de Proteção à Família de 1967, que dava às mulheres maior igualdade em questões de divórcio, casamento e herança, exortando seus seguidores a readotar o uso do véu.[26] Ao mesmo tempo, rígidas leis de segregação sexual em escolas e praias e também uma lei que diminuía para treze anos a idade mínima para o casamento das meninas foram rapidamente impostas.[27]

A nova ordem "moral" de Khomeini ordenou, de fato comandou, a tomada violenta de diplomatas norte-americanos como reféns, e mergulhou o Irã numa "guerra santa" contra o Iraque. Qualquer desobediência aos homens no poder era proclamada crime contra o Islã, punível com prisão, tortura e até morte. Não se tolerava liberdade de expressão nem de imprensa. Qualquer tentativa de criar um partido de oposição era tratada como heresia.[28] Em 1983 foram executadas em praça pública dez mulheres Baha'i – incluindo a primeira física do Irã, uma concertista de piano, uma enfermeira e três estudantes adolescentes – pelo crime de acreditarem numa fé que encoraja a igualdade entre os gêneros e que mobiliza as mulheres.[29]

Ou seja, aqueles que gostariam de reinstalar o governo dos fortes sobre mulheres *e* homens veem as questões femininas como igualdade de direitos e liberdade de escolha reprodutiva como questões fundamentais. De fato, se contemplarmos as atividades da direita – da nova direita norte-americana até suas contrapartidas religiosas no Oriente e no Ocidente – veremos que para esse grupo a volta das mulheres a seu lugar subordinado é alta prioridade.[30]

No entanto, ironicamente, a maioria daqueles que se dedicam a ideias como progresso, igualdade e paz, continua não enxergando a ligação entre "as questões femininas" e a consecução de metas progressistas. Para liberais, socialistas, comunistas e outros, do centro até a esquerda, a liberação das mulheres é uma questão secundária ou periférica, que deve ser tratada, na melhor das hipóteses, depois que outros problemas globais "mais importantes" tenham sido resolvidos.

Muito da confusão ideológica, como também da dinâmica cultural do tipo "um passo para a frente e dois para trás", típico dos tempos modernos, tem suas origens na incapacidade dos progressistas de perceber a impossibilidade lógica de criar uma sociedade justa e igualitária enquanto um modelo dominador de relações humanas continua em vigor. Deixar de enxergar a contradição entre uma sociedade igualitária e a desigualdade entre as duas metades da humanidade é, de fato, bastante irracional. Faz lembrar o conto de fadas de Hans Christian Andersen do imperador sem roupa, cuja nudez só é percebida por uma criança pequena, ainda não educada. Depois de educadas para adotar as visões de realidade necessárias à manutenção do sistema dominante, mesmo a grande capacidade lógica de nossa mente tem dificuldade de fazer a ligação aparentemente óbvia entre o modelo dominador de relações humanas e a sociedade de dominação.

Os dois tipos básicos de ser humano são o masculino e o feminino. O modo como se estrutura o relacionamento entre mulheres e homens constitui, portanto, o modelo básico para as relações humanas. Consequentemente, o modo de relacionar-se com outros seres humanos que segue o modelo dominador-dominado é internalizado desde o nascimento por todas as crianças que crescem numa família tradicional de dominância masculina.[31]

No caso do racismo, esse mesmo modelo de relações humanas é generalizado: de membros de um sexo diferente para membros de uma raça diferente. No fenômeno correlato do colonialismo, a generalização vai um passo além, para membros de uma nação diferente (em geral, também raça diferente). Esse é o modelo que, ao longo de toda a história, se prestou à racionalização de todo tipo imaginável de exploração social e econômica.

Para a frente ou para trás?

Depois de transcender os antigos rótulos ideológicos – liberal versus conservador, religioso versus secular, esquerda versus direita – a história moderna torna-se bastante esclarecedora em muitos aspectos. As modernas ideologias progressistas podem ser vistas como parte de uma revolução crescente e contínua contra a androcracia.

As rebeliões encetadas por burgueses, trabalhadores, camponeses (a burguesia e o proletariado de Marx), e depois escravos negros, colonizados e mulheres – todas fazem parte do movimento ainda em curso para substituir a androcracia pela gilania. Todas essas rebeliões de massa foram e são fundamentalmente contra um sistema no qual o escalonamento é o princípio básico de toda a organização social.

Mas até agora o questionamento ideológico da androcracia foi fragmentado. A ideologia de direita ou neoandrocrática oferece uma visão abrangente e internamente coerente da vida pessoal e pública. Mas, dentre as ideologias progressistas, somente o feminismo evita incoerências internas pela aplicação de princípios como igualdade e liberdade a todos os seres humanos – e não só à metade masculina. Apenas o feminismo oferece uma visão da reorganização da instituição social mais fundamental: a família. E só o feminismo explicita a ligação sistêmica entre a violência masculina do estupro e o espancamento de esposas com a violência masculina da guerra.[32]

Em termos do moderno sistema ideológico, o feminismo pode ser visto com um poderoso atrator. Embora ainda na periferia do sistema, durante os séculos XIX e XX o feminismo atuou como atrator periódico, guiando os intelectuais para uma visão de mundo segundo a qual as mulheres e a feminilidade não mais são desvalorizadas. Mas na nossa época de crescente desequilíbrio sistêmico, o feminismo poderia se tornar o núcleo para uma nova ideologia gilânica totalmente integrada. Incorporando os elementos humanistas de ideologias religiosas e seculares, essa nova visão de mundo gilânica enfim ofereceria uma ideologia internamente coerente, capaz de fazer a ponte e substituir a sociedade de dominação por uma sociedade de parceria.

Já existe um movimento em direção a tal ideologia. Por exemplo, em 1985 realizou-se no Instituto Elmwood, fundado por Fritjof Capra, o "New Paradigm Symposium", e nele o pensamento do novo paradigma foi descrito especificamente como "pós-patriarcal", e a nova epistemologia foi vista como representante de uma "mudança de dominação e controle da natureza para cooperação e não violência".[33] Homens que se dedicam ao estudo do futuro como Robert Jungk, David Loye e John Platt também reconhecem uma ligação entre igualdade para as mulheres e paz.[34] A declaração de 1985 da Casa de Justiça Universal Baha'i, apresentada a chefes de Estado do mundo todo, reconhece explicitamente que "a consecução de igualdade total entre os sexos" é pré-requisito para a paz mundial.[35]

Filósofas e ativistas feministas do mundo todo vêm advogando uma nova ética, para mulheres e homens, baseada em valores "femininos" como a não violência e o cuidar do outro. São elas: Wilma Scott Heide, Helen Caldicott, Betty Friedan, Alva Myrdal, Elise Boulding, Fran Hosken, Hilkka Pietila, Charlene Spretnak, Celina Garcia, Gloria Steinem, Dame Nita Barrow, Patricia Ellsberg, Patricia Mische, Barbara Deming, Mara Keller, Bella Abzug, Pam McAllister, Allie Hixson e Elizabeth Dodson Gray.[36] E inúmeras artistas, escritoras, teólogas e cientistas feministas estão produzindo novas teorias e novas imagens que propiciam um mundo de parceria ao invés de dominação: Jessie Bernard, Carol Christ, Abida Khanum, Susan Griffin, Karen Sacks, Judith Plaskow, June Brindel, Gita Sen, Rosemary Radford Ruether, Dale Spender, Nawal El Saadawi, Jean O'Barr, Betty Reardon, Starhawk, Paula Gunn Allen, Carol Gilligan, Charlotte Bunch, Judy Chicago, Mayumi Oda, Alice Walker, Margaret Atwood, Georgia O'Keeffe, Peggy Sanday, Holly Near, Ursula Le Guin, E. M. Broner, Marge Piercy, Ellen Marie Chen, Alix Kates Shulman – para mencionar apenas algumas.[37]

Existem também tentativas de fundar movimentos políticos essencialmente gilânicos baseados em ligação ao invés de escalonamento. Por exemplo, Petra Kelly vislumbrou um partido ecológico-feminista pela paz, que serviu como base para o Partido Verde da Alemanha Ocidental.[38] A plataforma do Partido dos Cidadãos de Sonia Johnson, que concorreu à eleição presidencial norte-americana de 1985, evidentemente colocava o feminismo como elemento central para qualquer mudança importante nos âmbitos social, econômico e político.

Todos esses são passos dados em direção a uma revisão de realidade totalmente integrada e coerente, algo imprescindível para realizar de maneira efetiva uma sociedade de parceria. Embora não as vejamos assim, a maioria das realidades sociais (escolas, hospitais, bolsas de valores, partidos políticos, igrejas) é a realização de ideias que antes existiam apenas na mente de umas poucas mulheres ou de poucos homens. Isso é válido também para a abolição da escravatura, substituição de monarquias por repúblicas e todos os outros progressos concretizados nos últimos séculos.[39] Mesmo as realidades físicas – como mesas, livros, jarros, aviões, violinos – são a realização de ideias humanas. Mas para que novas ideias sejam traduzidas em novas realidades, é preciso não apenas clareza de visão, mas também a oportunidade de modificar antigas realidades.

A fermentação da era moderna, com suas mudanças tecnológicas sem precedentes, oferece uma oportunidade de mudança social – e potencialmente para uma transformação social fundamental. Como vemos à nossa volta, as rápidas mudanças tecnológicas criam instabilidade social. E como mostra a Teoria da Transformação, os estados de instabilidade podem precipitar a mudança de um sistema para outro.

As modernas rebeliões de mulheres e homens contra a sociedade de dominação ocorreram em conjunto dos grandes avanços tecnológicos. Além disso, toda grande mudança tecnológica faz o impulso gilânico ganhar força, porque provoca mudanças nos papéis assumidos por mulheres e homens. Hoje em dia, até a natureza parece estar se rebelando contra a androcracia: erosão, escassez de recursos, chuva ácida e poluição ambiental. Mas essa rebelião da natureza não é, como argumentam alguns, uma rebelião contra a tecnologia. É uma rebelião contra o *uso* destrutivo e abusivo da tecnologia pela sociedade de dominação, onde os homens têm necessidade de conquistar incessantemente – seja a natureza, as mulheres ou os outros homens.

Diz-se que a moderna tecnologia é um perigo para nossa evolução cultural e biológica. Enquanto perdurar a androcracia, de fato, o avanço tecnológico pode constituir uma grande ameaça à nossa sobrevivência. Mas mesmo tal ameaça oferece maior ímpeto para uma transformação sistêmica fundamental.

No nível mais fundamental, o moderno impulso gilânico pode ser visto como um processo adaptativo movido pelo instinto de sobrevivência de nossa espécie. Como veremos no capítulo seguinte, as evidências vindas de todos os lados mostram que o sistema dominante vem chegando rapidamente a seu fim evolucionário lógico, o fim da linha para um desvio androcrático de cinco mil anos. O futuro poderá nos reservar a destruição dos esforços violentos que o atual sistema utiliza para manter o seu jugo. Mas a agonia da androcracia pode também ser o trabalho de parto da gilania e a abertura de uma porta para um novo futuro.

Capítulo 12

O colapso evolutivo: um futuro de dominação

O que antes parecia apenas uma hipótese de ficção científica, hoje é uma possibilidade real. Depois que a humanidade for varrida da face da Terra por uma guerra nuclear, o planeta será tomado por baratas, uma das poucas formas de vida imunes à radiação. Se isso acontecer, será um final digno da androcracia – e também de um sarcasmo evolucionário no que diz respeito aos seres humanos. O sistema que conseguiu debilitar nossa evolução cultural finalmente teria conseguido produzir o tipo de criatura que melhor se adapta a ele: insetos em vez de humanos.

Em seu trabalho pioneiro *The Human Use of Human Beings* [*Cibernética e sociedade: o uso humano dos seres humanos*], Norbert Wiener mostra que a rígida hierarquia dos insetos sociais, como formigas e abelhas, se adequa perfeitamente a essas formas de vida menos evoluídas.[1] Os insetos, observa Wiener, estão aprisionados dentro de carapaças externas que limitam seus corpos. Suas mentes também estão circunscritas, pois dispõem de minúsculos cérebros, sem espaço para muita memória ou processamento de informações complexas, que são as bases do aprendizado. Portanto, uma organização social na qual cada membro desempenha um papel limitado e predeterminado, e cujos sexos são totalmente especializados, é apropriada para animais como abelhas e formigas. A rainha da colmeia ou do formigueiro apenas bota ovos. O zangão apenas fertiliza a rainha. As operárias, como já se vê pelo nome, executam apenas tarefas não reprodutivas, mantendo a colônia nutrida e abrigada.

Em contraste, os humanos são formas de vida que possuem estruturas físicas mais flexíveis e menos especializadas. Tanto mulheres como homens ficam em postura ereta sobre os pés, o que libera as mãos para fazer e usar ferramentas. Os dois sexos têm cérebros altamente evoluídos com grande espaço de memória e extraordinária capacidade de processamento de informações, o que nos torna muito flexíveis e versáteis, ou seja, nos torna humanos.[2]

Assim, embora uma estrutura social rigidamente hierárquica como a da androcracia (que aprisiona os dois sexos em papéis inflexíveis e limitados) seja bastante apropriada para espécies de capacidades limitadas como os insetos sociais, ela é totalmente *inadequada* para humanos.[3] E na atual conjuntura de nossa evolução tecnológica, pode ser também um sistema fatal.

Os problemas insolúveis

A obra de Wiener sobre processos cibernéticos foi precursora de um modo mais dinâmico de compreender o mundo, visão agora adotada pelas ciências naturais. Em seu trabalho, Wiener enfatizou o fato de que a vantagem evolutiva dos seres humanos vem de sua superior habilidade para mudar comportamentos em função do que ele chamou de feedback ou realimentação: regulação de um processo pela troca de informações sobre a eficácia ou ineficácia de comportamentos passados e novas informações sobre as condições atuais.[4]

Além disso, como escreve Wiener, temos outra vantagem evolutiva por conseguirmos mudar de comportamento com rapidez. Outras espécies também desenvolvem novos padrões de comportamento em reação a modificações nas condições – se isso não ocorrer, acabarão extintas. Mas, para a maioria das espécies, essas mudanças ocorrem ao longo de sua evolução biológica, envolvendo mudanças na estrutura corpórea e mental. Em comparação, nós, humanos, podemos mudar de comportamento com muita rapidez, se necessário, e até instantaneamente, em virtude do funcionamento de nossa mente muito superior.

No entanto, para ter sucesso são necessários três fatores: perceber a realimentação ou feedback, interpretá-la corretamente e usá-la para mudar.

Hoje somos bombardeados por feedbacks sobre as condições atuais do planeta, e a informação com a qual o sistema nos realimenta foi resumida pelos futuristas através de uma frase: *a problemática global*.[5] Segundo a análise de dados revelou no primeiro e segundo relatórios do Clube de Roma, e em relatórios governamentais como o Global 2000 e muitos outros estudos internacionais e das Nações Unidas, a maioria dos cientistas entende que – se as tendências atuais persistirem – teremos pela frente tempos ainda mais caóticos, com mudanças políticas, econômicas e ambientais de proporções colossais.[6]

Já testemunhamos graves desequilíbrios ecológicos e danos ambientais. Vimos os efeitos da chuva ácida, os níveis crescentes de radioatividade, o lixo tóxico e outras formas de poluição industrial e militar. Os cientistas temem que a crescente concentração de gases sintéticos que destroem a camada de ozônio poderá alterar o clima na Terra. A rápida destruição das florestas tropicais é também causa de grande preocupação. Muitas espécies estão em extinção, e provavelmente 20% de todas as espécies da terra (centenas de milhares) estarão extintas no ano 2000.[7]

Outro problema é a perda de terras aráveis, especialmente na África, onde a fome dilacera o continente, pois a cada ano áreas enormes (do tamanho do estado do Paraná) transformam-se em desertos. E as previsões são de que a desertificação se acelere.[8]

A fome e a pobreza já assumiram proporções catastróficas. Em 1983, onze milhões de bebês morreram antes de completar um ano de idade. Dois bilhões de pessoas viviam com menos de quinhentos dólares por ano. Quatrocentos e cinquenta milhões de pessoas sofriam de fome e desnutrição grave. Dois bilhões não dispunham de água potável.[9] Nos Estados Unidos, uma das nações mais abastadas do mundo, o índice nacional de pobreza atingiu seu nível mais elevado em dezessete anos, sendo que 34 milhões de pessoas, um quinto da população total do país, foram classificadas como estando abaixo da linha de pobreza.[10]

Se persistirem as tendências atuais, as projeções são de piora, e não melhora das condições. O abismo entre ricos e pobres e entre nações ricas e pobres continuará a aumentar. Apesar da maior produção material, e em virtude do crescimento populacional, a vida de um crescente número de pobres do mundo ficará muito pior do que é hoje.[11]

Em suma, de todos os lados nos chegam sinais de alerta e feedbacks no sentido de que o sistema global começa a entrar em colapso. Destes, o mais urgente é o que os futuristas chamam de explosão populacional. Como nascem mais e mais pessoas, que por sua vez geram mais pessoas, a população cresce num ritmo impressionante.[12] Se a atual taxa de crescimento populacional se mantiver, calcula-se que, em meados do século XXI, *a cada ano* se somarão a nós a mesma quantidade de pessoas que nasceram ao longo dos *1500 anos* após a morte de Cristo![13]

A crise populacional – o fato de que as políticas atuais não conseguiram diminuir significativamente as taxas de crescimento – está no cerne dos complexos problemas aparentemente insolúveis que os futuristas chamam de *problemática global*. Por trás da erosão, desertificação, poluição do ar e da água e de todas as outras tensões ecológicas, sociais e políticas do nosso tempo, encontra-se a pressão de um número cada vez maior de pessoas ocupando uma terra finita com recursos finitos, do aumento do número de fábricas, carros, caminhões e outros agentes poluentes para levar bens a toda essa gente, e ainda as tensões cada vez mais agudas disparadas por suas necessidades e aspirações.[14] É justamente essa explosão populacional que nos permite ver com clareza como e por que nossos problemas estão se tornando insolúveis dentro do sistema androcrático.

Questões humanas e questões femininas

Ao contemplar nosso passado, vimos que o paradigma vigente fechou os olhos dos cientistas para as estatuetas pré-históricas da Deusa Mãe. Nelas os cientistas viram apenas Vênus rotundas, objetos sexuais obesos feitos para os homens. Olhando para o futuro com a mesma mentalidade, os problemas que afligem nosso planeta também são vistos de forma distorcida.

O problema começa com o fato de que a informação colhida pela maioria dos estudiosos ignora cronicamente a existência das mulheres.

Assim, a maioria dos formadores de políticas trabalha com base em metade do banco de dados. Mas mesmo quando estão diante de toda a informação, os criadores de políticas públicas continuam não conseguindo agir adequadamente devido ao sistema em vigor.

Exemplo disso é que em muitas nações muçulmanas superpopulosas e economicamente subdesenvolvidas as altas taxas de natalidade não são consideradas um problema. Líderes como o aiatolá Khomeini e Zia-ul--Haq não conseguiram ver a relação entre a pobreza extrema de seu povo e o fato de que nessas culturas as mulheres são vistas como tecnologia de reprodução controlada pelo homem. Na Conferência Populacional do México em 1984 – sediada na cidade mais densamente povoada do mundo e num país onde anualmente milhões de migrantes ilegais fogem da extrema pobreza causada pela superpopulação – os representantes do então governo Reagan declararam que não existiam problemas populacionais.[15]

A interpretação dada pela imprensa mundial e mesmo por pesquisadores acadêmicos é a de que tais declarações denotam falta de inteligência ou consciência por parte dos governos de países desenvolvidos. Tal interpretação é perigosamente enganadora. Isso porque tais declarações, na verdade, revelam total consciência daquilo que é necessário para manter o sistema androcrático no mundo inteiro.

Ironicamente, a nossa época de regressão androcrática maciça é um exemplo dramático da adoção dessas mesmas políticas numa nação que antes foi exemplo de luta por ideais gilânicos de justiça, equidade e progresso social. Os Estados Unidos – que exercem uma enorme influência sobre a política de nações superpopulosas e também consome uma porcentagem desproporcional de recursos mundiais – há pouco tempo voltou a adotar políticas para aumentar a taxa de natalidade. O governo Reagan não apenas cortou radicalmente o custeio de programas de planejamento familiar para o Terceiro Mundo, mas, numa época em que a fome e a pobreza aumentavam nos Estados Unidos, pressionou o Congresso para aprovar uma lei que proibiria o aborto novamente. Além disso, e para negar às mulheres acesso justo e igual a opções de vida não reprodutiva, o governo Reagan também se opôs frontalmente à Equal Rights Amendment, uma emenda à Constituição norte-americana que pleiteava igualdade de direitos – além de ignorar ou derrogar leis anteriores que visavam a igualdade de oportunidades de emprego e educação para as mulheres.[16]

Em outras partes do mundo, com exceção louvável de nações como China, Indonésia, Taiwan e, recentemente, Quênia e Zimbábue, o planejamento familiar raramente é a principal prioridade. Pelo contrário, na Romênia comunista, uma das nações mais pobres do Bloco Oriental, o presidente Nicolae Ceausescu declarou que era dever patriótico das mulheres "gerar quatro filhos", obrigando-as a passar por testes mensais de gravidez no local de trabalho e providenciar explicações médicas para "ausência persistente de gravidez".[17] Em muitas das nações mais pobres e superpopulosas do mundo em desenvolvimento, é negado às mulheres acesso a métodos de controle da natalidade.[18]

Muito embora a primeira e histórica Conferência Internacional sobre População de 1984 tenha declarado que "melhorar a condição das mulheres" no mundo todo era uma meta importante em si e também por seu impacto na diminuição das taxas de natalidade,[19] a criação de políticas públicas que ofereçam oportunidade e motivação para que as mulheres limitem a natalidade continua prioridade baixíssima em quase todos os lugares do mundo.[20] Os especialistas mundiais em população deixaram bem claro que o sucesso do planejamento populacional depende da criação de papéis satisfatórios e socialmente compensadores para as mulheres, outros que os de esposa e mãe. Isso é ainda mais importante do que disponibilizar programas educativos sobre controle da natalidade – e mesmo assim estes últimos continuam sendo negados.[21]

As alternativas, logicamente, são simples. A doença, a fome e a guerra são meios históricos de reduzir o crescimento populacional. Dar alta prioridade à liberdade reprodutiva e igualdade para as mulheres é outra forma de deter a explosão populacional. No entanto, conceder "alta prioridade" às "questões femininas" significaria o fim do sistema androcrático vigente. Seria a transformação da sociedade de dominação numa sociedade de parceria. E para a mente androcrática – mentalidade de muitos dos líderes mundiais da atualidade –, isso não é uma contingência.

Assim, esses homens encontram e financiam "inteligências" que dizem o que eles querem ouvir. A Heritage Foundation é financiada por interesses norte-americanos extremamente conservadores e custeou as pesquisas do conhecido futurista Herman Kahn, do economista Julian Simon e de outros, estudos esses que afirmam não existir problema populacional.²² Em essência, estes estudiosos preveem que a curto prazo a fome generalizada ajudará a conter o excesso populacional, e a longo prazo sua previsão é de que os impérios econômicos globais irão, em virtude da competição desenfreada e agressiva, produzir tanta riqueza que "sobrará" o suficiente para alimentar quantos bilhões de pessoas vierem ao mundo.²³

Esses modernos sucessores dos homens que na pré-história viraram a realidade de ponta-cabeça utilizam a mesma abordagem no tocante às "soluções" para a fome e a pobreza. Inicialmente, a existência de fome e pobreza global é negada ou minimizada.²⁴ Em seguida, diante de provas irrefutáveis (como, por exemplo: a cada minutos trinta crianças morrem por inanição ou doenças evitáveis por vacinas de pouco custo),²⁵ retrucam que essa "situação lamentável" é apenas temporária. A pobreza e a fome também desaparecerão à medida que o "livre comércio" assumir o controle.²⁶

Mesmo aqueles que parecem menos insensíveis ao sofrimento humano, e de fato eles estão bastante preocupados, muitas vezes caem nas armadilhas tradicionais que ocultam e distorcem a realidade. Continuam falando da fome e da pobreza em termos gerais, quando na verdade as evidências mostram que a pobreza e a fome são basicamente "questões femininas" ditadas pelo escalonamento do sistema androcrático/dominador.²⁷

Segundo os números fornecidos pelo governo norte-americano, as famílias chefiadas por mulheres são as mais pobres do país, sendo três vezes mais pobres que as outras, e um terço dos idosos norte-americanos que vivem na pobreza são mulheres.²⁸ Nos países em desenvolvimento, as realidades são ainda mais sombrias.²⁹ Na África, dentro e fora dos campos de refugiados, onde milhares de pessoas morrem de fome, os mais pobres dentre os pobres e os mais famintos dentre os famintos são as mulheres e seus filhos.³⁰ Como documentam o relatório da ONU, *State of the World's Women* [O estado das mulheres do mundo], de 1985, e muitos outros relatórios oficiais e informais, a situação na Ásia e na América Latina é a mesma.³¹

Novamente, seria lógico que as políticas nacionais e internacionais tivessem como alta prioridade a criação de programas para lidar com a pobreza e a fome de mulheres. Mas qual foi a reação a tais realidades?

Nos Estados Unidos, apesar do grande desemprego entre as mulheres, os programas de diminuição do desemprego instituídos nas décadas de 1970 e 1980 criaram apenas uma pequena parcela de empregos fora das ocupações dominadas por homens, como a construção e reparo de estradas. Na África, apesar da fome e do fato de que as mulheres plantam de 60% a 80% dos alimentos, financiamentos, assistência técnica agrícola, doações de terra e subsídios em dinheiro são quase que exclusivos para os homens. Também na Ásia e na América Latina, apesar de as mulheres estarem destinadas às ocupações de menor renda devido à desigualdade de oportunidades educacionais e profissionalizantes, os programas de ajuda estrangeira estão voltados quase que exclusivamente aos homens.[32]

O princípio do sistema androcrático é o de que os homens, como "chefes da família", cuidam das mulheres e das crianças. Mas esse princípio se funda num modelo de realidade que, novamente, ignora dados. Existem dados mais do que abundantes demonstrando que o principal motivo para tantas mulheres e crianças do mundo viverem na mais terrível miséria, tanto em famílias "íntegras" como em famílias "desestruturadas", é que os homens *não cuidam* adequadamente de suas esposas e filhos.

Não se trata apenas do problema de que nos países industrializados como os Estados Unidos mais de metade dos pais divorciados desobedecem à ordem judicial de pagar a pensão alimentícia devida a filhos e esposa.[33] Nem se trata apenas do fato de que em muitas partes da África e Ásia os homens migram para as cidades deixando mulheres e crianças para trás para sobreviver como puderem – voltando apenas ocasionalmente para fazer mais outro filho.[34]

A questão é que nas sociedades dominadas pelo homem a pobreza e a fome da mulher têm raízes muito mais profundas. Elas não se limitam a famílias dirigidas por mulheres. São parte integrante de uma organização familiar na qual o "cabeça do casal" tem o poder socialmente aceito de determinar como os recursos ou o dinheiro serão distribuídos e usados.

Em exemplos tirados da nossa história ocidental, temos os servos russos, os mineiros irlandeses e os trabalhadores da construção norte-americanos. A maioria desses homens considera uma afronta à sua masculinidade "dar" seu salário à esposa para que ela compre alimentos para a família. Em vez disso, como fazem muitos homens ocidentais na atualidade, eles gastam em bebidas e jogo e batem nas suas mulheres, consideradas "megeras" caso façam objeções e questionem sua autoridade masculina. Este é um padrão ainda bastante frequente na América Latina e em grande parte da África.

Além disso, em boa parte dos países em desenvolvimento as mulheres que preparam – e muitas vezes cultivam – o alimento para suas famílias não podem comer até que os homens estejam totalmente satisfeitos.[35] Novamente, existe um princípio regendo tais padrões alimentares discriminatórios. É comum que em lugares onde as mulheres fazem trabalho pesado, de sol a sol, se argumente que os homens têm necessidade de mais comida, ou então se diz que estas são "tradições étnicas" nas quais os ocidentais estrangeiros não devem interferir. Essas são as justificativas para tabus alimentares que proíbem as mulheres, especialmente as grávidas, de comer justamente os alimentos necessários à manutenção de sua saúde. Em consequência, e como mostram os estudos da Organização Mundial da Saúde, a anemia aflige cerca de metade das mulheres do Terceiro Mundo em idade reprodutiva e 60% das grávidas![36]

No entanto, tais práticas discriminatórias na distribuição dos recursos não afetam gravemente "só" as mulheres. Afetam de modo hediondo também os homens e a evolução humana. É bem sabido que mulheres mal nutridas tendem a dar à luz crianças mais propensas à debilidade e à doença. Evidentemente, isso afeta meninos e meninas, que nascem em desvantagem física e muitas vezes com deficiências mentais, ou, na melhor das hipóteses, com menos inteligência do que teriam se suas mães tivessem sido alimentadas adequadamente.

Assim, porque nosso mundo ignora sistematicamente as questões humanas que ainda são chamadas "questões femininas", milhões de seres humanos de *ambos* os sexos ficam privados de seu direito natural: a oportunidade de levar uma vida saudável, produtiva e satisfatória. E porque os direitos da mulher não são considerados direitos humanos, fica desnecessariamente detida a nossa evolução cultural e biológica.

Novamente, seria lógico supor que seriam adotadas medidas imediatas para corrigir padrões de discriminação sexual na distribuição dos alimentos. Mas, como no caso de políticas populacionais e de desenvolvimento, há limitações impostas pelo sistema androcrático predominante.

O problema fundamental é que nas sociedades dominadas pelo homem há dois obstáculos à formulação e implementação do tipo de política capaz de lidar, de modo eficaz, com os crescentes problemas globais. O primeiro obstáculo é o fato de que os modelos de realidade necessários à manutenção da dominância masculina exigem que as questões relativas à metade da humanidade sejam ignoradas ou tratadas com desdém. A monumental exclusão de dados é uma omissão de tal monta que, em qualquer outro contexto, os cientistas imediatamente protestariam apontando uma falha metodológica imperdoável. Mas mesmo quando esse primeiro obstáculo é contornado, e os formuladores de políticas públicas de alguma forma conseguem dados completos e confiáveis, resta ainda um segundo obstáculo ainda mais básico: a primeira prioridade política no sistema de dominação masculina é a preservação da dominância masculina.

Portanto, políticas que enfraqueceriam tal dominância – e a maioria das políticas que significariam esperança para o futuro humano – não serão e não podem ser implementadas. Mesmo que sejam formuladas, tais políticas precisam ser engavetadas, preteridas em termos de orçamento ou de alguma forma deturpadas para perderem eficácia.

A solução totalitária

Quando os líderes eleitos não resolvem os problemas econômicos, sociais e políticos, o povo vai buscar respostas em outros líderes. Para a mente androcrática que valoriza acima de tudo as hierarquias e está condicionada a equiparar o direito ao poder, tais respostas tendem a ser identificadas com a violência e a lei do mais forte.

Por isso não é de surpreender que um futuro possível seja o do totalitarismo global, além das projeções de colapso sistêmico e holocausto nuclear. Esse o foi tema de muitas histórias de ficção científica, do profético *1984*, de George Orwell, até filmes como *Rollerball* e *Fahrenheit 451*. Foi também assunto de trabalhos acadêmicos de estudos do futuro, como a previsão feita por Jacques Ellul de um mundo desumanizado governado por tecnocratas desumanos.[37] Mesmo a previsão "otimista", feita por Herman Kahn do Instituto Hudson, de um futuro de incrível prosperidade – resultado do curso inalterado dos negócios dos clientes desse mesmo instituto, militares e gigantescas corporações – ainda assim a previsão é de um mundo governado pelo que Kahn chama de novo "Império Agostiniano".[38]

Muitas vezes é mencionado o grande apelo psicológico de um futuro totalitário e sua promessa de um "líder forte", que, como o "pai forte" da infância, "cuidará de tudo" em troca de obediência fiel. É certo que uma mente socializada para submeter-se à autoridade masculina tenderá a procurar tal "proteção" em tempo de crise. Mas há outro motivo para o forte apelo – e grande perigo – do moderno totalitarismo.

A visão convencional do totalitarismo é a de que se trata de um mal genuinamente moderno, um horror próprio da nossa era secular e científica.[39] É fato que a eficiência tecnológica dos campos de extermínio alemães não teve precedentes. Mas, como demonstram à saciedade a pré-história e o restante da nossa história, esforços para dizimar populações inteiras não foram incomuns. Nem foi incomum o uso do terror para governar, algo que parece ser a marca registrada dos modernos regimes totalitários.

Ao novamente tomar posse do nosso passado perdido, podemos ver que os métodos de controle e estrutura básica do moderno totalitarismo são a culminação lógica de uma evolução cultural baseada no modelo dominador de organização social. Pela eficiência de seu controle através do terror, o totalitarismo é o estágio mais avançado desse tipo de sociedade. Em essência, trata-se de uma versão tecnologicamente avançada das cidades-Estado rigidamente androcráticas que emergiram na pré-história.

O Estado totalitário do século XX é o sucessor da cidade-Estado teocrática da Antiguidade onde, como descreve o historiador cultural Lewis Mumford, a massa de pessoas não passava de engrenagens rigidamente controladas em uma imensa máquina social.[40] E as elites das hierarquias totalitárias fascistas e comunistas são, em essência, as sucessoras das antigas castas dominadoras de guerreiros/sacerdotes. Ambas alegam acesso direto e exclusivo à Palavra – seja de Deus, Marx, Hitler, Stálin ou Mao. Ambas também alegam ter direito exclusivo de interpretar a Palavra através da lei, impondo a lei pela força ou ameaça do uso de força.

Como nas teocracias androcráticas, em que não havia separação entre a Igreja e o Estado, os homens que regem as sociedades fascistas e comunistas possuem poder espiritual e temporal. Como as religiões androcráticas, nem comunismo nem fascismo toleram qualquer desafio à "verdadeira" fé. Diferente de outras ideologias políticas modernas, e semelhante às religiões androcráticas, ambos oferecem uma cosmovisão abrangente, englobando quase todos, senão todos, os aspectos da vida familiar, social e política. Os extremistas de direita ainda citam a Bíblia como referência máxima para famílias dominadas pelo homem. Na Alemanha nazista, o *Führer* proclamou que não apenas as mulheres mas também os homens "fracos" e "afeminados", como os judeus, eram por natureza seres inferiores à sua nova raça de "super-homens". Na antiga União Soviética, o modelo oficial para as relações familiares, replicado em incontáveis histórias e figuras de mulheres servindo refeições para seus homens, é o mesmo da dona de casa alemã idealizada na propaganda nazista.[41]

Nos estados totalitários comunistas e fascistas, como na Bíblia, no Corão e em outras escrituras tradicionais, a obediência e conformidade são virtudes supremas. Em ambas a violência é permitida, e também obrigatória, quando a serviço da ideologia oficialmente aprovada – seja pelo terror do clero medieval, com queima de livros e pessoas, seja pelas tecnologias otimizadas da lavagem cerebral e tortura dos modernos regimes totalitários.

O líder carismático ou hipnótico que consegue com sucesso mobilizar seus seguidores para "destruir o inimigo" é outra característica marcante dos totalitarismos moderno e antigo. Na Europa medieval, por exemplo, o fervor e a ambição da religião androcrática foram eficazmente insuflados em festivais de peregrinos por homens como o Papa Urbano II e Bernardo de Claraval, levando a Europa e a Ásia Menor a um banho de sangue de séculos que foram as Cruzadas.[42] Na Alemanha nazista, em festivais igualmente longos e cheios de peregrinos portando tochas acesas, os discursos inflamados de Hitler lançaram o mundo moderno na Segunda Guerra Mundial. Mais recentemente, entrando em milhões de lares através da hipnótica mídia televisiva, uma nova linhagem de demagogos carismáticos vem exortando os norte-americanos a lutar contra "humanistas pagãos e imorais, feministas e comunistas" – a quem atribuem todos os males do mundo moderno.

Tanto nos regimes totalitários tradicionais quanto nos modernos existe a exigência de estudo constante das escrituras sagradas ou oficialmente sancionadas – seja a Bíblia ou o Corão, o *Minha luta*, ou as *Citações do presidente Mao*. Tais livros têm todas as respostas, são a "verdade" última. Servindo ao mesmo propósito da rígida censura das androcracias pré-histórica e histórica, todos os meios de comunicação de massa são rigidamente controlados pelos regimes totalitários modernos.

Embora numa escala bem menor que durante a imposição da androcracia pré-histórica, talvez a característica mais marcante das modernas sociedades totalitárias seja a indústria da criação de mitos (como em *1984*, de Orwell). Na Alemanha nazista, Adolf Hitler, que era um homem de cabelo escuro e não muito atraente, conseguiu ser transformado em *Führer*, líder forte de uma "raça pura" de super-homens arianos, loiros, lindos e de olhos azuis. Na Rússia, Deus Pai e seu representante terreno, o tirânico Pequeno Pai ou Czar, foram substituídos primeiro por Lênin, Pai da Revolução, cujo corpo mumificado tornou-se objeto de culto e devoção; e depois por Stálin, que chacinou a sangue frio milhões de compatriotas.

Na mitologia fascista e comunista, vemos exatamente o mesmo processo sendo usado durante a primeira tomada androcrática que virou a realidade de ponta-cabeça. Foram criados novos mitos e também novos símbolos. Por exemplo, a suástica e a foice e o martelo foram quase tão poderosos no século XX quanto Cristo crucificado, no que diz respeito a mobilizar homens para guerras "santas", cruzadas e guerras profanas. No lugar das antigas cerimônias e rituais sagrados, foram criados novos rituais e cerimônias: comícios gigantes, caminhadas com tochas acesas, marchas ritmadas e as palavras de ira e justa indignação do líder exortando os "inteligentes" a impor a "verdade" com violência.

Novas realidades e velhos mitos

Se reexaminarmos os mitos nazistas do ponto de vista da Teoria da Transformação Cultural, veremos que não foi por coincidência que eles retomaram a antiga mitologia dos invasores arianos indo-europeus. Pois a Alemanha nazista foi uma volta aos tempos dos kurgan não apenas no nível mítico, mas também na realidade.

Ao matar judeus em grande quantidade – e usar suas casas, empresas, bens particulares e até o ouro de seus dentes para encher os cofres públicos e gratificar os homens fiéis ao partido –, os nazistas simplesmente usaram o mesmo método que os kurgan para obter riqueza. Eles mataram, saquearam e roubaram.

A visão nazista das mulheres como propriedade masculina foi também uma repetição das normas kurgan. Nas palavras de Nietzsche, para o novo super-homem alemão a mulher deveria ser como um "animal doméstico muitas vezes agradável", usada pelos homens para prazer sexual, serviços pessoais, entretenimento e procriação.[43] E mais do que isso. Como se vê do plano de Hitler para recompensar soldados condecorados com o direito a ter mais que uma esposa, as mulheres eram para os nazistas o que eram para os homens kurgan: troféus de guerra.[44]

O poder total do *Führer* ou Líder replicou em larga escala o poder autocrático da força do chefe kurgan. Da mesma forma, as tropas de elite nazistas, as temidas SS e SA, replicaram a casta guerreira kurgan que, como exemplos vivos das "virtudes masculinas", buscavam a glória, a honra e o poder pela destruição e terror desenfreados.

Por sua fiel replicação da rígida dominação masculina, autoritarismo e alto grau de violência masculina institucionalizada, a Alemanha nazista constituiu uma das mais violentas reações ao impulso gilânico. Foi também uma das primeiras regressões modernas às primeiras e mais brutais formas de protoandrocracia – a precursora do futuro neoandrocrático.

Para esquerda e direita, cristãos e muçulmanos, a solução totalitária não passa de uma atualização da solução androcrática. Suas premissas básicas são: o desprezo por abordagens "afeminadas" ou pacíficas; a crença de que a virtude máxima é a obediência às ordens, sejam divinas ou temporais; e o credo de que a divisão dos humanos (a começar por feminino e masculino) em incluídos e excluídos precisa ser motivo de guerra para sempre.

Essa solução foi, e é ainda, aceita por muitas pessoas, mas não porque ofereça uma resposta viável aos problemas crescentes do nosso mundo. Seu encanto vem do poder estabelecido pelos símbolos e mitos androcráticos e neoandrocráticos. Essas imagens e histórias continuam a inculcar em nossa mente inconsciente o medo de sermos severamente punidos, não apenas nesta vida mas também na próxima, mesmo por aventar a hipótese de nos desviarmos das premissas e soluções androcráticas.

A importante lição ensinada pela ascensão dos modernos regimes totalitários é a de que pode ser um erro fatal subestimar o poder do mito.

O psiquismo humano parece ter a necessidade inata de um sistema de histórias e símbolos que "revelam" a ordem do universo e mostram qual é nosso lugar dentro dele. Trata-se de uma fome de significado e sentido que aparentemente nenhum sistema racional ou lógico pode saciar.

A história moderna mostra que a única maneira de pôr fim aos horrores que afligiram a humanidade sob a orientação dos mitos androcráticos é *não suprimir* tudo o que não seja a razão "masculina". É preciso não reprimir as funções intuitivas, não lineares, não racionais de nossa mente, que foram chamadas de "femininas" pelos dogmas neoandrocráticos.[45] O problema não é que os símbolos e mitos sejam de uma ordem inferior e, portanto, menos desejável do que a lógica e a razão. O problema é: que *tipo* de símbolos e mitos preencherá e guiará a nossa mente? Pró-humanos ou anti-humanos? Gilânicos ou androcráticos?

Assim como as invasões kurgan truncaram nossa primeira evolução cultural, os totalitaristas e aspirantes a totalitaristas ainda empatam a evolução cultural hoje em dia, auxiliados por mitos androcráticos antigos e novos. Nos últimos séculos, a mudança parcial de uma sociedade de dominação para uma de parceria libertou em parte a humanidade, permitindo algum movimento em direção a uma sociedade mais justa e igualitária. Mas ao mesmo tempo houve um forte movimento contrário, de direita e de esquerda, com o propósito de consolidar a sociedade de dominação em sua forma totalitarista ou moderna.

Dado o forte impulso inercial da organização social e ideológica androcrática, e em vista das novas tecnologias de controle da mente e do corpo (propaganda moderna, drogas, gases com ação sobre o sistema nervoso e mesmo as experiências de controle psíquico), um futuro totalitário é uma possibilidade concreta. Contudo, uma ordem mundial dessa natureza não duraria muito.

Isso porque, sejam religiosos ou seculares, modernos ou antigos, orientais ou ocidentais, o traço comum a todos os líderes totalitários, e aos aspirantes a líderes, é sua fé no poder letal da Espada como instrumento de libertação. Assim, cedo ou tarde, um futuro dominador é quase que inevitavelmente um futuro de guerra mundial nuclear – e o fim de todos os problemas e aspirações da humanidade.

Capítulo 13

A descoberta evolutiva: rumo a um futuro de parceria

Os autores de ficção científica veem o futuro repleto de incríveis invenções tecnológicas. No entanto, na sua grande maioria, o mundo que imaginam é carente de invenções sociais inovadoras. Na verdade, em geral sua imaginação nos leva de volta a um passado com a aparência de futuro. Seja em *Duna*,[1] de Frank Herbert, ou em *Guerra nas estrelas*, de George Lucas, o que encontramos é uma transposição da organização social dos senhores feudais para um mundo de guerras intergalácticas com tecnologia de ponta.

Depois de cinco mil anos de vida numa sociedade de dominação, é mesmo muito difícil imaginar um mundo diferente. Charlotte Perkins Gilman tentou algo assim em seu livro *Herland*.[2] Escrito em 1915, é uma utopia sarcástica sobre uma sociedade pacífica e altamente criativa na qual o trabalho mais valorizado e recompensado, enquanto maior prioridade social, é o desenvolvimento físico, mental e espiritual das crianças. A grande tirada do livro é que nesse mundo os homens haviam se autoexterminado numa guerra total enquanto as mulheres sobreviventes, devido a uma surpreendente mutação, salvaram sua metade da humanidade aprendendo a reproduzirem-se sozinhas.

No entanto, e como vimos, o problema não é o masculino enquanto sexo, mas a forma de socialização de mulheres e homens dentro de um sistema dominador. Havia homens e mulheres no Neolítico e em Creta. Há homens e mulheres dentre os pacíficos !Kung e BaMbuti. E no nosso mundo dominado pelo masculino, nem todas as mulheres são pacíficas e bondosas, enquanto muitos homens o são.

É evidente que tanto homens como mulheres possuem o potencial biológico para muitos tipos de comportamento. Mas como a armadura ou carapaça externa que limita os insetos e outros artrópodes, a organização social androcrática limita as duas metades da humanidade através de papéis rígidos e hierárquicos que impedem seu desenvolvimento. Se visualizarmos nossa evolução a partir da perspectiva de androcracia e gilania como duas possibilidades distintas de organização social humana, veremos que não é por acaso que os atuais sociobiólogos estejam tentando revitalizar a ideologia androcrática com mais outra infusão de darwinismo social do século XIX, amiúde citando as sociedades de insetos para fundamentar suas teorias. Nem é por acaso que seus escritos reforcem a visão de que o modelo normativo para escalonamentos sociais rigidamente hierárquicos (modelo de relações humanas em que o homem domina e a mulher é dominada) está programado em nosso código genético.[3]

Como têm demonstrado muitos cientistas, a evolução não é predeterminada.[4] Pelo contrário, desde o início fomos cocriadores ativos de nossa própria evolução. Por exemplo, e como Sherwood Washburn escreveu, nossa invenção de ferramentas foi causa e consequência da locomoção bipedal e da postura ereta que livrou nossas mãos para construir tecnologias cada vez mais complexas.[5] Porque tecnologia e sociedade ficaram mais complexas, a sobrevivência de nossa espécie está cada vez mais dependente da direção da evolução cultural, e não da evolução biológica de nossa espécie.

A evolução humana está numa encruzilhada. Para dizer o estritamente necessário, a tarefa humana principal é descobrir como organizar a sociedade de modo a promover a sobrevivência da espécie humana e o desenvolvimento de nossos singulares potenciais. Ao longo da presente obra, vimos que a androcracia não pode atender a essa necessidade por causa de sua ênfase nas tecnologias de destruição, sua dependência da violência para o controle social e em função das tensões engendradas inevitavelmente pelo modelo de relações humanas dominador/dominados sobre o qual se baseia. Vimos também que uma alternativa viável seria uma sociedade gilânica ou de parceria, simbolizada pelo Cálice que sustem e aprimora a vida, ao contrário da letal Espada.

A questão é: como chegar daqui até lá?

Uma nova visão da realidade

Cientistas como Ilya Prigogine e Niles Eldredge relatam que as bifurcações ou ramificações evolutivas em sistemas biológicos e químicos envolvem uma boa dose de acaso.[6] Como aponta o teórico da evolução Erwin Laszlo, as bifurcações dos sistemas sociais humanos envolvem também uma boa dose de escolha. Os humanos, diz ele, "possuem a habilidade de agir consciente e coletivamente" usando de antevisão para "escolher seu próprio caminho evolutivo". Ele acrescenta ainda que "nesta época crucial" nós "não podemos deixar ao acaso a escolha do próximo passo evolutivo da sociedade e cultura humanas. Devemos planejá-lo com consciência e propósito".[7] Ou, como coloca o biólogo Jonas Salk, nossa necessidade mais urgente e mais premente é dotar esse maravilhoso instrumento, a mente humana, com tudo o que for preciso para que ela possa enxergar e, desse modo, criar um mundo melhor.[8]

De início pode parecer uma missão impossível. Mas, como vimos, nossas cosmovisões – daquilo que é possível e desejável – são produto da história. Talvez a maior prova de que nossas ideias, símbolos, mitos e comportamentos podem ser mudados seja a evidência de que mudanças desse tipo já aconteceram na pré-história.

Vimos como a imagem da mulher foi venerada e respeitada na maior parte do mundo antigo, e como as imagens de mulheres como meros objetos sexuais a serem possuídos e dominados pelos homens passaram a predominar apenas depois das conquistas androcráticas. Vimos também que símbolos como a árvore do conhecimento e a serpente que troca sua pele em renovação periódica tiveram seu significado invertido depois da bifurcação crítica em nossa evolução cultural. Hoje bastante associados à terrível punição que advém do questionamento da dominância masculina, esses mesmos símbolos foram vistos num passado não tão remoto (em termos evolutivos) como manifestações da sede humana por libertação através de elevado conhecimento místico.

Vimos que, mesmo depois da imposição da ordem androcrática, o significado dos símbolos mais importantes mudou radicalmente e, com frequência, em virtude do impacto de ressurgimento gilânico ou recrudescimento androcrático. Um exemplo marcante é o da cruz. Ao que tudo indica, o significado original da cruz gravada em estatuetas pré-históricas da Deusa e em outros objetos religiosos estava associado ao nascimento e crescimento de plantas, animais e da vida humana. Este é o significado que sobreviveu na configuração dos hieróglifos egípcios, nos quais a cruz representa a vida e os vivos e faz parte de palavras como *saúde* e *felicidade*.[9] Mais tarde, quando a empalação de pessoas com varas tornou-se uma forma comum de execução (como se vê na arte assíria, romana e de outras civilizações androcráticas), a cruz tornou-se símbolo da morte. Ainda mais tarde os seguidores gilânicos de Jesus novamente tentaram transformar a cruz na qual ele foi executado num símbolo de renascimento – um símbolo associado a um movimento social que queria pregar e praticar a igualdade humana e conceitos "femininos" como gentileza, compaixão e paz.[10]

Hoje, séculos depois de esse movimento ser cooptado pelo sistema androcrático, a forma como interpretamos os símbolos e mitos antigos ainda desempenha papel importante na construção de nosso presente e futuro. Embora alguns líderes religiosos queiram nos fazer acreditar que a vontade de Deus é um armagedom nuclear,[11] somos testemunhas de uma forte reafirmação do desejo de viver, e não morrer, expressa num movimento dinâmico e sem precedentes para restaurar mitos e símbolos antigos, devolvendo-lhes seu significado gilânico original.[12]

Artistas como Imogen Cunningham e Judy Chicago, por exemplo, estão usando imagens sexuais femininas de um modo que remete claramente ao simbolismo paleolítico, neolítico e cretense de nascimento, renascimento e transformação.[13] Também pela primeira vez na história escrita, imagens da natureza como focas, pássaros, golfinhos, florestas e gramados verdes – antes símbolos da unidade de toda a vida sob o poder divino da Deusa – estão sendo usadas pelo movimento ecológico para reavivar em nós a consciência do vínculo essencial que temos com a natureza.[14]

Muitas vezes inconscientemente, já avançamos bastante no processo de desembaraçar e refazer a trama de nossa tapeçaria mítica para formar padrões mais gilânicos, nos quais as virtudes "masculinas", como "a conquista da natureza", não mais sejam idealizadas.[15] O que ainda nos falta é uma "massa crítica" de novas imagens e mitos, massa crítica necessária para que sejam levados para a realidade por um grande número de pessoas.

O mais importante é que, cada vez mais, mulheres e homens estão questionando o pressuposto mais básico da sociedade androcrática – o de que a dominância masculina e a violência masculina da guerra são inevitáveis. Dentre os estudos conduzidos por antropólogos sobre essa questão, um estudo transcultural realizado por Shirley e John McConahay revelou uma correlação importante entre os rígidos estereótipos sexuais necessários à manutenção da dominância masculina e a incidência de guerras, espancamento de esposas e filhos e estupros.[16] Essas correlações sistêmicas (que serão objeto de um próximo livro) estão sendo comprovadas por inúmeros novos estudos realizados exatamente porque cientistas de muitas disciplinas começaram a questionar os modelos de realidade prevalecentes.[17] Além disso, ao estudar as *duas* metades da humanidade, os cientistas de hoje estão expandindo de modo pioneiro nossos conhecimentos sobre as possibilidades da sociedade humana e também sobre a evolução da consciência humana.[18]

De fato, da perspectiva da Teoria da Transformação Cultural, a moderna "revolução da consciência", sobre a qual muito já foi escrito, pode ser vista como a transformação da consciência androcrática numa consciência gilânica.[19] Um importante indicador dessa transformação é que, pela primeira vez na história escrita, muitas mulheres e homens estão questionando frontalmente mitos destrutivos como os do "herói matador".[20] Começamos a ver claramente qual a verdadeira mensagem de histórias "heroicas" – de Teseu a Rambo e James Bond – e passamos a exigir que crianças de ambos os sexos aprendam a valorizar o cuidado e a afiliação em vez da conquista e dominação.[21] Na Suécia já existem leis que proíbem a venda de brinquedos de guerra, que são tradicionalmente usados para ensinar aos meninos a não ter empatia pelas pessoas que machucam, bem como todos os outros comportamentos e atitudes que os homens precisam para matar pessoas de sua espécie.[22] Passeatas pela paz com milhões de pessoas em todo o planeta também são evidência exuberante de que existe uma renovada consciência de nosso inter-relacionamento com toda a humanidade.

Pela primeira vez, no mundo todo, um grande número de mulheres e homens está questionando o modelo de relações humanas do tipo homem-dominador/mulher-dominada, que é o fundamento da cosmovisão dominadora.[23] Embora a ideia de uma "guerra dos sexos" tenha sido propalada em virtude desse mesmo modelo, hoje questionam-se os resultados de ver o "outro" como "inimigo".[24] Percebe-se que a emergente consciência de nossa condição de "parceria" global está integralmente relacionada ao reexame fundamental e à transformação dos papéis desempenhados por mulheres e homens.[25]

Como afirma a psiquiatra Jean Baker Miller, na sociedade em sua constituição atual somente as mulheres "estão voltadas a ser portadoras da necessidade básica de comunhão humana".[26] E somente elas aprendem a valorizar de fato as pessoas com quem têm laços de afiliação, até mais do que a si mesmas. Ao contrário dos homens, que são em geral socializados para perseguir seus próprios fins, mesmo à custa dos outros, as mulheres são socializadas para considerarem-se como responsáveis primárias pelo bem-estar dos outros, mesmo à custa de seu próprio bem-estar.[27]

Miller documenta exaustivamente essa dicotomização da experiência humana, que cria distorções psíquicas tanto em mulheres como em homens. A mulher tende a identificar-se em demasia com os outros, a ponto de uma ameaça de perda, ou quebra de um laço de afiliação, ser "percebido não apenas como a perda de um relacionamento, mas como algo semelhante à perda total do ser". Já os homens tendem a ver sua necessidade humana de afiliação como um "estorvo" ou "perigo". Assim, eles tendem a perceber o servir ao outro não como fator central, mas como fator secundário de sua autoimagem, algo que um homem "pode desejar ou se dar ao luxo de cultivar apenas *depois* de ter alcançado os atributos primários da masculinidade".[28]

Tal visão da realidade e dos papéis de gênero é, como vimos, elemento fundamental da sociedade androcrática. Mas, como afirma Miller, é muito importante reconhecer que o impulso que as mulheres sentem dentro de si em direção à afiliação não é algo errado ou retrógrado [...]. O fato que ainda não reconhecemos é o de que esse ponto de partida psíquico contém a potencialidade de uma abordagem completamente diferente (e mais avançada) da vida e do fazer humano – abordagem muito diferente daquela cultivada pela cultura dominante [...]. Ela permite a emergência da verdade: para todos, homens e mulheres, o desenvolvimento individual só pode ser alcançado através da afiliação.²⁹

Essas novas formas de ver a realidade, para mulheres e homens, vão dando nascimento a novos modelos para a psique humana. O antigo modelo freudiano via os seres humanos primariamente em termos de necessidades básicas, como alimento, sexo e segurança. O modelo posterior proposto por Abraham Maslow e outros psicólogos humanistas leva essas necessidades básicas "de defesa" em consideração, mas também reconhece que os seres humanos possuem necessidades mais elevadas de "crescimento" e "realização" que os distinguem de outros animais.³⁰

A mudança de necessidade de defesa para necessidade de realização é a chave para a transformação da sociedade de dominação em sociedade de parceria. As hierarquias mantidas pela força ou ameaça do uso de força exigem hábitos mentais defensivos. Na nossa sociedade, a criação de inimigos para o homem começa pela sua gêmea humana, a mulher, que na mitologia prevalente é responsável por nada menos que a expulsão do paraíso. Tanto para o homem como para a mulher, esse escalonamento de uma metade da humanidade sobre a outra envenena todas as relações humanas, como observou Alfred Adler.³¹

As observações de Freud ratificam o fato de que a psique androcrática é de fato uma massa de conflitos, tensões e medos.³² À medida que formos caminhando da androcracia para a gilania, cada vez mais pessoas poderão mudar da defesa para o crescimento. E como observado por Maslow ao estudar a autorrealização e pessoas criativas, quando isso acontecer, ao invés de tornarem-se mais egoístas e autocentradas, cada vez mais pessoas passarão a uma realidade diferente: a "experiência de pico" da consciência de interconexão fundamental com toda a humanidade.³³

Uma ciência e uma espiritualidade novas

Esse assunto da nossa interconexão mútua – que Jean Baker Miller chama de afiliação, Jessie Bernard chama de "ambiência feminina de amor/dever", e que Jesus, Gandhi e outros líderes espirituais chamam simplesmente de amor – é hoje também objeto da ciência. A "nova ciência" que vai se formando, da qual a teoria do caos e a produção acadêmica feminista são parte integrante, vem focalizando mais os relacionamentos que as hierarquias.

Como escreve o físico Fritjof Capra, essa abordagem mais holística é um desvio radical em relação a boa parte da ciência ocidental, que se caracterizou por uma abordagem hierárquica, excessivamente compartimentalizada e muitas vezes mecanicista.[34] Em muitos aspectos esta nova abordagem é mais "feminina", já que se diz que as mulheres pensam mais "intuitivamente", tendendo a tirar conclusões a partir de uma totalidade de impressões simultâneas ao invés de baseadas num pensamento "lógico", sequencial.[35]

Salk escreveu sobre uma nova ciência da empatia, uma ciência que usará razão e emoção "para mudar a mentalidade coletiva e influenciar construtivamente o curso do futuro humano".[36] Essa abordagem científica – adotada com grande sucesso pela geneticista Barbara McClintock, que ganhou o Prêmio Nobel em 1983 – olha para a sociedade humana como um sistema vivo do qual todos nós somos uma parte.[37] Como disse Ashley Montagu, esta será uma ciência coerente com o sentido verdadeiro e primeiro da educação: promover e desenvolver as potencialidades inatas do ser humano.[38] Acima de tudo, e como afirma Hillary Rose em *Hand, Brain, and Heart: A Feminist Epistemology for the Natural Sciences* [Mão, cérebro e coração: uma epistemologia feminista para as ciências naturais], esta não será mais uma ciência "voltada para o domínio da natureza ou da humanidade enquanto parte da natureza".[39]

Evelyn Fox Keller, Carol Christ, Rita Arditti e outras cientistas observam que, sob o manto protetor da "objetividade" e da "independência do campo disciplinar", a ciência tem frequentemente rejeitado como "não científicas" e "subjetivas" as preocupações compassivas, consideradas pela visão tradicional como demasiadamente femininas.[40] Por isso, a ciência até hoje geralmente excluiu as mulheres como cientistas e concentrou seus estudos quase que somente nos homens. Excluiu também o que chamamos de "conhecimento compassivo" – um conhecimento que, como escreve Salk, tornou-se urgentemente necessário para selecionar as formas humanas que "cooperam com a evolução, ao invés daquelas que são antissobrevivência e antievolução".[41]

A nova ciência é também um passo importante para que possamos fazer uma ponte entre ciência e espiritualidade a fim de cobrir a lacuna criada, em boa parte, por uma cosmovisão que relega a empatia às mulheres e aos homens "afeminados". Os cientistas começaram a reconhecer que, assim como o conflito artificial entre espírito e natureza, entre mulher e homem e entre as diferentes raças, religiões e grupos étnicos (todos fomentados pela mentalidade de dominação), também nosso modo de encarar os conflitos precisa ser revisto.

Como escreve Miller, que concentra sua pesquisa mais na realização do que na defesa, *não* se trata de descobrir como eliminar os conflitos, que é algo impossível. O conflito é inevitável quando indivíduos com necessidades, desejos e interesses diferentes se encontram. A questão de fato relevante à transformação de nosso mundo de luta para um de coexistência pacífica é a de tornar o conflito produtivo em vez de destrutivo.[42]

Como resultado do processo que ela chamou de conflito produtivo, Miller mostra que indivíduos, organizações e nações podem crescer e mudar. Ao aproximar-se de um outro que tem diferentes interesses e objetivos, cada parte no conflito é forçada a reexaminar seus próprios objetivos e atividades, bem como os da outra parte. O resultado para as duas partes é uma mudança produtiva ao invés de rigidez improdutiva. O conflito destrutivo, ao contrário, é a equiparação de conflito com a violência necessária à manutenção das hierarquias de dominação.

Dentro do sistema prevalente, diz Miller,

> o conflito se apresenta sempre como extremo, ao passo que, na realidade, o que leva ao perigo é deixar de reconhecer a necessidade do conflito e deixar de oferecer formas apropriadas para esse conflito. Essa forma extrema de conflito é destrutiva e assustadora, mas não é um conflito. É quase que o reverso dele; é o resultado final da tentativa de evitar e suprimir o conflito.[43]

Embora essa abordagem dominadora supressiva do conflito ainda prevaleça de modo esmagador, o sucesso de abordagens mais "femininas" ou "passivas" à resolução de conflitos nos traz esperança concreta de mudança. Essas abordagens têm raízes antigas. No âmbito da história escrita, Sócrates e depois Jesus valiam-se delas. Nos tempos modernos, elas são mais conhecidas através de homens como Gandhi e Martin Luther King Jr. – que a androcracia tratou de matar e canonizar. Mas sua utilização mais extensa foi pelas mulheres. Exemplo notável é a forma como as mulheres dos séculos XIX e XX lutaram de forma não violenta contra leis injustas. Lutando por acesso às informações sobre planejamento familiar, por tecnologias de controle da natalidade e pelo direito ao voto, elas se deixaram encarcerar e fizeram greves de fome em vez de usar a força ou ameaça de força para alcançar seus objetivos.[44]

A utilização do conflito não violento como forma de conseguir mudanças sociais não se trata de mera resistência passiva. Recusando-se a cooperar com a violência e a injustiça através do uso de meios não violentos e justos, estamos criando a energia transformadora positiva que Gandhi chamou de *satyagraha* ou "força da verdade". Como disse Gandhi, o objetivo é *transformar* o conflito em vez de suprimi-lo ou detoná-lo através da violência.[45]

Passo igualmente crítico para redirecionar o curso de nossa evolução cultural é o reexame contemporâneo do modo como definimos o poder. Escrevendo sobre o conceito de poder ainda dominante, Miller observa que a chamada necessidade de controle e dominação dos outros surge, do ponto de vista psicológico, como consequência da sensação *de falta de poder*, e não da sensação de poder. Fazendo a distinção entre "poder para si" e "poder sobre os outros", Miller afirma:

> O poder de uma outra pessoa, ou grupo de pessoas, era visto em geral como um perigo. Você precisava controlar os outros senão eles o controlariam. Mas no âmbito do desenvolvimento humano, esta não é uma formulação válida. Ao contrário. Basicamente, quanto maior for o grau de desenvolvimento do indivíduo, mais capaz, mais eficaz e menos desejoso de limitar ou restringir os outros esse indivíduo será.[46]

Como tema central da literatura feminista do século XX temos a análise das relações de poder existentes e também a pesquisa de modos alternativos de perceber e usar o poder, ou o poder da afiliação. Este foi o tema explorado por Robin Morgan, Kate Millett, Elizabeth Janeway, Berit Aas, Peggy Antrobus, Marielouise Janssen-Jurreit, Tatyana Mamonova, Kathleen Barry, Devaki Jain, Caroline Bird, Birgit Brock-Utne, Diana Russell, Perdita Huston, Andrea Dworkin e Adrienne Rich, para mencionar apenas algumas.[47] Descrita através de frases como "a fraternidade de irmãs tem poder", essa visão não destrutiva do poder está sendo levada pelas mulheres para o "mundo dos homens", à medida que elas vão saindo, cada vez mais, do "lugar da mulher". Trata-se de uma visão "ganha-ganha" ao invés de "ganha-perde" e, do ponto de vista psicológico, representa um avanço no desenvolvimento próprio *sem* precisar limitar, ao mesmo tempo, o desenvolvimento dos outros.

Em termos visuais ou simbólicos, esse tipo de poder é representado como um elo. Desde tempos imemoriais ele vem sendo simbolizado pelo círculo ou pela elipse – a elipse cósmica da Deusa ou *rotundum* alquímico – ao invés dos ângulos das pirâmides, onde os homens reinam do alto como chefes de nações ou famílias. Há muito suprimido pela ideologia androcrática, o segredo transformador representado pelo Cálice era visto no passado como a consciência da unidade ou interligação com tudo o mais no universo. Grandes videntes e místicos expressaram essa mesma visão descrevendo-a como o poder transformador de *ágape*, palavra utilizada pelos primeiros cristãos. Este é o elo primordial entre os humanos, que dentro da distorção característica da androcracia é chamado de amor "fraterno". Em essência, este é o amor altruísta que uma mãe nutre por seu filho, expresso miticamente no passado pelo amor divino da Grande Mãe por seus filhos humanos.

Nesse sentido, nosso reencontro com tradições espirituais antigas de culto à Deusa, ligadas ao modelo social de parceria, é uma reafirmação da dignidade e do valor de metade da humanidade. Essa é uma forma muito mais reconfortante e tranquilizadora de representar as forças que governam o universo. Ela oferece também um substituto positivo para os mitos e imagens que por tanto tempo vimos falsificar escandalosamente os princípios mais elementares das relações humanas pela valorização do assassinato e da exploração, ao invés do nascimento e do cuidado amoroso.

Nos primeiros capítulos deste livro vimos que, no início de nossa evolução cultural, o princípio feminino corporificado na Deusa era a imagem não apenas da ressurreição ou transformação da morte em vida, mas também da iluminação da consciência humana através da revelação divina. Como observa o psicólogo junguiano Erich Neumann, nos antigos rituais misteriosos a Deusa representava o poder de transformação física da "divindade como a roda da vida" em sua "totalidade que traz vida e morte". Mas ela era também símbolo de transformação espiritual: "A força do centro, que dentro desse ciclo traz consciência e conhecimento, transformação e iluminação – os objetivos mais elevados da humanidade desde tempos imemoriais".[48]

Uma política e uma economia novas

Hoje, muito tem sido dito e escrito sobre transformação. Futuristas como Alvin Toffler nos falam de grandes transformações tecnológicas – da "primeira onda", ou agrária, à "segunda onda", ou industrial, até a "terceira onda", ou sociedade pós-industrial.[49] De fato, vimos grandes transformações tecnológicas ao longo da história escrita. Mas no contexto da Teoria da Transformação Cultural que estamos desenvolvendo, fica claro que as chamadas grandes transformações culturais (por exemplo, a mudança da Era Clássica para a Era Cristã ou, mais recentemente, da era secular para a era científica) não foram senão mudanças de um tipo de sociedade dominadora para outra dentro de um mesmo sistema androcrático.

Houve outras bifurcações, pontos de desequilíbrio social, em que uma transformação sistêmica fundamental poderia ter ocorrido, quando surgiram flutuações novas ou padrões de funcionamento mais gilânicos. Mas estes jamais ultrapassaram o limiar de nucleação, que sinalizaria uma mudança da androcracia para gilania. Usando uma analogia caseira, até agora o sistema androcrático tem se comportado como uma tira elástica. Durante períodos de forte ressurgimento gilânico, como por exemplo no tempo de Jesus, a tira se esticou bastante. Mas no passado, sempre que os limites da androcracia eram alcançados, o sistema voltava ao seu contorno original, como um elástico que se solta. Agora, pela primeira vez na história escrita, esse elástico pode se romper em vez de voltar – e nossa evolução cultural poderá enfim transcender os limites que nos retiveram por milênios.

Dado o nosso nível de desenvolvimento tecnológico, quais seriam as implicações políticas e econômicas de uma migração total do modelo de dominação para o modelo de parceria? Num mundo não mais dominado pela Espada, as tecnologias de que dispomos poderiam acelerar incrivelmente nossa evolução cultural. Como registra Ruth Sivard em seu relatório anual *Despesas militares e sociais no mundo*, o dinheiro gasto para desenvolver um míssil balístico intercontinental daria para alimentar 50 milhões de crianças, construir 160 mil escolas e abrir 340 mil postos de saúde. Mesmo o custo de um único submarino atômico – o equivalente à soma do orçamento anual da pasta da Educação de 23 países em desenvolvimento, num mundo onde 120 milhões de crianças não têm escola e 11 milhões de bebês morrem antes de seu primeiro aniversário – poderia abrir novas possibilidades para milhões de pessoas que hoje estão fadadas a viver na pobreza e na ignorância.[50]

Como salientam insistentemente os estudos do futuro, falta a nós um sistema de orientação social, valores mestres capazes de redirecionar a alocação de recursos (inclusive a avançada produção tecnológica) em prol de objetivos mais elevados.

Willis Harman, que encabeçou importantes estudos do futuro no Instituto de Pesquisas de Stanford, afirma que o que precisamos – e já está se desenvolvendo – é de uma "metamorfose nas premissas culturais básicas e em todos os aspectos das instituições e papéis sociais". Para ele, esta é a nova consciência, na qual a competição será equilibrada pela cooperação, e o individualismo pelo amor. Esta será uma "consciência cósmica", "mais elevada", que "liga o interesse próprio aos interesses dos outros seres humanos e das futuras gerações". Isto acarretará nada menos que uma transformação fundamental de "dimensões verdadeiramente assombrosas".[51]

Da mesma forma, no segundo relatório do Clube de Roma lê-se que, para "evitar catástrofes regionais de grande monta no nível regional e, por fim, global", devemos desenvolver um novo sistema mundial "orientado por um plano mestre racional que promova o crescimento orgânico de longo prazo", e consolidado por "um espírito de cooperação verdadeiramente global, na forma de livre parceria".⁵² Tal sistema mundial seria governado por uma nova ética planetária baseada na consciência mais ampla do futuro e na identificação com o futuro e com as futuras gerações, e exigiria que adotássemos como ideais normativos a cooperação com a natureza ao invés do confronto com ela, e a harmonia com a natureza ao invés de sua exploração.⁵³

Um dos aspectos impressionantes dessas projeções é que os futuristas não veem a tecnologia ou a economia como os principais determinantes do nosso futuro. Pelo contrário, reconhecem que as vias para o futuro serão traçadas pelos valores humanos e configurações sociais. Em outras palavras, nosso futuro será determinado basicamente pela forma como nós, seres humanos, concebemos suas possibilidades, potenciais e implicações. Como diz o futurista John McHale: "Nossos esquemas mentais são seu programa de ação básico".⁵⁴

O mais impressionante é que muitos futuristas estão dizendo, quase que com essas palavras, que devemos deixar para trás os valores rígidos, orientados para a conquista e tradicionalmente associados à "masculinidade". A necessidade de "um espírito de cooperação verdadeiramente global nos moldes da livre parceria", "um equilíbrio do individualismo pelo amor" e a meta normativa de "harmonia ao invés de conquista da natureza" não são uma reafirmação do *ethos* feminino"? E qual seria a finalidade de "mudanças drásticas no substrato normativo" ou de "uma metamorfose nas premissas culturais básicas e todos os aspectos das instituições sociais" senão a substituição de uma sociedade dominadora por uma de parceria?

A mudança de uma sociedade de dominação para uma de parceria traria, obviamente, uma mudança na nossa orientação tecnológica – do uso da tecnologia para destruir e dominar para o uso dela para suster e melhorar a vida humana. Ao mesmo tempo, começariam a diminuir o desperdício e o consumismo excessivo, que hoje roubam aos necessitados. Como observam inúmeros comentaristas, no cerne da configuração ocidental de ultraconsumismo e desperdício repousa o fato de que somos culturalmente obcecados por pegar, comprar, construir – e desperdiçar – *coisas*, como substituto para relacionamentos emocionais satisfatórios que nos são negados pelos valores e tipos de criação que os adultos dão às crianças no presente sistema.[55]

Acima de tudo, a mudança da androcracia para a gilania começaria por eliminar a política da dominação e a economia da exploração, que no sistema vigente ainda andam de mãos dadas. Como apontado por John Stuart Mill há mais de um século em seu pioneiro livro *Princípios de economia política*, a forma como os recursos econômicos são distribuídos não depende de alguma lei econômica inexorável, mas de escolhas políticas, ou seja, escolhas humanas.[56]

Muitos reconhecem que nem capitalismo nem comunismo, na forma como se apresentam hoje, podem oferecer saídas para os crescentes dilemas econômicos e políticos. Enquanto a androcracia perdurar, é impossível existir um sistema político e econômico justo. Em nações ocidentais como os Estados Unidos, onde os candidatos são financiados por certos interesses econômicos, ainda não foi possível chegar à democracia política. Da mesma forma, em nações como a antiga União Soviética, governada por uma classe gerencial majoritariamente masculina, poderosa e privilegiada, não foi possível chegar à democracia econômica.

Mais especificamente, a política da dominação e a economia da exploração são exemplificadas em *todas* as androcracias pela "dupla economia", na qual as atividades produtivas da mulher não são remuneradas, ou são mal remuneradas, mas sempre exploradas. Como aponta o relatório das Nações Unidas, *State of the world's women*, de 1985, em âmbito mundial as mulheres representam metade da população, desempenham dois terços do trabalho do mundo em termos de horas, ganham um décimo do que os homens ganham e possuem um centésimo da propriedade em relação ao que os homens possuem.[57] Além disso, o trabalho não remunerado das mulheres é rotineiramente excluído dos cálculos de produtividade nacional,[58] sendo que na África elas são responsáveis pela maior parte da agricultura, e no âmbito mundial oferecem de graça o mesmo volume de serviços de saúde que todos os serviços formais de saúde somados. O resultado, como aponta a futurista Hazel Henderson, é que as projeções econômicas globais se baseiam em "ilusões estatísticas".[59]

Em sua obra *The Politics of the Solar Age* [A política da era solar] Henderson descreve um futuro econômico positivo no qual haveria um reequilíbrio fundamental dos papéis da mulher e do homem. Isso significaria encarar o fato de que nosso militarismo "masculino" é "a atividade humana mais entrópica e de maior desperdício energético, já que converte energia armazenada em desperdício e destruição, sem satisfazer de modo produtivo qualquer necessidade humana básica". Depois do período atual, "marcado pelo declínio dos sistemas patriarcais", Henderson prevê que as realidades econômica e ecológica não serão governadas por valores "masculinizados", "hoje profundamente associados à identidade masculina".[60]

Da mesma forma, em *The Sane Alternative* [A alternativa sã] o escritor britânico James Robertson compara o que ele chama de "hiperexpansionismo", ou futuro HE, (em inglês, "ele") com um futuro "são, humano e ecológico", ou futuro SHE (em inglês, "ela").[61] O professor alemão Joseph Huber descreve essa perspectiva econômica negativa como "patriarcal", ao passo que, na sua perspectiva positiva, "os dois sexos estão no mesmo nível social. Homens e mulheres partilham dos mesmos empregos remunerados, tarefas domésticas, da criação dos filhos e de outras atividades sociais".[62]

O tema central que unifica essas e outras análises econômicas, embora vital para nosso futuro, continua bastante desarticulado. Emprestando uma expressão da análise marxista, os sistemas econômicos tradicionais, seja o capitalista seja o comunista, são construídos sobre a base *alienação do trabalho de cuidado amoroso*.[63] Quando esse trabalho de cuidar – de suster a vida, nutrir, ajudar e amar os outros – for integrado plenamente à economia preponderante, veremos uma transformação econômica e política fundamental.[64] Aos poucos, à medida que a metade feminina da humanidade e aqueles valores e metas que a androcracia rotulava como femininos forem plenamente integrados aos mecanismos que governam a sociedade, um sistema política e economicamente saudável e equilibrado surgirá. Então, unidos à família global almejada por feministas, pacifistas, ecologistas, humanistas e outros movimentos gilânicos, os seres humanos começarão a vivenciar seu pleno potencial evolutivo.

Transformação

A passagem para um novo mundo de renascimento psicológico e social exigirá mudanças que ainda não é possível prever, nem mesmo imaginar. De fato, devido aos muitos fracassos que se seguiram a esperanças anteriores de melhoria social, projeções de um futuro positivo são recebidas com ceticismo. Mas sabemos que mudanças estruturais são também mudanças funcionais. Assim como não se pode sentar no "canto de uma sala redonda", ao mudar de uma sociedade dominadora para uma de parceria nossos velhos hábitos de pensamento, sentimento e ação serão paulatinamente transformados.

Durante milênios de história escrita, o espírito humano se viu aprisionado pelos grilhões da androcracia. Nossa mente foi cerceada, nosso coração insensibilizado. Mesmo assim, a sede de verdade, beleza e justiça nunca se extinguiu. Ao nos libertarmos daqueles grilhões, quando nossas mentes, corações e mãos estiverem livres, também nossa imaginação criativa se verá alforriada.

Para mim, uma das imagens mais evocativas da transformação de androcracia em gilania é a da metamorfose da lagarta em borboleta. A imagem me parece especialmente adequada, pois expressa a visão de uma humanidade que vai subindo, se elevando, até onde pode alcançar. Como a borboleta, que é um antigo símbolo de regeneração, uma manifestação divina dos poderes transformadores atribuídos à Deusa.

Dois outros livros, *Breaking Free* e *Emergence*, explorarão essa transformação mais profundamente. Eles delinearão um novo plano mestre para a realização social – não uma utopia (que em grego significa literalmente "nenhum lugar"), mas uma *pragmatopia*, uma projeção de um futuro gilânico realizável. É obvio que umas poucas páginas não poderiam sequer começar a cobrir os assuntos que serão abordados em dois livros, mas gostaria de fechar este capítulo esboçando rapidamente algumas das mudanças que vejo como consequências da retomada de nossa evolução cultural interrompida.[65]

Ao passarmos de um mundo dominador para um de parceria, a mudança mais radical será o fato de que nós, nossos filhos e netos saberemos novamente o que é viver livres do medo da guerra. Num mundo em que para ser "masculino" não será obrigatório dominar, e diante do maior status feminino e de prioridades sociais mais "femininas", o perigo de hecatombe nuclear será reduzido. Ao mesmo tempo, quando as mulheres tiverem maior igualdade de oportunidades sociais e econômicas – para que as taxas de natalidade possam chegar a um equilíbrio melhor em relação a nossos recursos –, a "necessidade" malthusiana de fome, doença e guerra diminuirão progressivamente.[66]

Nossos problemas de poluição e degradação ambiental e esgotamento dos recursos naturais também diminuirão nos anos de transformação, visto que esses problemas estão muito ligados à superpopulação, à "conquista da natureza" pelo homem e ao fato de que "cuidar do meio ambiente" não é uma prioridade política nas androcracias. Consequentemente, deverão diminuir também a falta de energia e outros recursos naturais, bem como os problemas de saúde decorrentes de poluição química.[67]

Quando as mulheres não mais forem excluídas de programas de ajuda financeira, reforma agrária e treinamento profissional moderno, ganharão eficácia os programas de desenvolvimento econômico do Terceiro Mundo, de fomento à educação, tecnologia e melhores padrões de vida. Haverá muito menos ineficiência econômica e muito menos do terrível sofrimento humano, que é o destino de milhões de pessoas, tanto no mundo desenvolvido como no mundo em desenvolvimento de hoje. Quando as mulheres não mais forem tratadas como animais de cria e carga e tiverem maior acesso a saúde, educação e participação política, não apenas a metade feminina da humanidade mas toda a humanidade será beneficiada.[68]

Junto com medidas mais racionais voltadas à redução eficaz da pobreza e da fome dos milhões de mulheres e crianças abaixo da linha da pobreza, a crescente consciência de nossa ligação com todos os outros membros de nossa espécie deverá gradativamente diminuir a lacuna entre nações ricas e pobres. De fato, quando bilhões de dólares e horas de trabalho forem desviados da produção de tecnologias de destruição para a produção de tecnologias que sustêm e aprimoram a vida, pobreza e fome se transformarão em lembranças de um passado androcrático brutal.[69]

Quando as relações mulher-homem passarem do grau hoje vigente de suspeita e recriminação para uma parceria aberta marcada pela confiança, isso refletirá nas famílias e na comunidade. Haverá repercussões positivas também nas políticas nacionais e internacionais. Gradualmente veremos diminuir o arsenal infindável de problemas cotidianos dos quais padecemos – de doenças mentais, suicídio e divórcio até espancamento de esposas e filhos, vandalismo, assassinato e terrorismo internacional. Como mostram pesquisas que detalhamos em outros livros, esse tipo de problema deriva em grande parte do alto grau de tensão interpessoal inerente a uma organização social dominada pelo homem, como também de estilos dominadores de criação baseados na força. Assim, com a passagem para relacionamentos mais igualitários e equilibrados entre mulheres e homens, com o reforço de comportamentos mais gentis, favoráveis ao humano e de cuidado com o outro nas crianças de ambos os sexos, é realista esperar que ocorram mudanças psíquicas fundamentais. Por sua vez, em um prazo relativamente curto, essas mudanças acelerarão exponencialmente o ritmo da transformação.

Evidentemente, no mundo futuro em que mulheres e homens viverão em plena parceria ainda haverá famílias, escolas, governos e outras instituições sociais. Mas como as instituições já emergentes da família igualitária e das redes de ação social, as estruturas sociais do futuro se basearão mais em ligações do que em escalonamentos. Em vez de exigir que os indivíduos se encaixem em hierarquias piramidais, essas instituições serão heterárquicas, dando margem a diversidade e flexibilidade nos processos decisórios e nas atividades. Portanto, os papéis feminino e masculino serão bem menos rígidos, dando a toda a espécie humana o máximo de flexibilidade para o seu desenvolvimento.[70]

Coerente com as tendências atuais, muitas das novas instituições terão um escopo mais global, transcendendo as fronteiras nacionais. À medida que se consolidar a consciência de nossa ligação mútua e com o meio ambiente, é provável que vejamos o definhar da antiga nação-Estado enquanto entidade política autorreferenciada. Contudo, em vez de maior uniformidade e conformidade, que seria a projeção natural do ponto de vista do sistema dominador, haverá mais individualidade e diversidade. Unidades sociais menores estarão ligadas a matrizes ou redes em função de vários objetivos comuns, desde o cultivo agrícola e pesca cooperativos até a exploração espacial, a partilha de conhecimentos e a promoção das artes.⁷¹ Haverá também outras empresas globais, ainda inconcebíveis para nós, que desenvolverão formas mais equitativas e eficientes de utilizar todos os recursos naturais e humanos de que dispomos. Surgirão invenções materiais e sociais que não podemos prever a partir do atual estágio do nosso desenvolvimento.

Com a passagem global para uma sociedade de parceria virão muitas descobertas tecnológicas. Técnicas atuais serão adaptadas às novas necessidades sociais. Como previram Schumacher e outros, muitas destas serão tecnologias melhores, que exigem mais trabalho no campo do artesanato – por exemplo, o retorno ao orgulho da criatividade e individualidade da tecelagem, carpintaria, cerâmica e outras artes aplicadas. Mas ao mesmo tempo, como o objetivo é livrar a humanidade da monotonia insectiforme, o retorno a essas tecnologias *não* ocorrerá em todos os campos da atividade humana. Pelo contrário. A mecanização e a automação nos permitirão realizar nossos potenciais criativos, contribuindo assim para o fomento da vida. Tanto a produção em grande escala como em pequena escala serão utilizadas de forma a incentivar, e até exigir, a participação dos trabalhadores – ao contrário do que ocorre no sistema dominador, onde se requer que os trabalhadores se transformem em máquinas ou autômatos.

O desenvolvimento de métodos de controle da natalidade mais seguros e confiáveis será alta prioridade tecnológica. Veremos muito mais pesquisas para compreender e retardar o processo de envelhecimento – das técnicas atuais de substituição de partes do corpo que deixam de funcionar até formas de regeneração celular. É possível também que se chegue a conseguir a perfeição dentro do campo de criação da vida em laboratório. Mas ao invés de substituir as mulheres ou converter as mulheres em incubadoras de células artificialmente desenvolvidas, tais tecnologias de reprodução seriam cuidadosamente avaliadas por mulheres e homens para assegurar que estivessem a serviço do pleno potencial humano de ambos os sexos.⁷²

Uma vez que as tecnologias de destruição não mais consumirão e destruirão boa parte de nossos recursos humanos e naturais, empreendimentos nunca antes sonhados (e hoje impensáveis) se tornarão economicamente viáveis. O resultado será uma economia próspera generalizada, preconizada pela economia de nossa pré-história gilânica. A riqueza material não apenas será distribuída mais equitativamente, mas a ordem econômica verá como uma doença ou anomalia a acumulação de mais e mais propriedades como forma de proteger-se dos outros e controlar esses mesmos outros.

Ao longo desse processo haverá muitos estágios. O primeiro, já emergente, é o que chamamos de economia mista, que combina alguns dos melhores elementos do capitalismo e do comunismo – e no tocante à variedade de unidades cooperativas descentralizadas de produção e distribuição, também do anarquismo.[73] O conceito socialista de que os seres humanos têm tanto direitos políticos como direitos econômicos fundamentais ocupará um lugar central na economia gilânica, baseada no cuidado do outro e não na dominação. Quando a sociedade de parceria ocupar o lugar da sociedade de dominação, podemos também esperar novas invenções econômicas.

No coração dessa nova ordem econômica estará a substituição da hoje decadente "dupla economia", na qual o setor econômico, dominado pelos homens e gratificado por dinheiro, status e poder, precisa, em seu estágio industrial, "canibalizar os sistemas social e ecológico", como documenta Henderson. Ao invés disso, podemos esperar que a economia "informal" não monetarizada (o gerenciamento e a manutenção da casa, a criação dos filhos, os trabalhos comunitários voluntários e todas as atividades cooperativas), que dá sustentação ao sucesso das presentes "atividades excessivamente remuneradas e competitivas", será adequadamente valorizada e remunerada.[74] Isso constituirá a base (hoje inexistente) para um sistema econômico no qual o cuidar dos outros não recebe apenas elogios mas também a melhor remuneração, tornando-se, portanto, a atividade humana mais valorizada.

Práticas como a mutilação sexual feminina, o espancamento de mulheres e todas as formas mais ou menos violentas, através dos quais a androcracia vem mantendo as mulheres "em seu lugar", serão vistas não como uma tradição sagrada, mas como aquilo que realmente são: crimes gerados pela desumanidade do homem contra a mulher.[75] No tocante à desumanidade do homem contra o homem, quando a violência masculina não mais for glorificada em épicos e mitos "heroicos", as chamadas virtudes masculinas da dominação e da conquista também serão vistas pelo que realmente são: aberrações brutais e bárbaras de uma espécie voltada contra si mesma.

Através da reafirmação e celebração dos mistérios transformadores simbolizados pelo Cálice, novos mitos reavivarão em nós o esquecido senso de gratidão e celebração da vida, tão evidente nos resquícios artísticos do Neolítico e da Creta minoica. Religando-nos a nossas raízes psíquicas mais inocentes – que vicejavam antes que a guerra, as hierarquias e a dominância masculina se tornassem a norma vigente –, essa mitologia não nos levará de volta ao mundo psicológico da infância tecnológica de nossa espécie. Pelo contrário, ao combinar nossa herança de mitos e símbolos gilânicos com o ideário moderno, elas nos levarão um passo à frente na direção de um mundo muito mais racional no verdadeiro sentido da palavra: um mundo animado e guiado pela consciência de que, ecológica e socialmente, estamos ligados uns aos outros e ao meio ambiente.

Junto com a celebração da vida virá a celebração do amor, incluindo o amor sexual entre mulheres e homens. A ligação sexual através de alguma forma daquilo que hoje chamamos casamento certamente persistirá. Mas o propósito fundamental dessa ligação será o companheirismo mútuo, o prazer sexual e o amor. Os filhos não serão mais associados à transmissão de nomes e propriedades masculinos. Além dos casais heterossexuais, outros relacionamentos de cuidado e amor mútuo serão plenamente reconhecidos.[76]

Todas as instituições, não apenas aquelas criadas especificamente para a socialização das crianças, terão como objetivo a realização de nosso grande potencial humano. Tal meta só pode existir num mundo em que o mais importante é a qualidade e não a quantidade de vidas humanas. Assim, como previu Margaret Mead, as crianças serão poucas e, por isso mesmo, muito valorizadas.[77]

Os anos formativos da infância receberão atenção ativa por parte de mulheres e homens. Não apenas os pais biológicos, mas também muitos outros adultos assumirão variadas responsabilidades pelo mais precioso dos produtos sociais: a criança humana. Nutrição correta e exercícios físicos e mentais, como formas avançadas de ioga e meditação, serão pré-

-requisitos básicos para ter corpo e mentes saudáveis. Em vez de programada para socializar a criança e encaixá-la no seu lugar dentro de hierarquias, a educação será um processo de maximização da flexibilidade e criatividade em todos os estágios da vida, aliás, como já se vê nos dias de hoje.

Nesse mundo onde a realização de nossos mais elevados potenciais evolutivos (a liberdade através da sabedoria e do conhecimento) orientará as políticas sociais, o tema central das pesquisas será a prevenção de doenças sociais e individuais, tanto do corpo como da mente. Além disso, nossos poderes mentais ainda desconhecidos, mas cada vez mais reconhecidos, serão exaustivamente estudados e cultivados. O resultado é que potenciais mentais e físicos nunca antes imaginados serão descobertos e desenvolvidos.[78]

Acima de tudo, nesse mundo gilânico a mente das crianças – meninas e meninos – não mais estará algemada. Num tal mundo, a limitação e o medo não mais serão sistematicamente ensinados através de mitos sobre como os humanos são inevitavelmente maus e perversos. Nesse mundo, as crianças não aprenderão histórias épicas sobre homens honrados por serem violentos, ou contos de fadas sobre crianças que se perdem em florestas aterrorizantes, onde as mulheres são bruxas malvadas. Elas aprenderão novos mitos, épicos e histórias nos quais os seres humanos são bons, os homens pacíficos e o poder da criatividade e do amor – simbolizados pelo Cálice sagrado, receptáculo santificado da vida – é o princípio norteador. Nesse mundo gilânico, nossa vontade de justiça, igualdade e liberdade, nossa sede de conhecimento e iluminação espiritual e nosso desejo de amor e beleza serão enfim libertados. Depois do sangrento desvio da história androcrática, tanto mulheres como homens enfim encontrarão o significado do que é ser humano.

Epílogo especial para a 25ª edição

*P*ara *a edição especial de* O cálice e a espada, *que marca sua 25ª edição, os editores pediram a Riane Eisler para comentar brevemente sua visão sobre as tensões persistentes entre os modelos dominador e de parceria.*

Desde a primeira edição de *O cálice e a espada* em 1987, muitas coisas aconteceram, tanto no mundo em geral como no meu ambiente mais próximo. Globalmente, continua a crescer o movimento contra a dominação em todas as suas formas. Ao mesmo tempo, aumentou também a resistência às mudanças fundamentais, resistência que se manifesta através dos padrões ancestrais de dominação e violência, por vezes assumindo formas muito regressivas e brutais.

Dentre os fatos mais dramáticos, temos os acontecimentos na antiga União Soviética. A política de *glasnost* [transparência] e *perestroika* [reconstrução] de Mikhail Gorbachev permitiu e incentivou uma rebelião aberta contra as rígidas hierarquias autoritárias e o poder centralizado. A parceria pessoal com sua esposa, Raisa, sua percepção de que era necessária uma mudança fundamental de valores, sua redução unilateral dos sistemas militares soviéticos e seu desejo claramente sincero por um mundo mais justo, igualitário e pacífico trouxeram grandes esperanças. Não apenas vislumbrou-se um fim para a corrida armamentista entre Estados Unidos e a antiga União Soviética, mas todos os povos do mundo, da China aos Estados Unidos, foram inspirados a imaginar um futuro melhor.

Mas aqueles que conheciam as realidades da antiga União Soviética estavam menos entusiasmados. Havia relatos de sabotagem econômica nos bastidores, de criação proposital de escassez de produtos, atos comandados por membros da elite soviética, os *apparatniks*, que faziam todo o possível para manter o controle através de obstrução e desestabilização em grande escala, principalmente nas províncias. Tudo isto, somado à ineficiência e à corrupção já instaladas no sistema e aos inevitáveis descompassos decorrentes da tentativa de mudar de uma economia controlada pelo Estado para uma economia de mercado, fez surgir uma ameaça de colapso econômico total. Como se isso não fosse suficiente, à medida que o medo de represálias brutais diminuiu, o antigo império soviético começou a se despedaçar e o próprio presidente Gorbachev caiu.

Durante o período em que Gorbachev e Yeltsin ainda lutavam pela liderança, fui convidada a participar de um encontro com vários intelectuais e políticos soviéticos. Um dos políticos era um colega de Yeltsin do alto escalão. Havia também um economista, um produtor de televisão e vários membros da Academia Soviética de Ciências. Foi um encontro fascinante e que abriu meus olhos para a fantástica ilusão dos soviéticos de que bastaria substituir o comunismo pelo capitalismo e tudo acabaria bem.

Os acontecimentos subsequentes mostraram a inconsistência desse ponto de vista. Ao invés de combinar o melhor do socialismo com o melhor do capitalismo com a investigação intensiva de um rumo econômico completamente novo, os planificadores da economia russa escolheram a mesma receita capitalista de reestruturação econômica, que antes já causara tanto sofrimento em muitas partes dos países em desenvolvimento, especialmente para mulheres, crianças e idosos. Em vez de avançar para a conquista de uma verdadeira democracia dentro da família, o abuso e violência contra mulheres vem crescendo, junto com outras modalidades de crimes violentos. Nas eleições de 1993, os russos deram a maioria de votos a um candidato fascista, antissemita e ultranacionalista, que prometeu que, se eleito presidente da Rússia, faria novas Hiroshimas e Nagasakis, pois não hesitaria em usar armas nucleares.

Ao longo da presente obra, sugeri que nossa luta pelo futuro não se travará entre capitalismo e comunismo, mas entre uma organização social e ideológica orientada primariamente para um modelo social de parceria ou de dominação (seja oriental ou ocidental, do hemisfério norte ou sul). Se olharmos para os acontecimentos que vêm se desenrolando na Rússia atual, veremos isso espelhado em uma série de dinâmicas subjacentes. Os problemas que a democracia russa enfrenta não têm suas raízes no comunismo, mas numa característica comum às sociedades orientadas pelo modelo dominador. Os russos conheceram somente estruturas autoritárias e hierárquicas, desde os regimes feudais ou czaristas até a "ditadura do proletariado". Por isso, a eficaz sabotagem dos *apparatniks* comunistas ao modelo de mais parceria proposto por Gorbachev pode ser vista como um mecanismo de manutenção do sistema dominador, nesse caso, pela criação de falsa escassez de produtos. Este é um recurso que as elites usam para ficar no controle, como se vê do período anterior de regressão dominadora ocorrido nos Estados Unidos. A orientação econômica de Reagan, que desviou recursos de programas sociais para a corrida armamentista, reduziu os impostos dos ricos e aumentou a lacuna entre os que ocupam o topo e os que formam a base da pirâmide – desse modo agravando inimizades que dividiam os diversos grupos étnicos, raciais e religiosos, uma estratégia usada também na antiga União Soviética.

Além disso, apesar da entrada em massa das mulheres no mercado de trabalho e nos níveis inferior e médio do governo, e como pude constatar quando visitei a antiga União Soviética em 1984, a Rússia é extremamente dominada pelos homens e centrada no homem. Ali se observa a forte crença de que dentro da família as mulheres devem se submeter e servir ao marido – crença alicerçada numa tradição de espancamento doméstico. Infelizmente essa ideologia de supremacia masculina não mudou, nem mesmo durante o governo de Gorbachev, quando foi relaxada a proibição soviética do feminismo enquanto movimento contrarrevolucionário. Prova disso é que a televisão soviética retirou uma parte da famosa entrevista concedida por Gorbachev nos Estados Unidos, justamente a parte em que ele falava de sua parceria com Raisa.

Dada a contumácia desses fortes estereótipos dominadores, era previsível que no lugar da inimizade entre antiga União Soviética e Estados Unidos irrompessem violentas inimizades baseadas em diferenças étnicas, raciais e religiosas. Isso porque, como vimos, o modelo de "humanidade" do tipo "nós versus eles", superior versus inferior – ou, como na lenda de Eva, um "outro" feminino "perigoso e inferior" –, é elemento-chave na construção de uma mentalidade de existência do inimigo, tão importante para a manutenção dos sistemas de dominação.

É também previsível que a violência seja especialmente forte durante períodos de grande tumulto econômico – em particular, nas culturas e subculturas mais rigidamente dominadas pelo masculino, onde a "masculinidade" continua a ser definida basicamente em termos de dominação e conquista. Parte dessa violência será justificada por diferenças étnicas e raciais. A maioria será praticada em nome do nacionalismo, como no caso de Iugoslávia, Cashemira e Sri Lanka; e outra parte em nome da religião, como em boa parte do mundo islâmico. Ocasionalmente, a violência será justificada ainda pela ideologia revolucionária comunista, de que são exemplos Peru, Guatemala, El Salvador e México, mais recentemente. No final, ao invés de trazer democracia política ou econômica, a rebelião dos "jovens raivosos" contra os velhos igualmente raivosos e repressivos produzirá somente uma troca da guarda – como vemos no exemplo trágico de tantas regiões do mundo onde, no lugar dos exércitos coloniais, os exércitos locais continuam mantendo regimes tirânicos de exploração. O traço subjacente comum ao regime dos homens fortes da Somália, ao inesgotável derramamento de sangue no Oriente Médio, aos ataques dos skinheads contra estrangeiros na Alemanha e às guerras de gangues de valentões nos Estados Unidos é uma socialização masculina que equipara masculinidade com violência e dominação, impondo-se nos mais variados contextos.

Com certeza, a existência de estereótipos de gênero dominadores – hoje reiterada pela glamorização da violência, ostentada com intensidade sem precedentes pela mídia – não é o único fator a ser considerado ao analisarmos a tão falada violência do mundo de hoje, usando como referência os modelos de parceria e de dominação. A violência é a forma pela qual o sistema de dominação mantém o escalonamento do homem sobre a mulher, do homem sobre o homem e de uma nação sobre a outra.

Um fator coadjuvante é a ênfase que o sistema dá às tecnologias de destruição e à impressionante proliferação de armas dos últimos anos, visto que as tecnologias de destruição obsoletas vão sendo constantemente substituídas por outras ainda mais letais. Como vimos, durante a Guerra do Golfo Saddam Hussein utilizou, em boa parte, armas que tinham sido fornecidas pelos Estados Unidos e seus aliados – uma guerra que os Estados Unidos utilizaram como teste de combate para as mais novas armas criadas e que, segundo alguns relatos, matou centenas de milhares de iraquianos.

Outro fator coadjuvante é a disseminação, através da poderosíssima mídia eletrônica, de programas e propagandas que idealizam um estilo de vida consumista, supermaterialista e ambientalmente insustentável, ao mesmo tempo em que a economia de dominação mantém, e até aumenta, a lacuna entre ricos e pobres e entre nações ricas e pobres. Para piorar a situação, no mundo industrializado vêm sendo eliminados os postos de trabalho na indústria (devido à exportação dos empregos para regiões com salários mais baixos e à implantação da automação) sem a devida atenção às dificuldades que isso acarreta (em particular a homens de etnia com pele mais escura e a mulheres e crianças de todas as etnias). Ainda mais prejudiciais foram as políticas de ajuste estrutural impostas pelo Banco Mundial e outras instituições financeiras a nações em desenvolvimento. Estas, combinadas com a falta de ajuda financeira a setores de produção de subsistência (setores basicamente femininos, como no caso da África), pioraram consideravelmente a situação econômica e social.

Enquanto os últimos sete anos trouxeram, além de guerras contínuas, ainda mais problemas econômicos e ambientais oriundos da hegemonia das crenças e instituições dominadoras, houve também importantes avanços no que tange às relações de parceria. E esses avanços indicam que, a longo prazo, apesar da poderosa resistência dominadora, o impulso de parceria continua crescendo.

Assim é que continua crescendo o movimento mundial contra os regimes autoritários que mantêm seu jugo através da força e do medo. Por vezes, esse movimento ainda se expressa de modo violento, através de terrorismo e rebelião armada. Mas cada vez mais ele se manifesta de modo não violento. Exemplo dramático disso foi a demonstração pacífica feita em 1989 pelos estudantes chineses na praça Tiananmen (de caráter significativo, utilizando o símbolo da Deusa da Democracia), que foi tragicamente reprimida. Mas há muitos outros exemplos menos trágicos, por exemplo, o movimento democrático em Burma (hoje Mianmar), inspirado e liderado por Daw Aung San Suu Kyi, uma mulher que em 1991 recebeu o Prêmio Nobel da Paz.

A revolta da opinião pública mundial contra a repressão violenta é outro sinal que aponta na direção das relações de parceria. Assim também os esforços da Organização das Nações Unidas para estabelecer um tribunal internacional para crimes de guerra na esteira das atrocidades cometidas na Bósnia. Se um órgão desse tipo começar a funcionar de fato, a indignação pública contra a própria guerra enquanto forma bárbara e cruel de resolver conflitos se fortalecerá.

Mais um sinal de significativa mudança de consciência é o fato de que cada vez mais as atenções mundiais estão se voltando para a prevalência da violência contra a mulher, por tanto tempo ignorada, seja em forma de espancamento, estupro, mutilação genital, infanticídio de recém-nascidos do sexo feminino, ou abandono de meninas à fome. Isso aponta para uma nova abordagem sistêmica da violência.

Como ilustram a Convenção sobre os Direitos da Criança da ONU de 1989 e a designação de 1994 como Ano da Família, cada vez mais se condena a violência contra a criança, antes sancionada pela sociedade. Cresce a consciência de que a violência e o abuso contra a criança desempenham importante papel na perpetuação de instituições sociais repressivas e injustas.

Em resumo, existe uma consciência emergente de que as esferas chamadas pública e privada estão inextricavelmente ligadas. Em linguagem mais simples, as pessoas do mundo inteiro estão percebendo que não pode haver mudança sustentável sem que se modifiquem as relações básicas entre mulheres e homens e entre pais e filhos.

A questão da sustentabilidade remete a outro sinal de mudança de consciência: o crescimento do movimento ecológico e sua ênfase na relação de parceria com a natureza, ao invés de conquista e exploração dela.

Infelizmente, muito desse movimento ainda é apenas retórica, especialmente da parte de empresas multinacionais que continuam a poluir o ar e a água enquanto publicamente expressam preocupações ambientais. Contudo, há sinais de que um pouco dessa consciência começa a afetar políticas governamentais – como o compromisso com políticas ecológicas sérias declarado por Al Gore, que foi vice-presidente do governo Clinton, em seu livro *Earth in the Balance* [A Terra na balança], e a inclusão de cláusulas ambientais em tratados internacionais.

De especial importância são algumas das mudanças de mentalidade em relação à explosão populacional global. Isso se evidencia na comparação entre o discutido no Primeiro Encontro Internacional sobre População em Bucareste no ano de 1974 e as preocupações atuais. Hoje se reconhece que a única esperança de estabilização populacional repousa na atenção às chamadas questões femininas: não apenas o livre acesso a planejamento familiar por parte da mulher, mas também igual acesso a oportunidades de educação e trabalho, para que a segurança da mulher e sua posição na sociedade não mais dependa tanto da sua condição de geradora de filhos.

De fato, nos programas internacionais vem sendo reconhecida a importância vital das questões femininas para o sucesso do planejamento populacional e também do desenvolvimento social e econômico. Temos como exemplo Lawrence Summers, ex-economista chefe do Banco Mundial, que recentemente mostrou que o investimento com maior custo/benefício para o desenvolvimento é o investimento na educação das mulheres, em especial nas nações em desenvolvimento, onde a proporção de analfabetos é de duas mulheres para cada homem em alguns países.

Essa atenção à metade feminina da humanidade – que em muitos lugares significa atenção ao bem-estar das crianças, já que as mulheres são as principais responsáveis por sua criação e manutenção – está começando a se refletir na assistência prestada por organizações não governamentais ou do setor privado. Inspirado no bem-sucedido projeto Banco Grameen de Bangladesh, o Katalysis North-South Development Partnership, com base na Califórnia, vem emprestando pequenos valores a mulheres camponesas da América Central com resultados muito promissores. Da mesma forma, o Global Fund for Women da Califórnia apoia vários importantes movimentos femininos em rede, de vários lugares do mundo.

Tudo isto reflete ainda uma outra tendência de parceria: a crescente presença de mulheres em cargos de decisão dentro de organizações governamentais e não governamentais. Com tudo isso, e como mostra a expressiva votação recebida pelas mulheres eleitas ao Senado e à Câmara dos Estados Unidos em 1992, as prioridades sociais ditas "femininas", como saúde, educação e bem-estar, vão ganhando mais atenção. Os países nos quais existe maior representação política de mulheres ainda são os da Escandinávia. Mas, recentemente, tem havido um aumento nos países do bloco ocidental – muito embora, previsivelmente, a tendência oposta também se manifeste na forma de uma regressão dominadora, principalmente na antiga União Soviética e nas nações do antigo bloco comunista.

Mas a própria regressão fomentou o nascimento de movimentos de mulheres na antiga União Soviética e no Leste Europeu, e algumas candidatas do Partido das Mulheres chegaram a ser eleitas no pleito Russo de 1993. Nos Estados Unidos, a mudança da administração Bush para a administração Clinton representou uma virada para o movimento de mulheres norte-americanas, que agora começa a passar de uma posição defensiva para uma de busca de seus objetivos. O relacionamento entre o presidente Clinton e sua esposa, Hillary Rodham Clinton, é obviamente um importante modelo de parceria. O gabinete Clinton também contou com um número inaudito de mulheres. Começaram a ser apreciados projetos de lei engavetados que tratavam de questões como licença-maternidade e violência contra as mulheres, bem como outras prioridades sociais "femininas", como assistência à saúde.

Outro progresso importante é a atenção que vem sendo dada ao custo humano e econômico do comércio internacional de armas. Medidas para estancar a proliferação de armas leves nos Estados Unidos foram propostas por Janet Reno, procuradora-geral do Estado da administração Clinton. Ao mesmo tempo, a glamorização da violência masculina, junto com a trivialização do sofrimento e suas causas, finalmente começou a ser abordada, como mostrou a pressão exercida por Reno sobre a indústria de jogos para televisão e vídeo a fim de limitar o uso desse tipo de imagens.

Nas empresas, moldadas segundo o modo militar ou dominador tradicional com linhas de subordinação rígidas, há sinais de movimentos na direção de parceria. Embora isso não esteja acontecendo em toda parte, existe uma percepção crescente de que estruturas piramidais rígidas – sejam burocracias socialistas centralizadoras ou burocracias empresariais capitalistas – são ineficientes numa era de rápidas mudanças tecnológicas e econômicas. O fato de que tais estruturas destroem o potencial humano também vem sendo discutido, embora sem a devida ênfase.

É preciso esperar para ver se isso levará a mudanças estruturais de fato, ou apenas a mais livros e consultores elogiando as virtudes do trabalho em equipe e aos estilos gerenciais mais estereotipadamente "femininos". Mas o fato de que as grandes corporações que controlam a riqueza do mundo estejam falando em mudar sua cultura empresarial já é um progresso importante.

Também promissor é o fato de que houve grande presença feminina na Conferência de Direitos Humanos de 1993, em Viena. A noção de relativismo cultural (tão em voga hoje devido ao pensamento pós-moderno) como justificativa para violações de direitos humanos sofreu uma grande derrota. Há sinais incipientes de que ali se reconheceu o absurdo de separar dos "direitos humanos" os direitos de maiorias, como sendo meramente "direitos das mulheres" e "direitos das crianças".

É preciso dizer que, na sua maioria, o movimento pela parceria em todas as esferas da vida não tem sido conduzido graças à liderança de chefes de Estado, mas sim em virtude da pressão constante exercida por uma miríade de grupos não governamentais da sociedade civil, grupos que hoje despontam no mundo inteiro. De fato, no meu modo de ver, essas redes de movimentos pela parceria são o maior progresso do mundo atual devido ao seu grande alcance. É nelas que a política em seu sentido convencional está começando a ser redefinida para começar a focalizar os desequilíbrios de poder, não apenas no alto da pirâmide dominadora (as relações políticas e econômicas tradicionalmente confinadas às relações entre homens), mas também nas relações mais básicas, as relações pais-filhos e mulher-homem – que, nas sociedades de dominação, são as primeiras a ensinar a violar os direitos humanos de outros e considerar isso "normal".

Aqui adentramos o assunto de um livro que acabo de terminar e que no final se intitula *O prazer sagrado* e não *Breaking Free*. Nos últimos oito anos tenho me debruçado sobre as relações íntimas – especialmente o inter-relacionamento entre sexualidade, espiritualidade, política e economia – e, mais do que isso, no fato de a construção social da dor e do prazer ser muito diferente em sociedades com orientação básica para a parceria ou para a dominação.

Como ocorreu com *O cálice e a espada*, o processo de pesquisar e escrever esse livro enriqueceu muito a minha vida, expandindo não apenas meus horizontes intelectuais, mas também o sentido de meu lugar e propósito pessoais – e de uma forma tão emocional e espiritual que eu não teria podido prever.

Gostaria de encerrar este epílogo com uma nota mais pessoal. Tive a incrível sorte de poder trabalhar ao longo das duas últimas décadas em projetos com os quais me envolvi apaixonadamente. E me sinto especialmente afortunada pelo fato de, através de *O cálice e a espada*, ter tido o privilégio de conhecer pessoas tão extraordinárias.

Milhares de mulheres e homens me escreveram cartas para dizer que *O cálice e a espada* mudou suas vidas, e muitos contam que este livro é uma ferramenta útil no trabalho em prol de transformações sociais e ideológicas fundamentais. Como resposta a alguns dos pedidos feitos nessas cartas, e pelo fato de *O cálice e a espada* ter sido adotado em cursos universitários e de nível médio, foi que decidi escrever (junto com meu marido e sócio, o psicólogo social David Loye) *O poder da parceria*, como um complemento de *O cálice e a espada* voltado para a prática.

Também em virtude dessa forte reação do público foi criado um Centro de Estudos pela Parceria. A ele se seguiu uma rede de mais de vinte Centros de Educação para a Parceria nos Estados Unidos. Estes são grupos auto-organizados, autogeridos e autofinanciados que promovem ativamente a aplicação dos princípios de parceria em suas comunidades. Nos últimos dois anos, começaram a se formar centros na Alemanha, nas Filipinas e na Argentina.

O cálice e a espada já foi traduzido para o francês, espanhol, alemão, português, grego, dinamarquês, finlandês, japonês, russo e chinês. Houve uma edição inglesa distribuída também para a Austrália e a Índia. E está prestes a sair uma tradução norueguesa.

Em outubro de 1992, um sonho meu se realizou. Aconteceu na Grécia a Primeira Conferência Internacional de Parceria, à qual compareceram quinhentas pessoas de quarenta países. Em outubro de 1993 presidi, juntamente com outros, uma conferência cujo objetivo era chamar a atenção para a importância vital de focalizar os direitos humanos da metade feminina da humanidade. Essa conferência, com cerca de mil pessoas de várias regiões dos Estados Unidos, foi organizada por um comitê de voluntários que, segundo os princípios da parceria, continha muitos homens. Em 1993, formou-se um Grupo de Pesquisa da Parceria em Beijing, na esteira da publicação de *O cálice e a espada* pela Academia Chinesa de Ciências Sociais. Até o momento, mais de cinquenta livros utilizaram o modelo de parceria apresentado em *O cálice e a espada*, incluindo *From Power to Partnership* [Do poder à parceria], de Alfonso Montuori e Isabella Conti, baseado em entrevistas com personalidades de renome; e um livro de entrevistas comigo e com David, pelo conhecido músico de rock de vanguarda, Matthew Callahan, intitulado *Sex, Death, and the Angry Young Man* [Sexo, morte e o jovem raivoso].

Dediquei muito do meu tempo para dar suporte a tais empreendimentos, orientar pessoas que estão escrevendo teses de doutorado com base na Teoria da Transformação Cultural. Passo boa parte do ano viajando para dar palestras sobre a alternativa da parceria em universidades, empresas e seminários. Enfim, me dedico a fortalecer o movimento pela parceria no mundo inteiro. Em 1993, quando a edição alemã da Goldmann de *O cálice e a espada* saiu com prefácio de Daniel Goeudevert, ex-presidente do conselho de administração da Volkswagen, fui duas vezes à Alemanha para dar palestras. Foi muito significativa minha segunda visita à Alemanha, quando fui a Bonn para um evento conduzido pela professora Rita Süssmuth, presidente do Bundestag, o parlamento federal. Foi muito alentador que um cargo tão alto do governo alemão mostrasse tanto interesse por meu trabalho e também recebesse a mim e a meu marido tão efusivamente – tendo em vista que eu quase morri, quando criança, na época em que o governo estava nas mãos dos nazistas. Na mesma viagem, ao visitar o antigo muro de Berlim, não pude deixar de ver a ironia da cena, pois, onde antes havia guardas comunistas armados, hoje os vendedores ambulantes russos vendem lembranças para turistas, inclusive medalhas de guerra soviéticas, no Portão de Brandenburgo. Em frente ao Reichstag, também não pude deixar de pensar em como teria sido diferente a minha vida e a história do mundo se, nos anos entre 1930 e 1940, houvesse mais mulheres e homens como a professora Süssmuth, com a coragem de defender seus ideais.

Em 1994, tive a oportunidade de expressar minha gratidão a um país que assumiu uma posição assim corajosa. Foi o ano de publicação de *O cálice e a espada* em dinamarquês. A Dinamarca foi o único país europeu onde as pessoas se reuniram de forma não violenta para resistir às ordens de Hitler e onde, a começar pelo rei Christian, se recusaram abertamente a colaborar com o extermínio nazista de pessoas que, como eu, por acaso haviam nascido de pais judeus.

Aquela edição, para a qual escrevi um epílogo especial enaltecendo a coragem dos dinamarqueses, também foi tremendamente significativa para mim. Foi um lembrete de que, se nos reunirmos em grandes números, seremos de fato *capazes* de impedir a volta à dominação; se formos firmes no nosso propósito, *conseguiremos* realizar nossa visão de criar um mundo de parceria. Especialmente numa época em que a mídia nos oferece diariamente "informações" que focalizam quase que exclusivamente más notícias, violência, regressão e repressão, precisamos de muitos lembretes assim para não esquecer que cada um de nós faz diferença e que, no final das contas, cabe a cada um de nós escolher em que tipo de mundo quer viver.

Notas

Prefácio de Humberto R. Maturana

1. Ver Humberto R. Maturana, "Ontología del conversar", *Revista Terapia Psicológica* VII, nº 10, Santiago, Chile, 1988, p. 15-23.
2. Ibid.
3. Ibid.

Introdução: O cálice e a espada

1. Ver, e.g, Fritjof Capra, *The Turning Point: Science, Society and the Rising Culture* (New York: Simon & Schuster, 1982) [*O ponto de mutação: a ciência, a sociedade e a cultura emergente*. São Paulo: Cultrix, 1986]; Marilyn Ferguson, *The Aquarian Conspiracy: Personal and Social Transformation in the 1980s* (Los Angeles: Tarcher, 1980) [*A conspiração aquariana*. São Paulo: Record, 1983]; George Leonard, *The Transformation: A Guide to the Inevitable Changes in Humankind* (New York: Delta, 1972).
2. O primeiro trabalho a propor a teoria de que a civilização minoica foi destruída por terremotos e tsunamis foi o de Spyridon Marinatos, "The Volcanic Destruction of Minoan Crete", *Antiquity* 13 (1939): p. 425-39. Posteriormente, pareceu mais provável que tais desastres naturais tenham enfraquecido Creta, facilitando assim a invasão pelos senhores aqueus (micênios), já que não há evidências de que essa tomada tenha sido feita através de invasão armada maciça.

3. James Mellaart, *The Neolithic of the Near East* (New York: Scribner, 1975).
4. P. Steven Sangren, "Female Gender in Chinese Religious Symbols: Kuan Yin, Ma Tsu, and the 'Eternal Mother'", *Signs* 9 (Autumn 1983): p. 6.
5. A propósito do modelo de dominação, deve-se fazer uma importante distinção entre hierarquias de dominação e hierarquias de realização. O termo "hierarquias de dominação" descreve hierarquias baseadas na força, na ameaça explícita ou velada do uso da força, características dos escalonamentos humanos das sociedades de dominação masculina. Tais hierarquias são muito diferentes das hierarquias que mostram a progressão de organizações simples em mais complexas, como no caso de células que formam órgãos nos seres vivos. Esse tipo de hierarquia pode ser descrito pelo termo "hierarquia de realização", pois sua função é maximizar o potencial do organismo. Ao contrário, e como evidenciado por estudos sociológicos e psicológicos, as hierarquias humanas fundadas na força ou ameaça do uso de força não apenas inibem a criatividade pessoal, mas criam sistemas sociais onde as qualidades humanas mais baixas são reiteradas e as aspirações humanas mais elevadas (como compaixão e empatia ou a busca de verdade e justiça) são sistematicamente suprimidas.
6. Encontramos uma fascinante análise da transformação da cultura asteca numa sociedade de rígida dominância masculina, e consequente violência masculina, no trabalho de June Nash, "The Aztecs and the Ideology of Male Dominance", *Signs* 4 (Winter 1978): p. 349-62. Como se aponta nesse texto, alguns dos mitos mais antigos de várias culturas referem-se a tempos mais pacíficos e justos, em que as mulheres tinham status elevado. Por exemplo, o *Tao Te Ching* chinês, como observa R.B. Blakney, refere-se a um tempo que precedeu a imposição da dominação masculina (ver, e.g., R.B. Blakney, ed. e trad., *The Way of Life: Tao Te Ching*. New York: Mentor, 1955). Da mesma forma, Joseph Needham fala sobre a doutrina taoista de "evolução regressiva" (em outras palavras, uma regressão cultural em relação a um tempo anterior, mais civilizado). Ele também observa que algumas das declarações mais conhecidas do período taoista mais remoto da Grande Unidade, ou *Ta Thung*, aparecem em *Hua Nan Tzu*, do século II a.C., e em *Li Chi*, de Confúcio (Joseph Needham, "Time and Knowledge in China and the West", in Julius T. Fraser, ed., *The Voices of Time*. New York: Braziller, 1966).
7. Marija Gimbutas, "The First Wave of Eurasian Steppe Pastoralists into Copper Age Europe", *The Journal of Indo-European Studies* 5 (Winter 1977): p. 281.
8. Para alguns trabalhos versantes sobre o comportamento humano como não pré-programado geneticamente, mas como produto de uma complexa interação entre fatores biológicos e socioambientais, ver, e.g., R.A. Hinde, *Biological Bases of Human Social Behavior* (New York: McGraw-Hill, 1974); Ruth Hubbard e Marian Lowe, eds., *Genes and Gender II* (New York: Gordian Press, 1979); Helen Lambert, "Biology and Equality: A Perspective on Sex Differences", *Signs* 4 (Autumn 1978): p. 97-117; Riane Eisler e Vilmos Csányi, "Human Biology and Social Structure" (no prelo); Ethel Tobach e Betty Rosoff, eds., *Genes and Gender I* (New York: Gordian Press, 1978); Ruth Bleier, *Science and Gender* (Elmsford,

NY: Pergamon Press, 1984); Ashton Barfield, "Biological Influences on Sex Differences in Behavior" in M. Teitelbaum, ed., *Sex Differences: Social and Biological Perspectives* (New York: Doubleday Anchor, 1976); Linda Marie Fedigan, *Primate Paradigms: Sex Roles and Social Bonds* (Montreal: Eden Press, 1982); R.C. Lewontin, Steven Rose e Leon Kamin, *Not in Our Genes* (New York: Pantheon, 1984). Uma excelente revisão do comportamento agressivo (e refutação bastante eficaz do atual ressurgimento sociobiológico do darwinismo do século XIX) pode ser encontrada em Ashley Montagu, *The Nature of Human Aggression* (New York: Oxford University Press, 1976). Mesmo a questão do instinto animal não se apresenta mais tão simples como se pensava. Por exemplo, pesquisas recentes mostram que, mesmo em pássaros, o aprendizado é necessário para que uma capacidade se torne habilidade. Ver, e.g., Gilbert Gottlieb, *Development of Species Identification in Birds: An Inquiry into the Determinants of Prenatal Perception* (Chicago: University of Chicago Press, 1971); Daniel Lehrman, "A Critique of Konrad Lorenz's Theory of Instinctive Behavior", *Quarterly Review of Biology* 28 (1953): p. 337-63; John Crook, ed., *Social Behavior in Birds and Mammals* (New York: Academic Press, 1970); Peter Klopfer, *On Behavior: Instinct Is a Cheshire Cat* (Philadelphia: Lippincott, 1973).

9. Tais configurações sistêmicas são examinadas detalhadamente no próximo livro, em coautoria com David Loye, *Breaking Free* (no prelo). Ver também Riane Eisler e David Loye, "Peace and Feminist Thought: New Directions", in *The World Encyclopedia of Peace* (London: Pergamon Press, 1986); Riane Eisler, "Violence and Male Dominance: The Ticking Time Bomb", *Humanities in Society* 7 (Winter-Spring 1984): p. 3-18; Riane Eisler e David Loye, "The Failure of Liberalism: A Reassessment of Ideology from a New Feminine-Masculine Perspective", *Political Psychology* 4 (1983): p. 375-91.

10. Ver nota 9. Para dados antropológicos mais detalhados, ver, e.g., Colin Turnbull, *The Forest People: a Study of the Pygmies of the Congo* (New York: Simon & Schuster, 1961); Pat Draper, "!Kung Women: Contrasts in Sexual Egalitarianism in Foraging and Sedentary Contexts", in Raya Reiter, ed., *Toward an Anthropology of Women* (New York: Monthly Review Press, 1975). Ver também Richard Leakey e Roger Lewin, *People of the Lake* (New York: Doubleday Anchor, 1978) [*O povo do lago*. Brasília: UnB; São Paulo: Melhoramentos, 1988]. É importante notar que na presente obra usamos o termo "igualitarismo" em vez do tradicional "igualdade". Isso porque igualdade descreve tradicionalmente a igualdade entre homens (como na obra de Locke, Rousseau e outros filósofos dos "direitos do homem", e também na história moderna). Igualitarismo se refere às relações sociais numa sociedade de parceria, onde mulheres e homens (e "masculino" e "feminino") têm igual valor. Por isso o termo vem sendo usado cada vez mais por feministas.

11. Ver Riane Eisler, "The Blade and the Chalice: Technology at the Turning Point", trabalho apresentado na Assembleia Geral da World Futures Society, em Washington, D.C., 1984; Riane Eisler, "Cultural Evolution: Social Shifts and Phase Changes", in Ervin Laszlo, ed., *The New Evolutionary Paradigm* (Boston:

New Science Library, 1987); Riane Eisler, "Women, Men, and the Evolution of Social Structure", *World Futures* 23 (Spring 1987).
12. Ver, e.g., Alfred Marrow, *The Practical Theorist* (New York: Basic Books, 1969); Chris Argyris, *Action Science* (San Francisco: Jossey-Bass, 1985).
13. Essa abordagem da evolução cultural se funda na premissa, articulada no século XIX por homens como Augusto Comte e Lewis Henry Morgan, de que a sociedade deve passar necessariamente por um dado número de estágios numa determinada sequência. Para Morgan, esses estágios eram: selvageria, barbarismo e civilização, e esta foi a progressão evolutiva adotada mais tarde também por Marx e Engels (ver, e.g., Friedrich Engels, *The Origins of the Family, Private Property, and the State* (New York: International Publishers, 1972). Herbert Spencer via uma progressão social de grupos pequenos para grandes, de homogêneos para heterogêneos em *The Study of Sociology* (New York: Appleton, 1873, p. 471). Ver também Emile Durkheim, *The Division of Labor in Society* (Glencoe, IL: The Free Press, 1933) [*Da divisão do trabalho social*. São Paulo: Martins Fontes, 1999], para conhecer um trabalho influente que propõe uma evolução social em dois estágios, indo de uma sociedade pequena e pouco especializada para uma maior e mais especializada, num esquema semelhante aos estágios de *Gemeinschaft* (comunidade) e *Gesellschaft* (sociedade corporativa) – tipos de sociedade antes propostos pelo sociólogo alemão Ferdinand Tonnies. Uma interessante variante dessa abordagem são as chamadas teorias cíclicas de evolução social, como a teoria de Pitirim Sorokin das fases "ideacional", "sensata" e "idealista" da cultura. Nessas teorias, os estágios podem acontecer repetidamente, mas cada ciclo segue o anterior numa dada sequência (Pitirim Sorokin, *Social and Cultural Dynamics*. Boston: Sargent, 1957).
14. Provavelmente o mais conhecido trabalho contemporâneo sobre os estágios tecnológicos da evolução é *The Third Wave*, de Alvin Toffler (New York: Bantam, 1980) [*A terceira onda*. São Paulo: Record, 1982]. Vários antropólogos, como Leslie White e William Ogburn, também baseiam suas teorias de evolução social em estágios tecnológicos, embora não sustentem que cada sociedade passe necessariamente por todos eles (ver, e.g., Leslie White, *The Science of Culture*. New York: Farrar, Strauss, 1949; William Ogburn, *Social Change with Respect to Culture and Original Nature*. New York: Viking, 1950). Um ótimo trabalho recente sobre evolução tecnológica é o de Bela Banathy, "Systems Inquiring and the Science of Complexity: Conceptual Bases" (ISI Monograph 84-2, Far West Laboratory, San Francisco, 1984).
15. Tais regressões duraram centenas de anos. A Idade das Trevas grega estendeu-se por trezentos anos, de cerca de 1100 a.C. até 800 a.C., e a Idade Média europeia durou quase um milênio.
16. Ver, e.g., Ilya Prigogine e Isabelle Stengers, *Order Out of Chaos* (New York: Bantam, 1984); Ralph Abraham e Christopher Shaw, *Dynamics: The Geometry of Behavior* (Santa Cruz, CA: Aerial Press, 1984); Humberto Maturana e Francisco Varela, *Autopoeisis and Cognition: The Realization of the Living* (Boston: Reidel, 1980) [*De máquinas e seres vivos: autopoiese: a organização do vivo*. Porto Alegre: Artes Médicas, 1997].

17. Fritjof Capra, *The Tao of Physics* (Boston: Shambhala New Science Library, 1975) [*O tao da física* (São Paulo: Cultrix, 1985)]; *O ponto de mutação* (ver nota 1).
18. Niles Eldredge e Stephen J. Gould, "Punctuated Equilibria: An Alternative to Phyletic Gradualism" in T.J. Schropf, ed., *Models of Paleobiology* (San Francisco: Freeman, Cooper, 1972); Vilmos Csányi, *General Theory of Evolution* (Budapest: Akademial Kiado, 1982); Ervin Laszlo, *Evolution: The Grand Synthesis* (Boston: New Science Library, 1987); Erich Jantsch, *The Self-Organizing Universe* (New York: Pergamon Press, 1980); David Loye e Riane Eisler, "Chaos and Transformation: Implications of Non-Equilibrium Theory for Social Science and Society", *Behavioral Science* 32 (1987), p. 53-65.
19. Tal correspondência em descobertas nos vários campos do conhecimento é coerente com as conclusões às quais haviam chegado os estudiosos anteriores da teoria geral dos sistemas como, por exemplo, Ludwig von Bertalanffy em *General Systems Theory* (New York: Braziller, 1968) [*Teoria geral dos sistemas*. Petrópolis: Vozes; Brasília: INL, 1975] e Ervin Laszlo em *Introduction to Systems Philosophy* (New York: Gordon & Breach, 1972).
20. Niles Eldredge, *Time Frames* (New York: Simon & Schuster, 1985); Eldredge e Gould, "Punctuated Equilibria".
21. Ver, e.g., Jessie Bernard, *The Female World* (New York: Free Press, 1981); Ester Boserup, *Woman's Role in Economic Development* (London: Allen & Unwin, 1970); Dale Spender, *Feminist Theorists: Three Centuries of Key Women Thinkers* (New York: Pantheon, 1983); Gita Sen e Caren Grown, *Development, Crisis, and Alternative Visions: Third World Women's Perspectives* (New Delhi: Dawn, 1985) [*Desenvolvimento, crise e visões alternativas: perspectivas das mulheres do terceiro mundo*. Rio de Janeiro: Espaço e Tempo: DAWN/MUDAR, 1988]; Mary Daly, *Gyn/Ecology: The Metaethics of Radical Feminism* (Boston: Beacon Press, 1978); Carol Gilligan, *In a Different Voice* (Cambridge: Harvard University Press, 1982) [*Uma voz diferente*, Rio de Janeiro: Rosa dos Tempos, 1990]; Catherine MacKinnon, "Feminism, Marxism, Method, and the State: An Agenda for Theory", *Signs* 7: p. 517-44; Wilma Scott Heide, *Feminism for the Health of It* (Buffalo: Margaretdaughters Press, 1985); Jean Baker Miller, *Toward a New Psychology of Women* (Boston: Beacon Press, 1976) [*A mulher a procura de si mesma*. Rio de Janeiro: Rosa dos Tempos, 1991]; Carol P. Christ e Judith Plaskow, *Woman Spirit Rising: A Feminist Reader in Religion* (San Francisco: Harper & Row, 1979); Charlene Spretnak, ed., *The Politics of Women's Spirituality* (New York: Doubleday Anchor, 1982). Ao longo da presente obra, procurei dar o devido reconhecimento a muitas acadêmicas feministas importantes. No entanto, a lista é tão grande que certamente muitas ficaram de fora.
22. Spender, *Feminist theorists*. O feminismo enquanto fenômeno moderno remonta ao século XVIII. Contudo, há exemplos mais antigos de estudiosas que questionaram o conhecimento estabelecido de seu tempo como, por exemplo, Christine de Pisan, que entre 1390 e 1429 escreveu 28 livros, alguns, como *Cité des dames*, questionando a misoginia dos acadêmicos de seu tempo.

Capítulo 1: Viagem a um mundo perdido

1. Edwin Oliver James, *Prehistoric Religion* (New York: Barnes & Noble, 1957), p. 146. James foi um dos primeiros historiadores da religião a criticar essa visão. Para uma ótima crítica recente da incrível cegueira de muitos acadêmicos em relação ao significado mítico das imagens femininas do Paleolítico, ver Marija Gimbutas, "The Image of Woman in Prehistoric Art", *The Quarterly Review of Archaeology* (December 1981), p. 6-9. Note que, para evitar excessiva complexidade, os termos "Paleolítico" e "Paleolítico Superior" são por vezes usados de modo intercambiável. Tal prática foi adotada aqui, embora boa parte da discussão se refira ao Paleolítico Superior, período compreendido entre cerca de 30000 e 10000 a.C. A esse período pertence a maioria das pinturas rupestres de animais, estatuetas e relevos de figuras descritas no texto. O Paleolítico ou Idade da Pedra remonta provavelmente a cerca de 65.000 anos a.C., mas pouco se sabe sobre a primeira parte desse período.
2. Edwin Oliver James, *The Cult of the Mother Goddess* (London: Thames & Hudson, 1959), p. 19.
3. Ibid., p. 16; James, *Prehistoric Religion*, p. 148.
4. James, *The Cult of the Mother Goddess*, p. 16.
5. Ver nota 10, Introdução.
6. Ver, e.g., Elizabeth Fisher, *Woman's Creation* (New York: McGraw-Hill, 1979), p. 140.
7. John Pfeiffer, *The Emergence of Man* (New York: Harper & Row, 1972), p. 251-65. Para um novo modelo de evolução humana, mais coerente com os melhores dados disponíveis, ver Nancy Tanner, *On Becoming Human* (Boston: Cambridge University Press, 1981). Modelos semelhantes caracterizam a obra de Adrienne Zihlman, Jane Lancaster e outras acadêmicas feministas, cujos estudos não mais se veem engessados pelo modelo evolutivo do "homem caçador". Ver, e.g., Adrienne Zihlman, "Women in Evolution, Part II: Subsistence and Social Organization among Early Hominids", *Signs* 4 (Autumn 1978): p. 4-20; Jane Lancaster, "Carrying and Sharing in Human Evolution", *Human Nature* 1 (February 1978): p. 82-89. Ver também cap. 5.
8. Gimbutas, "Image of Woman".
9. Ver, e.g., Gertrude Rachel Levy, *Religious Conceptions of the Stone Age* (New York: Harper & Row, 1963), publicado pela primeira vez como *The Gate of the Horn* (London: Faber & Faber, 1948). Levy observa que a caverna em si era, provavelmente, o símbolo do ventre da Deusa (a Criadora, a Mãe, a Terra), e que os ritos ali desempenhados eram manifestações do desejo de partilhar e influenciar seus atos criadores. Isso incluiria o nascimento dos animais que vinham de seu ventre e que eram o sustento dos povos do Paleolítico. Por isso, esses animais eram frequentemente retratados nas paredes das cavernas. Uma acadêmica mais recente, Z.A. Abramova, publicou a antologia oficial de entalhes e esculturas do Paleolítico Superior do território da antiga União Soviética. Semelhante ao arqueólogo soviético A. P. Okladnikov, Abramova acredita que "os dois aspectos distintos da imagem feminina durante o Paleo-

lítico [...] não são contraditórios, mas sim complementares". Ela foi retratada como "dona da casa e do fogo, protetora do fogo doméstico [...] e mulher [...] soberana senhora dos animas e especialmente dos animais de caça" (Z.A. Abramova, "Paleolithic Art in the USSR", *Arctic Anthropology* 4 (1967): p. 1-179, ed. Chester S. Chard e trad. Catharine Page, citado in Alexander Marshack, *The Roots of Civilization*. New York: McGraw-Hill, 1967, p. 338-39). O livro de Elinor Gadon, *The Once and Future Goddess: A Symbol for Our Time* (San Francisco: Harper & Row, 1988), oferece evidências transculturais da centralidade da Deusa nas intuições humanas do sagrado e nas práticas rituais desde a Antiguidade mais remota.

10. Marshack, *The Roots of Civilization*, p. 219.
11. Peter Ucko e Andrée Rosenfeld, *Paleolithic art* (New York: McGraw-Hill, 1967), p. 100, p. 174-95, p. 229.
12. Marshack, *The Roots of Civilization*, p. 173, p. 219. Marshack também reconhece a importância das estatuetas femininas na arte do Paleolítico. Com efeito, o livro citado é uma tentativa fascinante e pioneira de explorar novos modelos de interpretação da arte do Paleolítico. Sua análise originalíssima das notações de sequência temporal do Paleolítico oferece uma importante base de dados para explorar estórias com sequências temporais envolvendo fenômenos cíclicos (como a menstruação, as estações e os ciclos lunar e solar) que, como os nove meses de gravidez, foram obviamente observados por nossos ancestrais que buscavam explicá-los (e provavelmente também controlá-los) através de mitos e ritos sazonais e calendáricos.
13. André Leroi-Gourhan, *Préhistoire de l'Art Occidental* (Paris: Edition D'Art Lucien Mazenod, 1971), p. 120.
14. Ibid. Para um breve resumo desses achados, ver André Leroi-Gourhan, "The Evolution of Paleolithic Art", *Scientific American* (February 1968), p. 61.
15. James, *Prehistoric Religion*, p. 147-49. Para uma análise mais recente e abrangente da evolução religiosa e da cultura que reflete, ver Marija Gimbutas, *Evolution of Old Europe and Its Indo-Europeanization: The Prehistory of East Central Europe* (manuscrito não publicado).

Na acepção dada nesse livro, o termo "Deusa" se refere à conceitualização antiga dos poderes que governam o universo em forma feminina. Assim, Deusa e termos como "Grande Mãe" e "Criadora" são grafados com letra maiúscula.

16. James Mellaart, *Çatal Hüyük* (New York: McGraw-Hill, 1967), p. 24.
17. Ibid., p. 23. Expressões como "sociedades atrasadas" para descrever os aborígines australianos e "cultos de fertilidade" para descrever religiões centradas na Deusa são, infelizmente, ubíquas na literatura e refletem preconceitos culturais que rebaixam e desqualificam povos tribais e mulheres.
18. Ibid., p. 23-24.
19. Merlin Stone, *When God Was a Woman* (New York: Harcourt Brace Jovanovich, 1976), p. 15.
20. James Mellaart, *The Neolithic of the Near East* (New York: Scribner, 1975), p. 152, p. 52, p. 53.

21. James, *Prehistoric Religion*, p. 157.
22. Ibid., p. 70-71; James, *The Cult of the Mother Goddess*.
23. Mellaart, *Çatal Hüyük*, p. 11.
24. Mellaart, *The Neolithic of the Near East*, p. 275.
25. Ibid., p. 10.
26. Marija Gimbutas, *The Goddesses and Gods of Old Europe, 7000-3500 B.C.* (Berkeley e Los Angeles: University of California Press, 1982), p. 17. No sentido mais amplo, "Europa Antiga" refere-se a toda a Europa a oeste das Estepes Pônticas, antes das incursões dos pastores da estepe (ou kurgan). Ver Marija Gimbutas, *The Language of the Goddess: Images and Symbols of Old Europe* (New York: Van der Marck, 1987). Num sentido mais restrito, "Europa Antiga" designa a primeira civilização europeia, cujo foco estava no sudeste europeu. (Ver o mapa nas ilustrações).
27. Ibid., p. 18.
28. Ibid., p. 17.
29. Marija Gimbutas, *The Early Civilization of Europe* (monografia para Indo-European Studies 131, University of California em Los Angeles, 1980), cap. 2, p. 17.
30. Mellaart, *Çatal Hüyük*, p. 53.
31. Gimbutas, *The Early Civilization of Europe*, cap. 2, p. 32-33.
32. Ibid., cap. 2, p. 33-34
33. Ibid., cap. 2, p. 35-36.
34. Gimbutas, *The Goddesses and Gods of Old Europe*, p. 11-12.

Capítulo 2: Mensagens do passado

1. Marija Gimbutas, *The Goddesses and Gods of Old Europe, 7000-3500 B.C.* (Berkeley e Los Angeles: University of California Press, 1982), p. 37-38.
2. Ver ilustrações em James Mellaart, *Çatal Hüyük* (New York: McGraw-Hill, 1967); Gimbutas, *The Goddesses and Gods of Old Europe*.
3. *The Goddesses and Gods of Old Europe*, figura 17 e texto na página 148.
4. Nicolas Platon, *Crete* (Geneva: Nagel Publishers, 1966), p. 148.
5. Para exemplos, ver ilustrações em Erich Neumann, *The Great Mother* (Princeton, NJ: Princeton University Press, 1955) [*A Grande Mãe*. São Paulo: Cultrix, 2001]; Mellaart, *Çatal Hüyük*; Gimbutas, *The Goddesses and Gods of Old Europe*.
6. Gimbutas, *The Goddesses and Gods of Old Europe*, exemplos (pela ordem) das ilustrações 58, 59, 105-7, 140, 144; ilustração 53, texto 50-58, p. 95-103; 114,181, 173, 108,136.
7. Ibid., p. 66; ilustrações 132, 341, 24, 25; p. 101-7.
8. Mellaart, *Çatal Hüyük*, p. 77-203.
9. Em Gimbutas, *The Goddesses and Gods of Old Europe*, ver, e.g., ilustrações 179-81 para a Deusa-abelha, ilustrações 183-85 para a Deusa com máscara de animal, p. 146 para a Deusa-serpente minoica com bico de pássaro.

10. A ausência de tais imagens é marcante também na arte da Creta minoica. Ver, e.g., Jacquetta Hawkes, *Dawn of the Gods: Minoan and Mycenaean Origins of Greece* (New York: Random House, 1968), p. 75-76. O machado duplo da Deusa minoica lembra os machados usados para limpar os campos aráveis e era também, segundo Gimbutas, símbolo da borboleta, parte da epifania da Deusa. Como observa Gimbutas, a imagem da Deusa como borboleta continuou a ser entalhada em machados duplos (Gimbutas, *The Goddesses and Gods of Old Europe*, p. 78, p. 186).
11. Joseph Campbell, "Classical Mysteries of the Goddess" (workshop no Esalen Institute, Califórnia, 11-13 maio 1979). A historiadora cultural Elinor Gadon também enfatiza esse aspecto do culto pré-histórico da Deusa, mas dá um passo adiante. Gadon escreve que o ressurgimento da Deusa em nosso tempo é a chave para "o pluralismo radical de que precisamos urgentemente a fim de combater o etnocentrismo prevalente e o imperialismo cultural" (prospecto de livro: Elinor Gadon, *The Once and Future Goddess: A Symbol for Our Time*. San Francisco: Harper & Row, 1988; e correspondência pessoal com Gadon, 1986).
12. Ibid.
13. Ver, e.g., Joseph Campbell, *The Mythic Image* (Princeton, NJ: Princeton University Press, 1974), p. 157, p. 77.
14. Gimbutas, *The Goddesses and Gods of Old Europe*, p. 112-50, p. 112, p. 145; figs. 87, 88, 105, 106, 107; p. 149.
15. Mellaart, *The Neolithic of the Near East* (New York: Scribner, 1975), p. 279.
16. Gimbutas, *The Goddesses and Gods of Old Europe*, p. 238.
17. Mellaart, *Çatal Hüyük*. Ver, e.g., p. 108-9.
18. Ibid., p. 113.
19. Ver, e.g., Neumann, *The Great Mother* [*A Grande Mãe*] (ver nota 5).
20. Mellaart, *Çatal Hüyük*, p. 77.
21. Gimbutas, *The Goddesses and Gods of Old Europe*, p. 80.
22. Ver, e.g., Jane Harrison, *Prolegomena to the Study of Greek Religion* (London: Merlin Press, 1903,1962), p. 260-63.
23. Mellaart, *Çatal Hüyük*, 225.
24. Mellaart, *The Neolithic of the Near East*, p. 100; Mellaart, *Çatal Hüyük*, cap. 6.
25. Mellaart, *Çatal Hüyük*, cap. 9.
26. Ibid., p. 201.
27. Harrison, *Prolegomena to the Study of Greek Religion*, p. 262.
28. Mellaart, *Çatal Hüyük*, p. 60.
29. Ibid., p. 202, p. 208.
30. Gimbutas, *The Goddess and Gods of Old Europe*, p. 232, fig. 248. Ver também figs. 84-91 in Mellaart, *Çatal Hüyük*, para exemplos de figuras masculinas.
31. Gimbutas, *The Goddesses and Gods of Old Europe*, p. 217, em que Gimbutas observa que as estatuetas da Deusa do sétimo e sexto milênios a.C. tinham pescoços cilíndricos longos, semelhantes a falos; que havia representações fálicas em forma de cilindros de barro simples, que por vezes tinham seios femininos, e que a combinação de características femininas e masculinas numa só peça não desapareceu totalmente após o sexto milênio a.C.

32. Edwin Oliver James, *The Cult of the Mother Goddess* (London: Thames & Hudson, 1959), p. 87.
33. Mellaart, *Çatal Hüyük*, p. 184.
34. Gimbutas, *The Goddesses and Gods of Old Europe*, p. 237.
35. Ver, e.g., "a advertência de que uma tal ordem social não implica na dominação de um sexo, que o termo 'matriarcado' poderia indicar por sua analogia semântica com 'patriarcado'", em Kate Millett, *Sexual Politics* (New York: Doubleday, 1970), p. 28, n. 9; ou o comentário de Adrienne Rich no sentido de que "os termos 'matriarcado', 'direito materno' e 'ginocracia' tendem a ser usados de modo impreciso e muitas vezes como termos intercambiáveis", em *Of Woman Born* (New York: Bantam, 1976), p. 42-43. Rich também comenta que "Robert Briffault se esforça para mostrar que o matriarcado das sociedades primitivas não era simplesmente um patriarcado com outro sexo no poder" (p. 43). Para uma discussão sobre a forma como o termo "gilania" evita essa confusão semântica, ver cap. 8.
36. Abraham Maslow, *Toward a Psychology of Being*, 2ª ed. (New York: Van Nostrand Reinhold, 1968).
37. Mellaart, *Çatal Hüyük*, p. 184.
38. Essa distinção será discutida detalhadamente no livro *Breaking Free*, de Riane Eisler e David Loye (no prelo). Trata-se de uma distinção fundamental para a nova ética feminista desenvolvida hoje por muitos pensadores. Ver, e.g., Jean Baker Miller, *Toward a New Psychology of Women* (Boston: Beacon Press, 1976) [*A mulher a procura de si mesma*. Rio de Janeiro: Rosa dos Tempos, 1991]; Carol Gilligan, *In a Different Voice* (Cambridge: Harvard University Press, 1982) [*Uma voz diferente*. Rio de Janeiro: Rosa dos Tempos, 1990]; Wilma Scott Heide, *Feminism for the Health of It* (Buffalo: Margaretdaughters Press, 1985). Especialmente interessante nesse contexto é Anne Barstow, "The Uses of Archaeology for Women's History: James Mellaart's Work on the Neolithic Goddess at Çatal Hüyük", *Feminist Studies* 4 (October 1978): p. 7-18, que chegou à mesma conclusão sobre o modo como o poder era concebido nas sociedades que adoravam a Deusa (ver p. 9).

Capítulo 3: A diferença fundamental

1. Walter Emery, citado in Merlin Stone, *When God Was a Woman* (New York: Harcourt Brace Jovanovich, 1976), xxii.
2. Ibid. O viés androcrático que Stone observou na arqueologia tem contrapartes em quase todas as áreas do conhecimento. Mas é importante notar que há também acadêmicos homens que fizeram importantes contribuições ao estudo sobre as mulheres e as chamadas questões femininas. Um exemplo contemporâneo notável é Ashley Montagu que, em *The Natural Superiority of Women* (New York: Macmillan, 1968) e outras obras, dissipa muitos preconceitos misóginos populares sobre a metade feminina da humanidade e "o caráter inevitável do patriarcado". Também Fritjof Capra, em *The Turning*

Point: Science, Society and the Rising Culture (New York: Simon & Schuster, 1982) [*O ponto de mutação: a ciência, a sociedade e a cultura emergente*. São Paulo: Cultrix, 1986] e outras obras, reconhece a importância do feminismo para o movimento por um futuro mais humano e pacífico.
3. Nicolas Platon, *Crete* (Geneva: Nagel Publishers, 1966), p. 15.
4. Ibid., p. 16, p. 25.
5. Ibid., p. 26-47.
6. Jacquetta Hawkes, *Dawn of the Gods: Minoan and Mycenaean Origins of Greece* (New York: Random House, 1968), p. 153.
7. Ibid., 109.
8. Platon, *Crete*, p. 148, p. 143.
9. Hawkes, *Dawn of the Gods*, p. 45, p. 73; Platon, *Crete*, p. 148, p. 161.
10. Hans Gunther Buchholtz e Vassos Karageorghis, *Prehistoric Greece and Cyprus: An Archaeological Handbook* (London: Phaidon, 1973), p. 20; Platon, *Crete*, p. 148. Ver também Hawkes, *Dawn of the Gods*, p. 186.
11. Woolley, citado in Hawkes, *Dawn of the Gods*, p. 73.
12. Ibid., p. 73-74.
13. Platon, *Crete*, p. 178.
14. Ibid., p. 117, p. 163.
15. Ibid., p. 148, p. 161-62.
16. Ibid., p. 161, p. 165.
17. Hawkes, *Dawn of the Gods*, p. 90.
18. Ibid., p. 58.
19. Ibid., p. 50; Platon, *Crete*, p. 181.
20. Platon, *Crete*, p. 179.
21. Ibid., p. 181-82.
22. Reynold Higgins, *An Archaeology of Minoan Crete* (London: The Bodley Head, 1973), p. 21.
23. Hawkes, *Dawn of the Gods*, p. 124, p. 125.
24. Como ainda é a prática comum em muitas religiões do mundo, os ritos minoicos eram frequentemente oferendas de flores, frutas, vinho ou grãos. Em contraste com achados mesopotâmicos e egípcios posteriores, quando sacrifícios humanos eram aparentemente rotineiros (e.g., enterrar o faraó com seus atendentes, cortesãos e escravos), o único achado cretense de sacrifício ritual (encontrado num santuário no sopé de uma montanha chamada local de nascimento de Zeus) parece representar, nas palavras de Joseph Alsop, "uma tentativa desesperada de afastar algo que parecia ser o fim do mundo". E de fato era, para os protagonistas do drama recentemente descoberto pelos arqueólogos. Os tremores de um forte terremoto literalmente fizeram cair o teto, interrompendo o que parecia ser um sacerdote apunhalando um rapaz, matando os dois. (Joseph Alsop, "A Historical Perspective", *National Geographic* 159. February 1981: p. 223-24). Ver também nota 67, cap. 5.
25. Platon, *Crete*, p. 148.
26. Hawkes, *Dawn of the Gods*, p. 75-76.

27. Hawkes, *Dawn of the Gods*, p. 75-76. Platon também enfatiza a mudança de tempos minoicos para micênicos como uma mudança do "amor à vida" para uma crescente preocupação com a morte, acrescentando que os micênicos foram responsáveis pela introdução do "culto aos heróis" (Platon, *Crete*, p. 68).
28. Ruby Rohrlich-Leavitt, "Women in Transition: Crete and Sumer", in Renate Bridenthal e Claudia Koonz, eds., *Becoming Visible* (Boston: Houghton Mifflin, 1977), p. 49, p. 46.
29. Platon, *Crete*, p. 167, p. 147, p. 178.
30. Rohrlich-Leavitt, "Women in Transition", p. 49.
31. De fato, Rohrlich-Leavitt diz que o status da mulher cresceu em relação ao que era no Neolítico (Ibid., p. 42).
32. Ver, e.g., William Masters e Virginia Johnson, *The Pleasure Bond: A New Look at Sexuality and Commitment* (Boston: Little, Brown, 1975) [*O vínculo do prazer: uma nova maneira de ver a sexualidade e a confiança*. Rio de Janeiro: Record, 1982].
33. Hawkes, *Dawn of the Gods*, p. 156.
34. Arnold Hauser, citado in Ibid., p. 73. Ou, como escreve Platon, "um refinado senso artístico, gosto pelo belo, pela graça e pelo movimento, desfrute da vida e proximidade com a natureza, essas eram as qualidades que distinguiam os minoicos de todas as outras grandes civilizações de seu tempo" (*Crete*, p. 143).
35. Charles Darwin, *The Descent of Man* (New York: Appleton, 1879), p. 168 [*A origem do homem*. Belo Horizonte: Itatiaia, 2004]. A nota de rodapé remete a J. C. Nott e George R. Gliddon, *Types of Mankind* (Philadelphia: Lippincott, Grambo, 1854).
36. Essa tendência perdurou entre os egiptologistas até que o movimento pelos direitos civis nos EUA dos anos 60 forçou uma mudança na percepção acadêmica. Ver, e.g., John Hope Franklin, *From Slavery to Freedom* (New York: Knopf, 1967) [*Da escravidão à liberdade: a história do negro norte-americano*. Rio de Janeiro: Nórdica, 1989], ou David Loye, *The Healing of a Nation* (New York: Norton, 1971), para informações sobre a linhagem de líderes negros no Egito Antigo.
37. Arthur Evans, citado in Higgins, *An Archaeology of Minoan Crete*, p. 40.
38. Buchholtz e Karageorghis, *Prehistoric Greece and Cyprus*, p. 22.
39. Platon, *Crete*, p. 161, p. 177.

Capítulo 4: Uma ordem obscura surge do caos

1. James Mellaart, *Çatal Hüyük* (New York: McGraw-Hill, 1967), p. 67.
2. Ibid., p. 225: "A população de Çatal Hüyük parece ter-se constituído de duas raças diferentes".
3. Portanto, muito diferente dos aposentos sacerdotais posteriores, que ficavam em volta de templos monumentais, em Çatal Hüyük os santuários (onde sacerdotisas e sacerdotes viviam) estavam distribuídos entre as habitações do povo e, embora maiores às vezes, eram construídos a partir da mesma planta das outras casas. (Ibid., cap. 6). Da mesma forma, em Creta não há templos monumentais erigidos para honrar deuses rudes e punitivos do trovão e da guerra, administrados por sacerdotes a serviço de governantes homens, detentores do poder absoluto.

4. Num próximo livro, exploraremos essa questão bem como as várias teorias sobre o início da dominação masculina.
5. James Mellaart, *The Neolithic of the Near East*, p. 280.
6. Ibid., p. 275-76.
7. Marija Gimbutas, "The First Wave of Eurasian Steppe Pastoralists into Copper Age Europe", *Journal of Indo-European Studies* 5 (Winter 1977): p. 277. As datas da Primeira Onda Kurgan foram revistas em função de comunicação particular com Gimbutas em 1986.
8. Os estudiosos modernos não usam mais o termo "indo-europeu" para a identidade racial. O termo se refere a um grupo de idiomas que têm raízes comuns, encontráveis desde as ilhas Britânicas até a baía de Bengala. A mais recente pesquisa de campo realizada por antropólogos demonstra que os chamados indo-europeus vinham de linhagens raciais distintas. O uso do termo pelos antigos acadêmicos europeus ocidentais nos séculos XVIII e XIX para designar tanto raça quanto linguagem era parte de uma ideologia corrente que buscava classificar o mundo por raças, valorizando a pureza racial, que viam confirmada pelo sistema de castas hindu. Ver Louis Fisher, *The Life of Mahatma Gandhi* (New York: Harper & Brothers, 1950), p. 138-41, para uma interessante discussão sobre a cultura antiga.
9. Ver, e.g., James Mellaart, *The Chalcolithic and Early Bronze Ages in the Near East and Anatolia* (Beirut: Khayats, 1966).
10. Ver, e.g., Cyrus Gordon, *Common Background of Greek and Hebrew Civilization* (New York: Norton, 1965); Merlin Stone, *When God Was a Woman* (New York: Harcourt Brace Jovanovich, 1976).
11. Frederick Engels, *The Origins of the Family, Private Property, and the State* (New York: International Publishers, 1972).
12. O filme *2001: uma odisseia no espaço* e o livro de Robert Ardrey, *African Genesis* (New York: Atheneum, 1961), são exemplos de obras populares que apresentam o surgimento da consciência humana no contexto da descoberta de como usar ferramentas para matar. Para uma visão bem diferente, ver, e.g., Richard Leakey e Roger Lewin, *People of the Lake* (New York: Doubleday Anchor, 1978) [*O povo do lago*. Brasília: UnB; São Paulo: Melhoramentos, 1988], baseado em grande parte nas famosas descobertas e no cuidadoso exame dos restos fósseis de nossos mais antigos ancestrais, feitos pela família Leakey no vale do Rift, na África.
13. Ver Marija Gimbutas, "The Beginning of the Bronze Age in Europe and the Indo--Europeans: 3500-2500 a.C.", *Journal of Indo-European Studies* 1 (1973): p. 166.
14. Ibid., p. 168.
15. Engels, *Origins of the Family*.
16. Gimbutas, "The Beginning of the Bronze Age", p. 174-75.
17. Ibid., Ver também Gimbutas, "First Wave of Eurasian Steppe Pastoralists".
18. Gimbutas, "The Beginning of the Bronze Age", p. 166.
19. Um período evolutivo relativamente rápido pode parecer muito tempo quando medido em termos de nossos padrões habituais. No entanto, o principal é

que a mudança não precisa ser necessariamente gradual, nem unidirecional, caminhando de estágios inferiores para estágios superiores.
20. Ver, e.g., Gimbutas, "First Wave of Eurasian Steppe Pastoralists", p. 281.
21. Ibid.
22. Gimbutas, "The Beginning of the Bronze Age", p. 201.
23. Ibid., p. 202.
24. Ibid., p. 202-3.
25. Gimbutas, "First Wave of Eurasian Steppe Pastoralists", p. 297.
26. Ibid., p. 302.
27. Ibid., p. 294, p. 302.
28. Ibid., p. 302, p. 293, p. 285.
29. Ibid., p. 304-05.
30. Ibid., p. 284-85.
31. Ibid., p. 297.
32. Ibid., p. 281.
33. Ibid., p. 285. Gimbutas, "The Beginning of the Bronze Age", p. 177.
34. V. Gordon Childe, *The Dawn of European Civilization*, 6ª ed. (New York: Alfred Knopf, 1958), p. 109.
35. Ibid., p. 119.
36. Ibid., p. 119, p. 123.
37. Gimbutas, "First Wave of Eurasian Steppe Pastoralists", p. 289.
38. Ibid., p. 288, p. 290.
39. Ibid., p. 292.
40. Ibid., p. 294.
41. Jacquetta Hawkes, *Dawn of the Gods: Minoan and Mycenaean Origins of Greece* (New York: Random House, 1968), p. 186.
42. Ver, e.g., Nicolas Platon, *Crete* (Geneva: Nagel Publishers, 1966), p. 198-203, para uma discussão de parte da controvérsia acadêmica em torno do modo como a civilização minoica chegou a seu fim, bem como o declínio geral do nível artístico e cultural durante a fase micênica.
43. Hawkes, *Dawn of the Gods*, p. 233.
44. Ibid., p. 235.
45. Ibid., p. 236.
46. Ibid., p. 241.
47. Ibid.
48. Platon, *Crete*, p. 202.
49. Homer, *The Odyssey* [Homero, *A odisseia*].
50. Evidentemente, um movimento em direção à maior complexidade tecnológica e social não é o mesmo que um movimento em direção a tecnologias e configurações sociais que melhorarão a condição humana. No livro de Riane Eisler e David Loye, *Breaking Free*, são estudadas em detalhe as relações entre evolução social, tecnológica e cultural.
51. *The Dartmouth Bible*, anotada por Roy Chamberlain e Herman Feldman, com orientação de um corpo consultivo de especialistas bíblicos. (Boston: Houghton Mifflin, 1950), p. 78-79.

52. Juízes 3:2; Josué 23:13; Êxodo 23:29. Ver também os comentários de estudiosos da Bíblia na *Dartmouth Bible*, p. 187-88.

Capítulo 5: Memórias de um tempo perdido

1. Hesiod, *Works and Days* [Hesíodo, *Os trabalhos e os dias*], citado em John Mansley Robinson in *An Introduction to Early Greek Philosophy* (Boston: Houghton Mifflin, 1968), p. 12-13.
2. Ibid., p. 13-14.
3. Ibid., p. 14.
4. Ibid., p. 15.
5. Ibid., p. 16.
6. Ibid., p. 15-16.
7. J. V. Luce, *The End of Atlantis* (London: Thames & Hudson, 1968), p. 137, p. 20.
8. Nicolas Platon, *Crete* (Geneva: Nagel Publishers, 1966), p. 69. Platon enfatiza que para explicar o "milagre grego" é preciso olhar para a tradição pré-helênica. Outra especialista que argumenta nesse sentido é Jacquetta Hawkes (*Dawn of the Gods: Minoan and Mycenaean Origins of Greece*. New York: Random House, 1968).
9. Ver, e.g., Spyridon Marinatos, "The Volcanic Destruction of Minoan Crete", *Antiquity* 13 (1939): p. 425-39, um dos primeiros trabalhos científicos sobre o assunto, e também o de Luce, *The End of Atlantis*, que é uma revisão mais recente.
10. Luce, *The End of Atlantis*, p. 158. Para ler alguns dos pontos de vista conflitantes sobre exatamente como, quando e por que a civilização cretense teve fim, ver, e.g., Arthur Evans, *The Palace of Minos*, vols. 1-4 (London: Macmillan, 1921-35); Leonard Palmer, *Mycenaeans and Minoans* (London: Faber & Faber, 1961); Platon, *Crete*.
11. Marinatos, "Volcanic destruction of Minoan Crete"; Luce, *The End of Atlantis*; Platon, *Crete*, p. 69.
12. Merlin Stone, *When God Was a Woman* (New York: Harcourt Brace Jovanovich, 1976), p. 82. Na introdução, Stone conta que, viajando de museu em museu e biblioteca em biblioteca para coletar material sobre divindades femininas primitivas, muitas de suas fontes eram encontradas nas prateleiras de trás. Ela ficou exasperada ao ver que boa parte das fontes mais relevantes de "escritos e estátuas antigos deve ter sido intencionalmente destruída". Não fosse o bastante, ela teve de "encarar o fato de que o material restante foi quase completamente ignorado na literatura popular e na educação em geral" (p. xvi-xvii).
13. Ibid., p. 219.
14. Ibid., p. 42-43.
15. H. W. F. Saggs, citado in Ibid., p. 39. Ver também Walter Hinz, citado in Ibid., p. 41.
16. Ruby Rohrlich-Leavitt, "Women in Transition: Crete and Sumer", in Renate Bridenthal e Claudia Koonz, eds., *Becoming Visible* (Boston: Houghton Mifflin, 1977), p. 53.

17. Ver, e.g., Leonard Woolley, *The Sumerians* (New York: Norton, 1965), p. 66; George Thompson, *The Prehistoric Aegean* (New York: Citadel, 1965), p. 161.
18. Stone, *When God Was a Woman*, p. 41.
19. Ibid. Ver também Rohrlich-Leavitt, "Women in Transition", p. 55.
20. Stone, *When God Was a Woman*, p. 82.
21. Ibid.
22. Ibid., p. 3.
23. Ibid., p. 84.
24. Ver, e.g., Jacquetta Hawkes e Leonard Woolley, *Prehistory and the Beginning of Civilization* (New York: Harper & Row, 1963), p. 265, que escrevem: "É de aceitação geral que, devido a seu papel tradicional de coletora de vegetais comestíveis, a mulher era responsável pela invenção e desenvolvimento da agricultura". Ver também Ester Boserup, *Woman's Role in Economic Development* (London: Allen & Unwin, 1970); e Stone, *When God Was a Woman*, p. 36, citando Diodoro.
25. Ver, e.g., James Mellaart, *Çatal Hüyük* (New York: McGraw-Hill, 1967), especialmente os cap. 4 (arquitetura), 5 (o projeto urbano), 6 (santuários e relevos), 7 (murais), 8 (escultura), 10 (artesanato e comércio) e 11 (o povo e a economia). Mas, como escreve Mellaart em *The Neolithic of the Near East* (New York: Scribner, 1975), "Embora a pesquisa arqueológica tenha feito grande progresso no último quarto do século, a interpretação não acompanhou o ritmo das descobertas e boa parte da teoria do desenvolvimento cultural se mostra lamentavelmente defasada" (p. 276).
26. Ver, e.g., Mellaart, *Çatal Hüyük*, cap. 10, onde Mellaart escreve: "Prospecção e comércio eram parte importante da economia da cidade e sem dúvida contribuíram em ampla medida para sua riqueza e prosperidade" (p. 213).
27. Ver, e.g., Jane Harrison, *Prolegomena to the Study of Greek Religion* (London: Merlin Press, 1903,1962), p. 261, citando o poema-oração de Ésquilo: "Antes de todos os outros deuses... a profetiza primeva".
28. Ver, e.g., Stone, *When God Was a Woman*, especialmente a introdução e caps. 2 e 3.
29. Para ler outros estudiosos que fazem alusão à significativa contribuição das mulheres às nossas principais invenções físicas e espirituais, ver Robert Briffault, *The Mothers* (New York: Johnson Reprint, 1969); e Erich Neumann, *The Great Mother* (Princeton, NJ: Princeton University Press, 1955) [*A Grande Mãe*. São Paulo: Cultrix, 2001].
30. Nancy Tanner, *On Becoming Human* (Boston: Cambridge University Press, 1981); Jane Lancaster, "Carrying and Sharing in Human Evolution", *Human Nature* 1 (February 1978): p. 82-89; Lila Leibowitz, *Females, Males, Families*: A Biosocial Approach (North Scituate, Mass.: Duxbury Press, 1978); Adrienne Zihlman, "Motherhood in Transition: From Ape to Human", in Warren Miller e Lucille Newman, eds., *The First Child and Family Formation* (Chapel Hill, NC: Carolina Population Center, 1978). Para um bom resumo de várias teorias sobre nossas origens hominídeas (e também dados fascinantes sobre primatas do sexo feminino), ver Linda Marie Fedigan, *Primate Paradigms*: Sex Roles and Social Bonds (Montreal: Eden Press, 1982). Ver também Ashley Montagu,

The Nature of Human Aggression (New York: Oxford University Press, 1976) para uma excelente reunião de provas que derrubam a ideia de que, como escreveu Robert Ardrey, "o homem emergiu do passado antropoide por uma razão somente: porque ele era um matador". (Robert Ardrey, *African Genesis*. New York: Atheneum, 1961, p. 29).

31. Ver nota 30. Ver também Richard Leakey e Roger Lewin, *People of the Lake* (New York: Doubleday Anchor, 1978) [*O povo do lago*. Brasília: UnB; São Paulo: Melhoramentos, 1988].
32. Tanner, *On Becoming Human*, p. 190.
33. Ibid., caps. 10 e 11. Ver, especialmente, p. 258-62 sobre o uso de ferramentas, a expansão da capacidade craniana e a redução do número de dentes.
34. Ibid., p. 268.
35. Ibid., p. 146, p. 268.
36. Ver nota 25.
37. Ester Boserup, *Woman's Role in Economic Development* (London: Allen & Unwin, 1970); *The State of the World's Women 1985* (compilado para a Organização das Nações Unidas pela New Internationalist Publications, Oxford, Reino Unido); Barbara Rogers, *The Domestication of Women: Discrimination in Developing Societies* (New York: St. Martin's, 1979).
38. Ver, e.g., Stone, *When God Was a Woman*, p. 36, citando Diodoro sobre Ísis; p. 3, sobre Ninlil.
39. Ver, e.g., Neumann, *The Great Mother* [*A Grande Mãe*]; Mara Keller, "The Mysteries of Demeter and Persephone, Ancient Greek Goddesses of Fertility, Sexuality, and Rebirth", *Journal of Feminist Studies in Religion* (Spring 1988) Vol. 4. O estudo profundo de Keller sobre os Mistérios Eleusianos é uma importante contribuição para o entendimento do sistema de rituais da antiga adoração à Deusa. Ele também delineia sua degeneração em práticas envolvendo sacrifício de sangue e a comercialização desses ritos na Grécia Clássica.
40. Briffault, *The Mothers*, l: p. 473-74; Neumann, *The Great Mother* [*A Grande Mãe*], ênfase em original.
41. Stone, *When God Was a Woman*, p. 4.
42. Neumann, *The Great Mother* [*A Grande Mãe*], p. 178.
43. Stone, *When God Was a Woman*, p. 200.
44. Ibid., p. 201-2. Ver também Barbara G. Walker, *The Woman's Encyclopedia of Myths and Secrets* (San Francisco: Harper & Row, 1983).
45. Harrison, *Prolegomena to the Study of Greek Religion*, p. 261.
46. Diodoro Sículo, citado in Stone, *When God Was a Woman*, p. 36.
47. Harrison, *Prolegomena*, p. 343.
48. Stone, *When God Was a Woman*, p. 199, p. 3.
49. Marija Gimbutas, *The Early Civilization of Europe* (monografia para Indo-European Studies 131, University of California em Los Angeles, 1980), cap. 2 e 17.
50. Marija Gimbutas, *The Goddesses and Gods of Old Europe, 7000-3500 B.C.* (Berkeley e Los Angeles: University of California Press, 1982), p. 22-23, citando o professor Vasic.

51. Ibid., p. 22-25.
52. Ibid.
53. Ibid.
54. Gimbutas, *The Early Civilization of Europe*, cap. 2, p. 72.
55. Ibid., cap. 2, p. 78.
56. Ibid., cap. 2, p. 75-77.
57. Ibid., cap. 2, p. 78.
58. Ver também Hawkes, *Dawn of the Gods*, p. 68.
59. Ver nota 24.
60. Há grande controvérsia sobre a questão de se sacrifícios rituais eram ou não realizados no contexto da adoração à Deusa. Os sacrifícios humanos em massa, encontrados nas tumbas egípcias e babilônicas, só surgiram mais tarde e parecem ser um desenvolvimento da prática de sacrificar as esposas, concubinas e servos de um homem, trazida para a Europa e Índia pelos indo-europeus. Mas existem também dados arqueológicos que parecem indicar casos isolados de sacrifício ritual no Neolítico. Ver, e.g., Gimbutas, *The Goddesses and Gods of Old Europe*, p. 74. Contudo, a maior parte dos dados são míticos: ver, e.g., sir James Frazer, *The Golden Bough* (New York: Macmillan, 1922) [*O ramo de ouro*. Rio de Janeiro: Zahar, 1982]. Frazer foi um dos maiores expoentes do século XIX a defender a teoria de que os reis eram rotineiramente sacrificados nas sociedades matriarcais. Pode ser que os sacrifícios rituais fossem prática comum, como acreditava Frazer. Ou esta pode ter sido uma medida de emergência concebida para afastar um desastre iminente. Como observamos anteriormente, numa escavação em um sítio arqueológico do período minoico foram encontrados fósseis de um único sacrifício ritual de um jovem, interrompido por um terremoto que matou o sacerdote e o jovem (Yannis Sakellarakis e Sapouna Sakellarakis, "Drama of Death in a Minoan Temple", *National Geographic* 159. February 1981: p. 205-22). Isto, acrescido do fato de que nenhuma outra evidência de sacrifício ritual minoico jamais tenha sido encontrada, leva à conclusão, como escreve Joseph Alsop, de que sacrifícios humanos não eram prática regular naquele período. Ao contrário, e semelhante a várias instâncias análogas do período posterior da Grécia Clássica, parece que "esta foi uma medida desesperada para afastar o que parecia ser o fim do mundo" (Joseph Alsop, "A Historical Perspective", *National Geographic* 159. February 1981: p. 223-24). Sabemos com certeza que no século V a.C. os antigos gregos ocasionalmente sacrificavam um "pharmakos", ou "bode expiatório" (em geral um criminoso condenado), como ato de purificação ritual (ver, e.g., Harrison, *Prolegomena*, p. 102-5). Contudo, as opiniões variam muito quando se trata de definir se tais sacrifícios eram prática regular. Alguns estudiosos, como Elinor Gadon, embora sem afirmar que fossem universais ou mesmo frequentes, lembram das evidências de que na cultura de Harapa, na Índia, que floresceu entre cerca de 3000 e 1800 a.C., era praticado o sacrifício ritual (comunicação privada com Gadon, 1986). Outros estudiosos, como Nancy Jay e Mara Keller, argumentam que os povos agrários que adoravam a

Deusa não praticavam sequer sacrifícios de sangue animal. Como exemplo, citam a história bíblica de Caim e Abel. Caim (representando o povo agrário de Canaã) oferece a Jeová frutas e grãos. Mas essa oferenda é rejeitada por Jeová, que aceita o sacrifício de sangue feito por Abel (que representa os pastores invasores). Para um reexame anterior desse mito, ver E. Cecil Curwen, *Plough and Pasture* (London: Cobbett Press, 1946). Há também indicações de que em Çatal Hüyük não havia sacrifício de sangue de espécie alguma. A adoração a Deméter, que data de antes das invasões indo-europeias, igualmente envolvia exclusivamente oferendas de frutas e grãos (Mara Keller, "The Mysteries of Demeter and Persephone, Ancient Greek Goddesses of Fertility, Sexuality, and Rebirth").

61. Na formulação dessa definição de racional e irracional, devo agradecer ao filósofo Herbert Marcuse e sua discussão sobre a razão em *One-Dimensional Man* (Boston: Beacon Press, 1964), p. 236-37 [*A ideologia da sociedade industrial*. Rio de Janeiro: Zahar, 1973].
62. Julian Jaynes, *The Origin of Consciousness in the Breakdown of the Bicameral Mind* (Boston: Houghton Mifflin, 1977).
63. Ver, e.g., C.A. Newham, *The Astronomical Significance of Stonehenge* (Leeds: John Blackburn, 1972). Da mesma forma, Mellaart descreve Çatal Hüyük como possuidora de "tecnologias avançadas de tecelagem, marcenaria e metalurgia" e "práticas avançadas de agricultura e pecuária" (*Çatal Hüyük*, p. ii).
64. J. E. Lovelock, *Gaia* (New York: Oxford University Press, 1979).
65. James Mellaart, *Excavations at Hacilar* (Edinburgh: Edinburgh University Press, 1970), v. 2, p. iv.
66. Ibid., p. vi.
67. Ibid., p. 249.

Capítulo 6: A realidade de ponta-cabeça, parte I

1. Aeschylus, *Oresteia* (Chicago: University of Chicago Press, 1953), p. 158 [Ésquilo, *Oresteia*].
2. Ibid.
3. Ibid., p. 161.
4. Ibid., p. 163.
5. Ver, e.g., Hugh Lloyd-Jones, Introduction to *Agamemnon, the Libation Bearers, the Eumenides* (Englewood Cliffs, NJ: Prentice-Hall, 1970).
6. Joan Rockwell, *Fact Infiction: The Use of Literature in the Systematic Study of Society* (London: Routledge & Kegan Paul, 1974), cap. 5.
7. George Thompson, *The Prehistoric Aegean* (New York: Citadel, 1975); H.D.F. Kitto, *The Greeks* (Baltimore: Penguin Books, 1951), p. 19.
8. Rockwell, *Fact Infiction*, p. 163.
9. Ibid., p. 162.
10. Ibid.
11. Aeschylus, *Oresteia*, p. 167 [Ésquilo, *Oresteia*].

12. Rockwell, *Fact Infiction*, p. 150.
13. Aeschylus, *Oresteia*, p. 164 [Ésquilo, *Oresteia*].
14. Para uma ótima análise de Spencer e outros teóricos androcêntricos do século XIX, ver Martha Vicinus, ed., *Suffer and Be Still: Women in the Victorian Age* (Bloomington, IN: Indiana University Press, 1972), esp. p. 126-45.
15. Ver, e.g., Números 32, I Crônicas 5.
16. Ver David Loye e Riane Eisler, "Chaos and Transformation: Implications of Non Equilibrium Theory for Social Science and Society", em *Behavioral Science* 32 (1987), p. 53-65.
17. Ver, e.g., Humberto Maturana, "The Organization of the Living: A Theory of the Living Organization", em *Journal of Man-Machine Studies* 7 (1975): p. 313-32; e Vilmos Csányi, *General Theory of Evolution* (Budapest: Akademiai Kiado, 1982).
18. Ver, e.g., Vilmos Csányi e Georgy Kampis, "Autogenesis: The Evolution of Replicative Systems", em *Journal of Theoretical Biology* 114 (1985): p. 303-21.
19. Ver, e.g., II Reis 18:4; Números 31; II Crônicas 33.
20. George Orwell, *1984*. (New York: New American Library, 1971); originalmente publicado sob o título *Nineteen Eighty Four* (London: Gollancz, 1949) [*1984*. São Paulo: Nacional, 1984].
21. Ver Mary Daly, *Gyn/Ecology: The Metaethics of Radical Feminism* (Boston: Beacon Press 1978), que contém percepções importantes.
22. Ver *The Dartmouth Bible* (Boston: Houghton Mifflin, 1950) para um relato de como os estudiosos conseguiram reconstruir a história de como a Bíblia foi montada ao longo de centenas de anos por várias escolas de rabinos e padres. Ver esp. p. 5-11.
23. Ibid., p. 9.
24. Ibid., p. 10.
25. Ibid., p. 10.
26. Ibid.
27. Ibid.
28. Marija Gimbutas, *The Goddesses and Gods of Old Europe, 7000-3500 B.C.* (Berkeley e Los Angeles: University of California Press, 1982), p. 93.
29. Ibid., p. 149. Ver, e.g., figura 59, Erich Neumann, *The Great Mother* (Princeton, NJ: Princeton University Press, 1955) [*A Grande Mãe*. São Paulo: Cultrix, 2001].
30. Para ter uma ideia da onipresença das imagens de serpente em associação com a Deusa nas culturas do Oriente Próximo, Europa, Ásia e mesmo das Américas, ver as figuras em Neumann, *The Great Mother* [*A Grande Mãe*].
31. Ver, e.g., Joseph Campbell, *The Mythic Image* (Princeton, NJ: Princeton University Press, 1974), p. 295.
32. Ver, e.g., ibid., p. 296. Ver também Jane Harrison, *Prolegomena to the Study of Greek Religion* (London: Merlin Press, 1903,1962) para uma visão geral sobre as origens da serpente na mitologia grega.
33. Gimbutas, *The Goddesses and Gods of Old Europe*, p. 149.
34. Merlin Stone, *When God Was a Woman* (New York: Harcourt Brace Jovanovich, 1976), p. 67.
35. *The Dartmouth Bible*, p. 146; II Reis 18:4.

36. Campbell, *The Mythic Image*, p. 294.
37. II Reis 18:4.
38. Para uma discussão sobre as origens de Eva, ver, e.g., Robert Graves e Raphael Patai, *Hebrew Myths* (New York: McGraw-Hill, 1963), p. 69 [*O livro do Gênese: mitologia hebraica*. Rio de Janeiro: Xenon, 1994].
39. Gênesis 3:16. O trecho "Multiplicarei tuas dores e tuas gravidezes, na dor darás à luz filhos. Teu desejo te impelirá ao teu marido e ele te dominará" faz muito sentido quando a história do pecado original é vista como uma fábula androcrática sobre a forma como os povos agrários e igualitários, que adoravam a Deusa, foram conquistados por pastores guerreiros, regidos pelos homens, e como isto marcou o fim da liberdade sexual e reprodutiva para as mulheres. "Multiplicarei tuas dores e tuas gravidezes" sugere enfaticamente que naquele tempo as mulheres perderam o direito de escolher com quem teriam sexo e também o de usar métodos contraceptivos. Sabe-se que o uso de contraceptivos remonta ao antigo Egito, segundo papiros que descrevem o uso de espermicidas. Ver Norman Himes, *Medical History of Contraception* (New York: Schocken, 1970), p. 64.
40. Para uma extraordinária obra do século XIX que questiona a academia de seu tempo e também a própria Bíblia, ver Elizabeth Cady Stanton, *The Woman's Bible* (reimpresso em *The Original Feminist Attack on the Bible*, introdução de Barbara Welter. New York: Arno Press, 1974). Publicada pela primeira vez em 1895, sob os protestos de muitas outras feministas, que a viam como terrivelmente sacrílega ou então irrelevante para nossa época secular, *The Woman's Bible* é obra de várias acadêmicas feministas. Embora algumas delas buscassem conciliar a Bíblia com aspirações feministas, Elizabeth Cady Stanton, provavelmente a mais notável feminista do século XIX, foi diretamente ao fulcro da questão, identificando e opondo-se aos inúmeros trechos nos quais as mulheres aparecem como criaturas inferiores por ordem divina. Desde então, e especialmente entre os anos 1970 e 1980, as mulheres fizeram uma revisão da Bíblia, dando importantes contribuições aos estudos da religião. Para uma visão geral sobre essa nova vertente de pesquisa, ver Gail Graham Yates, "Spirituality and the American Feminist Experience", *Signs* 9 (Autumn 1983): p. 59-72; Anne Barstow Driver, "Review Essay: Religion", *Signs* 2 (Winter 1976): p. 434-42; Rosemary Radford Ruether, "Feminist Theology in the Academy", *Christianity and Crisis* 45 (1985): p. 55-62; Ver também Carol P. Christ e Judith Plaskow, eds., *Womanspirit Rising* (New York: Harper & Row, 1979); Nancy Auer Falk e Rita Gross, eds., *Unspoken Worlds* (New York: Harper & Row, 1980); Charlene Spretnak, ed., *The Politics of Women's Spirituality* (New York: Doubleday Anchor, 1982); Elisabeth Schussler Fiorenza, *In Memory of Her* (New York: Crossroad, 1983) [*As origens cristãs a partir da mulher*. São Paulo: Paulinas, 1992]; Rosemary Radford Ruether, ed., *Religion and Sexism: Images of Women in Jewish and Christian Traditions* (New York: Simon & Schuster, 1974) [*Sexismo e religião: rumo a uma teologia feminista*. São Leopoldo, RS: Sinodal, 1993]; Mary Daly, *Beyond God the Father* (Boston: Beacon, 1973); Susannah Herschel, ed., *On Being a Jewish Feminist* (New York: Schoc-

ken Books, 1982). Um trabalho recente e breve é o de Carol P. Christ, "Toward a Paradigm Shift in the Academy and in Religious Studies", in Christie Farham, ed., *Transforming the Consciousness of the Academy* (Bloomington, IN: Indiana University Press, 1987). Para uma fascinante reinterpretação da história bíblica de Sara, ver Savina J. Teubal, *Sarah the Priestess: The First Matriarch of Genesis* (Chicago: Swallow Press, 1984).

Capítulo 7: A realidade de ponta-cabeça, parte II

1. Marija Gimbutas, "The First Wave of Eurasian Steppe Pastoralists into Copper Age Europe", *Journal of Indo-European Studies* 5 (Winter 1977): p. 297.
2. Números 31, Josué 6, 7, 8,10 e 11.
3. Também nos tempos atuais, a maior complexidade tecnológica e social vem criando novos papéis e uma das mais graves questões contemporâneas é se os cargos mais lucrativos e prestigiosos deveriam ser ocupados principalmente por homens. *Breaking Free*, sequência da presente obra, examinará esse assunto. Para uma discussão interessante em torno da tecnologia e da organização social na pré-história a partir de uma perspectiva centrada no homem, ver Lewis Mumford, *The Myth of the Machine: Technics and Human Development* (New York: Harcourt, Brace & World, 1966).
4. Ver o cap. 3 para uma discussão sobre como uma maior complexidade social e tecnológica não leva necessariamente à dominação masculina, e como em Creta as mulheres retiveram suas posições de poder e prestígio enquanto prevaleceu um modelo de organização social de parceria.
5. Edwin Oliver James, *The Cult of the Mother Goddess* (London: Thames & Hudson, 1959), p. 89. A esse respeito, em *When God Was a Woman* (New York: Harcourt Brace Jovanovich, 1976), Merlin Stone observa especificamente a importância de distinguir as formas que o culto à Deusa assumiu antes e depois da imposição da dominação masculina. Infelizmente, em boa parte desse livro, que no restante é excelente, Stone não separa claramente as duas. Como resultado, frequentemente vemos deidades femininas cultuadas nos tempos da dominação masculina sendo discutidas no mesmo contexto daquelas que representavam Deusas mais antigas, e ausente a distinção entre Atena, Ístar e Cibele (todas divindades associadas à guerra) e a Deusa da pré-história, como a "Vênus" grávida do Paleolítico e a Grande Deusa Mãe de Çatal Hüyük, basicamente identificadas com a regeneração da vida.
6. Rohrlich-Leavitt, "Woman in Transition: Crete and Sumer", in Renate Bridenthal e Claudia Koonz, eds., *Becoming Visible* (Boston: Houghton Mifflin, 1977), p. 55. Para uma excelente coletânea de trabalhos acadêmicos relativos à questão mais ampla de como religiões posteriores refletiram e perpetuaram a degradação e subjugação das mulheres, ver Rosemary Radford Ruether, *Religion and Sexism: Images of Women in Jewish and Christian Traditions* (New York: Simon & Schuster, 1974) [*Sexismo e religião: rumo a uma teologia feminista*. São

Leopoldo, RS: Sinodal, 1993]. Trabalhos mais recentes sobre o assunto são Carol P. Christ e Judith Plaskow, *Womanspirit Rising: a Feminist Reader in Religion* (San Francisco: Harper & Row, 1979); Charlene Spretnak, ed., *The Politics of Women's Spirituality* (New York: Doubleday Anchor, 1982); e Mary Daly, *Gyn/Ecology: The Metaethics of Radical Feminism* (Boston: Beacon Press, 1978). Ver também Riane Eisler, "Our Lost Heritage: New Facts on How God Became a Man", *The Humanist* 45 (May/ June 1985): p. 26-28.

7. Raphael Patai, *The Hebrew Goddess* (New York: Avon, 1978), p. 12-13. Mesmo na Bíblia se lê que o templo de Salomão também era usado para adorar deuses e deusas que não Jeová.

8. Ibid., p. 48-50. Apesar de todos os dados, esse trabalho relata nossa herança religiosa ginocêntrica; a interpretação de Patai é, em geral, coerente com o paradigma dominante. Para uma abordagem diferente, a partir de uma perspectiva feminista, ver Carol P. Christ, "Heretics and Outsiders: The Struggle Over Female Power in Western Religion", *Soundings* 61 (Fall 1978): p. 260-80.

9. Ver, e.g., Jeremias 44:17. Stone, *When God Was a Woman*, traz uma excelente discussão sobre esse assunto. Ver também Elizabeth Gould Davis, *The First Sex* (New York: Penguin Books, 1971), que traz documentação interessante sobre a enorme força do culto à Deusa, não só entre as mulheres, mas também entre os homens, até a Idade Média. Por exemplo, Davis cita as cartas de Cirilo, onde se lê que, no século V d.C., o povo de Éfeso dançou nas ruas quando foi informado que doravante a igreja permitiria o "culto à Virgem Maria como Mãe de Deus" (p. 246).

10. Para uma interessante análise da etimologia da palavra hebraica para divindade, *Elohim*, ver S.L. MacGregor Mathers, *The Kabbalah Unveiled* (London: Routledge & Kegan Paul, 1957), discutido em June Singer, *Androgyny* (New York: Anchor Books, 1977), p. 84. Não apenas mostra que *Elohim* é o substantivo feminino para deidade acrescido de sufixo masculino, mas a palavra hebraica *ruach* (Espírito Santo) é feminina, como também, evidentemente, a palavra *hochma* (sabedoria): todos nomes antigos da Deusa.

11. Para uma poderosa análise de como os mitos e símbolos mais antigos foram "usurpados, revertidos e distorcidos" (p. 75), ver Daly, *Gyn/Ecology*, esp. cap. 2. Um fascinante aspecto desta e de outras análises do assunto é o fato de que, seguindo caminhos independentes, muitos estudiosos hoje estão chegando à mesma conclusão básica: foi tão eficaz a remitificação dominadora que as "profecias" de Orwell em *1984* "são descrições do que já aconteceu". Não apenas foi apagada nossa verdadeira pré-história, e com ela a Deusa, mas também o pensamento foi aleijado pelo expurgo de palavras sexualmente igualitárias da nossa linguagem, o que tornou impossível "seguir o pensamento herético para além da percepção de que era herético". Como em *1984*, as palavras necessárias não existem mais (Daly, *Gyn/Ecology*, p. 330-31; Orwell, *1984*, p. 252). Para algumas tentativas anteriores, não feministas, de desvendar o emaranhado de religiões e mitos clássicos que, em forma distorcida, remontam aos tempos pré-dominadores, ver, e.g., Robert Briffault, *The*

Mothers (New York: Johnson Reprint, 1969); Jane Harrison, *Prolegomena to the Study of Greek Religion* (London: Merlin Press, 1903,1962); M. Esther Harding, *Woman's Mysteries* (New York: Putnam, 1971) [*Os mistérios da mulher antiga e contemporânea*. São Paulo: Paulinas, 1985]; Erich Neumann, *The Great Mother* (Princeton, NJ: Princeton University Press, 1955) [*A Grande Mãe*. São Paulo: Cultrix, 2001]; Robert Graves, *The White Goddess* (New York: Vintage Books, 1958) [*A deusa branca*. Rio de Janeiro: Bertrand Brasil, 2003]; Helen Diner, *Mothers and Amazons* (New York: Julian Press, 1971); Prazer, *The Golden Bough* (New York: Macmillan, 1922) [*O ramo de ouro*. Rio de Janeiro: Zahar, 1982]; J.J. Bachofen, *Myth, Religion and Mother Right*, trad. Ralph Manheim (Princeton, NJ: Princeton University Press, 1861,1967). O termo "direito materno" (*motherright*), embora algumas vezes usado em outra acepção, significa simplesmente um sistema matrilinear de sucessão, ao invés de patrilinear, ou seja, a ascendência é traçada pela linha materna ao invés da paterna, como em nossos dias.

12. Ver, e.g., Josué 6:21 e Deuteronômio 12:2-3. Pelo fato de os judeus terem sido muitas vezes culpados pela morte do Filho de Deus e outras "abominações", segundo a tradição cristã, algo que serviu para racionalizar a perseguição e morte deles em boa parte da história europeia, é fundamental salientar que tais práticas não foram invenção do povo hebreu, mas características das sociedades de dominação. Para dois importantes artigos que tratam abertamente das falsas alegações de que os judeus são culpados pelo patriarcado, ver Judith Plaskow, "Blaming Jews for Inventing Patriarchy", e Annette Daum, "Blaming Jews for the Death of the Goddess", ambos em *Lilith*, 1980, nº 7: p. 11-13.

13. *The Dartmouth Bible* (Boston: Houghton Mifflin, 1950), p. 146. Como a maioria das fontes convencionais, a Bíblia de Darthmouth chama a primeira parte da Bíblia judaico-cristã de Antigo Testamento, mesmo que os estudiosos judeus observem que para os judeus há somente um livro sagrado e, portanto, os termos "Escrituras Hebraicas" ou "Bíblia Hebraica" fossem mais apropriados do que "Antigo Testamento". Na presente obra, eu teria preferido usar o termo "Bíblia Hebraica", no entanto, logo se percebeu que isto traria grande confusão, pois a maioria das pessoas que consultei parecia presumir que significava textos apócrifos ou mesmo pergaminhos hebraicos encontrados recentemente (como os Manuscritos do Mar Morto), ao invés da primeira parte da Bíblia.

14. Ver, e.g., Números 31:18.

15. Êxodo 21:7.

16. Números 31:9,17,18.

17. Juízes 19:24. Que os leitores tenham sido capazes de, por tanto tempo, ignorar tais passagens, que falam da desumanidade do homem em relação à mulher, é um testemunho abominável do poder do paradigma vigente. Que hoje uma nova leva de estudiosos bíblicos esteja fazendo um reexame isento dessas mesmas passagens e chegando a conclusões coerentes entre si (ver, e.g., Mary Daly, *Beyond God the Father*. Boston: Beacon, 1973) é, por outro lado, uma prova alentadora do poder do atual ressurgimento da visão de parceria do mundo, assunto ao qual voltaremos.

18. Juízes 19:25-28.
19. Gênesis 19.
20. Levítico 12:6-7.
21. Neumann, *The Great Mother* [*A Grande Mãe*], p. 313.
22. Ibid., p. 312.
23. *New Catholic Encyclopedia*, vols. 2 e 5: *Hastings Encyclopedia of Religion and Ethics*, vol. 1.
24. Ver, e.g., Joseph Campbell, *The Mythic Image* (Princeton, NJ: Princeton University Press, 1974), p. 59-64.
25. Daly, *Gyn/Ecology*, p. 17-18, p. 39. Daly, uma teóloga, escreve furiosamente: a árvore da vida não foi somente substituída pelo "símbolo necrofílico de um corpo morto pendurado em madeira morta", mas também o "próprio patriarcado é a religião predominante em todo o planeta, e sua mensagem essencial é a necrofilia".

Capítulo 8: A outra metade da história, parte I

1. Jane Harrison, *Prolegomena to the Study of Greek Religion* (London: Merlin Press, 1903, 1962), p. 646.
2. Jacquetta Hawkes, *Dawn of the Gods: Minoan and Mycenaean Origins of Greece* (New York: Random House, 1968), p. 261.
3. Peças gregas posteriores como a *Oresteia*, de Ésquilo confirmam isto, e rainhas como Clitemnestra estão evidentemente no comando enquanto seus maridos são vistos como consortes.
4. Hesiod, *Works and Days* [Hesíodo, *Os trabalhos e os dias*], citado em John Mansley Robinson, *An Introduction to Early Greek Philosophy* (Boston: Houghton Mifflin, 1968), p. 4.
5. Heráclito, citado em Edward Hussey, *The Pre-Socratics* (New York: Scribner, 1972), p. 49.
6. Hesíodo, citado em Robinson, *Early Greek Philosophy*, p. 5.
7. J.V. Luce, *The End of Atlantis* (London: Thames & Hudson, 1968), p. 158.
8. Ibid., p. 159.
9. Ibid.
10. Por exemplo, Anaximandro (nascido em cerca de 612 a.C.), em muitos aspectos rudimentares, preconizou a teoria evolutiva de Darwin. Ele afirmou sobre a origem da vida humana que os protótipos dos seres humanos eram originalmente criaturas parecidas com peixes que, ao se tornarem adultas, saíam da água e iam para a terra, deixando seu revestimento de peixe e assumindo forma humana. Estas ideias sugerem que Anaximandro talvez soubesse algo sobre o desenvolvimento do embrião humano (Hussey, *The Pre-Socratics*, p. 26; Robinson, *Early Greek Philosophy*, p. 33-34).
11. Robinson, *Early Greek Philosophy*, p. 46.
12. Hussey, *The Pre-Socratics*, p. 14.
13. Ibid., p. 13.

14. Ibid.
15. Como foi observado alhures, estudiosos como Nicolas Platon e Jacquetta Hawkes escreveram sobre as raízes cretenses da civilização grega. Segundo Platon, "uma civilização brilhante produzida por pessoas tão dinâmicas não poderia desaparecer sem deixar rastros" (Nicolas Platon, *Crete*. Geneva: Nagel Publisher, 1966, p. 69). É também significativo que importantes filósofos-cientistas pré-socráticos como Xenófanes de Cólofon, Pitágoras de Samos e Tales, Anaximandro e Anaxímenes de Mileto vivessem em ilhas ao leste do Mediterrâneo e cidades na costa sul da Anatólia, sedes de culturas que há milênios cultuavam a Deusa e que não foram destruídas até a chacina dos dórios, que trouxe consigo a Idade das Trevas grega.
16. A ideia de um universo unificado e inter-relacionado (antes simbolizado pela Deusa como Mãe e Doadora de Tudo) no qual tudo está ligado ou relacionado com todo o resto, ao invés de escalonado, como nas teorias androcráticas e científicas, está exposta em algumas das afirmações de Anaxágoras. "Em tudo", escreveu ele, "as coisas da única ordem mundial não estão separadas umas das outras, nem apartadas por um machado – nem o quente do frio, nem o frio do quente" (citado em Robinson, *Early Greek Philosophy*, p. 177-81).
17. Hussey, *The Pre-Socratics*, p. 17.
18. Ibid., p. 19.
19. Ver, e.g., Robinson, *Early Greek Philosophy*, p. 34, p. 35, p. 89, p. 94, p. 137, p. 168.
20. Marija Gimbutas, *The Goddesses and Gods of Old Europe, 7000-3500 B.C.* (Berkeley e Los Angeles: University of California Press, 1982), p. 102, p. 196.
21. Ibid., p. 198.
22. Erich Neumann, *The Great Mother* (Princeton, NJ: Princeton University Press, 1955) [*A Grande Mãe*. São Paulo: Cultrix, 2001], p. 275.
23. Hussey, *The Pre-Socratics*, p. 14.
24. Robinson, *Early Greek Philosophy*, p. 70.
25. Ibid., p. 80.
26. Harrison cita Aristóxenes como fonte da informação de que Pitágoras aprendeu ética com Temistocleia (*Prolegomena*, p. 646). Hawkes escreve que, como reformador do Orfismo, Pitágoras adotou um "acentuado feminismo" (*Dawn of the Gods*, p. 283).
27. Harrison, *Prolegomena*, p. 646.
28. Ibid.; Hawkes, *Dawn of the Gods*, p. 284.
29. Harrison, *Prolegomena*, p. 647.
30. Plato, *Republic*, livro 4 [Platão, *A República*].
31. Ver também as ilustrações numa urna para cinzas, que mostram cerimônias de iniciação nas quais Deméter aparece entronizada, enquanto sua grande serpente, enrolada nela, é acariciada pelo iniciado. À esquerda de Deméter, há uma outra figura feminina, sua filha e deusa gêmea, Perséfone (Harrison, *Prolegomena*, p. 546). Para um novo e fascinante exame dos Mistérios Eleusianos, ver Keller, "The Mysteries of Demeter and Persephone, Ancient Greek Goddesses of Fertility, Sexuality, and Rebirth", *Journal of Feminist Studies in*

Religion (Spring 1988) vol. 4. Como indica Keller, os Mistérios Eleusianos preservaram muitos dos elementos do antigo culto da Deusa. Diz Keller: "Os ritos de Deméter e Perséfone falam das experiências de vida que serão para sempre as mais misteriosas: nascimento, sexualidade, morte, e o maior mistério de todos, o amor duradouro. Nessa religião do Mistério, os povos do antigo mundo mediterrâneo expressavam sua alegria pela beleza e abundância da natureza, inclusive nas suas generosas colheitas, no amor pessoal, na sexualidade e na procriação; e no renascimento do espírito humano, mesmo que através do sofrimento e da morte. Cícero escreveu sobre estes ritos que 'nos foi dado um motivo para, não apenas viver em alegria, mas também para morrer com boa esperança'".

32. Agostinho, citado em Harrison, *Prolegomena*, p. 261.
33. Hawkes, *Dawn of the Gods*, p. 286.
34. Elise Boulding, *The Underside of History* (Boulder, CO: Westview Press, 1976), p. 260-62. Como observa a filósofa feminista Mara Keller, é significativo que Aspásia pareça ter vindo da Anatólia, onde a Deusa era ainda primária e as mulheres bastante independentes (comunicação particular com Mara Keller, 1986). Aspásia, que chegou a Atenas em cerca de 450 a.C., abriu uma escola para mulheres e também dava palestras em muitos lugares. Sócrates, Péricles e outros homens famosos iam a essas palestras (Will Durant, *The Life of Greece*. New York: Simon & Schuster, 1939, p. 253) [*Nossa herança clássica*. Rio de Janeiro: Record, 1985].
35. Harrison, *Prolegomena*, p. 646.
36. Mary Beard, *Woman as a Force in History* (New York: Macmillan, 1946), p. 326.
37. *Sappho: Lyrics in the Original Greek*, trad. Willis Barnstone (New York: Anchor, 1965). A maior parte da obra de Safo foi queimada por zelotas cristãos, junto com outros escritos "pagãos". Como questiona Keller, por que motivo teria sido poupada a obra de Homero (que cantava a guerra) enquanto a obra de mulheres como Safo (que cantava o amor) foi destruída? Para discussões sobre Safo, que Platão descrevia como a décima musa, ver, e.g., Hawkes, *Dawn of the Gods*, p. 286; Boulding, *Underside of History*, p. 260-62.
38. Boulding, *Underside of history*, p. 262-63.
39. Exemplos disso são: Aristophanes, *The Women at Demeter's Festivais* e *The Women in Politics* [Aristófanes, *As mulheres nas festas de Deméter* e *As mulheres na política*].
40. Robinson, *Early Greek Philosophy*, p. 269-70.
41. Ibid., p. 286, p. 285.
42. Thucydides, *History of the Peloponnesian War*, p. 267 [Tucídides, *História da Guerra do Peloponeso*].
43. Robinson, *Early Greek Philosophy*, p. 287.
44. Aristotle, *Politics* [Aristóteles, *A política*].
45. Gênesis 1-3.
46. Fritjof Capra, *The Turning Point: Science, Society, and the Rising Culture* (New York: Simon & Schuster, 1982), p. 282 [*O ponto de mutação: a ciência, a sociedade e a cultura emergente*. São Paulo: Cultrix, 1986].

Capítulo 9: A outra metade da história, parte II

1. Leonard Swidler, "Jesus Was a Feminist", *The Catholic World* (January 1971), p. 177-83.
2. Ver, e.g., João 20:1-18.
3. Entrevista com o professor S. Scott Bartchy, em "Tracing the Roots of Christianity", *The UCLA Monthly* 11 (November-December 1980): p. 5.
4. Ver, e.g., Elisabeth Schüssler Fiorenza, "Women in the Early Christian Movement", em Carol P. Christ e Judith Plaskow, eds., *Woman Spirit Rising: a Feminist Reader in Religion* (San Francisco: Harper & Row, 1979), p. 91-92; Elise Boulding, *The Underside of History* (Boulder, CO: Westview Press, 1976), p. 359-60. O livro de Fiorenza, *In Memory of Her* (New York: Crossroad, 1983) [*As origens cristãs a partir da mulher*. São Paulo: Paulinas, 1992], é uma das maiores obras de estudo do Novo Testamento do ponto de vista feminista.
5. James Robinson, ed., *The Nag Hammadi Library* (New York: Harper & Row, 1977) [*Nag Hammadi: o evangelho de Tomé*. São Paulo: Paulinas, 1990]. Isso não significa de forma alguma que esses evangelhos cristãos antigos não sejam documentos androcráticos. É difícil julgar em que medida isso seja consequência das várias traduções que recebeu. Por exemplo, a última tradução do copta para o inglês foi obra do projeto da Biblioteca Gnóstica Copta do Institute for Antiquity and Christianity. Mas as imagens mais recorrentes na linguagem mostram claramente que esses documentos foram escritos numa época em que os homens e as conceitualizações masculinas da divindade já eram dominantes. Contudo, não resta dúvida de que a maior heresia desses evangelhos é o fato de que muitos deles contêm um retorno à concepção pré-androcrática das forças que regem o universo em forma feminina, com referências aos poderes criativos e à sabedoria da Mãe. (Ver, e.g., *Gospel of Thomas*, p. 129; *Gospel of Philip*, p. 136-42; *The Hypostasis of the Archons*, *The Sophia of Jesus Christ*, p. 206; *The Thunder, Perfect Mind*, p. 271; *The Second Treatise of the Great Seth*, p. 330). Talvez a heresia mais escandalosa que perpassa todos esses evangelhos bastante variados (que derivam de diversas tradições religiosas e filosóficas) é o fato de questionarem o princípio de que o escalonamento foi ordenado por Deus. Acima mesmo dos temas gilânicos e da simbolização do poder divino como feminino, das referências a Maria Madalena como a companheira que Jesus mais amava e em quem mais confiava, está o fato de que ali encontramos uma frontal rejeição do conceito de que a *gnosis*, ou conhecimento, só pode ser obtido através da hierarquia da igreja, através de bispos e padres, algo que se tornou, e continua sendo, marca registrada do cristianismo ortodoxo.
6. Elaine Pagels, *The Gnostic Gospels* (New York: Random House, 1979), p. xix.
7. Ibid., p. xix. Note que o Édito de Milão de Constantino de 313 d.C. marcou o início da aliança da Igreja Cristã com as classes dominantes do Império Romano.
8. Helmut Koester, "Introduction to the Gospel of Thomas", *The Nag Hammadi Library*, p. 117 [*Nag Hammadi: o evangelho de Tomé*. São Paulo: Paulinas, 1990].

9. Marcos 16:9-20; Robinson, ed., *The Nag Hammadi Library*, p. 471-74 [*Nag Hammadi: o evangelho de Tomé*]; Pagels, *The gnostic Gospels*, p. 11.
10. Robinson, ed., *The Nag Hammadi Library*, p. 43, p. 138 [*Nag Hammadi: o evangelho de Tomé*]. Para uma ótima análise dessas passagens, ver Pagels, *The Gnostic Gospels*, cap. 1.
11. Ver Pagels, *The Gnostic Gospels*, p. 11-14.
12. Ibid., p. 14. Algumas das escrituras oficiais cristãs ainda guardam traços dessa mensagem gilânica. Ver, e.g., João 8:32: "e conhecereis a verdade, e a verdade vos libertará".
13. Ibid., cap. 3.
14. Ibid., p. xvii, p. 41.
15. Ibid., p. 41-42, ênfase do original.
16. Ibid., p. 42-43.
17. Ibid., p. 42.
18. Ibid., p. 54.
19. Robinson, ed., *The Nag Hammadi Library*, p. 461-62 [*Nag Hammadi: o evangelho de Tomé*].
20. Pagels, *The Gnostic Gospels*, p. 52.
21. Ibid., p. 56-57.
22. Ibid., p. 52-53.
23. Ibid., p. 49.
24. Ibid., cap. 3; ver esp. p. 50 e ss.
25. Ibid., p. 52-53.
26. Entrevista com o Prof. S. Scott Bartchy, em "Tracing the Roots of Christianity", p. 5.
27. Ilya Prigogine e Isabelle Stengers, *Order Out of Chaos* (New York: Bantam, 1984), esp. caps. 5 e 6.
28. Constance Parvey, "The Theology and Leadership of Women in the New Testament", in Rosemary Radford Ruether, ed., *Religion and Sexism: Images of Women in Jewish and Christian Traditions* (New York: Simon & Schuster, 1974), p. 118 [*Sexismo e religião: rumo a uma teologia feminista*. São Leopoldo, RS: Sinodal, 1993].
29. Pagels, *The Gnostic Gospels*, p. 62-63.
30. Abba Eban, *My People: The Story of the Jews* (New York: Random House, 1968).
31. Pagels, *The Gnostic Gospels*, p. 63.
32. Ibid., p. 49.
33. Ibid., p. xviii.
34. Ver, e.g., *New Columbia Encyclopedia* (New York: Columbia University Press, 1975), p. 634; H.G. Wells, *The Outline of History* (New York: Garden City Publishing, 1920), p. 520 [*História universal*. São Paulo: Nacional, 1939]; Elizabeth Gould Davis, *The First Sex* (New York: Penguin Books, 1971), p. 234, p. 237; Hendrik Van Loon, *The Story of Mankind* (New York: Boni & Liveright, 1921), p. 135 [*História da humanidade*. Porto Alegre: Globo, 1938].
35. Ver, e.g., Wells, *Outline of History*, p. 522-26 [*História universal*]; Davis, *The First Sex*, cap. 14; G. Rattray Taylor, *Sex in History* (New York: Ballantine, 1954).

36. Pagels, *The Gnostic Gospels*; p. 69.
37. Ibid., p. 57, ênfase nossa.
38. Ver, e.g., *New Columbia Encyclopedia*, p. 61; Davis, *The First Sex*, p. 420.
39. *New Columbia Encylopedia*, p. 705, p. 1302; Davis, *The First Sex*, p. 420.
40. Pagels, *The Gnostic Gospels*, p. 68.
41. Will Durant e Ariel Durant, *The History of Civilization* (New York: Simon & Schuster), vol. 4; *The Age of Faith*, p. 843 [*História da civilização*. São Paulo: Nacional, 1942].

Capítulo 10: Os padrões do passado

1. Ilya Prigogine e Isabelle Stengers, *Order Out of Chaos* (New York: Bantam, 1984); Edward Lorenz, "Irregularity: A Fundamental Property of the Atmosphere", *Tellus*, 1984, nº 36A: p. 98-110; Ralph Abraham e Christopher Shaw, *Dynamics: The Geometry of Behavior* (Santa Cruz, CA: Aerial Press, 1984).
2. Prigogine e Stengers, *Order Out of Chaos*, p. 169-70.
3. Abraham e Shaw, *Dynamics: The Geometry of Behavior*.
4. Ibid.
5. Prigogine e Stengers, *Order Out of Chaos*, p. 189-90.
6. Ibid., citações (pela ordem) de p. 187 e p. 176-177.
7. Para teorias cíclicas da história e da economia, ver, e.g., Walter Kaufman, *Hegel: A Reinterpretation* (Garden City, NY: Doubleday, 1965); Oswald Spengler, *The Decline of the West* (New York: Knopf, 1926-1928) [*A decadência do Ocidente*. Rio de Janeiro: Zahar, 1982]; Pitirim Sorokin, *The Crisis of Our Time* (New York: Dutton, 1941); R. Harnil, "Is the Wave of the Future a Kondratieff?", *The Futurist* (October 1979); Arthur Schlesinger, Sr., *The Tides of Politics* (Boston: Houghton Mifflin, 1964); David Loye, *The Leadership Passion* (San Francisco: Jossey-Bass, 1977).
8. Henry Adams, *The Education of Henry Adams* (New York: Houghton Mifflin, 1918), p. 441-42.
9. Ibid., p. 388. Para uma interessante interpretação que enfatiza o grande valor que Adams atribui ao "feminino", ver Lewis Mumford, "Apology to Henry Adams", in *Interpretation and Forecasts: 1922-1972* (New York: Harcourt Brace Jovanovich, 1973), p. 363-65.
10. G. Rattray Taylor, *Sex in History* (New York: Ballantine, 1954).
11. Ver, e.g., Wilhelm Reich, *The Mass Psychology of Fascism* (New York: Farrar, Straus, Giroux, 1980) [*Psicologia de massas do fascismo*. São Paulo: Martins Fontes, 1970].
12. Taylor, *Sex in History*, cap. 5.
13. Ibid. Ver especialmente a comparação patriarcal/matriarcal da tabela na p. 81.
14. Para uma excelente biografia (e história de seu tempo), ver Marion Meade, *Eleanor of Aquitaine* (New York: Hawthorn Books, 1977) [*Eleonor de Aquitânia*. São Paulo: Brasiliense, 1991]. Ver também Robert Briffault, *The Troubadors* (Bloomington, IN: Indiana University Press, 1965).
15. Taylor, *Sex in History*, p. 84.
16. Ibid., p. 91.

17. Ibid., p. 85.
18. Heinrich Kramer e James Sprenger, *Malleus Maleficarum*, trad. Montague Summers (London: Pushkin Press, 1928) [*O martelo das feiticeiras*. Rio de Janeiro: Rosa dos Tempos, 1991], originalmente publicado em 1490, com as bênçãos do Papa, como manual para inquisidores na caça às bruxas.
19. Gregory Zilboorg, citado por Barbara Ehrenreich e Deirdre English, *Witches, Midwives, and Nurses: A History of Women Healers* (Old Westbury, NY: Feminist Press, 1973), p. 7.
20. Ibid.
21. Ibid., p. 10. Para uma ótima abordagem desse assunto, ver também Wendy Faulkner, "Medical Technology and the Right to Heal", in Wendy Faulkner e Erik Amold, eds., *Smothered by Invention: Technology in Women's Lives* (London: Pluto Press, 1985). Essa obra muito bem documentada relata pesquisas que mostram que, quando a Igreja entrou para o negócio de formar médicos em universidades com sanção eclesiástica (que excluíam mulheres), as curadoras tradicionais (parteiras, mulheres sábias ou "bruxas", agora acusadas de possuírem "poderes mágicos") tiveram de ser, primeiro, desacreditadas e depois eliminadas. Também foi decretado que no julgamento de tais "bruxas" deveriam estar presentes médicos para avaliar se o estado de saúde (bom ou ruim) de uma pessoa era resultado de causas naturais ou de bruxaria. A Igreja conseguiu expulsar as mulheres (tanto as cultas quanto as curadoras camponesas) e também desacreditar as terapias tradicionais recomendadas pelas mulheres (como banhos e ar puro), que os médicos formados pela Igreja consideravam perniciosas. Eles substituíram esses tratamentos por outros mais "heroicos", como sangrias, aplicação de sanguessugas e purgativos venenosos. Essas "curas" continuaram a ser prescritas por médicos até o século XIX.
22. Um tema central no *Malleus Maleficarum* [*O martelo das feiticeiras*] é que o demônio age através da fêmea, assim como fez no Jardim do Éden. "Toda bruxaria vem da concupiscência carnal, que nas mulheres é insaciável", declara, prosseguindo: "Não admira que haja mais mulheres que homens infectados com a heresia da bruxaria [...]. Bendito o Altíssimo que até agora preservou o sexo masculino de tão grande crime" (citado em Ehrenreich e English, *Witches, midwives, and nurses*, p. 10). A primeira obra a colocar a visão de que a "bruxaria" representa em parte a sobrevivência de uma religião pré-cristã foi Margaret Alice Murray, *The Witch-Cult in Western Europe* (London: Oxford University Press, 1921) [*O culto das bruxas na Europa Ocidental*. São Paulo: Madras, 2003]. Essa análise, hoje mais amplamente aceita, também fundamenta em parte a obra de Jules Michelet, *Satanism and Witchcraft* (New York: Citadel Press, 1970). Para outras obras feministas mais contemporâneas sobre a perseguição das bruxas como medida para reprimir as mulheres, ver, e.g., Elizabeth Gould Davis, *The First Sex* (NewYork: Penguin Books, 1971), cap. 18; Mary Daly, *Gyn/Ecology: The Metaethics of Radical Feminism* (Boston: Beacon Press, 1978). Para livros que reinterpretam a religião natural das bruxas (Wicca) e sua atividade como curadoras e parteiras, ver Starhawk, *Dreaming the*

Dark: *Magic, Sex, and Politics* (Boston: Beacon Press, 1982); Margot Adler, *Drawing Down the Moon: Witches, Druids, Goddess Worshippers and Other Pagans in America Today* (Boston: Beacon, 1981); Starhawk, *The Spiral Dance* (New York: Harper & Row, 1979) [*A dança cósmica das feiticeiras*. Rio de Janeiro: Record, 1993].

23. Taylor, *Sex in History*, p. 77.
24. Ibid., p. 126.
25. Ibid., p. 99-103. Por considerarem as mulheres como seres humanos iguais, a amizade ou ligação não sexual entre os sexos era um princípio cátaro. Ironicamente, o "amor casto" ou "ágape" foi ferozmente denunciado pela Igreja oficial. Esses "hereges" (que seguindo os ensinamentos de Cristo chamavam sua igreja de Igreja do Amor) foram acusados pela ortodoxia de procurarem o extermínio da raça humana por evitarem a procriação, e também de todos os tipos de perversão sexual.
26. Ibid., p. 125.
27. Ibid., p. 151.
28. Perdura entre as estudiosas feministas o debate sobre a questão levantada pelo artigo de Joan Kelly-Gadol sobre se as mulheres chegaram a ter uma Renascença (Kelly-Gadol, "Did Women Have a Renaissance?", in *Becoming Visible*, Renate Bridenthal e Claudia Koonz, eds. Boston: Houghton Mifflin, 1977). A escola de pensamento de Burckhardt-Beard, anterior, via melhorias para as mulheres durante a Renascença (Mary Beard, *Woman as a Force in History*. New York: Macmillan, 1946, p. 272). Ruth Kelso e Kelly-Gadol argumentam hoje que as mulheres na verdade perderam terreno, e estavam em melhor condição no período feudal. Certamente, algumas mulheres das classes dominantes do feudalismo, notadamente Leonor de Aquitânia e sua filha Maria de Champagne, tinham alguma parcela de independência (embora Leonor tenha sido aprisionada por seu marido durante longos anos) e exerceram grande influência no desenvolvimento e popularização do ideal trovadorístico de veneração em vez de derrogação das mulheres. Mas como observaram E. William Monter e outros, há também grande controvérsia sobre se as mulheres ganharam de fato no campo social e jurídico durante a Idade Média (ver, e.g., E. William Monter, "The Pedestal and the Stake", in Bridenthal e Koonz, *Becoming Visible*, p. 125). Da mesma forma, durante a Renascença italiana, embora juristas como Castiglione advogassem educação igual para as mulheres e se opusessem à visão burguesa do papel exclusivamente doméstico da mulher, ao menos pondo em debate o duplo padrão sexual, como Kelly-Gadol observa, salvo exceções notáveis como o caso de Caterine Sforza, a senhora renascentista dificilmente podia ser vista como agente política e economicamente independente. Em outras palavras, em nenhum dos dois períodos encontramos qualquer mudança fundamental na subserviência da mulher diante do homem. O que se percebe são valores humanistas mais "femininos" tentando se colocar à frente nos dois períodos: trovadorismo feudal e renascentista italiano. Também se percebe a ampliação de alguns direitos e opções para as mulheres – ou ao menos um questiona-

mento direto de sua subserviência aos homens (como no questionamento da escravidão sexual e vilificação da mulher). A idealização trovadoresca da mulher e a celebração de sua independência sexual, e o ideal renascentista de educação igual para as mulheres são exemplos, mas no final das contas vemos o fracasso do impulso gilânico de derrubar a ordem androcrática estabelecida, seja feudal ou estadista, do século XIII ou XV. Percebemos também que esse conflito gilânico-androcrático constante e periodicamente agravado ainda está sendo travado nos nossos dias.

29. Taylor, *Sex in History*, p. 126. A violenta reimposição de controles androcráticos tem importância histórica especial em relação a qualquer alteração fundamental no modelo de relações humanas do tipo macho-dominador/fêmea-dominada, que constitui o eixo da androcracia. Em outras palavras, todas as tentativas históricas de elevar o status da mulher (e com elas os valores "femininos") só podem avançar até o ponto em que puderem ser mantidas as características androcráticas do sistema. Assim, qualquer mudança fundamental na posição subdominante da mulher é evitada a todo custo. Isto não significa que a resistência androcrática não estivesse presente desde o início de qualquer ressurgimento gilânico. Ela sempre esteve. Mas o fato que se evidencia com a repetida alternância entre períodos mais gilânicos e mais androcráticos é que, quando aumenta a influência gilânica, também aumenta a resistência androcrática, resultando num período de controles androcráticos ainda mais repressivos, ao menos durante algum tempo. Por exemplo, a Reforma Protestante, com sua rebelião contra a autoridade absoluta dos padres da Igreja e contra a derrogação das relações sexuais entre homens e mulheres através do ideal clerical de castidade pareceu, por algum tempo, melhorar a situação das mulheres. De fato, alguns católicos humanistas progressistas que foram os precursores da Reforma, como Erasmo e Thomas More, advogavam a educação para as mulheres e ensinavam que "a doutrina de Cristo não despreza qualquer idade, sexo, condição econômica ou social" (Erasmo em *Paraclesis*). Além disso, as inovações tecnológicas da Revolução Industrial fizeram daquela uma era de comoção social e econômica, na qual podiam se operar mudanças fundamentais nas instituições e seus papéis. Mas no final não houve qualquer mudança real, quer na subordinação feminina, quer no caráter basicamente hierárquico dessa nova institucionalização do cristianismo. Na verdade, o puritanismo inaugurou um período de controles androcráticos punitivos. Para uma interessante visão sobre a Reforma, ver Sherrin Marshall Wyntjes, "Women in the Reformation Era", in Bridenthal e Koonz, *Becoming Visible*.
30. David Winter, *The Power Motive* (New York: Free Press, 1973).
31. Ibid., p. 172.
32. Ibid.
33. Ibid., cap. 6 e 7.
34. Kate Millett, *Sexual Politics* (New York: Doubleday, 1970); Roszak, "The Hard and the Soft" in Betty Roszak e Theodore Roszak, eds., *Masculine/Feminine* (New York: Harper Colophon, 1969).

35. Millett, *Sexual Politics*.
36. Roszak, "The Hard and the Soft".
37. Ibid., 90.
38. Ibid., ver esp. p. 102.
39. Ibid., As duas primeiras citações são da p. 92 e a terceira da p. 91.
40. David McClelland, *Power: The Inner Experience* (New York: Irvington, 1975).
41. Ibid., p. 340.
42. Ibid., p. 324.
43. Ibid., p. 320-21.
44. Ibid.
45. Ibid., p. 319.
46. Jessie Bernard, *The Female World* (New York: Free Press, 1981); Carol Gilligan, *In a Different Voice* (Cambridge: Harvard University Press, 1982) [*Uma voz diferente*. Rio de Janeiro: Rosa dos Tempos, 1990]; Jean Baker Miller, *Toward a New Psychology of Women* (Boston: Beacon Press, 1976) [*A mulher a procura de si mesma*. Rio de Janeiro: Rosa dos Tempos, 1991].
47. Miller, *Toward a New Psychology of Women* [*A mulher a procura de si mesma*]; *Women and Power*.
48. Bernard, *The Female World*.
49. Gilligan, *In a Different Voice* [*Uma voz diferente*].
50. Lynn White, Jr., *Medieval Technology and Social Change* (New York: Oxford University Press, 1962), p. v.
51. Beard, *Woman as a Force in History*.
52. Ibid., p. 255, p. 323-29.
53. Ibid., p. 312.
54. Davis, *The First Sex*.
55. Ver, e.g., Bridenthal e Koonz, eds., *Becoming Visible*; Elise Boulding, *The Underside of History* (Boulder, CO: Westview Press, 1976); Nancy Cott e Elizabeth Pleck, eds., *A Heritage of Her Own* (New York: Simon & Schuster, 1979); Nawal El Sadawii, *The Hidden Face of Eve: Women in the Arab World* (London: ZED Press, 1980); Gerda Lerner, *The Majority Finds its Past: Placing Women in History* (New York: Oxford University Press, 1979); La Frances Rodgers-Rose, ed., *The Black Woman* (Beverly Hills, CA: Sage, 1980); Martha Vicinus, ed., *Suffer and be Still: Women in the Victorian Age* (Bloomington, IN: Indiana University Press, 1972); Susan Mosher Stuard, ed., *Women in Medieval Society* (Philadelphia: University of Pennsylvania Press, 1976); Tsultrim Alione, *Women of Wisdom* (London: Routledge & Kegan Paul, 1984); Marilyn French, *Beyond Power: on Women, Men, and Morals* (New York: Ballantine, 1985); Carl Degler, *At Odds: Women and the Family in America from the Revolution to the Present* (New York: Oxford University Press, 1980); Lester A. Kirkendall e Arthur E. Gravatt, eds., *Marriage and the Family in the Year 2020* (Buffalo: Prometheus Books, 1984), para mencionar apenas alguns estudiosos que examinam o status flutuante das mulheres em diferentes épocas e locais.
56. Charles Fourier, citado in Sheila Rowbotham, *Women, Resistance and Revolution* (New York: Vintage, 1974), p. 51.

57. Ver, e.g., Eleanor Flexner, *A Century of Struggle* (Cambridge: Belknap Press of Harvard University Press, 1959).
58. Ibid. Ver também Boulding, *The Underside of History*; Carol Hymowitz e Michele Weissman, eds., *A History of Women in America* (New York: Bantam, 1978); Ruth Brin, *Contributions of Women: Social Reform* (Minneapolis: Dillon, 1977).
59. Ver, e.g., Riane Eisler, "Women and Peace", *Women Speaking* 5 (October-December 1982): p. 16-18; Boulding, *The Underside of History*. A historiadora Gerda Lerner mostra que "uma interpretação histórica da construção comunitária das mulheres é urgentemente necessária" (*The Majority Finds Its Past*, p. 165-67).
60. Para uma ótima discussão do livro de Christine de Pisan, *Book of the City of Ladies* nesse contexto, ver Joan Kelly, "Early feminist theory and the Querelles des Femmes, 1400-1789", *Signs* 8 (Autumn 1982): p. 4-28.
61. Ver, e.g., Laura Lederer, ed., *Take Back the Night* (New York: William Morrow, 1980).
62. Roszak, "The hard and the soft".
63. Ver, e.g., Caryl Jacobs, "Patterns of Violence: A Feminist Perspective on the Regulation of Pornography", *Harvard Women's Law Journal* 7 (1984): p. 5-55, que cita números coligidos pelo FBI mostrando que a quantidade de estupros cometidos nos EUA aumentou mais de 95% durante os anos 1960. Mesmo considerando que as mulheres passaram a dar queixa mais frequentemente, isso indica que houve de fato um aumento enorme. A ampliação da pornografia que equipara prazer sexual a violência contra a mulher (refletindo a resistência androcrática ao movimento de libertação da mulher) coincide com o maior número de estupros.
64. Ver, e.g., Riane Eisler, "Violence and Male Dominance: The Ticking Time Bomb", *Humanities in Society* 7 (Winter-Spring, 1984): p. 3-18; Eisler e Loye, "Peace and feminist theory: new directions", *Bulletin of Peace Proposals*, 1986, nº 1.
65. Embora haja muitos aspectos inéditos no moderno movimento feminista, é um erro pensar que as mulheres nunca antes desafiaram vigorosamente a dominação masculina. Antigas histórias sobre Medusa e as Amazonas indicam que sua rebelião tem raízes muito profundas. Mas, como afirma Dale Spender, o sistema androcrático vem sistematicamente apagando os registros dessas tentativas de assertividade e rebelião, para que cada mulher fique com a sensação de que há algo anormal (e inaudito) em tais ações, ou mesmo pensamentos (*Feminist Theorists: Three Centuries of Key Women Thinkers*. New York: Pantheon, 1983).

Capítulo 11: Rumo à liberdade

1. Henry Aiken, *The Age of Ideology* (New York: Mentor, 1956).
2. Alvin Toffler, *The Third Wave* (New York: Bantam, 1980) [*A terceira onda*. São Paulo: Record, 1982]
3. Riane Eisler e David Loye, *Breaking Free* (no prelo).
4. Abade de Saint-Pierre, citado in Mary Beard, *Woman as a Force in History* (New York: Macmillan, 1946), p. 330.

5. Ibid., p. 150. Os Levellers (niveladores), uma seita que apoiava a revolução de Cromwell, que derrubou a monarquia britânica em 1649, também defendiam que "por direito de nascimento todos os homens vêm ao mundo para igualdade de nascimento, de propriedade, de liberdade [...] cada homem sendo por natureza rei, sacerdote e profeta em seu próprio círculo e escopo natural".
6. Jean Jacques Rousseau, *The Social Contract* (New York: Hafner Press, 1954) [*O contrato social*].
7. Mary Wollstonecraft, "A Vindication of the Rights of Woman" ["Direitos das mulheres e injustiça dos homens". São Paulo: Cortez, 1989], in Miriam Schneir, ed., *Feminism: The Essential Historical Writings* (New York: Vintage Books, 1972), p. 6-16.
8. Para Comte, ver Aiken, *The Age of Ideology*, p. 128. Para Mill e Marx, ver Alburey Castell, *An Introduction to Modern Philosophy* (New York: Macmillan, 1946), p. 455, p. 535.
9. Ronald Fletcher, "The Making of the Modern Family", in Katherine Elliott, ed., *The Family and Its Future* (London: J&A Churchill, 1970), p. 183.
10. Randolph Trumbach, *The Rise of the Egalitarian Family: Androcratic Kinship and Domestic Relations* (New York: Academic Press, 1978).
11. Ver, e.g., Max Weber, *The Protestant Ethic and the Spirit of Capitalism* (London: Allen & Unwin, 1930) [*A ética protestante e o espírito do capitalismo*]; e R.H. Tawney, *Religion and the Rise of Capitalism* (New York: Harcourt Brace, 1926).
12. Ver, e.g., Robert Heilbroner, *The Worldly Philosophers* (New York: Simon & Schuster, 1961) [*A história do pensamento econômico*. São Paulo: Nova Cultural, 1996].
13. George Gilder, *Wealth and Poverty* (New York: Basic Books, 1981).
14. Ver capítulo sobre Saint-Simon in Timothy Raison, ed., *The Founding Fathers of Sociology* (Baltimore: Penguin Books, 1969); e discussão sobre Charles Fourier in Heilbroner, *The Worldly Philosophers* [*A história do pensamento econômico*]; Karl Marx, *Das Kapital* [*O capital*].
15. Frederick Engels, *The Origin of the Family, Private Property, and the State* (New York: International Publishers, 1972), p. 58, p. 50 [*A origem da família, da propriedade privada e do Estado*. Rio de Janeiro: Civilização Brasileira, 1981].
16. Sheila Rowbotham, *Women, Resistance and Revolution* (New York: Vintage, 1974); Kate Millett, *Sexual Politics* (New York: Doubleday, 1970); Riane Eisler e David Loye, "The 'Failure' of Liberalism: A Reassessment of Ideology from a New Feminine-Masculine Perspective", *Political Psychology* 4 (1983): p. 375-91; Eisler e Loye, *Breaking Free*.
17. Leon Trotsky, *The Revolution Betrayed*, trad. Max Eastman (New York: Merit, 1965) [*A revolução traída*]. Trotsky mostra que "não se pode 'abolir' a família, é preciso substituí-la" (p. 145).
18. Ver, e.g., Dale Spender, ed., *Feminist Theorists: Three Centuries of Key Women Thinkers* (New York: Pantheon, 1983); Schneir, ed., *Feminism*.
19. Ellen Carol Du Bois, ed., *Elizabeth Cady Stanton, Susan B. Anthony: Correspondence, Writings, Speeches* (New York: Schocken, 1981), p. 29.
20. Ver Castell, p. 421-52, p. 123-41 e p. 321-36.

21. Ibid., p. 340.
22. Ibid. Citações de Nietzsche (pela ordem) das p. 358-59, p. 352, p. 353; Adolf Hitler, *Mein Kampf* (Boston: Houghton Mifflin, 1962) [*Minha luta*. São Paulo: Centauro, 2001].
23. Ver, e.g., Bertram Gross, *Friendly Fascism* (Boston: South End Press, 1980); *Liberty* 79 (July-August 1984) e 80 (November-December 1985); Eugen Weber, *The Nationalist Revival in France: 1905-1914* (Berkeley e Los Angeles: University of California Press, 1959); Riane Eisler, "Human Rights: The Unfinished Struggle", *International Journal of Women's Studies* 6 (September-October 1983): p. 326-35; Riane Eisler, "The Human Life Amendment and the Future of Human Life", *The Humanist* 41 (September-October 1981): p. 13-19; Alan Crawford, *Thunder on the Right* (New York: Pantheon Books, 1980).
24. Ver, e.g., Riane Eisler, "Women's Rights and Human Rights", *The Humanist* 40 (November-December 1980): p. 4-9; Eisler e Loye, "The 'Failure' of Liberalism"; Edward L. Ericson, *American Freedom and the Radical Right* (New York: Frederick Ungar, 1982). Ver também *Liberty 79* (July-August 1984).
25. Fred Brenner, "Khomeini's Dream of an Islamic Republic", *Liberty* 74 (July-August 1979): p. 11-13.
26. Ibid., p. 12.
27. *Atlas World Press Review*, September 1979.
28. Brenner, "Khomeini's Dream of an Islamic Republic".
29. *Women's International Network News* 9 (Autumn 1983): p. 42. Estas mulheres não são as primeiras Baha'i a morrer pela sua fé, que advoga a igualdade entre homens e mulheres. Tahiri, uma das primeiras discípulas de Bab (que fundou a fé Baha'i) enfrentou a morte com brados de "podem me matar quando quiserem, mas não vão conseguir parar a emancipação das mulheres" (citado por John Huddleston, *The Earth is But One Country*. London: Baha'i Publishing Trust, 1976, p. 154).
30. Isto será tratado em profundidade em Eisler e Loye, *Breaking Free*. Ver também as notas 23 e 24 acima.
31. Isto inclui mulheres e homens, de forma que as mulheres passam a aceitar não apenas a dominação de si, mas também a apoiar atos de violência contra outras mulheres. Isto é examinado em Eisler e Loye, *Breaking Free*.
32. Ver e.g., Wilma Scott Heide, *Feminism for the Health of It* (Buffalo: Margaretdaughters Press, 1985); Mary Daly, *Gyn/Ecology: The Metaethics of Radical Feminism* (Boston: Beacon Press, 1978); Adrienne Rich, *Of Woman Born* (New York: Bantam, 1976); Sonia Johnson, *From Housewife to Heretic* (Garden City, NY: Anchor Doubleday, 1983). *Breaking Free*, de Riane Eisler e David Loye, analisa em profundidade a dinâmica por trás da relação entre dominação masculina e guerra, com foco na história contemporânea. Nesse sentido, é preciso fazer uma distinção entre sociedades beligerantes e tempos de guerra. O fato do status das mulheres ser em geral baixo nas sociedades beligerantes não significa necessariamente que a posição das mulheres sempre declina durante períodos de guerra. De fato, há algumas situações de guerra em que a ausên-

cia de homens produz uma melhora temporária na condição da mulher, que aproveita a oportunidade para assumir "trabalho de homem", mais valorizado. Exemplos disso são regiões da Europa feudal, onde os homens saíram para as Cruzadas, e partes dos Estados Unidos durante a Segunda Guerra Mundial. Mas a questão é que maior independência e status da mulher são apenas temporários. Como não ocorre a valorização da mulher e de valores "femininos" como compaixão, cuidado e não violência, quando os homens voltam, as mulheres são de novo relegadas ao "trabalho de mulher" e à subserviência – e o sistema continua dominado pelo homem e beligerante.

33. New Paradigm Symposium, Esalen Institute, Big Sur, California, 29 novembro-4 dezembro, 1985.
34. Ver, e.g., John Platt, "Women's Roles and the Great World Transformation", *Futures* 7 (October 1975); David Loye, "Men at the UN Women's Conference", *The Humanist* 45 (November-December 1985). Robert Jungk, um dos "pais" do movimento pacifista europeu, também apoiou ativamente a maior participação das mulheres na política, reconhecendo que ela é pré-requisito para a paz.
35. *The Promise of World Peace* (Haifa: Baha'i World Center, 1985), p. 11-12.
36. Ver e.g., Heide, *Feminism for the Health of It*; Fran Hosken, *The Hosken Report*: *Genital and Sexual Mutilation of Females* (Lexington, MA: Women's International Network News, 1979); Helen Caldicott, *Nuclear Madness* (New York: Bantam Books, 1980); Pam McAllister, ed., *Reweaving the Web of Life*: *Feminism and Nonviolence* (Philadelphia: New Society Publishers, 1982); Charlene Spretnak, ed., *The Politics of Women's Spirituality* (New York: Doubleday Anchor, 1982); Elizabeth Dodson-Gray, *Green Paradise Lost* (Wellesley, MA: Roundtable Press, 1979); Hilkka Pietila, "Tomorrow Begins Today", ICDA/ISIS Workshop in Forum, Nairobi, 1985.
37. Ver, e.g., Abida Khanum, *The Black-Eyed Houri*: *Women in the Muslim World* (em preparação); Susan Griffin, *Women in Nature* (New York: Harper Colophon Books, 1978); Paula Gunn Allen, *The Woman who Owned the Shadows* (San Francisco: Spinster's Ink, 1983); Jean O'Barr, *Third World Women*: *Factors in their Changing* Status (Durham, NC: Duke University Center for International Studies, 1976); Judy Chicago, *The Dinner Party* (Garden City, NY: Doubleday, 1979); Alice Walker, *The Color Purple* (New York: Harcourt Brace Jovanovich, 1982) [*A cor púrpura*. São Paulo: Marco Zero, 1986]; Rosemary Radford Ruether, ed., *Religion and Sexism*: *Images of Women in Jewish and Christian Traditions* (New York: Simon & Schuster, 1974) [*Sexismo e religião*: *rumo a uma teologia feminista*. São Leopoldo, RS: Sinodal, 1993]; Evelyn Fox Keller, *A Feeling for the Organism*: *The Life and Work of Barbara McClintock* (San Francisco: W.H. Freeman, 1983).
38. Uma excelente obra sobre o assunto é a de Fritjof Capra e Charlene Spretnak, *Green Politics* (New York: Dutton, 1984).
39. Como aponta o futurista Stuart Conger, da mesma forma que papel e caneta, jipes e aviões, ou ábacos e computadores são invenções tecnológicas, as instituições que aceitamos sem questionar, como cortes de Justiça, escolas e igrejas, são invenções sociais. Todas são produtos da mente humana (*Social Inventions*. Prince Albert, Saskatchewan: Saskatchewan Newstart Incorporated, 1970).

Capítulo 12: O colapso evolutivo

1. Norbert Wiener, *The Human Use of Human Beings* (New York: Avon, 1950,1967), ver esp. caps. 2-3 [*Cibernética e sociedade: o uso humano dos seres humanos*. São Paulo: Cultrix, 1968].
2. Como afirma Wiener a partir de sua perspectiva sistêmica: "A cibernética adota a visão de que a estrutura da máquina ou do organismo é uma indicação do desempenho que se pode esperar dele [...]. É totalmente natural para uma sociedade humana basear-se no aprendizado, como para uma sociedade de formigas basear-se no padrão genético herdado"(Ibid., p. 79, p. 81). Ou, como exaustivamente documentado por Ashley Montagu, os traços que caracterizam nossa espécie e a tornam única são nossa grande flexibilidade e, portanto, criatividade. Ver especialmente Ashley Montagu, *The Direction of Human Development* (New York: Harper, 1955); *On Being Human*, 2ª ed. (New York: Dutton/Hawthorn Books, 1966); *Growing Young* (New York: McGraw-Hill, 1981); *Touching*, 3ª ed. (New York: Harper & Row, 1986) [*Tocar*. São Paulo: Summus, 1988].
3. Assim, Wiener escreve: "O estado ordenado de funções permanentemente designadas" não se coaduna com a estrutura do organismo humano, nem com "o movimento irreversível em direção a um eventual futuro que é a verdadeira condição da vida humana" – muito menos com uma forma democrática de organização social (*Human Use of Human Beings*, p. 70-71) [*Cibernética e sociedade: o uso humano dos seres humanos*].
4. Ibid., p. 71, cap. 3.
5. Ver, e.g., Edward Cornish, *The Study of the Future* (Washington, DC: The World Future Society, 1977).
6. Ver, e.g., Mihajlo Mesarovic e Eduard Pestel, *Mankind al the Turning Point* (New York: Dutton, 1974); *The Global 2000 Report to the President* (Washington, DC: US Council on Environmental Quality, US Department of State, 1980); Ervin Laszlo, "The Crucial Epoch", *Futures* 17 (February 1985): p. 2-23; William Neufeld, "Five Potential Crises", *The Futurist* 18 (April 1984).
7. *The Global 2000 Report to the President*, p. 3.
8. Ibid., p. 2-3.
9. Ruth Sivard, *World Military and Social Expenditures 1983* (Washington, DC: World Priorities, 1983), p. 26.
10. Ibid., p. 26.
11. *The Global 2000 Report to the President*, p. 1, p. 26. Tem havido projeções de que o crescimento populacional irá se estabilizar num patamar fixo. Mas como observa Jonas Salk no relatório *World Population and Human Values: A New Reality* (New York: Harper & Row, 1981), para que isto aconteça de modo humanitário será preciso que haja intervenção humanitária.
12. Nos dez anos entre 1974 e 1984, o número de pessoas na Terra aumentou de 770 milhões para 4,75 bilhões. O Banco Mundial estima que em 2025 a população global poderá estar duplicada, ou seja, seríamos cerca de 8,3 bilhões, sendo que, destes, cerca de 7 bilhões habitariam um terceiro mundo descapitalizado

e subnutrido (*Time,* 6 August, 1984, p. 24). As projeções mais alarmantes são para o continente africano, onde a população está dobrando a cada vinte e três anos, o que fará do futuro do continente "um pesadelo", nas palavras da Comissão Econômica para a África (*ZPG Reporter* 16. March-April 1984: p. 3).

13. Mesarovic e Pestel, *Mankind at the Turning Point,* p. 72.
14. Ver, e.g., Lester Brown, "A Harvest of Neglect: The World's Declining Croplands", *The Futurist* 13 (April 1979): p. 141-52; Lester Brown, *State of the World Nineteen Eighty Five* (New York: Norton, 1985); "World Population Growth and Global Security", *Population* (September 1983); Stephen D. Mumford, *American Democracy and the Vatican: Population Growth and National Security* (Amherst, NY: Humanist Press, 1985).
15. O documento de 30 de maio de 1984 com a posição dos EUA para a conferência populacional na Cidade do México afirmava: "O crescimento populacional é, em si, um fenômeno neutro. Não é necessariamente bom nem mau". Para o espanto dos economistas, o documento prossegue: "A relação entre crescimento populacional e desenvolvimento econômico não é negativa" (Minuta do documento de posicionamento dos EUA preparado pelo White House Office of Policy Development e o National Security Council, reimpresso na *ZPG Reporter* 16. May-June 1984: p. 3). A credibilidade dessas afirmações foi frontalmente questionada pelo relatório *World Development Report,* do Banco Mundial, publicado em julho de 1984. O documento, de 286 páginas, salienta que "em alguns países o desenvolvimento pode ser totalmente inviável caso não se consiga desacelerar rapidamente o crescimento populacional". Declara também que o progresso econômico das nações mais pobres do planeta será drasticamente retardado em função do crescimento populacional, e que maior planejamento familiar e investimento são essenciais (*ZPG Reporter* 16 July-August 1984: p. 2). A maioria dos especialistas em população concorda que a postura dos Estados Unidos e sua crítica ao planejamento familiar e populacional foram ditados por motivos ideológicos. O Plano de Ação Mundial da Conferência Internacional sobre População, adotado na conferência da Cidade do México, também salienta que a população é "um elemento fundamental do planejamento para o desenvolvimento", e que "deve ser dada prioridade a programas de ação que integrem todos os fatores de desenvolvimento e população"(*ZPG Reporter* 16 July-August 1984: p. 4).
16. Ver, e.g., Riane Eisler, "Thrusting Women Back to Their 1900 Roles", *The Humanist* 42 (March-April 1982); "The Human Rights Amendment and the Future of Human Life", *The Humanist* 41 (September-October 1981).
17. *National Now Times,* January-February 1985, p. 5.
18. Ver, e.g., Riane Eisler, "Population: Women's Realities, Women's Choices", *Congressional Record,* 98º Congresso, 2ª sessão, 1984.
19. Rafael M. Salas, *The State of World Population 1985: Population and Women,* disponível mediante solicitação à Information Division, UNFPA, 220 E. 42nd St. New York, NY 10017.
20. Como salientou a Dra. Esther Boohene, Coordenadora da National Child Spacing and Fertility Association do Zimbábue, a liberdade reprodutiva não é

uma realidade para a maioria das mulheres africanas, que ainda "precisam da permissão de seus maridos" para adotar métodos de controle da natalidade (*Popline* 7. August 1985: p. 2). Através de entrevistas com mulheres do Terceiro Mundo, o livro de Perdita Huston, *Third World Women Speak Out* (New York: Praeger, 1979), oferece uma visão dramática desse problema.
21. Ver, e.g., *Draper Fund Report nº 9*: *Improving the Status of Women* (Washington, DC, October 1980); Kathleen Newland, *Women and Population Growth* (Washington, DC: Worldwatch Paper 16, December 1977); Robert McNamara, *Accelerating Population Stabilization Through Social and Economic Progress* Development paper 24 (Washington, DC: Overseas Development Council, 1977).
22. Ver, e.g., Julian L. Simon e Herman Kahn, eds., *The Resourceful Earth*: *A Response to Global 2000* (New York: Basil Blackwell, 1984). O argumento de Simon é que a Terra pode folgadamente sustentar o dobro da população global atual. E ainda que, na verdade, mais pessoas são um patrimônio e não um problema, já que a criatividade humana é essencial para construir o futuro que queremos. Simon sustenta também que a população se estabilizará naturalmente se os benefícios do progresso material forem distribuídos mais igualitariamente pelo mundo. Quanto ao modo como isto será realizado, ele argumenta que nenhuma mudança fundamental é necessária. Presume-se que isto também ocorrerá naturalmente, em virtude do crescimento econômico continuado – uma mensagem muito bem recebida pelos abastados empresários que financiam a Heritage Foundation.
23. Ibid. Ver também Herman Kahn: "The Unthinkable Optimist", *The Futurist* 9 (December 1975): p. 286, onde Kahn admite que, apesar de seu grande otimismo em relação ao futuro, haverá tragédias, sendo que a mais provável é a fome generalizada.
24. Ver, e.g., Julian Simon, "Life on Earth is Getting Better, not Worse", *The Futurist* 17 (August 1983): p. 7-15. Ver Lindsey Grant, "The Cornucopian Fallacies: The Myth of Perpetual Growth", *The Futurist* 17 (August 1983): p. 16-23; e Herman Daly, "Ultimate Confusion: The Economics of Julian Simon", *Futures* 17 (October 1985): p. 446-50 para críticas contundentes a essa visão.
25. Sivard, *World Military and Social Expenditures 1983*, p. 5.
26. Ver notas 22, 23 e 24. Para uma outra crítica à posição de que o crescimento econômico é a solução, ver Gita Sen e Caren Grown, *Development, Crisis, and Alternative Visions: Third World Women's Perspectives* (New Delhi: Dawn, 1985) [*Desenvolvimento, crise e visões alternativas: perspectivas das mulheres do Terceiro Mundo*. Rio de Janeiro: Espaço e Tempo: DAWN/MUDAR, 1988]. Ao abordar algumas das raízes estruturais da fome e da pobreza, essa obra olha para o problema da pobreza da perspectiva daqueles que são mais diretamente afetados por ela: as mulheres do Terceiro Mundo.
27. Ver, e.g., *State of the World's Women 1985* (compilado para a Organização das Nações Unidas pela New Internationalist Publications, Oxford, UK); Riane Eisler, "The Global Impact of Sexual Equality", *The Humanist* 41 (May-June 1981); Barbara Rogers, *The Domestication of Women* (New York: St. Martin's, 1979).

28. Ver, e.g., *Disadvantaged Women and Their Children*, US Commission on Civil Rights, May 1983; Karin Stallard, Barbara Ehrenreich e Holly Sklar, *Poverty in the American Dream: Women and Children First* (Boston: South End Press, 1983); *Women in Poverty*, National Advisory Council on Economic Opportunity, Final Report, September 1981; *A Women's Rights Agenda for the States*, Conference on Alternative State and Local Politics, Washington, DC, 1984.
29. Os resultados de mais de uma década de estudos governamentais e não governamentais nunca antes realizados, coordenados pela Organização das Nações Unidas, estão resumidos na obra *The State of the World's Women 1985*. Ela relata que embora "a maioria trabalhe em jornada dupla" e "produza cerca de metade do alimento do mundo", elas "não possuem praticamente terra alguma, e têm dificuldades para obter empréstimos", "exercem as profissões mais mal pagas" e "ainda ganham menos que três quartos dos salários dos homens que fazem serviços semelhantes" (p. l).
30. Hoje existe vasta documentação provando que as mulheres não são apenas a maioria dos pobres do mundo, mas também a maioria dos famintos do mundo. Na verdade, o fato foi implicitamente reconhecido, como por exemplo no apelo de Hugh Down na UNICEF Appeal Letter de January 1981, na qual escreve: "Na Etiópia a maioria dos cinco milhões de vítimas da seca e da guerra civil são mães com seus filhos".
31. Ver, e.g., June Tumer, ed., *Latin American Women: The Meek Speak Out* (Silver Springs, MO: International Educational Development, 1981); e Huston, *Third World Women Speak Out*.
32. Por exemplo, em 1982 a US Agency for International Development (AID) alocou somente 4% de sua ajuda ao desenvolvimento para programas que beneficiam mulheres (Ruth Sivard, *Women... A World Survey, 1985*. Washington, DC: World Priorities, p. 17).
33. Ver, e.g., Barbara Bergmann, "The Share of Women and Men in the Economic Support of Children", *Human Rights Quarterly* 3 (Spring 1981), sobre a pobreza causada pelo fato de os homens estadunidenses não contribuírem com as despesas de criação dos filhos.
34. Ver, e.g., *Law and the Status of Women: An International Symposium* (New York: UN Centre for Social Development & Humanitarian Affairs, 1977) para dados específicos sobre como, segundo códigos legais antigos e novos, em muitas sociedades africanas o homem não tem obrigação (legal ou de outra espécie) de cuidar de sua mulher e filhos. Ver também a entrevista com Fran Hosken, editor do *Women's International News*, discutindo esse problema com Riane Eisler e David Loye, "Fran Hosken: Global Humanitarian", *The Humanist*, September-October 1982.
35. Ver, e.g., *State of the World's Women 1985; Review and Appraisal: Health and Nutrition*, World Conference to Review and Appraise the Achievements of the UN Decade for Women, A/Conf.H6/5/Add.3; Rogers, *The Domestication of Women*; Sivard, *Women... A World Survey*.
36. Sivard, *Women... A World Survey*, p. 25.

37. Jacques Ellul, *The Technological Society* (New York: Knopf, 1964).
38. Ver, e.g., Herman Kahn e Anthony Weiner, *The year 2000* (New York: Macmillan, 1967), p. 189.
39. Ver, e.g., Hannah Arendt, *The Origins of Totalitarianism* (New York: Meridian Books, 1958) [*Origens do totalitarismo*. São Paulo: Companhia das Letras, 1990]; Robert A. Brady, *The Spirit and Structure of German Fascism* (New York: Viking, 1937); Ernst Noite, *The Faces of Fascism* (London: Trinity Press, 1965); George Mosse, *Nazi Culture* (New York: Grosset & Durtlap, 1966).
40. Lewis Mumford, *The Myth of the Machine: Technics and Human Development* (New York: Harcourt, Brace & World, 1966).
41. A análise do caráter androcrático da Alemanha de Hitler e da Rússia de Stálin será desenvolvida no livro de Riane Eisler e David Loye, *Breaking Free*.
42. Para um retrato vivido desses eventos medievais, ver Marion Meade, *Eleanor of Aquitaine* (New York: Hawthorn Books, 1977) [*Eleonor de Aquitânia*. São Paulo: Brasiliense, 1991]. Uma fascinante semelhança entre os comícios nazistas e os da Igreja medieval é a forma como ambos duravam muitas horas e usavam cantos repetitivos como modo de exaurir as pessoas, assim tornando-as mais sugestionáveis.
43. Alburey Castell, *An Introduction to Modern Philosophy* (New York: Macmillan, 1946), p. 357.
44. Claudia Koonz, "Mothers in the Fatherland: Women in Nazi Germany", in Renate Bridenthal e Claudia Koonz, eds., *Becoming Visible: Women in European History* (Boston: Houghton Mifflin, 1977), p. 469.
45. Estudiosos como Carl Jung e Lewis Mumford, bem como Robert Graves e Mircea Eliade, mostraram a necessidade de equilibrar nossas percepções "intuitivas" e "racionais". Mais recentemente Robert Ornstein, em *The Psychology of Consciousness*, procura compreender e reconciliar esses dois tipos de percepção. Ele observa que a intuição é em geral desvalorizada como sendo mais "feminina" e, portanto, de ordem inferior (*The Psychology of Consciousness*. San Francisco: Freeman, 1972, p. 51). Um dos argumentos mais fortes em prol da necessidade do que ele chama de "recuperação da consciência participativa" é proposto por Morris Berman em *The Reenchantment of the World* (Ithaca, NY: Cornell University Press, 1981), que observa que o feminismo, a ecologia e a renovação espiritual, que ostensivamente não têm nada em comum do ponto de vista político, parecem estar convergindo em direção a um objetivo comum. Ver também Gregory Bateson, *Steps to an Ecology of Mind* (New York: Ballantine, 1972), outra obra importante sobre a necessidade de uma visão mais holística que não desvalorize nosso lado mais sonhador, mais intuitivo, mais feminino.

Capítulo 13: A descoberta evolutiva

1. Frank Herbert, *Dune* (Philadelphia: Chilton, 1965) [*Duna*. Rio de Janeiro: Nova Fronteira, 1986].

2. Charlotte Gilman, *Herland* (New York: Pantheon Books, 1979, reimpressão) [*Herland: a terra das mulheres*. Rio de Janeiro: Francisco Alves, 1981].
3. Por exemplo, E.O. Wilson descreve "comportamento agressivo" como "um tipo de técnica competitiva" dentro da evolução, citando o exemplo de colônias de formigas, que ele descreve como "notadamente agressivas em relação umas às outras". Ver E.O. Wilson, *Sociobiology: The New Synthesis* (Cambridge: Harvard University Press, 1975), p. 244. Ele também usa colônias de insetos para validar a teoria de "seleção intrassexual", que segundo ele "se baseia na exclusão agressiva de alguns dentre os machos que cortejam", afirmando ainda que existe "machismo exacerbado" entre algumas espécies de besouro (p. 320). Wilson fornece então alguns exemplos de dominação masculina violenta entre insetos, como no caso da mosca amarela do estrume, em que o macho imobiliza a fêmea à força durante longos períodos para impedir que machos rivais copulem com ela (p. 321-24). Em alguns de seus trabalhos, Wilson faz questão de distinguir o comportamento animal do humano. Por exemplo, ele diz que "o mosquito é um autômato" no qual "uma sequência de comportamentos rígidos programados pelos genes" deve "desenrolar-se rápida e inexoravelmente desde o nascimento", ao passo que "ao invés de especificar uma única característica, os genes humanos prescrevem uma capacidade de desenvolver dada gama de características" (*On Human Nature*. Cambridge: Harvard University Press, 1978, p. 56, grifo do original). Contudo, a impressão geral deixada por Wilson é tal que não encontramos dificuldade em saber por que ele é tão frequentemente citado para fundamentar teses sobre a inevitável agressão e dominação do macho. Por exemplo, ao explicar sua teoria evolutiva do "investimento paterno", Wilson escreve: uma vez que "os machos investem relativamente pouco em cada esforço de acasalamento [...], constitui para eles uma vantagem obter o maior número de investimentos das fêmeas que puderem conseguir" – o que presumivelmente só os machos mais agressivos conseguem, assim eliminando os genes de machos "inferiores" (*Sociobiology*, p. 324-25). Novamente, Wilson ilustra sua teoria sociobiológica de que a evolução favorece a agressão do macho com um experimento animal que os sociobiólogos adoram: a experiência de Bateman, de 1948, que envolve o acasalamento de dez espécimes de *Drosophila melanogaster*, um tipo de mosca (p. 325). A isto se segue uma discussão sobre como os animais são basicamente polígamos, em virtude do fato de o acasalamento dos machos "mais aptos" com mais de uma fêmea dar uma vantagem evolutiva à espécie como um todo (p. 327). Alhures, Wilson argumenta, dizendo que as "vantagens reprodutivas conferidas pela dominação" se estendem também à nossa espécie. E para fundamentar este argumento, ele fornece um exemplo apenas: os índios ianomâmi do Brasil, uma tribo muito guerreira e de rígida dominância masculina, onde o infanticídio de fêmeas é praticado. Ali, segundo ele, "os machos politicamente dominantes produzem um número enorme de filhos". E então Wilson relata que a impressão dos antropólogos, que descreveram aquilo que chamam de "seleção natural", foi que "esses índios polí-

gamos, especialmente os chefes, tendem a ser mais inteligentes do que os não polígamos". Com essa fundamentação, Wilson conclui que sua hipótese de "vantagem da dominação para a competição reprodutiva" se funda em evidências "persuasivas" (p. 288).

4. Ver, e.g., Vilmos Csányi, *General Theory of Evolution* (Budapest: Akademiai Kiado, 1982); Ervin Laszlo, *Evolution: The Grand Synthesis* (Boston: New Science Library, 1987); Niles Eldredge, *Timeframes* (New York: Simon & Schuster, 1985). Como resume Margaret Mead: "Houve opções e viradas ao longo da evolução cósmica e biológica. Olhando seriamente para o processo evolutivo, vemos que o curso atual não era inevitável. Muitos outros cursos eram possíveis" ("Our Open Ended Future", *The Next Billion Years*, Lecture Series, UCLA, 1973).

5. Sherwood Washburn, "Tools and Human Evolution", *Scientific American* 203 (September 1960): p. 62.

6. Ilya Prigogine e Isabelle Stengers, *Order Out of Chaos* (New York: Bantam, 1984), esp. p. 160-76; Eldredge, *Timeframes*, p. 189.

7. Ervin Laszlo, "The Crucial Epoch", *Futures* 17 (February 1985): p. 16.

8. Jonas Salk, *Anatomy of Reality* (New York: Columbia University Press, 1983), p. 12-15.

9. Ver, e.g., Marija Gimbutas, *The Goddesses and Gods of Old Europe, 7000-3500 B.C.* (Berkeley e Los Angeles: University of California Press, 1982), p. 91.

10. Durante as Cruzadas e a Inquisição, a cruz foi novamente associada à morte e à tortura. Nos nossos tempos, a Ku Klux Klan nos Estados Unidos fez uso soturno da cruz como símbolo de morte e opressão.

11. Ver, e.g., *Liberty* 80 (November-December 1985): p. 4, que cita o ex-presidente Ronald Reagan. Em pelo menos onze ocasiões ele sugeriu que o fim do mundo está próximo – uma afirmação preocupante vinda de um homem que tinha o poder para provocar esse fenômeno.

12. Essa remitificação está sendo combatida também pela regressão global ao fundamentalismo – uma palavra-chave que significa mitologia religiosa androcrática. Tal regressão é tão forte exatamente por causa do vasto movimento mundial para criar novos mitos e reinterpretar os antigos de modo mais gilânico.

13. Há também um novo gênero de arte moderna da Deusa. Ver, e.g., Gloria Orenstein, "Female Creation: The Quest for the Great Mythic Mother" uma apresentação de slides; e Gloria Orenstein, "Artist as Shaman", exposição na Women's Building Gallery, Los Angeles, Califórnia, 4-28 novembro, 1985.

14. É significativo também que o nascimento do movimento ecológico seja muitas vezes identificado com o lançamento de um livro escrito por uma mulher, Rachel Carson: *The Silent Spring* (Boston: Houghton Mifflin, 1962). Como escreveu o ex-secretário de Estado James Udall: "Uma grande mulher abriu os olhos da nação com seu relato impactante sobre o perigo que nos cerca".

15. Ver, e.g., Françoise D'Eaubonne, *Le Féminism ou la Mort* [O feminismo ou a morte] (Paris: Pierre Horay, 1974); Elizabeth Dodson-Gray, "Psycho-Sexual Roots of Our Ecological Crises" (trabalho distribuído pela Roundtable Press, 1974); e Susan Griffin, *Woman and Nature* (New York: Harper Colophon, 1978), para

análises que ligam a crise ecológica ao sistema dominado por valores masculinos e machistas.
16. Shirley McConahay e John McConahay, "Sexual Permissiveness, Sex Role Rigidity, and Violence Across Cultures", *Journal of Social Issues* 33 (1977), p. 134-43.
17. Isto será esmiuçado em Riane Eisler e David Loye, *Breaking Free*. Ver também Eisler, "Violence and Male Dominance: The Ticking Time Bomb", *Humanities in Society* 7 (Winter-Spring 1984): p. 3-18.
18. O termo *consciousness raising* foi uma contribuição do movimento de libertação da mulher durante o final da década de 1960, quando as mulheres se reuniam em grupos para partilhar seus problemas, com a compreensão cada vez mais clara de que seus problemas supostamente pessoais eram na verdade problemas sociais comuns à metade da humanidade nas sociedades androcráticas.
19. Isto será examinado em profundidade em Eisler e Loye, *Breaking Free*.
20. Ver também Eisler e Loye, "Peace and Feminist Theory: New Directions", *Bulletin of Peace Proposals*, nº 1 (1986); Eisler, "Women and Peace", *Women Speaking* 5 (October-December 1982): p. 16-18; Eisler, "Our Lost Heritage: New Facts on How God Became a Man", *The Humanist* 45 (May-June 1985): p. 26-28.
21. Por exemplo, em dezembro de 1995, havia veteranos da Guerra do Vietnã distribuindo panfletos em frente a lojas de brinquedo numa campanha de conscientização sobre o efeito destrutivo dos brinquedos de guerra. Como disse um deles num programa de TV, se Rambos são vendidos nas lojas de bonecas para glamorizar a guerra, deveriam ao menos fazer alguns Rambos amputados para mostrar exatamente como é a guerra.
22. *The Futurist*, February 1981, p. 2.
23. O crescimento do movimento internacional das mulheres foi bastante acelerado durante a primeira Década das Mulheres das Nações Unidas (1975-1985), sendo que cada vez mais homens começaram a reconhecer que não pode haver verdadeiro desenvolvimento social ou econômico sem grandes mudanças na condição das mulheres. Por exemplo, na abertura da Conferência da Organização das Nações Unidas sobre as Mulheres, realizada em Nairóbi, no Quênia, em julho de 1985, o então presidente do Quênia, Daniel Arap Moi, disse que "um século XXI de paz, desenvolvimento e observância universal dos direitos humanos continuará sendo uma ilusão sem a plena parceria das mulheres". O vice-presidente do Quênia, Mwai Kibaki, disse recentemente das mulheres africanas, que hoje muitas vezes têm um filho a cada 13 meses: elas "estão fracas, desamparadas e dilaceradas pela difícil tarefa de cozinhar e amamentar para três ou quatro crianças, com outra a caminho – e precisam ser libertadas" (Moi e Kibaki citados em David Loye, "Men at the UN Women's Conference", *The Humanist* 45. November-December 1985: p. 28, p. 32).
24. Ver, e.g., Mary Daly, *Gyn/Ecology: The Metaethics of Radical Feminism* (Boston: Beacon, 1978); e Wilma Scott Heide, *Feminism for the Health of It* (Buffalo: Margaretdaughters Press, 1985).
25. Ver Louise Breuyn, *Feminism: The Hope for a Future* (Cambridge, MA: American Friends Service Committee, May 1981) para uma colocação impactante do

que Daly chama de "raízes misóginas da agressão androcrática" (*Gyn/Ecology*, p. 357). Ver também Eisler e Loye, "Peace and Feminist Theory: New Directions" e "Peace and Feminist Thought: New Directions" in Laszlo e Yoo, eds., *World Encyclopedia of Peace* (London: Pergamon Press, 1986).
26. Jean Baker Miller, *Toward a New Psychology of Women* (Boston: Beacon Press, 1976), p. 86 [*A mulher a procura de si mesma*. Rio de Janeiro: Rosa dos Tempos, 1991].
27. Ibid., p. 69.
28. Ibid. Citações (pela ordem) de p. 83, p. 87 e p. 69.
29. Ibid. Citações (pela ordem) de p. 95 e p. 83 (grifos do original).
30. Abraham Maslow, *Toward a Psychology of Being* (New York: Van Nostrando-Reinhold, 1968).
31. Alfred Adler, *Understanding Human Nature* (Greenwich, CT; Fawcett, 1954) [*A ciência da natureza humana*. São Paulo: Nacional, 1940].
32. Para um relato das pesquisas sobre as diferentes características da tipologia de personalidade androcrática e gilânica, ver Eisler e Loye, *Breaking Free*. Ver também Riane Eisler, "Gylany: The Balanced Future", *Futures* 13 (December 1981): p. 499-507.
33. Maslow, *Toward a Psychology of Being*.
34. Fritjof Capra, *The Turning Point: Science, Society and the Rising Culture* (New York: Simon & Schuster, 1982) [*O ponto de mutação: ciência, sociedade e a cultura emergente*. São Paulo: Cultrix, 1986].
35. É irônico que só agora, quando os cientistas estão descobrindo quão limitada é a tradicional abordagem linear "masculina", haja mais abertura para a ideia de que ambos os sexos têm similar capacidade de pensamento. Embora haja algumas diferenças biológicas, a habilidade feminina de processar informação de modo mais holístico se deve provavelmente à sua socialização e papéis sexualmente estereotipados. Por exemplo, diferente dos homens, as mulheres são socializadas para ver suas vidas basicamente em termos de relacionamentos e a pensar mais na necessidade dos outros.
36. Salk, *Anatomy of Reality*, p. 11-19.
37. O melhor trabalho sobre McClintock é o de Evelyn Fox Keller, *A Feeling for the Organism: The Life and Work of Barbara McClintock* (San Francisco: W.H. Freeman, 1983).
38. Ashley Montagu, citado em *Woodstock Times*, August 7,1986.
39. Hillary Rose, "Hand, Brain, and Heart: A Feminist Epistemology for the Natural Sciences", *Signs* 9 (Autumn 1983): p. 81.
40. Ver, e.g., Evelyn Fox Keller, *Reflections on Gender and Science* (New Haven: Yale University Press, 1985); Carol P. Christ, "Toward a Paradigm Shift in the Academy and in Religious Studies", in Christie Farnham, ed., *Transforming the Consciousness of the Academy* (Bloomington, IN: Indiana University Press, 1987); Rita Arditti, "Feminism and Science", in Rita Arditti, Pat Brennan e Steve Cavrak, eds., *Science and Liberation* (Boston: South End Press, 1979).
41. Salk, *Anatomy of Reality*, p. 22.
42. Miller, *Toward a New Psychology of Women*, cap. 11 [*A mulher a procura de si mesma*].

43. Ibid., p. 130.
44. Para uma visão geral da luta feminista pelo voto no século XIX, ver Eleanor Flexner, *A Century of Struggle* (Cambridge: Belknap Press of Harvard University Press, 1959). Para uma visão geral da luta pela educação universitária no século XIX, ver Mabel Newcomer, *A Century of Higher Education for Women* (New York: Harper & Brothers, 1959). Algumas fontes para dados sobre o movimento de libertação da mulher do século XX são: Vivian Gornick e Barbara Moran, *Woman in Sexist Society* (New York: Basic Books, 1971); Robin Morgan, ed., *Sisterhood is Powerful* (New York: Random House, 1970); Johnson, *From Housewife to Heretic* (Garden City, NY: Doubleday Anchor, 1983); Riane Eisler, *The Equal Rights Handbook* (New York: Avon Books, 1978).
45. Para uma discussão sobre a abordagem de Gandhi, ver Marilyn Ferguson, *The Aquarian Conspiracy: Personal and Social Transformation in the 1980s* (Los Angeles: Tarcher, 1980), p. 119-200 [*A conspiração aquariana*. Rio de Janeiro: Record, 1983]. Ver também Louis Fisher, *The Life of Mahatma Gandhi* (New York: Harper & Brothers, 1950).
46. Miller, *Toward a New Psychology of Women*, p. 116 [*A mulher a procura de si mesma*]. A diferença entre poder "para" e poder "sobre" é a distinção simbolizada pelo Cálice e a Espada.
47. Ver, e.g., Morgan, ed., *Sisterhood is Powerful*; Marilyn French, *Beyond Power: On Women, Men, and Morals.* (New York: Ballantine, 1985); Adrienne Rich, *Of Woman Born* (New York: Bantam, 1976); Devaki Jain, *Woman's Quest for Power: Five Indian Case Studies* (Ghanziabad: Vikas Publishing House, 1980); Marie-louise Janssen-Jurreit, trad. Verne Moberg, *Sexism: The Male Monopoly on History and Thought* (New York: Farrar, Straus & Giroux, 1982).
48. Erich Neumann, *The Great Mother* (Princeton, NJ: Princeton University Press, 1955), p. 333-34 [*A Grande Mãe*. São Paulo: Cultrix, 2001].
49. Alvin Toffler, *The Third Wave* (New York: Bantam, 1980) [*A terceira onda*. São Paulo: Record, 1982]
50. Ruth Sivard, *World Military and Social Expenditures 1983* (Washington, DC: World Priorities, 1983), p. 5, p. 26.
51. Willis Harman, "The Coming Transformation", *The Futurist*, February 1977, p. 5-11.
52. Mihajlo Mesarovic e Eduard Pestel, *Mankind at the Turning Point* (New York: Dutton, 1974), p. 157.
53. Ibid., p. 146-47.
54. John McHale, *The Future of the Future* (New York: Ballantine, 1969), p. 11.
55. Ver, e.g., T.W. Adorno, Else Frenkel-Brunswik, Daniel Levinson e R. Nevitt Sanford, *The Authoritarian Personality* (New York: Harper & Row, 1950), especialmente o trabalho de Frenkel-Brunswik sobre como indivíduos criados em famílias rigidamente hierárquicas estão especialmente propensos a adquirir bens materiais para substituir as relações emocionalmente satisfatórias que não conseguem ter. Estas dinâmicas sociais e pessoais serão examinadas a fundo em Eisler e Loye, *Breaking Free*.

56. John Stuart Mill, *Principies of Political Economy*, W.J. Ashley, ed., nova edição de 1909, baseada na 7ª ed. de 1871 (New York: Longman, Green, 1929) [*Princípios de economia política*. São Paulo: Abril Cultural, 1983]. Ver também Heilbroner, *The Worldly Philosophers* (New York: Simon & Schuster, 1961) [*A história do pensamento econômico*. São Paulo: Nova Cultural, 1996].
57. *State of the World's Women 1985* (compilado para a Organização das Nações Unidas por New Internationalist Publications, Oxford, UK), p. 1.
58. Ibid.
59. Hazel Henderson, *The Politics of the Solar Age* (New York: Anchor Books, 1981), p. 171.
60. Ibid. Citações (pela ordem) de p. 337, p. 364 e p. 373.
61. James Robertson, *The Sane Alternative* (St. Paul, MN: River Basin Publishing, 1979).
62. Joseph Huber, "Social Ecology and Dual Economy", um excerto britânico de *Anders Arbeiten-Anders Wirtshaften* (Frankfurt: Fischer-Verlag, 1979).
63. Sou grata ao artigo de Hillary Rose, "Hand, Brain, and Heart: A Feminist Epistemology for the Natural Sciences", pela exposição contundente desse ponto central (ver nota 39).
64. Essa transformação econômica será discutida mais profundamente em Eisler e Loye, *Breaking Free*, e Riane Eisler, *Emergence* (ainda sendo escrito).
65. Ver Riane Eisler, "Pragmatopia: Women's Utopias and Scenarios for a Possible Future", trabalho apresentado a Society for Utopian Studies Eleventh Conference, em Asilomar, Califórnia, 2-5 outubro 1986, para uma primeira introdução ao conceito de pragmatopia (que em grego significa "lugar real" ou futuro realizável – o contrário de utopia, que significa, literalmente, "nenhum lugar").
66. Em vista do fato de que a atual taxa de crescimento populacional não pode ser sustentada pelo sistema ecológico da Terra, não se trata de saber se o crescimento se estabilizará, mas como. Ver, e.g., Jonas Salk, *World Population and Human Values: A New Reality* (New York: Harper & Row, 1981). Ver também Riane Eisler, "Peace, Population and Women's Roles", em Laszlo and Yoo, eds., *World Encyclopedia of Peace*.
67. Essa questão será discutida mais detalhadamente em Eisler, *Emergence*. Ver também D'Eaubonne, *Le Feminism ou La Mort*; Elizabeth Dodson-Gray, *Green Paradise Lost* (Wellesley, MA: Roundtable Press, 1979); e outros livros ecofeministas.
68. Ver, e.g., *The State of the World's Women 1985*; Barbara Rogers, *The Domestication of Women: Discrimination in Developing Societies* (New York: St. Martin's, 1979); Mayra Buvinic, Nadia Joussef e Barbara Von Elm, *Women-Headed Households: The Ignored Factor in Developtnent Planning* (Washington, DC: International Center for Research on Women, 1978); May Rihani, *Development as if Women Mattered* (Washington, DC: Overseas Development Council, 1978); Riane Eisler, "The Global Impact of Sexual Equality", *The Humanist* 41 (May-June 1981).
69. Ver, e.g., Sivard, *World Military and Social Expenditures 1983*; Riane Eisler e David Loye, "The 'Failure' of Liberalism: A Reassessment of Ideology from a New Feminine-Masculine Perspective" *Political Psychology* 4 (1983): p. 375-91.

70. Ver, e.g., Luther Gerlach e Virginia Hine, *People, Power, Change: Movements of Social Transformation* (Indianapolis: Bobbs-Merrill, 1970).
71. Ver, e.g., E.F. Schumacher, *Small is Beautiful* (New York: Harper & Row, 1973) [*O negócio é ser pequeno*. Rio de Janeiro: Zahar, 1983]; Henderson, *The Politics of the Solar Age*.
72. Para a perspectiva androcrática de novas tecnologias contraceptivas, ver, e.g., Wendy Faulkner e Erik Arnold, eds., *Smothered by Invention: Technology in Women's Lives* (London: Pluto Press, 1985); e Rita Arditti, Renate Duelli Klein e Shelley Minden, eds., *Test Tube Women: What Future for Motherhood?* (London: Routledge & Kegan Paul, 1984).
73. Para um trabalho que explora todas essas possibilidades, ver Martin Carnoy e Derek Sherer, *Economic Democracy* (New York: Sharpe, 1980).
74. Henderson, *The Politics of the Solar Age*, ambas as citações da p. 365.
75. Riane Eisler, "Human Rights: The Unfinished Struggle", *International Journal of Women's Studies* 6 (September-October 1983): p. 326-35.
76. Riane Eisler, *Dissolution: No-Fault Divorce, Mariage, and the Future of Women* (New York: McGraw-HM, 1977).
77. Mead, "Our Open-Ended Future"; Riane Eisler e David Loye, "Childhood and The Chosen Future", *Journal of Clinical Child Psychology* 9 (Summer 1980).
78. David Loye, *The Sphinx and the Rainbow: Brain, Mind, and Future Vision* (Boston: New Science Library, 1983) [*A esfinge e o arco-íris*. São Paulo: Siciliano, 1990].

Ilustrações

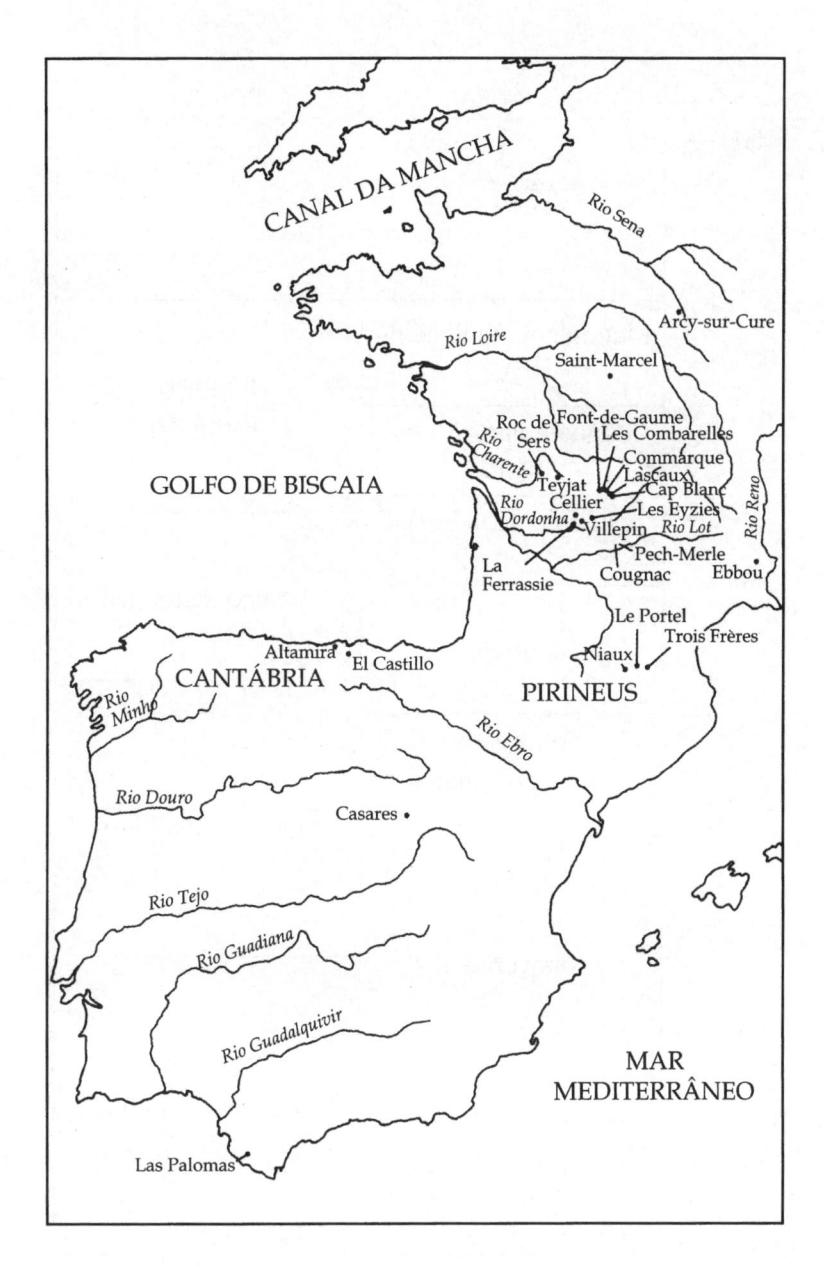

Figura 1. Principais sítios arqueológicos de arte rupestre do Paleolítico na Europa ocidental. Também foram encontrados exemplos de arte do Paleolítico em sítios na Europa oriental.

Fonte: Adaptado de André Leroi-Gourhan, "The Evolution of Paleolithic Art" em *Scientific American* 218, nº 2 (February 1968): 62.

ANOS a.C.	CULTURA	PERÍODO
5000 —		
10000 —	Magdaleniana Recente V-VI	Clássico (Estilo IV)
	Magdaleniana Média III-IV	
15000 —	Magdaleniana Inicial I-II	Arcaico (Estilo III)
	Solutreana	
20000 —	Solutreana--Intergravetiana	Primitivo (Estilo II)
25000 —	Gravetiana	
		Primitivo (Estilo I)
30000 —	Aurignaciana	

Figura 2. Cronologia da arte rupestre do Paleolítico por André Leroi--Gourhan (de cerca de 30000 a.C. até 10000 a.C.).

Fonte: André Leroi-Gourhan, "The Evolution of Paleolithic Art" em *Scientific American* 218, nº 2 (February 1968): 63.

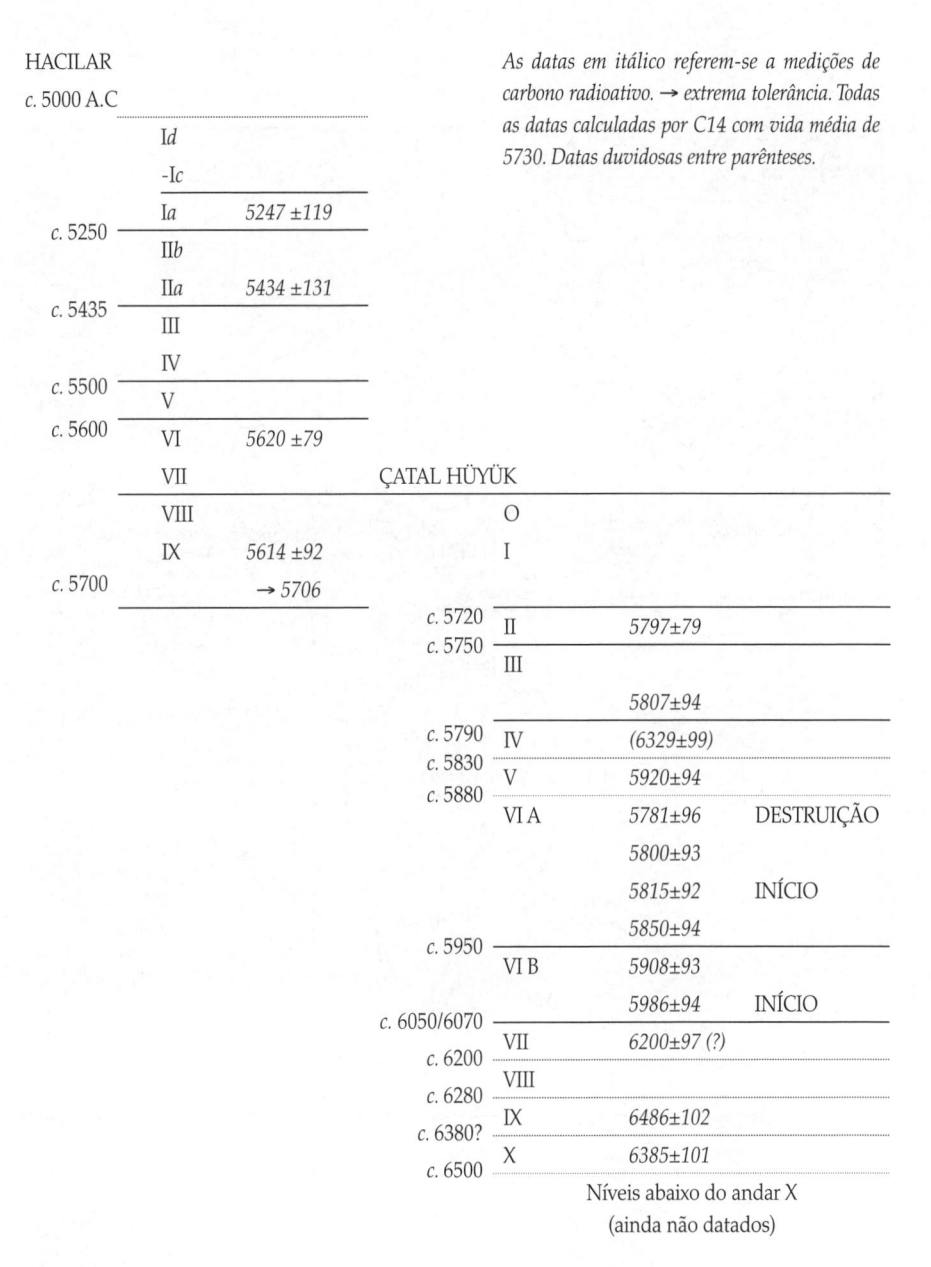

HACILAR			ÇATAL HÜYÜK			
c. 5000 A.C						
	Id					
	-Ic					
c. 5250	Ia	5247 ±119				
	IIb					
c. 5435	IIa	5434 ±131				
	III					
c. 5500	IV					
	V					
c. 5600	VI	5620 ±79				
	VII					
	VIII		O			
	IX	5614 ±92	I			
c. 5700		→ 5706				
			c. 5720	II	5797±79	
			c. 5750	III		
					5807±94	
			c. 5790	IV	(6329±99)	
			c. 5830	V	5920±94	
			c. 5880			
				VI A	5781±96	DESTRUIÇÃO
					5800±93	
					5815±92	INÍCIO
					5850±94	
			c. 5950	VI B	5908±93	
					5986±94	INÍCIO
			c. 6050/6070	VII	6200±97 (?)	
			c. 6200	VIII		
			c. 6280	IX	6486±102	
			c. 6380?	X	6385±101	
			c. 6500			

As datas em itálico referem-se a medições de carbono radioativo. → extrema tolerância. Todas as datas calculadas por C14 com vida média de 5730. Datas duvidosas entre parênteses.

Níveis abaixo do andar X
(ainda não datados)

Figura 3. Cronologia de James Mellaart para Hacilar e Çatal Hüyük (cerca de 6500 a 5000 a.C.).

A tabela se lê de baixo para cima. Os números maiores indicam níveis mais antigos. Os numerais romanos indicam níveis de escavação correspondentes aos níveis de desenvolvimento.
Fonte: James Mellaart, *Çatal Hüyük* (New York: McGraw-Hill, 1967): 52.

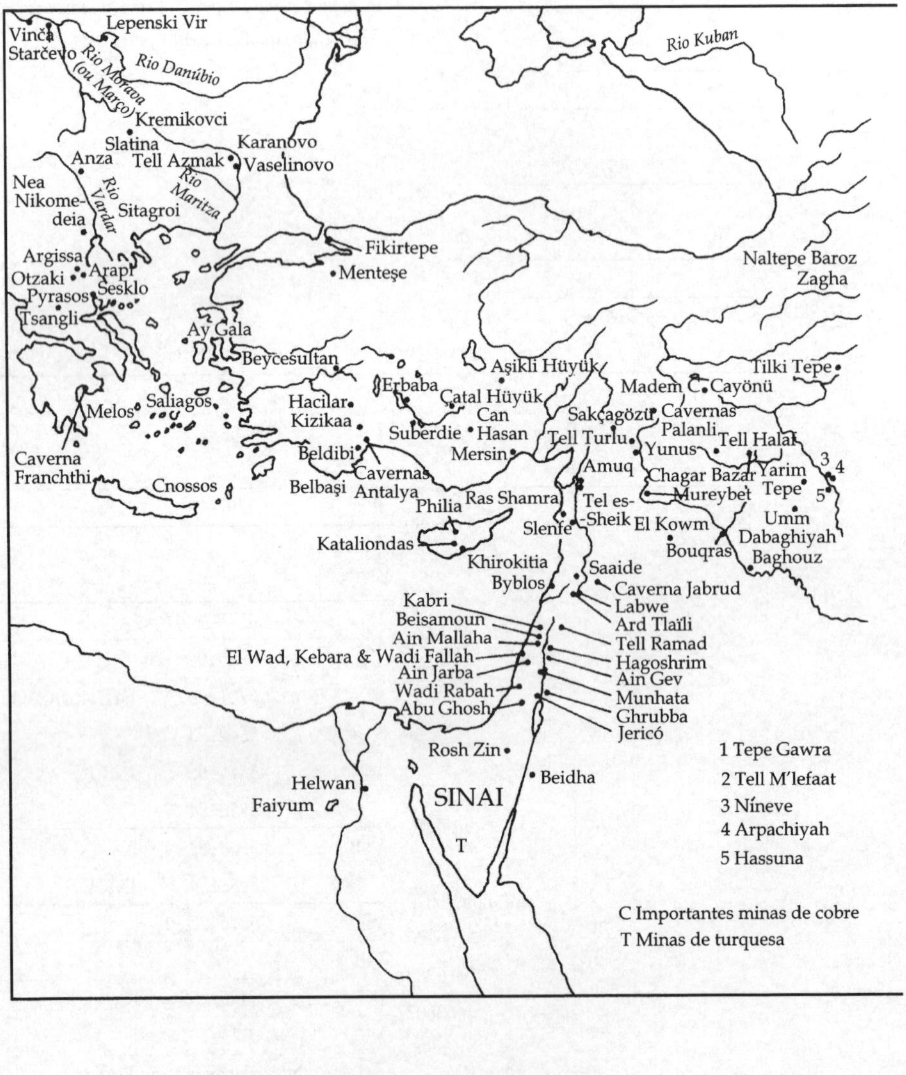

Vinča
Starčevo
Lepenski Vir
Rio Danúbio
Rio Morava (ou Março)
Rio Kuban
Kremikovci
Slatina
Karanovo
Anza
Tell Azmak
Vaselinovo
Rio Maritza
Nea Nikomedeia
Rio Vardar
Sitagroi
Fikirtepe
Menteşe
Naltepe Baroz Zagha
Argissa
Otzaki
Arapi
Sesklo
Pyrasos
Tsangli
Ay Gala
Beycesultan
Aşikli Hüyük
Tilki Tepe
Madem C.
Cayönü
Erbaba
Çatal Hüyük
Saliagos
Melos
Hacilar
Kizikaa
Can Hasan
Suberdie
Sakçagözü
Cavernas Palanli
Tell Turlu
Tell Halaf
Yunus
Beldibi
Mersin
Caverna Franchthi
Cavernas Antalya
Belbaşi
Cnossos
Amuq
Chagar Bazar
Yarim Tepe
Mureybet
Ras Shamra
Tel es-Sheik
Philia
Slenfe
El Kowm
Umm Dabaghiyah
Kataliondas
Bouqras
Baghouz
Khirokitia
Saaide
Byblos
Caverna Jabrud
Labwe
Kabri
Beisamoun
Ard Tlaïli
Ain Mallaha
Tell Ramad
El Wad, Kebara & Wadi Fallah
Hagoshrim
Ain Jarba
Ain Gev
Wadi Rabah
Munhata
Abu Ghosh
Ghrubba
Jericó
Rosh Zin
Beidha
Helwan
Faiyum
SINAI
T
1 2 3 4 5
1 Tepe Gawra
2 Tell M'lefaat
3 Níneve
4 Arpachiyah
5 Hassuna
C Importantes minas de cobre
T Minas de turquesa

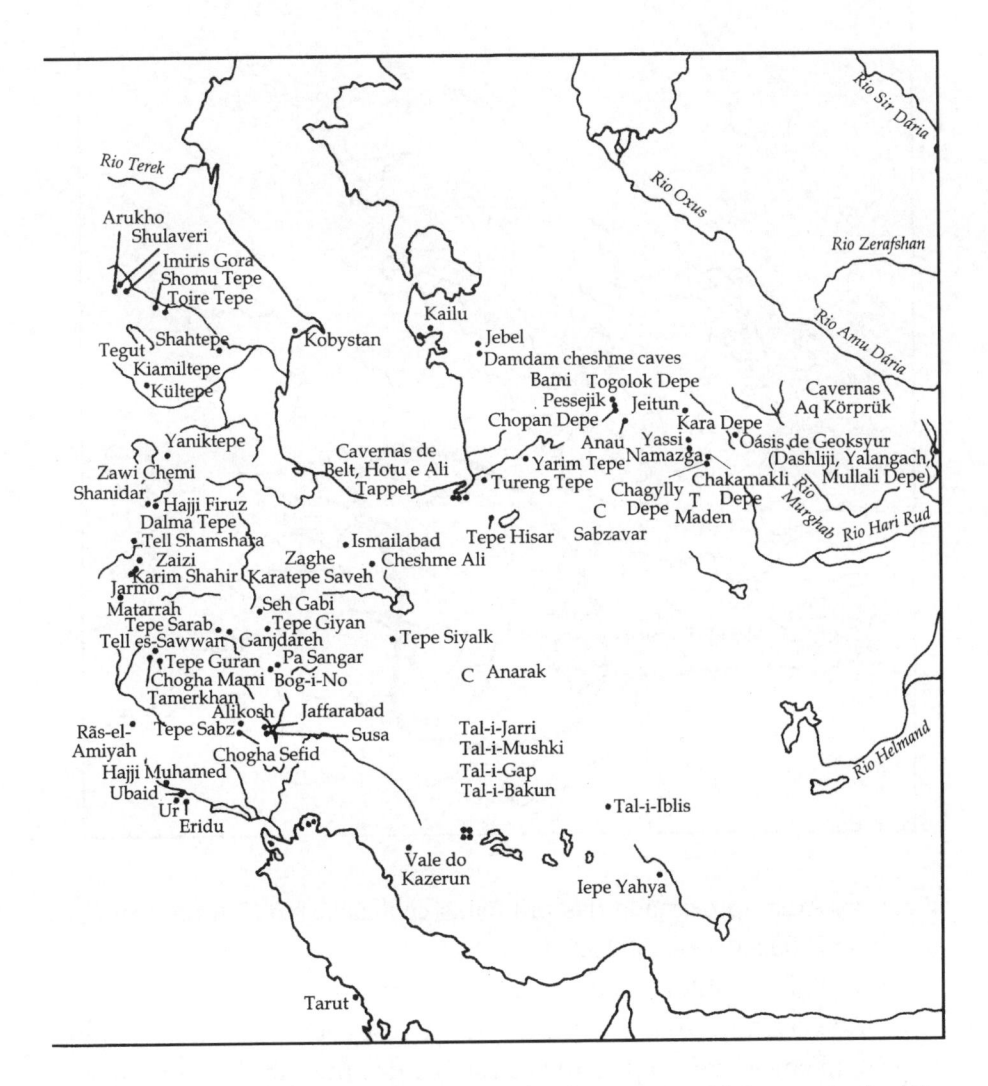

Figura 4. O Oriente Próximo mostrando sítios arqueológicos epipaleolíticos e neolíticos. O termo epipaleolítico é usado para designar o período de transição entre o Paleolítico e o Neolítico (ou o princípio da agricultura). A proliferação de sítios mostra a extensão do desenvolvimento cultural inicial.

Fonte: Adaptado de James Mellaart, *The Neolithic of the Near East* (New York: Charles Scribner's Sons, 1975): 20, 21 (direitos autorais de Thames e Hudson, London).

O cálice e a espada 353

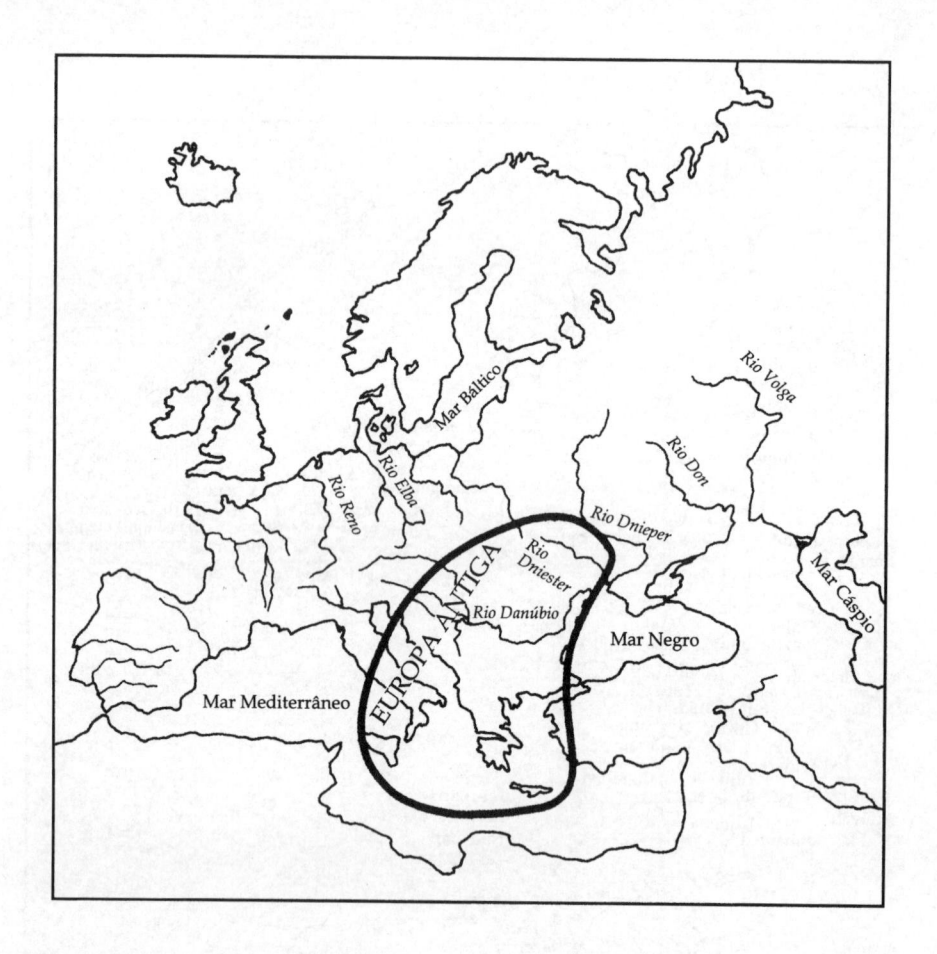

Figura 5. Área aproximada das primeiras civilizações da Europa Antiga (cerca de 7000 a.C. até 3500 a.C.).
O termo Europa Antiga foi criado para designar a civilização que se estendeu de cerca de 7000 a 3500 a.C. no sudeste europeu, mas o termo pode também ser usado para toda a Europa de antes das invasões indo-europeias, incluindo as culturas megalíticas da Europa ocidental (Irlanda, Malta, Sardenha e partes da Grã-Bretanha, Escandinávia, França, Espanha e Itália) do quinto ao terceiro milênio a.C.

Fonte: Adaptado de Marija Gimbutas, *Godesses and Gods of Old Europe* (Berkeley e Los Angeles: University of California Press, 1982): 16.

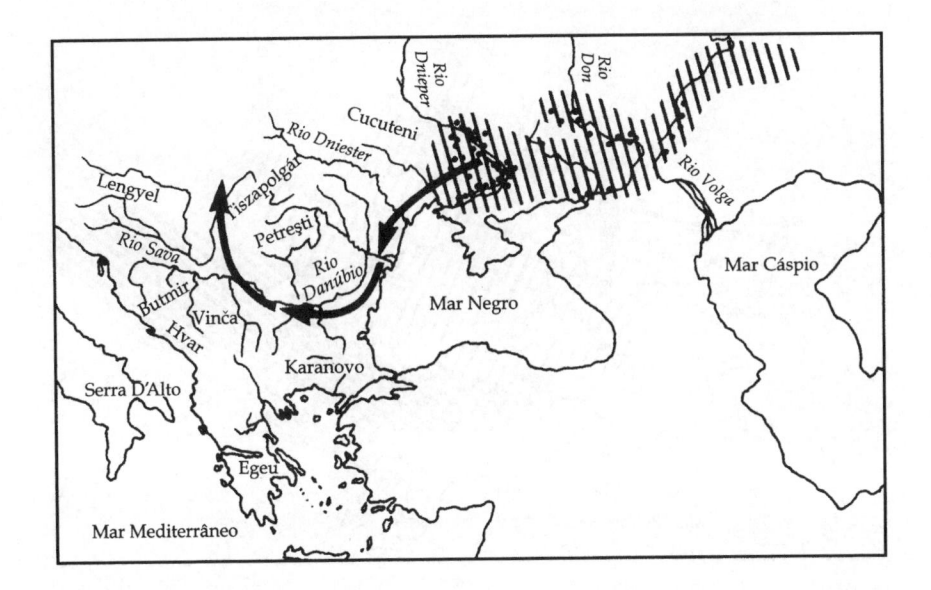

Figura 6. Primeira Onda Kurgan (cerca de 4300 a.C. até 4200 a.C.). As setas mostram as principais rotas de invasão das primeiras incursões kurgan entrando nas culturas da Europa Antiga em Karanovo, Vinča, Lengyel e Tiszapolgár.

Fonte: Revisão feita por Marija Gimbutas para a presente obra do mapa originalmente publicado em *The Journal of Indo-European Studies* 5, nº 4 (Winter 1977): 283.

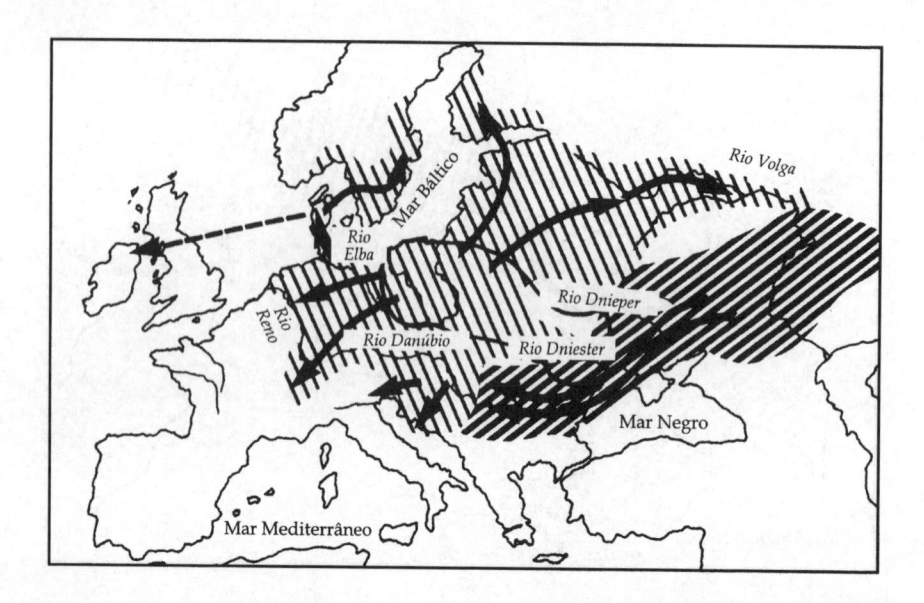

Figura 7. Terceira Onda Kurgan (cerca de 3000 a.C. até 2800 a.C.).
As setas e áreas sombreadas mostram incursões tardias feitas pelos kurgan a partir das estepes (área oriental de tracejado escuro) e a partir de culturas híbridas (área oblonga no centro do mapa). A linha tracejada mostra uma possível rota até a Irlanda.

Fonte: Revisão feita por Marija Gimbutas para a presente obra do mapa originalmente publicado em *The Indo-Europeans in the Fourth and Third Millennia* (Karoma Publishers, 1982).

Figura 8. Cronologia de Marija Gimbutas para o florescimento e destruição da cultura da Europa Antiga (cerca de 7000 a.C. a 2500 a.C.).

Fonte: Revisão deste livro feita em 1986 por Marija Gimbutas da cronologia que apareceu originalmente no curso de Estudos Indo-Europeus nº 131, UCLA (1980): 5-7.

A.C.	Principais acontecimentos
7000-6500	Estágio inicial de produção de alimento e assentamento de vilas nos vales das zonas costeiras do mar Egeu.
6500-6000	Pleno Neolítico. Cerâmica nas regiões do Egeu, Bálcãs central e do Adriático. Cultivo de trigo, cevada, cizirão e ervilha. Todos os animais domesticáveis, exceto o cavalo. Surgem vilas grandes e aglomeradas. Casas de tijolo e madeira, retangulares, muito próximas umas das outras e com pátio interno. Primeiros templos. Navegação costeira e de alto-mar. Comércio de obsidianas, mármore e conchas *spondylus*.
6000-5500	Alastramento da economia agrícola até as regiões do baixo e médio Danúbio (Iugoslávia, Hungria e Romênia) até o planalto de Marica na Bulgária, bem como surgimento na região de Dniester-Bug.
5500-5000	Alastramento da economia de produção de alimentos da Europa central ocidental até a central: Morávia, Boêmia, sul da Polônia, Alemanha e Holanda (a cultura da cerâmica linear). Início da metalurgia do cobre na Iugoslávia, Romênia e Bulgária. Aumento no tamanho das vilas. Escrita sagrada surgiu para uso no culto religioso. Surgimento das culturas Vinča, Tisza, Lengyel, Butmir, Danilo e Karanovo.
5000-4500	Auge da cultura da Europa Antiga. Efervescência da arte cerâmica e arquitetura (incluindo templos e prédios com dois andares). Surgimento na Moldávia e Ucrânia ocidental da cultura Cucuteni (Tripiliana) e na Transilvânia da cultura Petreşti.

4500-4000	Florescimento continuado da Europa Antiga. Prolifera a utilização de cobre e ouro, e aumenta a atividade comercial. Aparecem os veículos (modelos em miniatura de rodas de argila) e a domesticação de cavalos, trazidos pela Primeira Onda de pastores das estepes, que iniciaram a desintegração das culturas Karanovo, Vinča, Petreşti e Lengyel.
4000-3500	Kurganização inicial: acentuadas mudanças no padrão habitacional, na estrutura social, na economia e na religião. Escasseia a arte da Europa Antiga, desaparecem as estatuetas, a cerâmica policromada e a construção de templos. Surge na região do baixo Danúbio e em Dobruja uma cultura Cernavoda kurganizada.
3500-3000	Segunda Onda de povos kurgan vem do norte do mar Negro. Começa a Idade do Bronze. Formação da província metalúrgica de Circumpôntica. Desintegração da cultura Cucuteni e emergência do complexo Usatovo-Gorodsk-Folteşti, uma amálgama de Cucuteni e kurgan. Formação do complexo Ezero na Bulgária e da cultura Baden na região média do Danúbio a partir do cruzamento do substrato da Europa Antiga com elementos orientais (kurgan). Surgimento na Europa setentrional central da cultura Ânfora Globular.
3000-2500	Um novo levante por toda a Europa oriental central causado pela Terceira Onda Kurgan (ou "Jamna") vinda das estepes do baixo Dnieper e baixo Volga. Mudanças étnicas: Baden tardio e Vučedol na Boêmia, Alemanha central, Bósnia e costa do Adriático. Grandes migrações dos povos Vaso Campaniforme (provavelmente centro-europeus kurganizados) em direção à Europa ocidental. Formação, entre o Reno e o Dnieper, do Complexo Cerâmica Encordoada a partir da fusão das culturas Ânfora Globular e Vaso Campaniforme, e novos elementos "Jamna", seguidos por grande dispersão dos portadores de cerâmica encordoada em direção ao sul da Escandinávia, leste do Báltico e regiões do alto Dnieper e alto Volga.

Figura 9. Comparação entre a cultura kurgan e a da Europa Antiga.

Fonte: Revisão para este livro feita em 1986 por Marija Gimbutas em tabela que apareceu originalmente no *The Journal of Indo-European Studies 5*, nº 4 (Winter 1977): 283.

	Europa Antiga	**Kurgan**
Economia	Agrícola (sem cavalos) e sedentária.	Pastoril (com cavalo).
Habitat	Grandes agregados, vilas e cidades, sem fortalezas.	Pequenas vilas de casas semissubterrâneas e chefes governando a partir de uma fortaleza alta.
Estrutura social	Igualitária e matrilinear.	Patriarcal e patrilocal.
Ideologia	Pacífica, mulher criadora e amante das artes.	Guerreira, homem criador.

Figura 10. Comparação cronológica de Creta com outras civilizações da Antiguidade. Desenvolvimento da civilização cretense baseado em cronologias levantadas por sir Arthur Evans e Nicolas Platon, comparadas a marcos em outras civilizações antigas (as datas são aproximações).

Datas a.C.	Creta – cronologia de Platon	Creta – cronologia de Evans	Outras civilizações antigas – marcos cronológicos selecionados
6000	Neolítico inicial I	Neolítico inicial	Çatal Hüyük floresce na Anatólia. Arroz é cultivado na Tailândia.
5000	Neolítico inicial II	Neolítico médio	Colonização das planícies aluviais da Mesopotâmia. Aparecem assentamentos agrários no Egito. Milho é cultivado no México.
4000	Neolítico médio		A economia neolítica é importada para a Grã-Bretanha. Monumentos do Megalítico inicial na Bretanha. O bicho-da-seda é domesticado na China.
3000	Neolítico tardio	Neolítico tardio	Culturas cicládicas se formam no Mediterrâneo. Técnicas de agricultura com arado se espalham para a África central. Surge pela primeira vez a cerâmica nas Américas. Primeira dinastia egípcia.
2600	Período Pré-Palaciano I	Minoico inicial I	Cresce a civilização do vale do Indo. Primeira dinastia Ur. A pirâmide de Quéops é erigida no Egito.
2400	Período Pré-Palaciano II	Minoico inicial II	Período Acadiano na Suméria. Quinta dinastia do Egito.

2200	Período Pré-Palaciano III	Minoico inicial III	Sétima dinastia do Egito. Período neossumério.
2000	Período Protopalaciano I	Minoico médio I	O elefante é domesticado no vale do Indo. Terceira dinastia Ur. Reinado médio do Egito.
1900	Período Protopalaciano II	Minoico médio II	Primeira dinastia da Babilônia.
1800	Período Protopalaciano III		Hamurábi reina na Babilônia.
1700	Período Neopalaciano I	Minoico médio III	Os hicsos dominam o Egito.
1600	Período Neopalaciano II	Minoico tardio I	Desenvolve-se a civilização Shang na China.
1450	Período Neopalaciano III	Minoico tardio II	Povos de idioma ariano conquistam a Índia.
1400	Período Pós-Palaciano I	Minoico tardio III	Ascensão do Império Hitita.
1320	Período Pós-Palaciano II		A Assíria ascende como potência militar. As tribos hebraicas conquistam Canaã.
1260	Período Pós-Palaciano III		Queda do Império Hitita.
1150	Subminoico	Subminoico	Cai a dinastia Shang na China. A civilização micênica entra em colapso no Mediterrâneo. As conquistas assírias no Oriente Próximo se intensificam sob o comando de Tiglate-Pileser I.

Fonte: Sir Arthur Evans, *The Palace of Minos at Knossos*, vols. I-IV (London: Macmillan & Company Ltd., 1921-1935; Nicolas Platon, *Crete* (Geneva: Nagel Publishers, 1966); James Mellaart, *The Neolithic of the Near East* (New York: Charles Scribners Sons, 1975; e enciclopédias e atlas de história mundial).

O cálice e a espada

Figura 11. Principais sítios arqueológicos da Creta minoica.

Fonte: Adaptado de Jacquetta Hawkes, *Dawn of the Gods: Minoan and Mycenean Origins of Greece* (New York: Random House, 1968): 59.

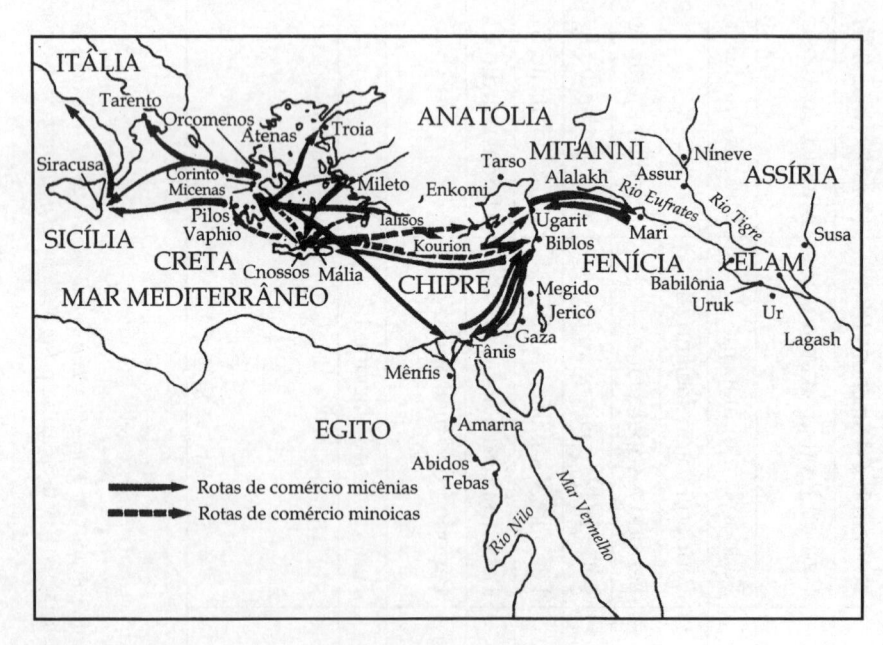

Figura 12. Rotas de comércio minoicas e micênicas.

Fonte: Jacquetta Hawkes, *Dawn of the Gods: Minoan and Mycenaean Origins of Greece* (New York: Random House, 1968): 21.

Índice remissivo

Aarão, 151
Aas, Berit, 271
Abel, 115, 159
Abraão, 152
Abraham, Ralph, 199
Abzug, Bella, 242
Adams, Henry, 202, 217
Adão, 143-144, 158
Addams, Jane, 218
Adler, Alfred, 267
Adônis, 65
Afrodite, 64, 169
Agamênon, 132
Agamênon, 132
ágape, 271
agricultura, invenção da, 121
água, simbolismo da, 63-64
Aiken, Henry, 225
Akinakes, 97
All China Women's Federation, 222
Allen, Paula Gunn, 242
Amunoph III, 86
Anaximandro, 171
Anaxímenes, 170
Androcracia, definição de, 165
Anthony, Susan B., 218
Antrobus, Peggy, 271
Apócrifos, 140
Apolo, 131, 142
Aptheker, Bettina, 217
Áquila, 184
Aquiles, 132
Arditti, Rita, 268
Ares, 134, 168
Areta de Cirene, 176
Arete, rainha, 167

Ariadne, 64
Arignote, 175
Aristófanes, 176
Aristóteles, 166, 171, 180
Aristóxenes, 172
Arizpe, Lourdes, 217
arte: cretense, 77, 79, 82, 87; do Neolítico, 59-63, 127; veja também Deusa, imagens
Ártemis, 104
Aserá, 143
Asioteia, 176
Aspásia, 175, 176
Astarté, 46, 75, 141
Astoreth, 141
Atargatis, 46, 141
Atena, Atenas, 104, 131, 133-134, 141, 142, 166, 169, 173-174
Átis, 65
Atlântida, lenda de, 107,112-114
atratores, 200-201
Atwood, Margaret, 242
Avebury, 48

Baal, 142
BaMbuti, 33, 126, 262
Bar Kokhba, 193
Baranamtarra, 116
Barrow, Dame Nita, 242
Barry, Kathleen, 271
Bartchy, Prof. S. Scott, 191
Beard, Mary, 215, 216
Beauvoir, Simone de, 37
Behn, Aphra, 37
Bernard, Jessie, 37, 213, 242, 268
Bernardo de Claraval, 205, 256
Bíblia, 27; ausência da Deusa na, 149-152; e a moralidade da dominação, 149-161; retra-

balho da, 139-144; status da mulher na, 149-161
Bird, Caroline, 271
Book of the City of Ladies, 220
borboleta, 60
Boserup, Ester, 37
Botticelli, Sandro, 64
Boulding, Elise, 176, 242
Breaking Free, 277
Breuil, abade, 43
Bridenthal, Renate, 217
Briffault, Robert, 121
Brindel, June, 242
Brock-Utne, Birgit, 271
Broner, E. M., 242
Brownmiller, Susan, 217
Buchholtz, Hans-Günther, 77-78, 87
Bunch, Charlotte, 37, 242
Burke, Edmund, 236

caça às bruxas, 205-207
caçador, homem, 42, 43, 120
Caim, 115, 159
Caldicott, Helen, 242
Calypso, 166
Campbell, Joseph, 63, 142
Caos: figura mitológica, 167; teoria do, 36, 37, 110-112, 268
capitalismo, 233-234
Capra, Fritjof, 36, 241, 268
carbono 14, datação, 50
Caribdes, 167
Casa de Justiça Universal Baha'i, 241
Çatal Hüyük, 47, 54, 89,90, 106, 160; vida igualitária em, 67-72; adoradores da Deusa em, 47-52, 65-66
Ceausescu, Nicolae, 237, 250
cerâmica, invenção da, 121
Ceres, 46
Cerridwen, 122
Châtelet, Madame du, 229
Chen, Ellen Marie, 242
Chicago, Judy, 242, 264
Childe, V. Gordon, 101
Chodorow, Nancy, 37
Christ, Carol, 37, 242
Cibele, 46
ciclos históricos entre a androcracia e a gilania, 199-223
Cila, 167
Circe, 167
Cirilo, santo, 196
Clarke, Arthur C., 93
Clemente de Alexandria, 197
Clitemnestra, 132-133

Cloé, 185
Clube de Roma, relatórios do, 247, 273
cobra, 122
Coéforas, 133
Cohen, família, 151
coletoras, mulheres, 120
Comte, Augusto, 230
comunismo, 234-235
Conferência Internacional sobre População de 1984, 250
Conferência Populacional do México em 1984, 249-250
Conflito, tornando produtivo o, 269-271
conhecimento como algo ruim, 158-161
Constantino, imperador, 193, 194
Copérnico, 226
Core, 29, 46, 65, 160, 174
Corina da Beócia, 176
Cott, Nancy, 217
Crátinos, 176
Creta, 23, 89; como Atlântida, 114; destruição de, 103-106; visão da sociedade minoica sobre, 73-88
criação, histórias da, 63
Crispo, 195
cristianismo como androcrático, 193-198
cruz, 161, 264
Csányi, Vilmos, 36, 136, 155
cultura minoica, veja Creta
culturas híbridas, 102
Cunningham, Imogen, 264

Daly, Mary, 37
dano ambiental, 247-248
Darwin, Charles, 86, 226
darwinismo social, 226
Davis, Elizabeth Gould, 216
Dea Syria, 141
D'Eaubonne, Françoise, 217
Degler, Carl, 217
Delfos, oráculo de, 122, 166
Deméter, 29, 46, 65, 121, 141, 174
Deming, Barbara, 242
Descendência do homem, A, 86
Despesas militares e sociais no mundo, 273
despesas militares versus sociais, 273
Destino, 121, 134
Deusa: ausência na mitologia hebraica, 149-152; imagens na arte neolítica, 60-61; imagens na arte paleolítica, 40-46; matança da, na mitologia, 148; mudança com a chegada do modelo de dominação, 102-103, 106-107, 147-148
Deusa, culto à, 28-29; como forte influência na civilização grega posterior, 166-180; em

Creta, 73-88; na Europa Antiga, 53-56; no Neolítico, 47-52; no Paleolítico, 40-46;
Deusa da Árvore da Vida, 141
deuses guerreiros, primeiros, 97
Dinnerstein, Dorothy, 217
Diodoro Sículo, 123
Diogénes, 170, 173
Dioniso, 160
Diotima, 166, 178
Discurso sagrado, 175
Dix, Dorothea, 218
Dodson-Gray, Elizabeth, 242
2001 – Uma odisseia no espaço, 93
Don Juan, *Don Juan*, 209, 211, 221
dons da civilização, desde a era do culto à Deusa, 117-125
Dorcas, 184
Duna, 261
Durant, Ariel, 197
Durant, Will, 197
Dürer, Albrecht, 161
Dworkin, Andrea, 271

Éden, Jardim do, 114-115
Egisto, 133
Ehrenreich, Barbara, 206
Ehrlich, Annette, 217
El Saadawi, Nawal, 242
Eldredge, Niles, 36, 96, 200, 263
Elêusis, mistérios de, 160, 174
Elizabeth I, 208
Ellsberg, Patricia, 242
Ellul, Jacques, 254
Elmwood, Instituto, 241
Elohim, 150
Emergence, 277
Emergence of Man, The, 42
Empédocles, 171
End of Atlantis, The, 113
Engels, Friedrich, 93, 94, 226, 234, 235
English, Deirdre, 206
Enlil, 148
Equal Rights Amendment, 238, 249
Erinna, 176
escrita, primórdios da, 123-125
escrituras gnósticas, 186-191
Esculápio, 123
Esdras, 149
Ésquilo, 122, 132,135, 136, 140
estilo de vida igualitário: em Creta, 76-88; na vida do Neolítico, 67-72
Eumênides, 131, 135, 136
Eumênides, 133
Europa Antiga, culto à Deusa na, 53-56
Eva, 143-144, 158-159

Evangelho de Filipe, 188
Evangelho de Maria, 188
Evangelho de Tomé, 194
Evans, sir Arthur, 77, 87-88
evolução, 35
Ezequias, rei, 143

Fahrenheit 451, 254
Falwell, Jerry, 238
Family and Its Future, The, 232
Fausta, 195
Feigenbaum, Marshall, 36
feminismo, movimento feminista, 217-220, 222, 234-236, 240-243
fiação, invenção da, 121
Fiorenza, Elisabeth Schüssler, 185
First Sex, The, 216
Fletcher, Ronald, 232
fome, como um problema mundial hoje, 247, 250
Fourier, Charles, 217, 234
Franco, Francisco, 237
French, Marilyn, 217
Freud, Sigmund, 168, 267
Friedan, Betty, 242
Fuller, Margaret, 218, 236
Fúrias, 131, 134

Galileu, 226
Gandhi, Indira, 219
Gandhi, Mohandas, 268, 270
Garcia, Celina, 242
Gelpi, Barbara, 37
Geoffrin, Madame, 216, 229
gilania, definição de, 165, 166
Gilder, George, 234
Gilligan, Carol, 37, 213, 242
Gilman, Charlotte Perkins, 261
Gimbutas, Marija, 22, 53-56, 61, 64, 65-66, 70, 91, 94, 95, 96, 97, 98, 99, 100, 101, 102, 118, 123, 124, 125, 141
Glauco, 179
Gliddon, George R., 86
Global 2000, 247
Gnostic Gospels, The, 187
Goddesses and Gods of Old Europe, The, 53
Gordon, Cyrus, 76
Gould, Stephen Jay, 36-37, 96, 200
Grécia, influência da sociedade anterior que cultuava a Deusa, 166-180
Griffin, Susan, 242
Grimké, Angelina, 236
Grimké, Sarah, 236
guerra, início da, 97-108
Guerra nas Estrelas, 261

Hacilar, 47, 48, 54,129-130; Deusa cultuada em, 47-52
"Hand, Brain, and Heart: A Feminist Epistemology for the Natural Sciences", 268
"Hard and the Soft; The Force of Feminism in Modern Times, The", 210
Haraway, Donna, 217
Harman, Willis, 273
Harrison, Jane, 173
Hátor, 75, 122
Hauser, Arnold, 86
Hawkes, Jacquetta, 76, 79, 80, 82, 83, 85, 87, 104, 105, 168, 175
Hebreus, 92-98, 108, 150-151
Hebrew Goddess, The, 149
Hegel, Georg, 226
Heide, Wilma Scott, 37, 242
Hélio, 160
Henderson, Hazel, 37, 275, 281
Hera, 46, 104, 121, 141, 142, 169
Heráclito, 168
Herbert, Frank, 261
Hércules, 142
Heritage Foundation, 250
Herland, 261
Hermes, 104
Heródoto, 97
Hesíodo, 28, 104, 112-113, 166, 167-168
hetaira, 176
hierarquias, 165; de dominação, 165; de realização, 165
Higgins, Reynold, 80
Hipátia, 196
Hipótese Gaia, 129
Hitler, Adolf, 223, 256, 257, 258
Hixson, Allie, 242
Hobbes, Thomas, 230
homem: caçador, 42, 43, 120; racional, o fracasso do, 226-229
Homero, 28, 104, 106, 113, 166,167, 170, 176, 216
Hor-Aha, 73
Hórus, 160
Hosken, Fran, 242
Howe, Florence, 37
Huber, Prof. Joseph, 276
Hudson, Instituto, 254
Human Use of Human Beings, The, 245
Hussey, Edward, 170, 172
Huston, Perdita, 271

Idi Amin, 237
Ifigênia, 132, 133
igualdade, a ideia da, 230-232
Illuyankas, 142
indo-europeus, 91-92; veja também kurgan

Ino, 167
invasões nômades e seus efeitos, 90-108
Irineu, bispo, 189
Íris, 170
Isaac, 152
Isaías, 150
Ísis, 46, 75, 121, 123
Ístar, 46, 75, 116, 122, 148

Jacklin, Carol, 217
Jacó, 152
Jain, Devaki, 271
James, E. O., 40, 41, 148
Janeway, Elizabeth, 271
Janssen-Jurreit, Marielouise, 271
Jantsch, Erich, 36
Jaquette, Jane, 217
Jaynes, Julian, 127
Jeová, 92, 108, 115, 142, 143, 144, 150, 151, 152, 158
Jeremias, 149
Jesus Cristo, 29, 65, 66, 160, 160-161, 268, 270; como gilânico, 181-186
João Batista, 161
Johnson, Sonia, 242
Juízo final, 161
Jung, Carl, 168
Jungk, Robert, 241
Júnia, 184
justiça, início do conceito de, 121

Kahn, Herman, 251, 254
Kali, mãe, 134
Kampis, Gyorgy, 136
Kant, Immanuel, 226
Karageorghis, Vassos, 77, 87
Keller, Evelyn Fox, 268
Keller, Mara, 242
Kelly, Joan, 217
Kelly, Petra, 242
Khanum, Abida, 242
Khomeini, Ayatollah, 238, 239, 249
King, Martin Luther, Jr., 270
Kirkendall, Lester, 217
Kitto, H. D. F., 133
Koester, Prof. Helmut, 187
Konath, família de, 151
Koonz, Claudia, 217
Kuan Yin, 29
Kuhn, Annette, 37
!Kung, 33, 126, 262
kurgan, invasão pelos, e efeitos, 90-108

Ladon, 142
Lancaster, Jane, 119

Lastênia de Mantineia, 176
Laszlo, Erwin, 36, 263
Lavoisier, Antoine, 226
Le Guin, Ursula, 242
Leacock, Eleanor, 217
Lei de Proteção à Família de 1967, 239
Leibowitz, Lila, 119
Lenclos, Ninon de, 216
Lênin, Vladimir, 257
Leonor de Aquitânia, 204
Lerner, Gerda, 217
Leroi-Gourhan, André, 45,47
Leviatã, 142
Leviatã, 230
Lia, 152
Libby, Willard, 50
liberdade, ideia de, 230-232
Lídia, 185
Lilite, 46
Lisístrata, 177
Ló, 157
Lorenz, Edward, 199
Lotan, Lowtan, 142
Lovelock, James, 129
Loye, David, 36, 241
Lucas, George, 261
Luce, J.V., 113, 114, 168, 169
Lugalanda, 116
Lyon, Mary, 218

Ma Tsu, 29
Maat, 46, 121, 122
MacKinnon, Catharine, 37
Magus, Simon, 190
Malleus Maleficarum (*Martelo das bruxas*), 205
Mamonova, Tatyana, 271
marcionitas, 188
Marcus, 190
Margulis, Lynn, 129
Maria, Virgem, 29, 46, 64, 66, 129, 160, 203, 204-205
Maria Madalena, 184, 185, 188, 191
Marinatos, Prof. Spyridon, 28, 114
Marinetti, Filippo, 211
Marshack, Alexander, 43, 44
Marshall, sir John, 48
Marx, Karl, 202, 226, 231, 234, 235
Maslow, Abraham, 267
matriarcado, 29-30, 67, 70, 85, 164
matricídio como não sendo crime, 132-134
Maturana, Humberto, 36, 136
Maxêncio, 195
McAllister, Pam, 242
McClelland, David, 211-213, 215, 221
McClintock, Barbara, 268

McConahay, John, 265
McConahay, Shirley, 265
McHale, John, 274
McNamara, JoAnn, 217
Mead, Margaret, 282
Megera domada, A, 208, 221
Mellaart, James, 28, 47-48, 50 , 51-52, 64, 68-70, 91, 129, 130
Merchant, Carolyn, 217,
Meryet-Nit, 73, 87
metalurgia e supremacia masculina, 93-95
Michelangelo, 161
1984, 139, 254, 257
Mill, John Stuart, 226, 230, 275
Miller, Jean Baker, 37, 213, 266, 268- 270
Millett, Kate, 37, 210, 271
Minha luta, 237
Mische, Patricia, 242
mitos, reinvenção dos, para adaptarem-se ao modelo de dominação, 139-144, 148
modelo de dominação, 30, 32; início do, 93-108; mudança das normas de parceria para o, 133-161;na Bíblia, 149-161; nos tempos modernos, 237-240; papel dos sacerdotes no, 138-139; reinvenção dos mitos para se adaptarem ao, 139-144, 148
modelo de parceria: descrição, 30, 33, 46-88, 277-283; medidas a adotar para levá-lo ao futuro,261-283; transformação em modelo de dominação a partir do, 133-161
Moiras, 121;
Moisés, 143
Montagu, Ashley, 268
montanistas, 188
Morgan, Prof., 73
Morgan, Robin, 271
morte, como sagrada, 158-161
movimento de liberação das mulheres, veja feminismo, movimento feminista
mulheres: coletoras, 120; omitidas na história, 32, 166-180, 214-223
Mumford, Lewis, 255
Musas, 122
Mussolini, Benito, 237
Myrdal, Alva, 242

Nammu, 63, 115
Nanna, Rainha, 115
Nanshe, 117
nascimento, como obsceno (ou sujo), 158-161
National Organization for Women, 222
National Women's Studies Association, 222
Nausícaa, 167
nazistas, 257-258
Near, Holly, 242

O cálice e a espada 367

Neemias, 149
Neolithic of the Near East, The, 52
Neolítico: arte do, 59-64; culto à Deusa no, 47-52, 60-72; vida no, 47-72
Neumann, Erich, 121, 160, 172, 272
New Paradigm Symposium, 241
Newland, Kathleen, 217
Nidaba, 117, 123
Nietzsche, Friedrich, 236-237, 258
Nightingale, Florence, 218
Ninfa, 185
Ninlil, 117, 121, 148
Nit-Hotep, 73, 87
Nott, J. C., 86
nova física, 36, 110-112
Nut, 46, 64

O'Barr, Jean, 242
Observations on the Continuous Progress of Human Reason, 230
Oda, Mayumi, 242
Odisseia, 166, 175
Odisseu, 166-167
O'Keeffe, Georgia, 242
Older Women's League, 222
Orenstein, Gloria, 217
Oresteia, 131-134, 140, 178
Orestes, 131, 132, 133
Organização Mundial da Saúde, 253
Origem da família, da propriedade privada e do Estado, A, 93
Orwell, George, 139, 254, 257
Oseias, 149
Osíris, 160

Pagels, Elaine, 187, 188, 189, 191, 193, 194, 195
Paleolithic Cave Art, 43
Paleolítico, culto à Deusa no, 40-46
Parvey, Constance, 184, 192, 193
Patai, Raphael, 149
patriarcado, 66
Paulo, 184, 193
Paulo VI, Papa, 195
Pearse, Patrick, 211
Penélope, 167
Péricles, 166, 175
Perséfone, 65, 160
Petrie, sir Flinders, 73
Pfeiffer, John, 42
Piercy, Marge, 242
Pietila, Hilkka, 242
Píndaro, 176
Pisan, Christine de, 220
Pitágoras, 68, 166, 170, 172-173, 178
Pítia, 122

Pitonisa, 166
Plaskow, Judith, 37, 242
Platão, 113-114, 166, 173, 174, 179
Platon, Nicolas, 74, 76-83, 87, 88, 114, 168
Platt, John, 241
Pleck, Elizabeth, 217
pobreza como problema do mundo atual, 247-248, 251
poder: da afiliação ou elo, 271; de dominação, 72; de realização, 71
Política, 180
Politics of the Solar Age, The, 275
Ponto de mutação, O, 36
Power: The Inner Experience, 211
pragmatopia, sociedade ideal viável, 277-283
Prigogine, Ilya, 36, 192, 199, 201, 263
Primeira Década da Mulher nas Nações Unidas, 222
Princípios de Economia Política, 275
Priscila, 184
problema populacional como "problema das mulheres", 248-254
progresso, ideia do, 230
Protenoia trimórfica, 190
Python, 142

queda do paraíso, 143- 144

raça dourada, a lenda da, 28, 112-113, 167
Rainha do Céu, 46, 115, 149
Rambouillet, Madame, 216
Ramsés III, 108
Rapp, Rayna, 217
razão, o fracasso da, 226-229
Reagan, Ronald, 234, 238, 249, 287
Reardon, Betty, 242
Reich, Wilhelm, 203
replicação, 136-137
República, 173, 174, 179
Rich, Adrienne, 37, 271
Riqueza das nações, A, 234
Rise of the Equalitarian Family, The, 232
Ritos de Dioniso, 175
Robertson, James, 276
Robinson, John Mansley, 112, 113, 180
Rockwell, Joan, 132, 133, 134
Rodgers-Rose, La Frances, 217
Rohrlich-Leavitt, Ruby, 83, 84, 148
Rollerball, 254
Roosevelt, Theodore, 211
Roots of Civilization, The, 43
Rose, Ernestine, 236
Rose, Hillary, 268
Rosenfeld, Andrée, 43
Roszak, Theodore, 210-211, 221

Rousseau, Jean Jacques, 179, 226, 230
Ruether, Rosemary Radford, 37, 242
Russel, Diana, 271

sacerdotes, papel na imposição do modelo de dominação, veja modelo de dominação
Sacks, Karen, 242
Safo, 176, 216
Saggs, Prof. H. W. F., 116
Saint-Pierre, abade de, 230
Salk, Jonas, 263, 268, 269
Salomé, 161
Sand, George, 236
Sanday, Peggy, 242
Sane Alternative, The, 276
Sangren, P. Steven, 217
Sara, 152
Sarasvati, 123
sati, 99
satyagraha, 270
Schlegel, Alice, 37
Schlesinger, Arthur (pai)., 202
Schliemann, Heinrich, 28, 126
Schliemann, Sophia, 28, 126
Schopenhauer, Arthur, 236
Sen, Gita, 37, 242
Senhora da Saia de Serpente, 63
sepulturas dos chefes, 98-100
Sereias, 167
serpente, 60, 63-64, 123, 141-144
Sex in History, 203
Sexual Politics, 210
Shagshag, 116
Shakespeare, William, 208
Shaw, Robert, 36
Shekina, 46
Shub-Ad, rainha, 116
Shulman, Alix Kates, 242
Simon, Julian, 251
Sivard, Ruth, 273
Smith, Adam, 233, 234
Smith-Rosenberg, Carroll, 217
socialismo, 234-235
sociedade gilânica, descrição da, 277-283
sociologia ativa, 34-38
Sócrates, 166, 178, 179, 270
Sofia, 122
Sólon, 113
solução totalitária dos problemas globais, 254-259
Spencer, Herbert, 135
Spender, Dale, 37, 242
Spengler, Oswald, 202
Spretnak, Charlene, 242
Stálin, Josef, 235, 257
Stanton, Elizabeth Cady, 218, 236

Starhawk, 242
State of the World's Women de 1985, 251, 275
status das mulheres: durante a mudança para o modelo dominador, 89-149; durante as invasões kurgan, 89-108; hoje, 247-254, 274-276; em Creta, 73-88; em Roma, 192-193; na Bíblia, 149-161; na Grécia, 175-176; na pragmatopia proposta, 277-283; na Renascença, 215-216; nas comunidades cristãs, 200 d.C. e seguintes, 193-198; nas escrituras gnósticas, 186-191; no Neolítico, 47-72; no Paleolítico, 40-46; para Jesus, 181-186
Steinem, Gloria, 242
Stengers, Isabelle, 36, 199, 201
Stimpson, Catharine, 37
Stone, Lucy, 218
Stone, Merlin, 52, 73-74, 116-117
Stonehenge, 128
Suméria, culto à Deusa na, 115-117
supremacia masculina, início da, 90-108
Swidler, Leonard, 182
Syphon, 142

Tabita, 184
Takamure, Itsue, 217
Tales, 170, 171
Tammuz, 65
Tanner, Nancy, 119, 120
Tao da física, O, 36
Tao Te Ching, 27
Taylor, G. Rattray, 203-205, 206-208
tecelagem, invenção da, 121
Telesila de Argos, 176
Temistocleia, 166, 172-173, 178
Teodósio I, 196
teoria da auto-organização, 110-112
Teoria da Transformação Cultural, 35-36
teoria do caos, 36, 37, 110-112, 268
Tertuliano, 189-190
Thatcher, Margaret, 219
Theodotus, 190
Thompson, George, 133
Tiglate-Pileser, 107
Toffler, Alvin, 225, 272
touro, 64-65
Toynbee, Arnold, 202
Troia, 126
Trotsky, Leon, 235
trovadorismo, período do, 204-205
Trujillo Molina, Rafael, 237
Trumbach, Randolph, 217, 232
Truth, Sojourner, 218
Tucídides, 179
Types of Mankind, 86

Ua Zit, 122, 123, 141
Ucko, Peter, 43
Urbano II, Papa, 256
Urukagina, 116; reformas, 116-117

Valentinus, 190, 191
Varela, Francisco, 36, 136
Vasic, Prof. M., 123
Vênus, estatuetas de, 45; veja também Deusa, imagens; Deusa, culto à
Vinča, 124-125; culto à Deusa em, 54-56

Walker, Alice, 242
Washburn, Sherwood, 262
Wealth and Poverty, 234
Wemple, Susanne, 217

White, Lynn, Jr., 214
Wiener, Norbert, 245, 246
Winter, David, 208, 209, 211, 215, 221
Wollstonecraft, Mary, 236
Women as a Force in History, 215
Woolley, sir Leonard, 77
Wright, Frances, 236

Xenófanes, 170

Zenão, 171
Zeus, 104, 131, 134, 142, 174, 178
Zia-ul-Haq, 237, 249
Zihlman, Adrienne, 119
Zilboorg, Gregory, 206

Obras da Palas Athena Editora
complementares à temática abordada neste livro

O PODER DA PARCERIA – Riane Eisler

Neste novo livro, a celebrada autora continua sua análise brilhante dos padrões que impregnam todas as relações humanas e nos convida a mudá-las para melhorar o mundo. Riane Eisler argumenta que já há um movimento em todo o mundo na direção da parceria, de relações mais democráticas, de cuidado pelas pessoas e pela natureza. No entanto, esse movimento é resistido e combatido pelos defensores do modelo da dominação, que preferem negar a realidade de relações que estão destruindo nosso planeta e fomentando sociedades cada vez mais violentas para assim permanecer na segurança da dominação rígida e definida. A autora nos faz um convite audacioso: que deixemos de pensar em nós mesmos como impotentes, vítimas da situação, e comecemos a mudar o mundo. O poder da parceria é um convite para entendermos o que está acontecendo e passemos a mudar nossa realidade, fazendo todas as nossas relações se aproximarem cada vez mais do modelo de parceria.

A ÁRVORE DO CONHECIMENTO – Humberto R. Maturana e Francisco J. Varela
As bases biológicas da compreensão humana

O ponto de partida do livro se pauta na ideia da vida como sendo um processo de busca e aquisição de conhecimento. Assim, se o objetivo é compreendê-la, é necessário entender como os seres vivos percebem o mundo, no processo que os autores chamam de "biologia da cognição". Maturana e Varela defendem a existência de uma ideia preconcebida de mundo, e de que este é construído ao longo da interação de um indivíduo com o mesmo. As teorias dos autores constituem uma concepção original e desafiadora, cujas consequências éticas agora começam a ser percebidas com crescente nitidez.

AMAR E BRINCAR – Humberto Maturana e Gerda Verden-Zöller
Fundamentos esquecidos do humano

Em essência, o livro aborda três grandes temas: a origem da cultura patriarcal europeia, as relações entre mãe e filho e os fundamentos da democracia a partir da noção de biologia do amor. Maturana e Verden-Zöller veem a democracia como uma forma de convivência que só pode existir entre adultos que tenham vivido, na infância, relações de total aceitação materna.
Os autores examinam com detalhes os fundamentos da condição humana que permeiam o afetivo e o lúdico. Mostram como a cultura do patriarcado europeu nos levou à atual situação de autoritarismo, dominação, competição predatória, desrespeito à diversidade biológica e cultural e profunda ignorância do que são os direitos humanos.

A CONQUISTA PSICOLÓGICA DO MAL – Heinrich Zimmer

O livro consiste na reunião de narrativas populares da literatura do Oriente e do Ocidente, cujo fio condutor é a preocupação comum em torno do perene conflito entre o homem e as forças do mal. Em seus comentários, Heinrich Zimmer desvenda o significado inerente a cada símbolo e propõe a unidade filosófica deste grupo de mitos. Principiando com uma história das *Mil e uma noites*, o tema vai se desdobrando ao longo de lendas do paganismo irlandês, do cristianismo medieval, do ciclo do rei Artur e do hinduísmo ancestral, culminando num mito clássico hindu apresentado pela primeira vez ao leitor ocidental.

COMPAIXÃO OU COMPETIÇÃO – Sua Santidade, o Dalai Lama
Valores humanos nos negócios e na economia

Neste livro, o Dalai Lama fala sobre a compaixão e a necessidade de aplicá-la na concorrida área dos negócios e da produção econômica. Tratando temas críticos como cooperação ou conflito, sustentabilidade ou lucro imediato, compaixão ou competição, a obra oferece ao leitor ideias criativas a respeito do papel da empresa e da economia em nossa sociedade. O livro é um desafio e uma busca por um significado diferente em nossa vida pessoal e profissional. Talvez um caminho iluminado pelos sentimentos da compaixão que, na visão do Dalai Lama, longe de ser um sintoma de um idealismo irrealista, é a maneira mais eficaz de atender os interesses dos outros e também os nossos.

FELICIDADE – Matthieu Ricard
A prática do bem-estar

A felicidade não chega automaticamente; ela não é uma graça que a boa sorte pode derramar sobre nós e que uma virada do destino pode nos tomar. Ela depende unicamente de nós. Matthieu Ricard explica, passo a passo, como nossas sociedades ocidentais em geral encaram as emoções negativas, que geram tanto mal-estar – ódio, raiva, inveja, ciúme – e de que forma treinar a mente para neutralizá-las. Melhor ainda, de que forma praticar a meditação e a postura mental para sentir amor por todos em volta e um contentamento sereno permeando todos os momentos da vida.

DIÁLOGO – David Bohm
Comunicação e Redes de Convivência

Expoente da física e filosofia da ciência do século XX, o americano David Bohm tem seu interesse focado nas ciências cognitivas e relações humanas, área que se enquadra este *Diálogo – Comunicação e Redes de Convivência*. Para Bohm, "diálogo" significa mais que o simples pingue-pongue de opiniões, argumentos e pontos de vista que habitualmente ocorrem entre dois ou mais interlocutores. O autor parte de uma premissa de suspensão temporária de todos os pressupostos, teorias e opiniões arraigadas em relação aos assuntos em pauta para observar o que emerge de novo no fluxo da conversação. O propósito de seu método é investigar o pensamento não só depois de estruturado, mas também como o pensamento se forma, como são seus mecanismos e a sua dinâmica. O livro foi composto a partir da edição de seminários promovidos por Bohm.

TRANSCENDER E TRANSFORMAR – Johan Galtung
Uma introdução ao trabalho de conflitos

Este manual prático nos oferece um método para transcender e transformar conflitos – desde os pessoais e domésticos, até as dissensões internacionais por motivos econômicos e religiosos, passando por confrontos que se originam em questões de etnia, classe e gênero. Revela a interligação entre o conflito, a cultura profunda e os estratos sociais; mostrando que uma grande variedade de soluções está disponível para nós – se estivermos dispostos a explorá-las com empatia, criatividade e não violência. É uma obra valiosa para todos os que lidam diariamente com conflitos: professores, assistentes sociais, pais, casais, mediadores e também para os que estudam a paz.

EDUCAR PARA A PAZ EM TEMPOS DIFÍCEIS – Xesús Jares

Este livro oferece um panorama teórico e prático de educar para a paz, os direitos humanos, a convivência, a democracia e o desenvolvimento sustentável hoje em dia. Compara os esforços empreendidos em vários países para implantar a educação para a paz e os distintos graus de complexidade das temáticas abordadas, discutindo tanto seus componentes sociológicos, econômicos e políticos, quanto os educativos. A obra mostra-se um excelente mapa da situação prática e cotidiana enfrentada por educadores e dos caminhos possíveis para implementar uma pedagogia fundada no respeito à vida.

O PRINCÍPIO DA NÃO VIOLÊNCIA – Jean-Marie Muller

O princípio de não violência implica a exigência de procurar formas não violentas de agir de forma eficaz contra a violência. A não violência visa esgotar a violência na fonte através de uma mudança de atitude ética e consistente. O projeto para esta atitude é discutido em detalhes, convidando os leitores a tornarem-se cidadãos de uma nova civilização não violenta que pode ser construída em conjunto para o bem de toda a humanidade.

Para obter informações sobre estas e outras obras publicadas pela
Palas Athena Editora sugerimos consultar o nosso site:
www.palasathena.org.br

Texto composto na fonte Palatino.
Impresso em papel Offset 75gr pela gráfica Paym.